Gerold Keefer

Die Kanzlerin,

die aus der Kälte kam

Anderwelt Verlag

„Wer die Vergangenheit beherrscht, beherrscht die Zukunft. Wer die Gegenwart beherrscht, beherrscht die Vergangenheit.“

George Orwell, 1984

Wer die Medien beherrscht, beherrscht die Gegenwart.

Gerold Keefer

Die Kanzlerin, die aus der Kälte kam

Sean le Carnet
Dr. Frank Bachmann
Carl Czerny
Dr. Ralf Schirmer
Manfred Weih

Anderwelt Verlag

Impressum

Die Kanzlerin, die aus der Kälte kam

Co-Autoren: Sean le Carnet, Dr. Frank Bachmann, Carl Czerny, Dr. Ralf Schirmer, Manfred Weih

4. Auflage 2024

Anderwelt Verlag, München
Druck: CPI Books GmbH Printed in Germany

ISBN: 978-3-940321-41-1

Alles, was Sie schon immer über Angela Merkel wissen wollten, Journalisten und Biographen aber nie zu fragen wagten.

Auch nach dem Ende ihrer sechzehnjährigen Kanzlerschaft und mehr als drei Jahrzehnte nach ihrem Eintritt in die Politik bleibt Angela Merkel ein Rätsel.

Kein bundesdeutscher Kanzler vor ihr hat so abrupt und vollständig politische Grundsätze, Positionen und Werte aufgegeben oder gar ins Gegenteil verkehrt wie Angela Merkel. Und doch verbinden viele Menschen in Deutschland und der Welt noch immer Zuverlässigkeit, Glaubwürdigkeit, Sicherheit und Wohlstand mit ihr.

Die Kanzlerin, die aus der Kälte kam ist die Biographie, die nach jahrelanger Recherche viele bisher unbekannte Fakten über Merkel zu Tage fördert. Damit erzwingt diese Biographie eine völlige Neubewertung der Bundeskanzlerin a. D.. Erstmals werden Merkels Vorleben und Vorlieben, ihre Familie und ihre Weggefährten umfassend beschrieben. Stück für Stück wird so ein mit großer Ausdauer und erwiesenen Unwahrheiten erstelltes Trugbild revidiert. Ein Trugbild, das Merkel gemeinsam mit willfährigen Mitarbeitern, Biographen und Journalisten erschaffen hat.

Der Skandal Merkel geht aber weit über den Fall Merkel hinaus: Der Skandal Merkel gründet auf dem jahrzehntelangen unheilvollen Zusammenwirken von Leitmedien, konzernnahen Stiftungen und überstaatlichen Institutionen, das unser Land schon längst dem Boden des Grundgesetzes entrückt hat.

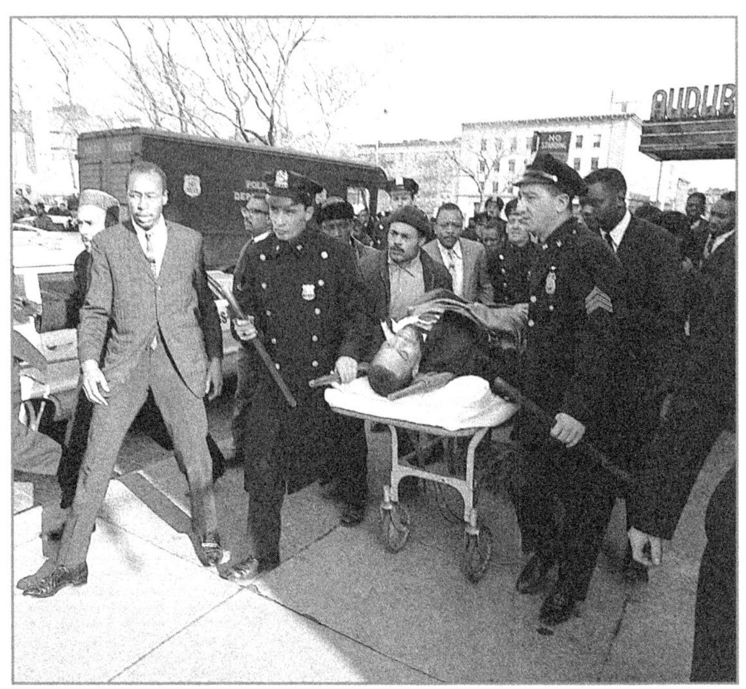

„Die Medien sind die mächtigste Institution der Welt. Sie haben die Macht, Unschuldige schuldig zu machen und Schuldige unschuldig. Und das ist Macht, weil sie das Denken der Massen kontrollieren."

Malcom X (19.5.1925 - 21.2.1965)

Weimar.

Sonnabend, den 29. August 1829.

Zum Erstenmal:

Faust.

Tragödie in acht Abtheilungen von Goethe.

Die zur Handlung gehörige Musik ist von C. Eberwein.

Faust, ... Herr Durand.
Wagner, sein Famulus, ... Herr Lortzing.
Mephistopheles, ... Herr La Roche.
Ein Schüler, ... Herr Enast.

Ihr wißt, auf unsern deutschen Bühnen
Probirt ein jeder was er mag;

Drum schonet mir an diesem Tag
Prospecte nicht und nicht Maschinen.

Gebraucht das groß' und kleine Himmelslicht,
Die Sterne dürfet ihr verschwenden;

An Wasser, Feuer, Felsenwänden,
An Thier und Vögeln fehlt es nicht.

So schreitet in dem engen Breterhaus
Den ganzen Kreis der Schöpfung aus,
Und wandelt, mit bedächtger Schnelle,
Vom Himmel, durch die Welt, zur Hölle.

Vorwort

von Gerold Keefer

Einordnung

Die vorliegende Biographie bewegt sich bei der Bewertung von Angela Merkel zwischen zwei Extremen. Das eine Extrem sind die teils abstrusen Behauptungen betreffend Merkel, die in geselligen Stammtischrunden ebenso anzutreffen sind, wie in manchen Ecken des Internets. Die These, Merkel sei unter dem Decknamen IM ‚Erika' für die Stasi unterwegs gewesen, ist dabei noch eine der Harmloseren. Wilder wird es, wenn Merkel eine jüdische Abstammung unterstellt wird oder man sie gleich zur Tochter von Erich Honecker oder gar zur Enkelin von Adolf Hitler erklärt. Im Zuge unserer intensiven Recherchen konnten wir für diese Thesen jedenfalls keinen einzigen Beleg entdecken.

Das andere Extrem finden wir in den Erzählungen, die uns Angela Merkel als feminine Lichtgestalt in den Abgründen einer von bösen Männern geprägten, schmutzigen Politik verkaufen wollen. Merkel als erste Frau im Kanzleramt, die auf der Basis einer untadeligen persönlichen Integrität den Umgang mit Macht gänzlich neu definiert. Eine Kanzlerin, die zuhört, Vernunft walten lässt und obendrein immun gegen eigene Verfehlungen zu sein scheint. Wir können belegen, dass dieses andere Extrem ein Trugbild ist, eine Fassade, die Merkel und ihre Helfer zu einem guten Teil selbst geschaffen haben. Merkel hat mitnichten die Regeln der Macht neu verfasst. Sie hat sie allenfalls raffinierter, geschickter und schließlich skrupelloser eingesetzt, als viele ihrer Vorgänger und Zeitgenossen in politischen Spitzenpositionen. Politik ist ein schmutziges Geschäft. Wer in diesem Geschäft, in diesem Theater, über Jahrzehnte mitspielt, bleibt kein Unschuldsengel, auch wenn er Angela als Namen führt.

Mit dieser Biographie machen wir eine unbekannte Person und ihre Familiengeschichte hinter der Fassade Merkel sichtbar. Wir knüpfen damit an die kritischen Werke von Reuth und Lachmann sowie Rohbohm an. Unserer intensiven Recherche stellen wir umfangreiches zeitgeschichtliches und historisches Bildmaterial zur Seite, das tiefe Einblicke in Leben, Familie und Herkunft von Angela Merkel gewährt. Einblicke, wie sie in keiner anderen Biographie zu finden sind. Wir geben einen fundierten Überblick über die wichtigsten der bisher erschienenen Biographien und schließen viele klaffende Lücken dieser Werke. So wurde beispielsweise der gewaltige Einfluss von Bertelsmann und Liz Mohn auf Merkels Karriere und Politik bisher kaum beleuchtet. Wir identifizieren und analysieren erstmals Merkels strategische Projekte, die dem Land ausnahmslos schweren Schaden zugefügt haben.

Besondere Schwerpunkte werden bei Familie, Freunden, Helfern und den strategischen Projekten von Angela Merkel gesetzt. Dabei nehmen wir auch die Themen DDR, 1968, Wiedervereinigung, Finanzkrise, Flüchtlingskrise und Coronakrise detailliert und kritisch in den Blick. Viele taktische Entscheidungen sowie Ereignisse und Entwicklungen von eher mittelfristigen Tragweite werden deshalb meist nur gestreift oder finden keine Erwähnung. Diese Aspekte sind in einigen der bisherigen Biographien gut abgedeckt.

Wir alle sind auf sie reingefallen!

„Frau Merkel hat eine ureigene Ästhetik. Es ist eine Ästhetik des Ehrlichen und Guten. Es gelingt ihr, den Sympathienerv zu finden. Sie kann Reden halten und dabei nicht viel sagen, aber mitten ins Herz treffen. Wenn solche Menschen in die Politik geraten, ist das eine Glückskonstellation."[1]

Ehrhart Neubert, Pfarrer, Mitgründer Demokratischer Aufbruch

Sollte Sie vor, während oder nach der Lektüre dieser Biographie das Gefühl beschleichen, dass Sie bisher einen falschen Eindruck von Angela Merkel gehabt haben, so sind Sie nicht alleine. Wir alle sind auf sie reingefallen. Wir alle haben uns von ihr täuschen lassen. Wir alle haben ihr mal geglaubt. Auf unterschiedliche Weise, für unterschiedlich lange Zeit, in unterschiedlichem Ausmaß und bei unterschiedlichen Themen wurden wir ihr gutgläubiges Opfer - warum auch nicht!

Verfolgt man am 15. September 2010 ihre Rede vor dem Deutschen Bundestag, dann spricht da doch eine kämpferische CDU-Kanzlerin, die sich tapfer gegen Häme und Spott aus den Reihen der Grünen Fraktion wehrt.[2] Eine CDU-Kanzlerin, die sich ebenso leidenschaftlich für die Kernenergie ins Zeug legt wie für das umstrittene Bahnprojekt Stuttgart 21. Eine CDU-Kanzlerin, die sich seit Jahren für ein *„starkes Deutschland"* im internationalen Wettbewerb einsetzt, für eine *„rationale, vernünftige Energiepolitik"* plädiert und den Grünen ihr *„Gerede von Multi-Kulti"* vorwirft. Fast alles scheint bis dahin so, wie es sein soll und wie man es von einer *„echten CDU-Frau"* erwartet.[3] Und Helmut Kohl sagt es doch einmal selbst: *„Ich hatte nie den Eindruck, dass sie ein Problem mit den Grundwerten der CDU hatte, nie!"*[4]

Wer wäre auch nur auf den Gedanken gekommen, dass diese CDU-Kanzlerin kaum sechs Monate später, nahezu über Nacht, sieben

---

1 ‚Die Macht und das Mädchen', Die ZEIT, 03.02.2000 https://web.archive.org/web/20091227202144/http://www.zeit.de/2000/06/200006.merkel_.xml

2 ‚Rede von Angela Merkel am 15. September 2010 im Deutschen Bundestag', CDU, 25.11,2010 https://www.youtube.com/watch?v=cqH71S1aQR8

3 ‚Angela Merkel: Eine politische Biographie', Wolfgang Stock, 2000, S. 167

4 ‚Angela Merkel: Eine politische Biographie', Wolfgang Stock, 2000, S. 86

Kernkraftwerksblöcke abschalten lässt und den Ausstieg vom Ausstieg vom Ausstieg aus der Kernkraft in Deutschland einleitet? Wer wäre auch nur auf die Idee gekommen, dass sie fünf Jahre später die Grenzen, nahezu über Nacht, faktisch für jedermann öffnet und damit einen zweiten Traum der Grünen in Erfüllung gehen lässt? Wer hätte schließlich gedacht, dass eine bieder und züchtig auftretende protestantische Pfarrerstochter weitere zwei Jahre später den Weg zur Homo-Ehe ebnet, worauf im Grünen Block des Bundestags die Konfettikanonen knallen? Merkel ist de facto die erste Grüne Bundeskanzlerin! Und, ganz nebenbei bemerkt, hat sie wohl nie einen CDU-Mitgliedsantrag ausgefüllt.[5]

Diese Beispiele benennen nur einen Bruchteil der Wendungen, die Angela Merkel in ihrem politischen Leben vollzieht. Viele dieser Wendungen wären eigentlich dazu geeignet, ihre Glaubwürdigkeit dauerhaft zu beschädigen oder gar zu zerstören. Warum aber ist das teils bis heute nicht geschehen? Warum gilt sie vielen noch immer als glaubwürdig? Warum findet sie noch immer Beifall, Anerkennung und heimst Preise und Orden ein? Warum schließlich, fallen bis heute noch so viele auf sie herein?

Einen interessanten Hinweis für das Phänomen Merkel liefert Hugo Müller-Vogg im Vorwort zu seinem Interview-Buch mit Merkel aus dem Jahr 2004, wenn er die Charakterisierung *„Meisterin im Tarnen und Täuschen"* erwähnt.[6] Man kann, man muss vielleicht sogar, Merkel als die raffinierteste und durchtriebenste deutsche Kanzlerin seit 1949 begreifen. Beim Tarnen und Täuschen ist sie sowohl Helmut Kohl als auch Gerhard Schröder haushoch überlegen.

Wir erkennen ein einzigartiges *politisches Talent*, dessen Fähigkeit zur Täuschung der Öffentlichkeit, von Feinden und sogar Freunden, fast übermenschlich erscheint. Ihr außergewöhnliches *politisches Talent* alleine erklärt aber nicht das ganze Phänomen Merkel und die nahtlose

---

[5] ‚Vera Lengsfeld: So tickt Angela Merkel!', Wissensmanufaktur, 15.09.2018 https://www.youtube.com/watch?v=xlrSsBRK5j0&t=962s

[6] ‚Angela Merkel: Mein Weg', Müller-Vogg, 2005, S. 7

Fortführung ihres Werks nach ihrem Rückzug aus der Politik. Es bedarf dazu mehr, es bedarf der Erklärung durch das *Große Hütchenspiel* und Merkels Rollen darin.

Das Große Hütchenspiel

„Das ganze System dreht sich um das Prinzip, dass die Mehrheit dazu gebracht werden kann ***irgendetwas*** *zu glauben, wenn es oft und laut wiederholt wird - und das funktioniert."* [7]

Edward Snowden

‚Der Gaukler' von Hieronymus Bosch

Wie eine Gaukelei funktioniert das *Große Hütchenspiel* der Politik, an dem Merkel dreißig Jahre lang in verschiedenen Rollen teilgenommen hat.

[7] Edward Snowden Twitter-Nachricht, 09.02.2023
https://archive.ph/GshG7

Eine Menschentraube hat sich vor einem Spieltisch gebildet. Hinter dem Tisch steht ein Gaukler. Auf dem Tisch liegt sein Handwerkszeug: Hütchen, Kügelchen und ein Zauberstab. In seiner Hand hält der Gaukler gut sichtbar ein Kügelchen. Sie verkörpert das Zentrum der Aufmerksamkeit. Im Bann des Gauklers befindet sich ein gebückter alter Mann in entrücktem Zustand. In Varianten des Gemäldes spukt er sogar Kröten aus, ist also verhext. Bei jedem Hütchenspiel findet der eigentliche Betrug nicht durch den Gaukler hinter dem Tisch statt, sondern durch seine heimlichen Mitspieler im Publikum. Die Infiltration des Publikums zur Steuerung der Meinungsbildung ist entscheidend.

Vergleichbare Mechanismen finden tagtäglich in der Politik Anwendung. Wer glaubt, Politiker würden zum *Wohle des Volkes* handeln, sollte diesen Glauben noch einmal eingehend und mit Unterstützung aus der Wirklichkeit prüfen. Wie ist das im Jahre 2003 mit dem Irakkrieg? Gibt es die Massenvernichtungswaffen, vor denen uns George W. Bush, Tony Blair und genau so Angela Merkel warnen? Gibt es die Verbindung zwischen Saddam Hussein und der Al-Qaida? *„Die Bedrohung durch Saddam Hussein und seine Massenvernichtungswaffen ist real"*, sagt Merkel auf der Münchner Sicherheitskonferenz am 8. Februar 2003.

Es gibt 2003 aber weder die Massenvernichtungswaffen, noch die Verbindung zur Terrororganisation Al-Qaida. Aber es gibt einen grausamen und, nach den Maßstäben des Völkerrechts, illegalen Angriffskrieg auf den Irak mit Hunderttausenden Toten, aus dem sich die USA und Großbritannien nach Jahren schmachvoll zurückziehen. Es bleibt ein bis heute destabilisiertes Land zurück, in denen es den Menschen mehrheitlich schlechter geht, als vor dem Krieg, sofern sie noch im Land und noch am Leben sind.

Nur die perfekte Manipulation der Meinungsbildung durch Massenmedien in einem raffinierten Zusammenspiel mit Vorfeldorganisationen und der Politik erklärt, dass sich solche haarsträubenden Vorgänge regelmäßig wiederholen. Für die beteiligten Politiker bleiben sie meist ohne ernsthafte Konsequenzen. Im Jahr 2016 behauptet Merkel in der

Bundespressekonferenz beinahe unwidersprochen, nie einen Krieg unterstützt zu haben, *„auch nicht den Irakkrieg"*.

Die internationale Politik darf man getrost als das *Große Hütchenspiel* bezeichnen. Das *Große Hütchenspiel,* bei dem nicht Milliarden, sondern hunderte Milliarden oder gar Billionen an Geld verschoben werden und ohne jegliche Skrupel Millionen von Menschen geschädigt oder im Rahmen von Kriegen gar getötet werden.

Eine neue Variante des *Großen Hütchenspiels* erleben wir mit der sogenannten Corona-Pandemie: Gegen den angeblichen Killervirus kommt ein völlig neues gentherapeutisches Verfahren zum Einsatz, die mRNA-Technologie. Durch Verbote und Diskreditierung von lebensrettenden Behandlungsverfahren, beispielsweise mit Ivermectin, wird es möglich diese Präparate als *„einzigen Weg aus der Pandemie"* erscheinen zu lassen.[8] Bizarre Mengen des kaum getesteten Genpräparats werden bestellt und teils zwangsweise verabreicht. Man verschweigt, was Eingeweihte bereits vorher wissen: Nämlich, dass die mRNA-Injektionen weder vor Übertragung, noch vor schwerer Erkrankung oder gar Tod zuverlässig schützen. Auch ihre Wirkung lässt so schnell nach, dass mehrere Injektionen in Folge verabreicht werden müssen. Ohne diese Erkenntnisse zu würdigen, werden Ungeimpfte in menschenverachtender Weise ausgegrenzt, teilweise aus ihren Berufen gedrängt oder, wie im Fall von Soldaten der Bundeswehr, gar vor Gerichte gezerrt.

Merkels erfolgreiche Karriere gründet auf ihrer Fähigkeit, im *Großen Hütchenspiel* in verschiedensten Rollen aufzutreten: Sie befürwortet als Anhängerin von George W. Bush im Jahr 2003 entschieden den Irak-Krieg und will damals für den sogenannten ‚Krieg gegen den Terror' die Bundeswehr im Inneren einsetzen.[9] Sie springt im Jahr 2005 als Verfechterin von *Shareholder-Value* Joseph ‚Joe' Ackermann bei, als der fünf-

---

[8] ‚Einziger Weg aus der Pandemie ist die Impfung', Stuttgarter Zeitung, 02.02.2021 https://web.archive.org/web/20230604100108/https://www.stuttgarter-zeitung.de/inhalt.online-diskussion-mit-aerzteschaft-einziger-weg-aus-der-pandemie-ist-die-impfung.84a930a6-fcdc-47c6-a060-87e8b39ceda6.html

[9] ‚Jedes Land kann getroffen werden', Die WELT, 16.03.2004 https://web.archive.org/web/20190321181708/https://www.welt.de/print-welt/article300309/Jedes-Land-kann-getroffen-werden.html

undzwanzig Prozent Eigenkapitalrendite bei der Deutschen Bank erreichen will, weil es, so Merkel, *„wichtig ist, den Börsenwert zu steigern"*.[10] Als Umweltministerin nennt sie es perfide, dass die Grünen *„die Einhaltung von Recht und Gesetz mit politischen Überzeugungen"* verbinden.[11] Im Jahr 2015 fordert sie für ihre warmherzige Grenzöffnung mit *„freundlichem Gesicht"* genau das, nämlich auf Basis politischer Überzeugungen *„aus Illegalität Legalität zu machen"*.[12] Als die Corona-Welle anhebt, setzt sich Merkel schließlich als ausgebildete Wissenschaftlerin in Szene und lässt sich von Christian Drosten eine zweifelhafte Studie liefern, die im Frühjahr 2020 zu unnötigen Schulschließungen führt.[13] Auch vor dem *„letzten Weihnachten mit den Großeltern"* warnt die vormalige Wissenschaftlerin Merkel und schürt damit bewusst Ängste, nicht zuletzt bei Oma und Opa.[14]

Der Enkeltrick

Oft wird das Große Hütchenspiel um den Enkeltrick ergänzt. Eine Schockaussage soll die Opfer der Manipulation in Panik versetzen: Es muss sofort entschieden und sofort gehandelt werden, denn Menschenleben sind in Gefahr! Not kennt kein Gebot! Nachdenken ist somit unerwünscht. Die Öffentlichkeit wird überrumpelt und von Emotionen überwältigt. *„I want you to panic!"*, ist nicht nur der Wunsch von Klima-Greta, sondern ein Führungsprinzip der globalen Elite. So führt man Völker in den Krieg, initiiert Völkerwanderungen, Finanzkrisen, Pandemien oder vermarktet Wärmepumpen. Fast immer wird das Treiben begleitet von den gewaltigen Gewinnen, die bei solchen Großprojekten anfallen: Kriegsgerät, das kaum hergestellt, an der Front in Stücke ge-

---

[10] ‚Merkel nimmt Wirtschaft in Schutz', Vorarlberg Online, 10.05.2005
https://web.archive.org/web/20230531085922/https://www.vol.at/d-merkel-nimmt-wirtschaft-in-schutz/2574080

[11] ‚Deutscher Bundestag - 13. Wahlperiode - 237. Sitzung. Bonn, Mittwoch, den 27. Mai 1998', 21774
https://dserver.bundestag.de/btp/13/13237.pdf

[12] ‚Flüchtlingskrise - Was nun, Frau Merkel', ZDF ,13.11.2015
https://youtu.be/25RiywQZ3xw?t=1790

[13] ‚Heikler Corona-Bericht …', Frankfurter Rundschau, 25.06.2020
https://web.archive.org/web/20230531141410/https://www.fr.de/politik/corona-deutschland-drosten-virologe-kanzlerin-merkel-schulen-kinder-laschet-soeder-nrw-bayern-zr-13805799.html

[14] ‚Kanzlerin Angela Merkel wird bei Rede im Bundestag plötzlich hochemotional', FOCUS Online, 09.12.20220
https://www.youtube.com/watch?v=bRCcziEr37c

rissen wird, ebenso wie die kämpfenden Soldaten selbst. Das sind die feuchten Träume von Waffenproduzenten!

Oder Wirkstoffe, die angeblich überlebenswichtig sind und als alternativloser Ausweg aus größter Not beworben werden. Aus reiner Fürsorge macht man ihre Anwendung mit Hilfe williger Parlamente zur gesetzlichen Pflicht, am besten weltweit. Das sind die feuchten Träume von Pharmaproduzenten!

Oder Banken, Länder und Währungen, die aus großer Not gerettet und unter Schutzschirme gestellt werden müssen, weil sie *systemrelevant* sind, *whatever it takes!* Das sind die feuchten Träume von Finanzjongleuren!

Das sind die Gelegenheiten, auf die Spekulanten lauern, weil gewaltige Geldmengen mobil gemacht werden und freudig ihre Besitzer wechseln. Schulden wandern bei diesen Anlässen zumeist aus privaten in öffentliche Hände, Vermögen gehen den umgekehrten Weg. Mit anständigem Wirtschaften, mit verantwortungsvollem Unternehmertum hat das alles natürlich nichts zu tun. Es handelt sich um organisierte Raubzüge und durchgeplante Plünderungen, die durch das Zusammenspiel von internationalen Banken und Fonds, Anwaltskanzleien, Konzernen und Regierungen ermöglicht werden. Die gefeierten Feuerwehrleute von heute sind dabei oft die heimlichen Brandstifter von gestern.

Eine Dialektik, eine Diabolik im wörtlichen Sinne[15] gar, die nur durch verlässliche mediale Unterstützungsarbeit gedeiht. Ziel ist es, Zusammenhänge und Verantwortlichkeiten zu verschleiern und so heilende Korrekturen oder Konsequenzen zu verhindern. Natur, Naturkatastrophen oder allgemein höhere Gewalt sind beliebte Platzhalter um konkrete, strafbare Verantwortung zu verschleiern. Bei Covid-19 kann es nur ein natürlicher Ursprung des Virus gewesen sein, alles andere wird in jenem denkwürdigen Brief von 19. Februar 2020 als *Verschwörungs-*

[15] Diabolik leitet sich vom griechischen Verb *diabállein* ab, das als „durcheinanderwerfen“ oder „durcheinanderbringen“ übersetzt werden kann.

theorie „verdammt“, den u.a. ein Professor Drosten unterzeichnet hat.[16] Es gibt Finanz-Tsunamis, Corona-Wellen, Flüchtlings-Lawinen, Geld-Fluten oder Börsen-Beben: Naturkatastrophen allerorten, aber keine Verantwortlichen weit und breit.

„Meine Damen und Herren, sie werden zustimmen, dass wir heute durch die Medien, deutlicher als zu jeder anderen Zeit, das Gefühl vermittelt bekommen, dass die Wirklichkeit selber in der Form eines einzigen Krisen-Roulettes organisiert ist. Da fällt die Kugel an dem einen Tag auf das Feld Klimakrise. Ein paar Wochen später in das Feld eines Krieges in Georgien und ein paar Wochen später in die Finanzkrise.“

Peter Sloterdijk, Das Philosophische Quartett, 9. November 2008

---

[16] ‚Statement in support of the scientists, public health professionals, and medical professionals of China combatting COVID-19‘, The Lancet, 19.02.2020
https://web.archive.org/web/20200219111912/https://www.thelancet.com/journals/lancet/article/PIIS0140-6736(20)30418-9/fulltext

Der Zauber des Anfangs

von Dr. Ralf Schirmer

„Jedem Anfang wohnt ein Zauber inne, der uns beschützt und der uns hilft, zu leben."

Bei ihrer viel beachteten Rede an der Universität Harvard zitiert Angela Merkel diese Zeile aus dem weltbekannten Gedicht ‚Stufen' von Hermann Hesse. Merkel spricht dort im Jahr 2019 aus Anlass der jährlich stattfindenden Absolventenfeier.[17] Wie nun soll eine Biographie über Angela Merkel ihren Anfang nehmen? Bei einer vielschichtigen Persönlichkeit, um die es sich bei Angela Merkel zweifellos handelt, genügt ein einziger Anfang nicht. Es bedarf mehrerer Anfänge, um sich dem Zauber Angela Merkels zu nähern. Und vielleicht bedarf es auch mehrerer Enden, um sich vom Zauber Angela Merkels zu lösen.

---

[17] ‚German Chancellor Angela Merkel's address', Harvard University, 30.05.2019 https://youtu.be/9ofED6BInFs?t=75

Prolog Nr.1: Die unbekannte Unbekannte?

Donald Rumsfeld und Angela Merkel am 4. Februar 2006 bei der Münchner Sicherheitskonferenz Foto: Chad J. McNeeley

Es gibt Fakten und Zusammenhänge, die bekannt sind. Diese nennt man Wissen. Es gibt Fakten und Zusammenhänge, die unbekannt sind. Diese nennt man Nichtwissen. Sowohl Wissen als auch Nichtwissen können bekannt oder unbekannt sein. Bekanntes Nichtwissen ist einer Lösung zugänglich, weil immerhin klar ist, dass es offene Fragen gibt. Unbekanntes Nichtwissen ist einer Lösung unzugänglich, weil nicht einmal bekannt ist, dass es offene Fragen gibt. Wir sprechen hier von Donald Rumsfelds berühmten *„unknown Unknowns"*.[18] Wie erfolgreich Merkels Öffentlichkeitsarbeit ist, erkennt man an den vielen Fragen, die

---

[18] ‚Sorting through Rumsfeld's knowns and unknowns', Washington Post, 01.07.2021 https://web.archive.org/web/20220410142002/https://www.washingtonpost.com/lifestyle/style/rumsfeld-dead-words-known-unknowns/2021/07/01/831175c2-d9df-11eb-bb9e-70fda8c37057_story.html

eigentlich längst hätten gestellt werden müssen, jedoch bisher nie gestellt wurden. Man denkt offenbar gar nicht daran, diese Fragen zu stellen.

Es gibt bis heute kein bekanntes Foto, das Angela Merkel als Kind oder Jugendliche im Kreise ihrer Familie mit Eltern und Geschwistern zeigt. Kein Foto ihres, in der Berlin-Brandenburger Kirche durchaus prominenten Vaters aus den sechziger oder siebziger Jahren wurde nach 1990 einer größeren Öffentlichkeit bekannt. Das Foto ihres Führerscheins aus dem Jahr 1980 mit Prinz-Eisenherz-Haarschnitt, das im Zuge einer Stasi-Dokumentation im Jahr 2007 auftaucht, darf auf Merkels Veranlassung hin nicht veröffentlicht werden.

Nichts ist der Öffentlichkeit über die Verwendung ihres Vaters am Ende des Zweiten Weltkriegs und seinen Lebensweg unmittelbar nach dem Krieg bekannt, obwohl man innerhalb der Familie darüber durchaus im Bilde ist.[19] Bei seiner Beerdigung gab es wohl Andeutungen, dass er Flak-Helfer war und in Dänemark in Kriegsgefangenschaft geriet.

Ebenso wenig weiß man über den Lebensweg ihres polnisch-stämmigen Großvaters während des Krieges und danach. Gesichert ist nur sein Tod Anfang 1959 im Hauptquartier der sowjetischen Streitkräfte in Berlin-Karlshorst.[20] Die Vermutung liegt nahe, wonach er dort für die Sowjets tätig gewesen war. Aber in welcher Funktion? Warum schweigt sich Angela Merkel zu dieser Frage bis heute aus? Es könnte sich doch bei ihrem Großvater um die beispielhafte Geschichte einer erfolgreichen Einwanderung und Integration gehandelt haben.

Kein bundesdeutscher Kanzler vor ihr hat sein Privat- und Familienleben so hermetisch abgeschottet wie Angela Merkel. Es dürfte hierfür gute oder auch schlechte Gründe geben. Ein großer Teil Merkels ist bis heute eine *unbekannte Unbekannte*. Selbst ihre schärfsten Kritiker wissen bis heute nur unzureichend, wen sie da kritisieren. Sie kennen ihre

---

[19] Kommentar Marcus Kasner 02.09.2013: „„Über die Art des Wehrdienstes ... ist nichts bekannt." Es ist sehr wohl bekannt, nur nicht dem Schreiber.‘, User Marcus Kasner https://web.archive.org/web/20150418162213/https://de.wikipedia.org/wiki/Diskussion:Horst_Kasner

[20] Sterbeurkunde Nr. 326, Standesamt Berlin-Lichtenberg, 04.02.1959

Foto aus Merkels Fahrerlaubnis, 1980

Gegnerin nicht. Das liegt an der von Merkel mit immensem Aufwand betriebenen Inszenierungs-, Verhüllungs- und Täuschungsarbeit, die sie auch nach dem Ende ihrer Kanzlerschaft mit bewährtem Personal fortsetzt.

Merkels ausgeprägter Hang zur Ironie kommt im Wahlkampf-Motto des Jahres 2013 deutlich zum Ausdruck: *„Sie kennen mich!"*[21] Gerade ist das Buch ‚Das erste Leben der Angela M.' erschienen, in dem viele Aspekte ihres DDR-Vorlebens ans Licht kommen, die einer breiteren Öffentlichkeit gänzlich unbekannt sind. Merkel beteuert in ihrer Reaktion auf das Buch, nichts verschwiegen zu haben und zu vielen Dingen ganz einfach nicht gefragt worden zu sein.[22] Wir wollen mit dieser Biographie

---

[21] ‚„Sie kennen mich" – das hat gewirkt', Deutschlandfunk, Stefan Detjen, 23.09.2013 https://web.archive.org/web/20221023130134/https://www.deutschlandfunkkultur.de/sie-kennen-mich-das-hat-gewirkt-100.html

[22] ‚Angela Merkel und die DDR', Deutsche Welle, 24.05.2013 https://www.youtube.com/watch?v=d0yLF3jMljQ

Angela Merkel Fragen stellen. Wir wollen sie zum Reden bringen, nachdem sie uns viel zu lange zum Schweigen gebracht hat.

Prolog Nr.2: Die unbekannte Dissidentin?

In Rahmen des aufschlussreichen Interviews, das Günter Gaus am 28. Oktober 1991 mit Angela Merkel führt, taucht eine Frage auf, die Merkel bemerkenswert zurückhaltend beantwortet, obwohl dazu eigentlich gar keine Veranlassung besteht.[23]

Frage von Günter Gaus:

„Von Ihnen, Frau Ministerin, ist gesagt worden, Sie seien zur Bürgerbewegung der DDR nicht gekommen, als die Wende vor der Tür stand, sondern erst, als sie schon in der Tür war. Im Dezember 1989 haben Sie sich, wie bereits erwähnt, dem Demokratischen Aufbruch angeschlossen. Machen Sie sich heute dieses späte Engagement zum Vorwurf? Geniert es Sie ein bisschen, gerade weil Sie in der Propaganda ihrer Partei so gern als Beispiel für die engagierte Erneuerung ausgegeben werden?“

Antwort von Angela Merkel:

„Also, wir müssen immer mal überlegen, was wir als die Bürgerbewegung definieren. Ich bin keine Bürgerrechtlerin gewesen, wie andere, die sehr früh und sehr deutlich ihren Widerspruch zum System artikuliert haben. Ich hab' ihn aber an den Stellen, wo ich war, immer deutlich artikuliert. …“

Im Hinblick auf einige ihrer eigenen Erzählungen und den neueren Erkenntnissen in den Biographien von Rohbohm sowie Reuth und Lachmann, hätte Angela Merkel auch ganz anders antworten können.

---

[23] ‚Günter Gaus im Gespräch mit Angela Merkel', Interview. 28.10.1991 https://youtu.be/YQBslPEZceI?t=1534

Sie hätte von ihrer Abiturzeit erzählen können, als sie dem Regime durch provozierende Äußerungen aufgefallen war, was ihr um ein Haar die Chance auf das Physikstudium verhagelt hat. In ihrem offiziellen Lebenslauf des Jahres 2000 steht dazu *„1972: Wegen einer ‚anti-sozialistischen' Kulturstunde wird sie fast der Schule verwiesen."*[24] Nur durch die guten Beziehungen ihres Vaters, durch sein geschicktes Intervenieren, schließlich aufgrund ihres Canossagangs nach Berlin zum Sekretär des Bundes der Evangelischen Kirchen (BEK), Manfred Stolpe, sei ihr damals die Chance auf ein Studium gewahrt geblieben.[25]

Sie hätte auf ihr großes Interesse an der Solidarność-Bewegung verweisen können, das sie im Sommer 1981, kurz vor Verhängung des Kriegsrechts, allein dreimal nach Polen führt. Sie hätte Gaus erzählen können, wie sie bei der letzten Rückreise aus Polen am 12. August 1981 von DDR-Grenzern beim Schmuggeln von Solidarność-Material erwischt wird. Sie hätte berichten können, wie sich durch günstige Fügung daraus keine negativen Folgen ergeben, obwohl zu diesem Vorfall seitens der DDR-Sicherheitsbehörden ein offizieller Bericht verfasst wird.[26] Aber jahrelang schweigt sie dazu. Erstmals kommen der Vorfall an der Grenze in der nicht autorisierten Biographie von Jacqueline Boysen ausführlicher zur Sprache, vermutlich durch einen Hinweis von Gunter Walther, Merkels Arbeitskollegen und Freund.[27] Merkel selbst erwähnt diesen *Grenzzwischenfall* in einem Nebensatz bei ihrer Rede auf jenem Parteitag in Essen, auf dem sie im April 2000 erstmals zur Vorsitzenden der CDU gewählt werden wird.[28]

Sie hätte von ihren Besuchen in Robert Havemanns legendärem Anwesen am Ufer des Möllensees in Grünheide Alt-Buchhorst erzählen kön-

[24] ‚Angela Merkel: Eine politische Biographie', Wolfgang Stock, 2000, S. 189, Der Vorfall im April 1973 wurde mutmaßlich von Merkel um ein Jahr auf 1972 zurückdatiert. Vermutlich um den Widerspruch zur bestandenen Abiturprüfung und dem nahtlosem Physikstudium in Leipzig zu verwischen. Im Interviewbuch mit Müller-Vogg des Jahres 2005 ist der Eintrag ebenso aus ihrem Lebenslauf entfernt, wie der Eintrag „kurzzeitig FDJ-Kultursekretärin". In der neueren Version fehlt auch der Eintrag bezüglich ihrer Stasi-Opferakte mit dem Vorwurf der ‚politisch-ideologische Diversion'. ‚Angela Merkel: Mein Weg', Hugo Müller-Vogg, 2005, S. 262.

[25] ‚Angela Merkel: Mein Weg', Hugo Müller-Vogg, 2005, S. 54

[26] ‚Das erste Leben der Angela M.', Ralf Georg Reuth, Günther Lachmann, 2013, S. 126

[27] ‚Angela Merkel', Jaqueline Boysen, 2001. S. 59

[28] ‚Merkel wird CDU-Vorsitzende', Phönix, 10.04.2021, min 06:00 https://www.ardmediathek.de/video/phoenix-unvergessene-szenen/merkel-wird-cdu-vorsitzende-onthisday-10-04-2000/phoenix/Y3JpZDovL3dkci5kZS9CZW10cmFnLThmNzgxZjBjLWJhY2EtNDNkZS1hNzcwLTkwOWI4OGUwYjIxYg

nen. Dort, wo der Staatsfeind Nr. 1 der DDR mit seinem Freund Wolf Biermann rauschende Feste unter dem berühmten Kirschbaum feiert. Dort, wo 1976 das junge Dissidenten-Ehepaar Jürgen und Liselotte Fuchs im Gartenhäuschen vorübergehend Schutz vor der Stasi findet. Dort, wo - mit Genehmigung von Erich Honecker - Wolf Biermann seinem Freund an dessen Sterbebett ein letztes Mal die geliebten Lieder vorträgt. Dort schließlich, wo im September 1989 Bärbel Bohley und Havemann-Witwe Annedore, genannt Katja, das Neue Forum gründen. Jene Gruppierung, die im Herbst 1989 für einige Wochen die bedeutendste Oppositionsbewegung der DDR ist. Mit Katja Havemann ist Merkel seit Anfang der achtziger Jahre persönlich bekannt.

Sie hätte vielleicht schon damals aus ihrer Stasi-Akte zitieren können, in der ihr ‚politisch-ideologische Diversion' (PID) vorgeworfen wird. Einem Stigma, dass der DDR-Staat jenen Bürgern anheftet, bei denen bekannt ist, dass sie von der offiziellen politischen Linie abweichen. Ein Vorwurf, der vom SED-Staat regelmäßig mit Ausgrenzung, Kriminalisierung oder Existenzvernichtung geahndet wird, wie der vormalige MfS-Auslandschef Markus Wolf 1990 erläutert.[29] Doch auch dieser Vorwurf hat für Merkel offenbar keine Konsequenzen, denn bereits zwei Jahre später geht es für sie mit dem Segen der Behörden auf Westreise: Im Anschluss an die Hochzeit einer ihrer beiden Cousinen in Hamburg, reist sie zu Professor Reinhart Ahlrichs an die Universität Karlsruhe und danach angeblich noch zu einem bis heute namentlich nicht bekannten Ex-Kollegen nach Konstanz. Äußerst selten dürfte die ‚politisch-ideologische Diversion' eines DDR-Bürgers so milde geahndet worden sein, wie im Fall Angela Merkel.

Festzuhalten bleibt: Statt im Sinne ihrer ehrgeizigen Karriereabsichten mit ihren außerordentlich zahlreichen Kontakten zu Oppositionellen zu wuchern, kommt im Interview 1991 nur eine ihrer typischen, ausweichenden Antworten.

[29] ‚Markus Wolf - ex-Stasi-Chef - DDR-Staatssicherheitsdienst - im Gespräch mit Günter Gaus', 06.08.1990 https://youtu.be/SiGOrkprMA8?t=521

Ganz ähnliche Überlegungen formulieren auch ihre Haus- und Hofbiographen Wolfgang Stock und Evelyn Roll im Hinblick auf die von Merkel publik gemachten Auszüge ihrer Stasi-Akte. Jene dünnen Extrakte, die sie in ihren Biographien lesen will. Im Übrigen hält Angela Merkel ihre Akte bis heute unter Verschluss. Die Akte selbst ist nach der Auflösung der Stasi-Unterlagenbehörde mittlerweile beim Bundesarchiv gelandet. Im Jahr 2023 beantragt Marcel Luthe Einblick in die Akte, so berichtet der Unternehmer und ehemalige Abgeordnete. In der lapidaren Antwort heißt es, dem Archiv liege nichts vor, was es nach Gesetzeslage verpflichtete, dem Antragsteller Einblick in Merkels Stasi-Akte zu gewähren. Eine diesbezügliche Klage ist beim Berliner Verwaltungsgericht anhängig.[30]

Wolfgang Stock schreibt im Hinblick auf die in den Akten formulierten Vorwürfe wie folgt:

„Zur Zeit ihres dreißigsten Geburtstags erhält sie, natürlich ohne dass sie das damals erfahren hätte, in der Stasi-Akte den vermeintlichen Ritterschlag: 'PID-Verbreiter, Kirche' … zwei der schlimmsten Vorwürfe, die es aus Stasi-Sicht gab."[31]

Evelyn Roll formuliert im gleichen Zusammenhang in verblüffend ähnlicher Weise:

„Politisch könnte Merkel vieles von dem, was in ihrer Stasi-Akte steht, als Adelsprädikat vor sich hertragen."[32]

Man kann dabei fast auf den Gedanken kommen, beide Sätze hätte ein und derselbe Autor formuliert. Es bleibt die Frage, warum Merkel denn weder ‚Ritterschlag' noch ‚Adelsprädikat' zu Beginn ihrer Karriere als Wasser auf die eigene Mühle leitet?

---

[30] ‚Indubio Folge 310 – Werden wir über den Tisch gezogen?', achgut.com, 07.01.2024, min. 41:00 https://www.achgut.com/artikel/indubio_folge_310_07_01_2024_werden_wir_ueber_den_tisch_gezogen

[31] ‚Angela Merkel: Eine politische Biographie', Wolfgang Stock, 2000, S. 52

[32] ‚Das Mädchen und die Macht', Evelyn Roll, 2001, S. 95

Angela Merkel, die bescheidene *unbekannte Dissidentin*, oder gibt es dafür eine bessere Erklärung als ihre Bescheidenheit? Hätte ihr dieses Wasser womöglich irgendwann bis zum Halse gestanden?

Prolog Nr.3: Die Bertelsmann-Kanzlerin?

„Machet die Tore weit und die Türen in der Welt hoch, dass der König der Ehre einziehe! Wer ist der König der Ehre? Es ist der Herr, stark und mächtig, der Herr, mächtig im Streit.“ Psalm 24, 7-8

Signet des C. Bertelsmann Verlags von 1835 auf der Grabstätte von Carl Bertelsmann. Foto: Hewa CC-BY 3.0 https://creativecommons.org/licenses/by/3.0

Im Spielfilm ‚Being There' aus dem Jahr 1979 avanciert ein gewisser Chauncey Gardener innerhalb weniger Tage vom Niemand zum Präsidentschaftskandidaten der USA. Anders als Merkel ist Chauncey allerdings nicht sehr intelligent, sondern Analphabet und geistig auf dem Niveau eines Kindes geblieben. Sein bisheriges Leben besteht darin, im Haus seines Arbeitgebers, einem alten Herrn, den Garten zu pflegen und ansonsten zu fernsehen.

Mit der Außenwelt tritt Chauncey erst in Kontakt, als sein alter Herr stirbt und er damit Arbeitsplatz und Wohnung verliert. Chauncey wandert anschließend mit der Fernbedienung in der Hand durch die Straßen Washingtons, in der naiven Erwartung, damit die Wirklichkeit wie die Programme seines Fernsehers steuern zu können. Durch einen kleineren Verkehrsunfall gerät er an ein milliardenschweres Ehepaar namens Rand, das großen Einfluss in der Politik hat. Sie beherbergen ihn in ihrem schlossartigen Anwesen. Ben Rand ist alt und todkrank. Er und seine wesentlich jüngere, attraktive Ehefrau Eve beginnen sich für Chauncey zu begeistern und machen ihn mit dem amtierenden US-Präsidenten bekannt. Rand gehört zu einem elitären Machtzirkel von schwerreichen alten weißen Männern, der nicht nur erheblichen Einfluss auf den Präsidenten hat, sondern faktisch darüber bestimmt, wer Präsident wird und wer nicht.

Der Schlüssel zu Chauncey Gardeners Erfolg liegt in seinem kaum erkennbaren Charakter. Er ist ein Mann ohne störende Eigenschaften. Dieser Umstand ermöglicht es den Rands und bald darauf auch den Medien und der Öffentlichkeit, ihre Hoffnungen und Erwartungen ungehindert auf Chauncey zu projizieren. Gestützt auf Äußerlichkeiten und spärliche, kindhafte Äußerungen von Chauncey, sieht man in ihm die eigenen Ideale perfekt verkörpert. In der Banalität seiner Aussagen glauben man eine hinter Bescheidenheit verborgene Genialität zu erkennen. In seinem gepflegten Äußeren und seinem höflichen Verhalten glaube man seine wahre Größe auszumachen. Da er auf Kritik an anderen weitgehend verzichtet, sich immer mitfühlend und verständnisvoll äußert, bietet Chauncey kaum Angriffsflächen. Obwohl Chauncey zu keiner zwischenmenschlichen Intimität fähig ist, verliebt sich die heißblütige Eve Rand in ihn. Masturbierend glaubt sie mit ihm intim zu sein, während er völlig desinteressiert fernsieht. Am Ende des Films wird Milliardär Ben Rand von seinen *Old Boys* zu Grabe getragen. Am Sarg verständigen sie sich darauf Chauncey zum nächsten Präsidenten zu machen.

Die Person Chauncey Gardener ist natürlich erfunden, doch gibt es das Milliardärs-Ehepaar vielleicht tatsächlich? Gibt es dieses Milliardärs-Ehepaar vielleicht im Leben von Angela Merkel? Könnte es den Namen Mohn tragen und Eigentümer des mächtigen Bertelsmann-Konzerns sein?

Prolog Nr.4: Die Gutsherrin in Südamerika?

Die Hauptstraße der Mennoniten-Siedlung Neuland im Chaco von Paraguay, 1949.

Er kann es nicht glauben! Ja, im ersten Moment kann es der Chronist, der diese Zeilen schreibt, der über Merkels *„Finten, Retraiten und Richtungsveränderungen"* jahrelang recherchiert, einfach nicht glauben!

Ein Anruf am späten Abend. Am anderen Ende der Leitung ist ein Freund aus der fast vergessenen Zeit vor vielen Jahrzehnten am Gymnasium. Ein Freund, der jetzt im Schweizer Kanton Zug lebt und arbeitet. Er kenne *Jemand*, der über einen Landsitz in Südamerika Bescheid wisse, auf dem sich regelmäßig Angela Merkel aufhalte. Ein Landsitz, ausgedehnt, großzügig ausgestattet, mit Pferden auf der Koppel und allem sonstigen Pipapo. Über diese *Estancia* sie offenbar verfügt, als wäre er ihr Eigentum. In den folgenden Tagen nimmt der Chronist zu *Jemand* Kontakt auf. Eine solch unglaubliche Behauptung kann man nicht in die Welt hinausposaunen, ohne über hinreichende Anhaltspunkte zu verfügen. Ein Chronist muss solide arbeiten, nur so bleibt er glaubwürdig. Der Schulfreund gibt ihm die Informationen, die gerade ausreichen, um *Jemand* zu finden und um zu *Jemand* zu fahren. *Jemand* hat Kontakt zu irgendeinem der Menschen, die Merkel transportieren oder für Merkels Sicherheit sorgen oder beim Landsitz wohnen oder Arbeiten am Landsitz durchführen. *Jemand* öffnet dem Autor seine Wohnungstür, aber er bittet ihn nicht herein. Wie der Chronist später erfährt, hat *Jemand* kurz vor dem Besuch mit dem Freund telefoniert und abgewiegelt, sich gar beschwert. *Jemand* lächelt, aber angespannt. Er habe damit nichts zu tun und sei niemals dort gewesen. Man könnte ihm ja schriftlich etwas zukommen lassen. *Jemand* wird auf das Schreiben nie antworten. Man bohrt im Umfeld von *Jemand* nach. Alles, was herauszubekommen ist, passt zur Geschichte. Allerdings kommt man mit vertretbarem Aufwand nicht an Beweise und Details heran. Doch *Jemand* hat *eines* nicht gemacht: Er hat während des kurzen Gesprächs *nichts* abgestritten.

Im Hinblick auf die Informationen, die vorliegen, kommt der Chronist zum Schluss: Die Sache mit dem Landsitz stimmt. Es gibt keinen abschließenden Beweis. Es gibt nicht viele Details, aber die sich aufdrängende Folgerung ist, dass Merkel über mindestens einen Landsitz mehr als dem bekannten Ferienhäuschen in der Uckermark verfügt. Die Kanarischen Inseln könnten für Angela Merkel nicht Urlaubsziel, sondern eher Umsteigebahnhof Richtung Südamerika sein.

Am Ende des Jahres 2021 stellt sich noch die Frage, warum der Landsitz in einer so abgelegenen Gegend Südamerikas liegt. Man könnte sich tausend schönere Plätze für den Alterssitz einer *Elder Stateswoman* vorstellen als ein ebenes, trockenes Steppengebiet. Wenige Monate später spricht man in Europa von einem drohenden Atomkrieg. Die Kriegstreiberei, insbesondere deutscher Politiker, lässt auch nicht nach, als sich am Jahresende 2023 längst ein Scheitern westlicher Aspirationen in der Ukraine abzeichnet. Wäre man als Gutsherrin in Südamerika nicht beruhigend weit weg vom Schuss, wenn es in Europa knallt?

Prolog Nr.5: Die Musterschülerin des WEF?

In keiner Biographie wurden bisher die Verbindungen Merkels zum Gründer des World Economic Forum (WEF), Klaus Schwab, thematisiert. Nach dem Fall es Eisernen Vorhangs bemüht sich diese Organisation äußerst erfolgreich darum, eine international ausgerichtete Elite von Politikern heranzuziehen, die einer ungehemmten Globalisierung Vorschub leistet. Zu diesem Zweck hat **Klaus Schwab** das Karrierenetzwerk ‚Global Leaders of Tomorrow' (ab 2004 ‚Young Global Leaders') etabliert, in das Angela Merkel schon 1993 aufgenommen wird. Ihre Jahrgangsgenossen sind keine Geringeren als **Tony Blair**, **Gordon Brown**, **Nicholas Sarkozy**, **José Maria Aznar**, **Manuel Barroso** sowie der Software-Unternehmer **Bill Gates**.[33] Auch **Vladimir Putin** und **Viktor Orbán** sind sozusagen Kommilitonen.

Offenbar war die Teilnahme an diesem Programm außerordentlich karrierefördernd und bei der Ausrichtung der internationalen Politik ist es ein unschätzbarer Vorteil, dass sich viele Spitzenpolitiker bereits seit Jahren oder Jahrzehnten kennen. Auch die Verbindung zu globalen Konzern- und Finanzoligarchen, beispielsweise zu Bill Gates, ist dabei sicherlich hilfreich. Gates wird in Zeiten von Corona die zentrale Figur bei der Propagierung eines weltweiten Impfwahns. Einem Wahn, der

---

[33] ‚THE WORLD ECONOMIC FORUM A Partner in Shaping History', 2019 https://web.archive.org/web/20200706162303/https://www3.weforum.org/docs/WEF_A_Partner_in_Shaping_History.pdf

während der Coronakrise rücksichtslos umgesetzt wird und allein in Deutschland tausenden bisher völlig gesunden Menschen die Gesundheit oder gar das Leben kostet.

„Komm! ins Offene, Freund!“
aus ‚Der Gang aufs Land. An Landauer’ von
Friedrich Hölderin

Blick aus dem Fenster in einen Hinterhof der Berliner Marienstraße, gemalt von Adolph von Menzel im Jahr 1865. In einem solchen Seitenflügel in der Marienstraße wohnen **Angela** und **Ulrich Merkel** ab 1978. Drei Jahre später zieht Angela aus.

Angela Merkel im Überblick

von Carl Czerny

Bundeskanzlerin Merkel erhält als zweite Deutsche am 7. Juni 2011 von Präsident Obama die Freiheitsmedaille. Der erste Deutsche vor ihr war Bundeskanzler Kohl, der die Auszeichnung 1999 von Präsident Clinton erhielt. Kohl war zuerst Merkels wichtigster Förderer und später ihr prominentestes Opfer. Foto: Pete Souza

Kanzlerin der Widersprüche

Auch nach dem Ende ihrer sechzehnjährigen Kanzlerschaft und mehr als drei Jahrzehnte nach ihrem Einstieg in die bundesdeutsche Politik bleibt Angela Merkel ein Rätsel.

Kein bundesdeutscher Kanzler vor ihr hat so abrupt und vollständig politische Grundsätze, Positionen und Werte aufgegeben oder gar ins Gegenteil verkehrt wie Angela Merkel. Und doch verbinden viele mit ihr noch immer Kontinuität und Zuverlässigkeit.

Kein bundesdeutscher Kanzler vor ihr hat so lange und so verlustreiche Kriege gefordert und geführt wie Angela Merkel. Und doch gilt sie vielen Deutschen noch immer als Garantin für Ausgleich und Frieden, Ruhe und Ordnung.

Kein bundesdeutscher Kanzler vor ihr hat Deutschland so massiv und dauerhaft geschadet wie Angela Merkel. Und doch ist sie vielen noch immer als Bewahrerin von Sicherheit und Wohlstand in Erinnerung.

Kein bundesdeutscher Kanzler vor ihr hat Europa durch ihre unverantwortliche Migrationspolitik und fehlgeleitete Währungspolitik so gespalten wie Angela Merkel. Und doch spricht man von ihr noch immer als die Kanzlerin, die Europa zusammengehalten hat.

Kein bundesdeutscher Kanzler vor ihr hat die freiheitliche demokratische Grundordnung so beschädigt wie Angela Merkel. Und doch ist sie für viele noch immer die Verkörperung von Freiheit, Rechtsstaatlichkeit und Demokratie.

Merkel hat nicht weniger gelogen als irgendein bundesdeutscher Kanzler vor ihr, sondern allenfalls besser. Im Hinblick auf ihr Vorleben und ihre Herkunft hat sie wahrscheinlich mehr gelogen als alle Kanzler vor ihr zusammen. Eine ihrer dreistesten Lügen ist sogar von der

Deutschen Welle, also gewissermaßen halbamtlich, festgestellt.[34] Und doch wird Merkel noch immer als Person von hoher persönlicher Integrität und Glaubwürdigkeit betrachtet.

Behauptungen ohne Belege sind natürlich Schall und Rauch. In unserer Recherche finden sich hunderte Referenzen und Nachweise, welche die getroffenen Aussagen transparent belegen. In einer umfangreichen Schrift bleiben auch Fehler nicht aus. Diese werden umgehend korrigiert, sobald sie erkannt sind.

Hier folgen nun drei Beispiele, welche Kehrtwenden Merkels dokumentieren:

Erstes Beispiel: Merkel spricht im Interview mit Hugo Müller-Vogg davon, dass *„die Bilanz der Zuwanderung in den letzten fünfzig oder vierzig Jahren, wenn man die Sozialhilfe und alles hinzurechnet, negativ für Deutschland ausfällt."*[35]

Im Zusammenhang mit der Visa-Affäre wirft sie Joschka Fischer 2006 vor, er habe *„offensichtlich von dem massenhaften Visa-Missbrauch von Zwangsprostituierten, Schwarzarbeitern und Kriminellen die Augen verschlossen."*[36]

Zehn Jahre später ermöglicht Merkel die unkontrollierte Zuwanderung von Millionen Menschen gänzlich ohne Visa und anfänglich zu weit über fünfzig Prozent ohne Papiere. Auch nach Jahren sind weit über die Hälfte von ihnen von Transferleistungen, also Sozialhilfe, abhängig. Der Anteil an Sozialhilfeempfängern ausländischer Herkunft wird sich in der Zeit zwischen 2010 und 2021 von zwanzig Prozent auf fast vierzig Prozent verdoppeln.[37]

---

[34] ‚Merkel im Faktencheck', DW, 29.07.2016 https://web.archive.org/web/20160729144713/https://www.dw.com/de/merkel-im-faktencheck/a-19437032

[35] ‚Angela Merkel: Mein Weg', Hugo Müller-Vogg, 2005, S. 197

[36] ‚Merkel: Visa-Affäre ist eine Affäre Fischer' Die WELT, 13.02.2005 https://web.archive.org/web/20190413120639/https://www.welt.de/politik/article424841/Merkel-Visa-Affaere-ist-eine-Affaere-Fischer.html

[37] ‚So viel gibt Deutschland für ausländische Hartz IV-Empfänger aus', Junge Freiheit, 01.08.2022 https://web.archive.org/web/20220801085637/https://jungefreiheit.de/politik/deutschland/2022/hartz-iv-auslaender/

Merkels Aussagen gegenüber Müller-Vogg würden heute, zwanzig Jahre später, heftige Attacken nach sich ziehen im sogenannten ‚Kampf gegen Rechts', den sie mit viel Steuergeld subventioniert hat.

Zweites Beispiel: In einer Rede vor dem Bundestag im Jahr 2002 rüffelt Merkel Gerhard Schröder wegen dessen Verhalten angesichts eines islamistischen Terroranschlags in Tunesien, und sie fragt: *„Was ist die Lehre aus dem Schicksal der Deutschen, die auf der tunesischen Insel Djerba an einem Urlaubstag im April dieses Jahres nach einem Bombenattentat in der Synagoge ihr Leben verloren?"*[38]

Zwölf Jahre später vermeidet sie es fast ein ganzes Jahr lang den Opfern des Anschlags vom Breitscheidplatz zu kondolieren.[39] Die Schicksale der Deutschen, der Tschechin, der Italienerin, der Israelin, des Polen und der Ukrainer, die auf dem Breitscheidplatz zermalmt, zerfetzt oder vom Attentäter erschossen wurden, lassen Merkel eiskalt. Djerba liegt rund 2500 Kilometer vom Kanzleramt in Berlin entfernt. Der Breitscheidplatz liegt 4 Kilometer vom Kanzleramt in Berlin entfernt. *„Wer ihr gegenübersteht, erkennt: Da sind keine kalten Augen. Im Gegenteil: Da ist viel Wärme"*, sagt Liz Mohn 2003 einmal voller Inbrunst über Merkel.[40] Bei jener Wärme handelt es sich wohl eher um die heiße Luft einer Fata Morgana.

Drittes Beispiel: Ab dem Leipziger Parteitag der CDU im Jahr 2003 inszeniert sich Angela Merkel als Radikalreformerin. Zitat: *„Deutschland kann mehr. Deutschland muss Wachstum schaffen. Genau da ordnet sich unser*

---

[38] Bundestagsrede von Angela Merkel, Deutscher Bundestag, 13.09.2002
https://dserver.bundestag.de/btp/14/14253.pdf
https://youtu.be/2UDzgBk9AYE?t=378

[39] ‚Eine tragische Folge der politischen Untätigkeit', Der Tagesspiegel, 03.12.2017
https://web.archive.org/web/20221106064819/https://www.tagesspiegel.de/berlin/attentat-am-breitscheidplatz-eine-tragische-folge-der-politischen-untatigkeit-3904702.html

[40] ‚Weibliche Übernahme: Wie Frauen in Deutschland sich die Macht nehmen', Ulrike Posche, 2004
https://books.google.de/books?id=EchwAgAAQBAJ&pg=PT70&dq=%E2%80%9EDa+sind+keine+kalten+Augen%E2%80%9C&hl=en&newbks=1&newbks_redir=0&sa=X&ved=2ahUKEwiV_56rl5j8AhWpsKQKHXabB7AQ6AF6BAgHEAI#v=onepage&q=%E2%80%9EDa%20sind%20keine%20kalten%20Augen%E2%80%9C&f=false

Projekt der Zukunft der sozialen Sicherungssysteme ein.“[41] Gesundheitsprämie, Kapitaldeckung der Pflegeversicherung und höheres Renteneintrittsalter sind damals ebenso Schlagworte, wie der Aufruf ans Volk, doch endlich länger zu arbeiten. Guten Rat steuern McKinsey-Leute, die Bertelsmann-Stiftung und die sogenannte Herzog-Kommission bei. George W. Bush schickt zur Durchsetzung des neoliberalen Kurses auch noch den notorischen Einpeitscher Jeffrey Gedmin vom Aspen-Institut über den Atlantik.[42] *„Wir haben eine Doppelmoral, wir haben Widersprüche, wir sind heuchlerisch, aber das bedeutet nicht, dass wir unaufrichtig sind,“* sagt der einmal.[43] Mit Beiträgen in der WELT und im SPIEGEL macht Gedmin klar, was ein deutscher Bundeskanzler zu tun und zu lassen hat.[44] [45] Ein Kurzportrait des Kontaktmanns Gedmin liefert die taz 2006.[46]

Bundeskanzler Schröder ist nach der verweigerten deutschen Beteiligung am Irakkrieg in Washington *Persona non grata,* also muss Merkel bald Kanzlerin werden - und Schröder gehen. Doch am 18. September 2005 fehlen Schröder gerade mal fünfhunderttausend Stimmen oder ein Prozent zum Verbleib im Kanzleramt. Ohne den Rückenwind von Springer, Bertelsmann und allen wichtigen Umfrageinstituten wäre Merkel 2005 niemals Kanzlerin geworden. Ihr damaliger Wahlkampf wird von klugen Beobachtern als misslungen bezeichnet.[47] Wirklich verloren hat Schröder diese Wahl aber erst mit seinem polternden Auftritt bei der Elefantenrunde am Abend des 18. September 2005. Mit dieser Steilvorlage verschafft er Merkel die Opferrolle, die sie zur Kanzler-

---

41 17. Parteitag der CDU Deutschlands 1.–2. Dezember 2003, Leipzig, Protokoll https://web.archive.org/web/20190927122629/https://www.kas.de/c/document_library/get_file?uuid=27a0f352-6bd6-4095-9c70-dd684970121a&groupId=252038

42 ‚Betr.: JEFFREY GEDMIN‘, taz, 09. 12. 2006 https://web.archive.org/save/https://taz.de/!342997

43 ‚Smart Power Speaker Series with Jeffrey Gedmin‘, Center for Strategic & International Studies, 25.03.2016 https://youtu.be/PQ05Iry59V8?t=857

44 ‚Jeffrey Gedmin, Aspen-Institut‘, Die WELT, 12.03.2003 https://web.archive.org/web/20190418071420/https://www.welt.de/print-welt/article467970/Jeffrey-Gedmin-Aspen-Institut.html

45 ‚Manchmal leidet Schröder an Selbstüberschätzung‘, Der SPIEGEL, 25.09.2003 https://web.archive.org/web/20210507004336/https://www.spiegel.de/politik/ausland/interview-mit-aspen-direktor-gedmin-manchmal-leidet-schroeder-an-selbstueberschaetzung-a-266930.html

46 ‚Der freundliche Amerikaner‘, taz, 29. 4. 2003 https://web.archive.org/save/https://taz.de/Der-freundliche-Amerikaner/!783996

47 ‚Medienkanzler‘, Thomas Brinkner (Hrsg.), 2015, S. 288

schaft führt. Ein bundesdeutscher Anti-Held wird geboren: nüchtern, bescheiden, weiblich.[48] Am 22. November 2005 erfolgt die glanzlose Wahl der Kanzlerin, bei der ihr etwa fünfzig Abgeordnete der Koalition die Stimme verweigern.

Der Journalist Dirk Kurbjuweit fragt später bei Merkel *„immer mal wieder"* nach: *„Kommt das Programm aus tiefster Überzeugung?"*[49] Merkel schildert ihm ihre Motivation nochmals fundiert und ausführlich, daraus folgerte er: *„Ich halte es aus diesen Gründen für wahrscheinlich, dass die Radikalreformerin Angela Merkel nicht nur ein PR-Gag war, sondern Angela Merkel selbst ..."*[50] Auch als Merkel 2008 gegenüber der SPD einknickt und Teile der angepackten Reformen zurücknimmt, glaubt er nach einer erneuten Gardinenpredigt Merkels, *„dass Leipzig ernst gemeint war, nicht nur eine Masche"*.[51]

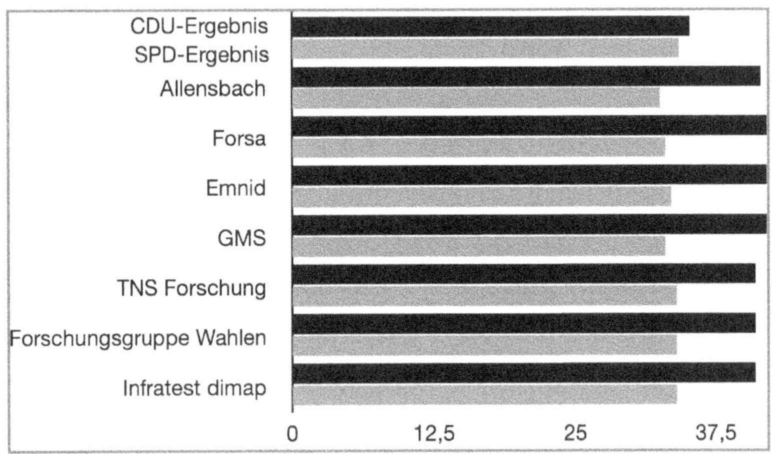

Wahlprognosen und Ergebnisse für CDU und SPD bei der Wahl 2005.

„Ohne den Rückenwind von Springer, Bertelsmann und allen wichtigen Umfrageinstituten wäre Merkel 2005 niemals Kanzlerin geworden."

---

[48] ‚Medienkanzler', Thomas Brinkner (Hrsg.), 2015, S. 288
[49] ‚Angela Merkel: Kanzlerin für alle?', Dirk Kurbjuweit, 2009, S. 70
[50] ‚Angela Merkel: Kanzlerin für alle?', Dirk Kurbjuweit, 2009, S. 72
[51] ‚Angela Merkel: Kanzlerin für alle?', Dirk Kurbjuweit, 2009, S. 86

Vierundfünfzig Seiten später schreibt er in seinem Porträt aus dem Jahr 2009 schließlich: *„Ihre Entschlossenheit während des Leipziger Parteitags erschien nun endgültig als ein Ausrutscher ihrer Biographie."*[52]

Auch von der ‚Klimakanzlerin' weiß sich Merkel bald nach dem gefeierten Gipfel von Heiligendamm abzusetzen: *„Sie schaffte sich als Klimakanzlerin ab, so wie sie sich als Reformpolitikerin abgeschafft hatte."*[53]

Hier zeigen sich drei Dinge:

1. Merkel erzählt eine Geschichte nach außen hin jahrelang geduldig, ausdauernd und glaubhaft weiter, obwohl sie sich tatsächlich schon längst von ihr verabschiedet hat.

2. Journalisten, die Merkel gut kannten, trauten ihr schon früh solche Finten zu. Der Anschein ihrer ‚persönlichen Integrität' ist also nichts weiter als wiederum eine Täuschung. Die Finten werden von den Journalisten allerdings nicht enthüllt, wie der naive Staatsbürger vielleicht denkt, sondern sie werden von ihnen verhüllt.

3. Selbst gestandene Journalisten wie Kurbjuweit ließen sich von Merkel regelmäßig und gründlich den Kopf waschen. Er berichtet gar von Applaus bei Hintergrundgesprächen. Ganz offensichtlich ging es bei diesen Gesprächen weniger um Information als um Indoktrination, ein Feld, auf dem Merkel schon aus ihrer Zeit als ‚Kulturbeauftragte' bei der FDJ über reichliche Erfahrung verfügt.

---

52 'Angela Merkel: Kanzlerin für alle?', Dirk Kurbjuweit, 2009, S. 140

53 'Angela Merkel: Kanzlerin für alle?', Dirk Kurbjuweit, 2009, S. 140

Die Pfarrerstochter aus der Uckermark

Im Herbst des Wendejahrs 1989 steigt eine unscheinbare junge Frau aus einer wissenschaftlichen Karriere im SED-Staat aus und tritt in eine politische Karriere im bald gesamtdeutschen BRD-Staat ein. Wie aus dem Nichts kommt sie hinter den Staubwolken des implodierten Arbeiter- und Bauernstaates hervor. Nach wenigen Wochen ist sie Pressesprecherin der aufstrebenden Parteigründung ‚Demokratischer Aufbruch', angeführt von Kirchenanwalt **Wolfgang Schnur**. Nur vier Monate später wird sie trotz der krachenden Wahlniederlage dieser Partei stellvertretende Sprecherin der letzten DDR-Regierung unter Rechtsanwalt und Synoden-Vizepräses **Lothar de Maizière**. Kaum ein Jahr danach ist sie Bundesministerin und nach weiteren zehn Monaten stellvertretende Bundesvorsitzende der CDU. In nicht einmal vierundzwanzig Monaten hat Merkel damit erreicht, wofür andere Jahrzehnte brauchen.

Zwei ausgebrannte Raketenstufen taumeln schon damals, Ende 1991, am Rande ihrer Flugbahn: **Wolfgang Schnur**, erster Vorsitzender des Demokratischen Aufbruchs, und **Lothar de Maizière**, letzter Ministerpräsident der DDR. Beide sind Figuren aus dem zwielichtigen Umfeld von Merkels Vater, dem Pfarrer, Seminarleiter und Kirchenpolitiker **Horst Kasner**, und beide sind hochkarätige Agenten der DDR-Staatssicherheit. Schon Lothars Vater, der Rechtsanwalt und Stasi-IM **Clemens de Maizière**, und Horst Kasner kannten sich gut. Bis heute ist eine geheimdienstliche Tätigkeit von Vater Kasner nicht belegt. Allerdings klaffen in den Aktenbeständen, die seine Person betreffen, verdächtig große Lücken. Auf Schnur und de Maizière folgen noch weitere ausgebrannte Raketenstufen. **Helmut Kohl** ist die vielleicht bekannteste, die **CDU/CSU** die bedeutendste. Möglich ist aber auch, dass sich nach den Merkel-Jahren Deutschland insgesamt in einen gänzlich gescheiterten Staat verwandelt und auch noch Westeuropa mit in den Abgrund reißt. Das wäre dann sozusagen die größte anzunehmende ausgebrannte Raketenstufe, die Merkel hinterlässt.

Bereits im Jahr 1991 macht die Pfarrerstochter aus der Uckermark zu ihrem Leben in der DDR und der Rolle ihres Vaters, einem Pfarrer mit großer Nähe zum DDR-Regime, in wichtigen Punkten falsche und irreführende Angaben. Am 15. September 1991 ist in der Frankfurter Allgemeinen Sonntagszeitung ein Satz von ihr abgedruckt, der das ‚System Merkel' erkennen lässt:

„Ich selbst war während meines Studiums einmal Kulturreferentin in der FDJ und habe mich um die Bestellung von Theaterkarten gekümmert."[54]

In einem harmlosen Satz, der wahrscheinlich mit ihrem ‚Alles-in-Ordnung' - Gesicht ausgesprochen wurde, versteckt Merkel hinter einer kleinen Beichte drei große Lügen. Sodass der arglose Leser gar nicht umhinkommt, dieser aufrichtigen Frau ihre kleine und einmalige Jugendsünde zu vergeben: Nun hat sie es ja freiwillig gebeichtet und die Wahrheit hinter diesen Worten wird gar nicht erst gesucht. Drei Dinge gibt es dazu zu sagen:

1. Merkel war nie *„Kulturreferentin"*, *„Kulturbeauftragte"* oder *„Sekretärin für Kultur"*, wie sie immerzu behauptete, denn diese Funktionen gab es in der FDJ gar nicht. Ihre Stellenbezeichnung lautete nach zuverlässigen Angaben ihrer ehemaligen Genossen ‚FDJ-Sekretärin für Agitation und Propaganda' und diese Funktion gab es in der FDJ auch tatsächlich.

2. Merkel war nicht etwa während ihres Studiums FDJ-Sekretärin für Agitation und Propaganda, sondern ehrenamtlich während ihrer beruflichen Tätigkeit als Wissenschaftlerin im Zentralinstitut für Physikalische Chemie an der Akademie der Wissenschaften bis zum Alter von rund dreißig Jahren.

3. Merkel hat sich in dieser Funktion nicht nur um Theaterkarten gekümmert, sondern auch um die Indoktrination und Linientreue ihrer jungen Kollegen im Sinne der DDR Staatsdoktrin von Marx und Lenin. Ihr Ruf als *„Pfarrerstochter und Physikerin, die in der FDJ mitmacht"*, drang

---

[54] 'Angela Merkel', Gerd Langguth, 2005 S. 85

selbst zum damaligen Ersten Sekretär des Zentralrates der FDJ, Genosse **Egon Krenz**, vor.[55]

Krenz, der Stellvertreter und Nachfolger von Erich Honecker, hörte von Merkel als er in den achtziger Jahren an einer FDJ-Delegiertenversammlung an der Akademie der Wissenschaften teilnahm.

Auch nachdem jedem, der sich mit Angela Merkel ernsthaft biographisch beschäftigt, vollkommen klar ist, dass sie am Zentralinstitut für Physikalische Chemie (ZIPC) FDJ-Sekretärin für Agitation und Propaganda war, bleibt Merkel ihrer alten Lüge treu. Mit der oftmals gerühmten ‚persönlichen Integrität' von Angela Merkel ist es also allerspätestens im Jahr 1991 vorbei. Eine Tatsache, die durch unzählige kleine und große Lügen belegt ist. Die kurpfälzer Frohnatur **Hugo Müller-Vogg** hat Merkel in einem Interview des Jahres 2003 so weit eingeseift, dass der sogar nachfragt, ob sie damals mit ihrer *„Kulturarbeit"* das *„System mit den eigenen Mitteln schlagen wollte?"*!

Merkels FDJ-Clique am Institut hat es durchaus in sich. Der damalige Leiter, Hans-Jörg Osten, wird erst 2013 als Stasi-Auslandsspion IM ‚Einstein' enttarnt. Für seine Spitzeltätigkeit nutzte er in den achtziger Jahren einen Forschungsaufenthalt an der University of Illinois in Chicago.

Bei ihrem engen Freund und vormaligem Kollegen Michael Schindhelm fliegt die Tarnung schon im Jahr 2000 auf. Ihn versucht die Stasi mit dem Versprechen einer internationalen Wissenschaftskarriere für die Auslandsspionage zu ködern. Und ihr sehr guter Kollege und Freund Frank Schneider, mit dem sie auch gemeinsam publiziert hat, wird bereits 1994 als Stasi-Spitzel überführt.

Merkels Legenden lassen sich ohne Skandal nur durchhalten, weil etliche medialen Sandmännchen für Merkel die passenden Kulissen

---

[55] Egon Krenz - Zeugen des Jahrhunderts(English sub - 2017), ZDF, Zeugen des Jahrhunderts", 01.05.2016, 0h20 https://www.youtube.com/watch?v=DEgbZzbvSUo&t=1590s

schieben. Und weil sich Merkel schamlos aus den vier Reservoirs bedient, auf die sich ihre Glaubwürdigkeit als Kanzlerin stützt:

1. Die christliche Ausrichtung einer protestantischen Pfarrerstochter.

2. Die wissenschaftliche Kompetenz und Objektivität einer Physikerin.

3. Die Premiere einer Frau im Kanzleramt.

4. Die besondere Lebensgeschichte einer in Hamburg geborenen Ostdeutschen.

Wie diese Biographie zeigt, basiert das Vertrauen, aus dem Merkel schöpft, auf einem mit äußerster Raffinesse und Akribie inszeniertem Trugbild. Merkel kontrolliert zusammen mit ihrer langjährigen Büroleiterin **Beate Baumann** von Anfang an bis ins kleinste Detail nahezu alles, was von ihr und über sie nach außen dringt. Bei ihren gedruckten Interviews stammen nicht nur die redigierten Antworten von Merkel und Baumann, sondern häufig selbst die Fragen. Mit dem gesprochenen Wort haben sie bei Drucklegung nichts mehr gemein und die beteiligten Journalisten dienen schlicht als Glaubwürdigkeitsbeschaffer für einen von den beiden fabrizierten Monolog, der als Interview getarnt veröffentlicht wird.

Die Grenze zum Abgründigen überschreitet Merkel vollends, wenn sie sich mit der selbstheiligenden Floskel *„Ich bin mit mir im Reinen."* in schöner Regelmäßigkeit Absolution in eigener Sache erteilt.[56] [57] [58] [59] Einmal ist Merkel sogar *„unglaublich im Reinen"* mit sich.[60] *„Unglaublich im Reinen"*, selbst ihre begabtesten Kritiker könnten es nicht besser formulieren. Ein nüchterner Beobachter kann beim Blick auf die Faktenlage hingegen nur zu einem Schluss kommen: Bei Merkel ist *nichts* im Reinen.

---

[56] ‚Ich weiß, wohin ich will', Der SPIEGEL, 16.07.2006
https://web.archive.org/save/https://www.spiegel.de/politik/ich-weiss-wohin-ich-will-a-59417da6-0002-0001-0000-000047602963

[57] ‚Ich habe gewisse kamelartige Fähigkeiten', SZ, 02.05.2013
https://web.archive.org/web/20130504030246/https://www.sueddeutsche.de/politik/kanzlerin-merkel-im-live-interview-ich-habe-gewisse-kamelartige-faehigkeiten-1.1664062

[58] ‚Der große Ostereiertanz', Capital, 26.03.2021
https://web.archive.org/web/20220316080526/https://www.capital.de/wirtschaft-politik/der-grosse-ostereiertanz

[59] ‚Merkel: „Ich wusste, was Putin denkt"', WirtschaftsWoche, 08.06.2022
https://web.archive.org/web/20220608095522/https://www.wiwo.de/politik/deutschland/schuld-und-buehne-merkel-ich-wusste-was-putin-denkt/28406984.html

[60] ‚Bundeskanzlerin Angela Merkel – Eine Karriere ohne Beispiel', Berliner Morgenpost, 30.10.2018
https://web.archive.org/web/20181030111736/https://www.morgenpost.de/politik/article215681531/Bundeskanzlerin-Angela-Merkel-Eine-Karriere-ohne-Beispiel.html

Die Totalinszenierung[61]

Angela Merkel und US-Außenminister Michael R. Pompeo am 31. Mai 2019 in Berlin

Foto: Ron Przysucha

Im Oktober 1991 führt Fotografin **Herlinde Koelbl** mit Merkel ein erstes Interview, aus dem der folgende Dialog stammt. Koelbl ist es zu verdanken, dass bei ihrer Merkel-Ausstellung im Deutschen Historischen Museum im Sommer 2022 Ausschnitte von Original-Tonbandaufzeichnungen zu hören waren, die hier die wörtliche Wiedergabe ermöglichen:

Koelbl: *„Sind Sie ein gläubiger Mensch?"*

Merkel: *„Ein gläubiger Mensch?"*

Koelbl: *„Glauben Sie?"*

Merkel: *„Ich denke, dass ich zumindest eine eigene Art von Glauben habe."*

---

[61] Den Begriff „Totalinszenierung" zur Charakterisierung von Merkels Öffentlichkeitsarbeit stammt von SPIEGEL-Journalist Dirk Kurbjuweit: ‚Kanzlerin für alle?', S. 61

Koelbl: *„Was ist Ihre eigene Art zu glauben?"*

Merkel: *„Ich habe vielleicht einen sachlichen Gottesglauben und nicht so eine emotionale Frömmigkeit."*

Merkel führt weiterhin aus, dass sie an schlechten Tagen eher gläubig sei als an guten und das Singen entschieden liebe.

Abgedruckt wurde dieser Dialog in Koelbls Bildband ‚Spuren der Macht' wie folgt:

Koelbl: *„Woran glauben Sie?"*

Merkel: *„Ich glaube, daß diese Welt begrenzt und endlich ist und daß über ihr etwas ist, was die Welt erst erträglich gestaltet, ob wir es nun Gott oder eine übergeordnete Größe nennen. Und dass uns dieses übergeordnete Prinzip zu bestimmten Leistungen fähig macht. Wahrscheinlich ist mein Glaube nicht gerade vorbildlich, denn ich tendiere dazu an guten Tagen weniger zu glauben als an schlechten. Aber ich finde es beruhigend, dass es so etwas wie die Kirche gibt. Es entlastet mich und hilft mir, in meiner Begrenztheit zu leben. Dass der Mensch sündigen darf und ihm diese vergeben wird, ist für mich eine Erleichterung. Sonst würde man ja verrückt werden. Obwohl ich früher Physikerin war, suche ich in der Kirche nicht das Rationale, weshalb mich Predigten nicht besonders reizen. Was ich suche, ist eher das Emotionale. Ich liebe es zum Beispiel sehr in Gottesdiensten zu singen."*

Was der abgedruckte Text noch mit dem ursprünglich gesprochenen Wort gemein hat, ist für jeden ersichtlich. Salbungsvoll beruhigt uns jedoch Herlinde Koelbl:

„Sie hat mich nie gebeten, die Fotos vorzulegen. Sie hat nicht den geringsten Versuch gemacht, etwas zu kontrollieren. Sie hat mir überlassen, welche Fotos ich aussuche. Das spricht für ihre große Souveränität und Uneitelkeit."[62]

---

[62] ‚Merkel-Porträts im DHM', rbb, 27.04.2022
https://web.archive.org/web/20220427163814/https://www.rbb24.de/kultur/beitrag/2022/04/herlinde-koelbl-angela-merkel-dhm-berlin.html

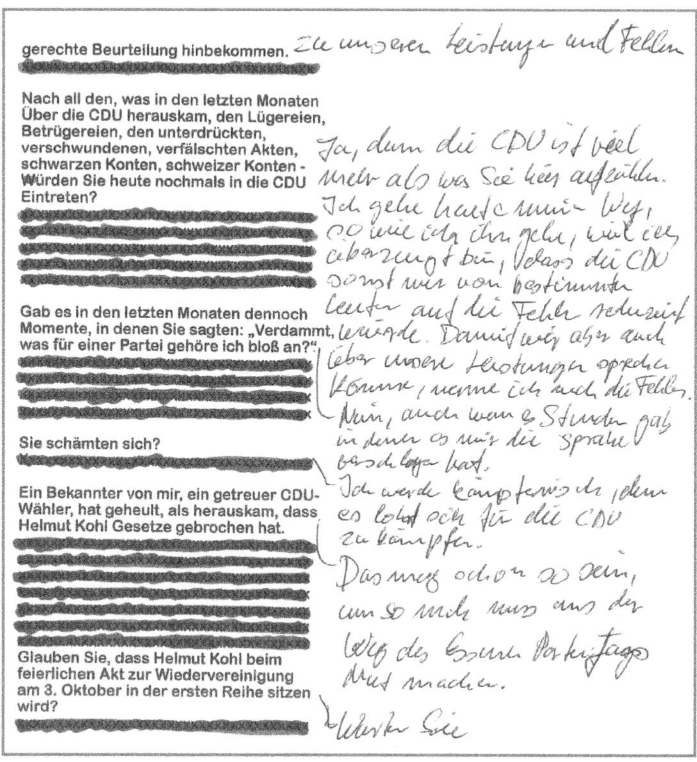
gerechte Beurteilung hinbekommen. Zu unseren Leistungen und Fehlern

Nach all den, was in den letzten Monaten Über die CDU herauskam, den Lügereien, Betrügereien, den unterdrückten, verschwundenen, verfälschten Akten, schwarzen Konten, schweizer Konten - Würden Sie heute nochmals in die CDU Eintreten?

Ja, denn die CDU ist viel mehr als was Sie hier aufzählen. Ich gehe heute meinen Weg, so wie ich ihn gehe, weil ich überzeugt bin, dass die CDU sonst nur von bestimmten Leuten auf die Fehler reduziert würde. Damit wir aber auch über unsere Leistungen sprechen können, nenne ich auch die Fehler.

Gab es in den letzten Monaten dennoch Momente, in denen Sie sagten: „Verdammt, was für einer Partei gehöre ich bloß an?"

Nein, auch wenn es Stunden gab in denen es mir die Sprache verschlagen hat.

Sie schämten sich?

Ich werde kämpferisch, denn es lohnt sich für die CDU zu kämpfen.

Ein Bekannter von mir, ein getreuer CDU-Wähler, hat geheult, als herauskam, dass Helmut Kohl Gesetze gebrochen hat.

Das mag schon so sein, um so mehr muss uns der Weg des Essener Parteitages Mut machen.

Glauben Sie, dass Helmut Kohl beim feierlichen Akt zur Wiedervereinigung am 3. Oktober in der ersten Reihe sitzen wird?

Werden Sie

Replikat der Korrekturen eines Interviews von Angela Merkel mit Arno Luik. Eine Abbildung der Originalkorrekturfahne findet sich im Interviewband ‚Als die Mauer fiel, war ich in der Sauna.' von Arno Luik, erschienen im Westend-Verlag, auf S. 10.

Vielleicht sieht Koelbl diese *„große Souveränität und Uneitelkeit"* auch bei Merkels entstellender Zensur des Interviews oder bei der stockenden Beantwortung der Glaubensfrage am Werk. Ihre Behauptung, dass es bei der Bilderauswahl tatsächlich keine Intervention seitens Merkel gab, sei in Anbetracht ihres evidenten Kontrollwahns dahingestellt. Journalist Kurbjuweit nennt Merkels Streitereien mit Fotografen jedenfalls

„legendär“ und schreibt 2005 über Merkel: *„Kameras kann sie schon gar nicht ertragen.“*[63] [64]

Die Ursprungsfrage sollte eine Pfarrerstochter, die wahrscheinlich nicht zum ersten Mal mit der *Gretchenfrage* konfrontiert wird, eigentlich nicht überfordern. Im Hinblick auf die gesprochene, aber auch auf die gedruckte Antwort, hört man Goethes Gretchen seufzend resümieren:

„Wenn man's so hört, möcht's leidlich scheinen,

Steht aber doch immer schief darum;

Denn du hast kein Christentum.“

Wer glaubt, dass die Interviewpassage aus dem Jahr 1991 ein herausgegriffenes Extrembeispiel ist, das Merkels Zensur übertrieben darstellt, täuscht sich. Im jüngsten Interview-Sammelband von Journalist **Arno Luik** ist die Korrekturfahne eines Gesprächs des Jahres 2000 mit der CDU-Generalsekretärin Angela Merkel abgedruckt. Gut zwei Drittel ihrer Antworten dort sind durchgestrichen und durch neue Antworten ersetzt, die Merkel persönlich handschriftlich ergänzte. Nach Auskunft von Luik wurden auch etliche seiner Fragen gestrichen und neue formuliert.[65] Auch der Journalist **Hugo Müller-Vogg**, der mit Merkel ein umfangreiches, als Buch veröffentlichtes Interview geführt hat, nennt Merkel einen *„Kontrollfreak“* und erwähnt in diesem Zusammenhang auch ausdrücklich **Beate Baumann**, Merkels Schatten. Baumann wird Merkel von Christian Wulff empfohlen. Im Januar 1992, als ihr rechtes Bein wegen eines komplizierten Bruchs in Gips war, treffen sie sich zu einem ersten Gespräch in Merkels Berliner Wohnung.[66] Anderen Quellen zufolge fand das erste Zusammentreffen am 15. Februar 1992 im

---

[63] ‚Alternativlos: Merkel, die Deutschen und das Ende der Politik‘, Kurbjuweit, 2014, S. 77

[64] ‚Die scheue Kriegerin‘, Der SPIEGEL, 04.09.2005
https://web.archive.org/web/20230518092542/https://www.spiegel.de/politik/die-scheue-kriegerin-a-eb5a353b-0002-0001-0000-000041682465

[65] ‚Arno Luik im Gespräch über den Wahnsinn unserer Zeit‘, Youtube.com, 02.06.2022
https://youtu.be/L6aZgPkl9IM?t=2928

[66] ‚Die heimliche Macht in Zimmer LE 7.401‘, Der SPIEGEL, 10.12.2021
https://archive.li/IDIZi

Krankenhaus statt.[67] *„Baumann verfasst die wichtigen Reden, sie liest jedes Interview"*, kann man im SPIEGEL nachlesen. Auch, dass Baumann ab und an ‚ich' sagt, wenn sie ‚Merkel' meint, ist dort bezeugt.[68] All das hält Müller-Vogg freilich nicht davon ab, das vom Interview übriggebliebene Merkel-Diktat zu loben:

„Die Aussagen sind authentisch, werden nicht von einem Dritten erklärt, gedeutet und bewertet."[69]

Selbstverständlich werden Live-Interviews von Merkel und ihrem Stab mit der gleichen Präzision vorbereitet, wie Interviews nachbereitet werden, bevor sie gedruckt werden. Das kann der aufmerksame Beobachter dann feststellen, wenn Alexander Osang und Angela Merkel sich anblinzeln und sich darin einig sind, dass Merkels Zitteranfälle erstmals 2019 beim Besuch des ukrainischen Präsidenten Zelensky im Juni 2019 auftraten.[70] Tatsächlich zitterte Merkel schon zwei Jahre zuvor erkennbar am 10. Juni 2017 beim Staatsbesuch in Mexiko.[71] Anders als Merkel öffentlich verbreitet, kann das Zittern also mit dem Tod ihrer Mutter im Jahr 2019 ursächlich nichts zu tun haben. Bezeichnenderweise setzt ihr Zittern übrigens immer beim Erklingen der Deutschen Nationalhymne ein und verfliegt nahezu sofort, wenn deren letzter Ton verklungen ist.

Zensur erfahren bei Merkel allerdings nicht nur Wort und Schrift, auch ihre Bildregie ist präzise gesteuert und beeindruckt vor allem durch Leerstellen. Das hier abgedruckte Foto dürfte das erste sein, das ihren Vater in jüngeren Jahren zeigt und nun wieder einer breiten Öffentlichkeit zugänglich ist. Ebenso ist kein einziges Familienfoto öffentlich verfügbar, auf dem Angela zusammen mit ihren Eltern und den Geschwistern Marcus und Irene zu sehen ist. Es ist kein einziges Foto von ihr

---

[67] ‚Merkels einflussreichste Beraterin', Der Bund, 23.06.2017
http://web.archive.org/web/20230417134107/https://www.derbund.ch/merkels-einflussreichste-beraterin-241345543606

[68] ‚Ich, Merkel'. Der SPIEGEL, 21.06.2009
https://web.archive.org/web/20221028063717/https://www.spiegel.de/politik/ich-merkel-a-5710a6b7-0002-0001-0000-000065794347

[69] ‚Angela Merkel: Mein Weg', Hugo Müller-Vogg, 2005, S. 7

[70] ‚Altkanzlerin Merkel im Live-Gespräch mit Schriftsteller Alexander Osang', phönix, 07.06.2022
https://youtu.be/hiwnD00kV0w?t=973

[71] ‚Merkel Zitter Premiere Mexiko 10.06.2017', Radio Deutschland Eins, 12.07.2017
https://www.youtube.com/watch?v=1zzQ7ids0xE

bekannt, das sie auch nur in der Nähe, geschweige denn im Inneren eines Business-Jets zeigt. Diesen Flugzeugtyp nutzte sie mit ihrem Stab und ausgewählten *Hauptstadtjournalisten* viel häufiger als den Airbus. Zunächst war das die Challenger 601, ab 2011 die Global 5000 und ab 2019 zusätzlich die Global 6000, jeweils vom Hersteller Bombardier.[72] Über immerhin sechs der für rund ein Dutzend Passagiere ausgelegten Luxus-Jets zum Listenpreis von jeweils um die 50 Millionen Dollar verfügt die Bundeswehr-Flugbereitschaft.[73] Die Business-Jets ergänzen die Flotte der insgesamt neun Airbus-Jets und drei Cougar-Hubschrauber.

Die gnadenlose Disziplin, die sich Merkel bei ihrer Totalinszenierung auferlegt, erklärt Journalist Kurbjuweit anhand eines ganz besonderen Fotos von ihr: Merkel zeigt dabei einen einzigartigen Ausdruck der Verzückung, welcher sich im Niemandsland zwischen extremem Schmerz, größter Anstrengung und höchstem Genuss bewegt. Neben ihr hält sich der damalige Inspekteur der Marine, Vizeadmiral Wolfgang Edgar Nolting, die Ohren zu, weil gerade Tornados im Tiefflug über die beiden hinwegdonnern. Merkel war ob des gewaltigen Lärms gewarnt worden, aber ein Foto, das vielleicht später einmal dazu dienen könnte, sie als Politikerin mit zugehaltenen Ohren vorzuführen, wollte sie um jeden Preis verhindern.

Etwas weniger schmerzhaft als die Fotos mit Lärmbegleitung waren im Gegensatz dazu ihre berühmten Selfies mit Flüchtlingen vom Herbst 2015. Wenn Merkel den Eindruck vermittelt, dass von diesen Bildern keine stimulierende Wirkung für weitere Migration ausgeht, so ist das eine für sie typische Heuchelei.

Und wo Merkel versucht sich herauszuwinden, da ist die Unterstützung durch ihre holden *Hauptstadtjournalisten* nicht fern. **Robin Alexander** weiht uns das Geheimnis der *„fatalen Selfies“* ein:[74] Eine *„Unbedachtheit“*

---

[72] ‚Kanzlerin Merkel fliegt bald mit der Global 5000‘, Die WELT, 23.09.2011 https://web.archive.org/web/20110924061243/https://www.welt.de/politik/deutschland/article13622569/Kanzlerin-Merkel-fliegt-bald-mit-der-Global-5000.html

[73] ‚Nun stehen drei Global 6000 für die Kanzlerin bereit‘, aeroTELEGRAPH, 08.12.2019 https://web.archive.org/web/20191208212831/https://www.aerotelegraph.com/nun-stehen-drei-global-6000-fuer-die-kanzlerin-bereit

[74] Die Getriebenen, Robin Alexander, 03/2017, S. 103

von Merkel ist es angeblich gewesen und nicht etwa ihre Absicht *„möglichst viele Menschen in Deutschland“* anzusiedeln, die sie im Oktober 2015 bei Anne Will bekräftigt.[75] [76] Alexander ist auch jener Autor, der dem deutschen Michel erklärt, warum es mit der Grenzschließung am 13. September 2015, die die Bundespolizei mit beträchtlichem Aufwand vorbereitet, nichts wird. Das Unterfangen wird abgebrochen, obwohl die Regierung nach seiner Darstellung willens war, *„die Einreise zigtausender Migranten zu stoppen“*.[77] Selbstverständlich liegt das nach seinen Ausführungen nicht an Angela Merkel, sondern daran, dass sich *„in der entscheidenden Stunde schlicht niemand findet, der die Verantwortung für die Schließung übernehmen will.“*[78] Bis zu diesem feingeschliffenen Satz des Jahres 2017 ging alle Welt davon aus, dass der Artikel 65 des Grundgesetzes noch gilt: *„Der Bundeskanzler bestimmt die Richtlinien der Politik und trägt dafür die Verantwortung.“* Durch den vortrefflichen Robin Alexander wissen wir nun, dass man sich aus dieser Verantwortung auch mal für ein oder zwei Wochenenden verabschieden kann, um sich die Hände mit den kurz gebissenen Fingernägeln in Unschuld zu waschen. Der unbeugsame Hauptstadtjournalist steht einer solch dreisten Flucht aus der Verantwortung erwartungsgemäß nicht im Wege. Ganz im Gegenteil: Er ist Fluchthelfer und Mitorganisator - *Merkel welcome!*

So viel tapferer Einsatz für die organisierte Verantwortungslosigkeit einer Kanzlerin wird im politischen Berlin gerne honoriert. Robin Alexander wird bald darauf feierlich mit dem ‚Medienpreis des Deutschen Bundestages‘ ausgezeichnet, der ihm von keinem geringerem als Bundestagspräsident und Merkel-Kumpel **Wolfgang Schäuble** überreicht wird.[79] Beim Blick in die Jury schließt sich der Kreis vollends. Es findet sich da unter anderem weibliche Prominenz von RBB und ZDF mit Verdiensten auf Lebenszeit in unbekannter Höhe.

---

[75] Die Getriebenen, Robin Alexander, 03/2017, S. 83

[76] ‚Merkel bei Anne Will: „Ich habe einen Plan“, Anne Will, 07.10.2015 https://youtu.be/TokGxNr_vxc?t=3384

[77] ‚Das Bild, das es nicht geben sollte‘, Die WELT, https://web.archive.org/web/20170910064336/http://hd.welt.de/politik-edition/article162585054/Das-Bild-das-es-nicht-geben-sollte.html

[78] Die Getriebenen, Robin Alexander, 03/2017, S. 26

[79] ‚„Welt“-Autor Robin Alexander erhält Medienpreis Politik 2017‘, Deutscher Bundestag, 21.03.2018 https://web.archive.org/web/20200815155403/https://www.bundestag.de/dokumente/textarchiv/2018/kw12-medienpreis-546614

Das mediale Helfernetzwerk, das Merkel seit Anfang der neunziger Jahre zügig etabliert und ständig weiterentwickelt, leistet bei ihrer Inszenierung auch über das Ende ihrer Kanzlerschaft hinaus entscheidende Unterstützung. Die Milliardärinnen **Liz Mohn** und **Friede Springer** gehören früh zu ihren sehr guten Freundinnen und sorgen mit ihren riesigen Medienkonzernen für die passende PR. **Friede Springer** sitzt bei Merkels erster Wahl zur Kanzlerin sogar gemeinsam mit **Sabine Christiansen, Isa von Hardenberg, Inga Griese** und der Merkel-Biographin **Evelyn Roll** auf der Zuschauertribüne. Merkels *Golden Girls* drücken ihr die Daumen. Im Gegenzug sitzen Merkels Ehemann **Joachim Sauer,** ihre Vertraute **Marianne Birthler** und auch Bundespräsident a. D. **Horst Köhler** in der Friede-Springer-Stiftung.

GLEICHE ANSATZPUNKTE in wichtigen Lebensfragen unserer Zeit ergaben sich bei dem Gespräch, das Staatssekretär Hans Seigewasser mit dem neugewählten Leiterkreis des „Weißenseer Arbeitskreises" führte. Unser Bild zeigt den Staatssekretär mit dem neuen Vorsitzenden, Pfarrer Horst Kasner (l.), und einem der Mitglieder des Leiterkreises, E. O. Petras, leitender Mitarbeiter der EVA (r.) **Foto: Krüger**

Merkels Vater, Horst Kasner, mit vierzig Jahren im Gespräch mit Staatssekretär Hans Seigewasser.

GERALD GÖTTING IM GESPRÄCH mit dem Staatssekretär für Kirchenfragen, Hans Seigewasser, und dem Berlin-Brandenburger Synodalen Unionsfreund Clemens de Maizière (l.) Fotos: NZ/Tietz

Am 10.02.1971 berichtete die ‚Neue Zeit' von einer Festveranstaltung im Palais Unter den Linden.

Ebenso wie Merkels Vater **Horst Kasner** war auch CDU-Mitglied **Clemens de Maizière** offensichtlich mit dem Staatssekretär für Kirchenfragen, **Hans Seigewasser**, gut bekannt.

Kindheit und Jugend ohne Schatten?

„Über meiner Kindheit lag kein Schatten.“ [80]

Angela Merkel

„Als sie aus dem Haus waren, merkte ich erst, welch‘ große Schatten ich da geworfen habe.“ [81]

Horst Kasner

Merkels Schulzeit ist geprägt vom extremen Leistungsanspruch ihrer ehrgeizigen Eltern. Heute bezeichnet man solche Eltern oft als ‚Helikoptereltern‘ und besonders Mutter Herlind war dabei im Tiefflug unterwegs. Eine Kindertagesstätte besuchen die Kinder der Familie Kasner nie. Da Mutter Herlind zunächst nicht als Lehrerin arbeiten kann, kümmert sie sich um die Erziehung und Bildung der Kinder, während Vater Horst als Seminarleiter und Kirchenfunktionär viel arbeitet und häufig abwesend ist.

Offenbar ist die Erziehung durch Mutter Herlind im Hinblick auf die schulischen Leistungen sehr erfolgreich, denn sowohl Angela als auch ihr Bruder Marcus erhalten in der Schule Preise und Auszeichnungen. Man kann bei ihnen von einer Hochbegabung ausgehen, die optimal gefördert aber auch mit Nachdruck eingefordert wird. Nur beim Sport ist Angela Merkel wenig begabt. Sehr große Schwierigkeiten bereitet ihr als Kleinkind das Laufen lernen und auch als Erwachsene ist sie beim Gehen immer vorsichtig und richtet den Blick häufig nach unten zu ihren Füßen. Das könnte im Sinne einer erhöhten Wahrnehmung von Gefahren auch ein Hinweis auf eine Hochbegabung sein. 1992 erleidet sie einen äußerst komplizierten Beinbruch und einige Jahre später bricht sie sich im Skiurlaub bei St. Moritz gar das Becken. Auch von einer Knieverletzung ist die Rede, vermutlich stammt sie von einem Hundebiss im August 1995. Der Vorfall ereignet sich beim Radfahren unweit

---

[80] ‚Spuren der Macht‘, Herlinde Koelbl, 1999, S. 48

[81] ‚Besuch bei dem Pfarrer aus Templin‘, BZ, 02.06.2005 https://archive.is/ISGRX#selection-735.354-735.444

von ihrem Ferienhaus in der Uckermark. Im Jahr 2019 fällt sie bei einer DIHK-Vollversammlung von der Treppe des Podiums.[82]

Eine weitgehend unbekannte Episode ihrer Schulzeit kommt im Rahmen einer Filmdokumentation im Jahr 2022 nochmal ans Licht.[83] In einem Interview, aufgenommen Anfang der neunziger Jahre, berichtet Merkels Mutter Herlind, Angela habe sich sehr schwer damit getan, sich gegen Sticheleien von Mitschülern zu wehren:

„Also, Angela konnte sich schlecht wehren; weil sie eben mit ihrer Umwelt in Frieden leben wollte, war das schon ein Problem; und wenn man sie haute, auch beim Spiel, dann sagte sie: Mutter, ich bin weggelaufen. Ich sage: Hast du denn wiedergehauen? Nein, ich bin weggelaufen. Wir haben dann darauf hingearbeitet, wir haben dann gesagt, du musst dich wehren. Also, wenn du geschlagen wirst, da musst du wiederschlagen, das geht nicht anders. Und ja vielleicht so mit 13, in einer Mathestunde hat sie ein Mitschüler derartig gestört, dass sie plötzlich dem eine Ohrfeige in der Klasse gegeben hat. Und da hat der Lehrer gesagt: Bravo. Und da wussten wir, jetzt schafft sie das, sich auch durchzusetzen.“[84]

Diesen Worten kann man entnehmen, welche Art Christentum im Pfarrhaus auf dem Waldhof gepredigt wird, und zwar nicht nur vom Pastor, sondern auch von der Mutter. Es herrscht offenbar eine sehr spezielle Bibelauslegung, die das eigene Fortkommen in den Mittelpunkt stellt. Einen *„flexibel und pragmatisch orientierten Protestantismus“* sieht auch Kirchenhistoriker Wolfram Kinzig bei Angela Merkel am Werk.[85] Vom Hinhalten der anderen Wange ist im Zusammenhang mit jener Geschichte jedenfalls nichts bekannt. Falls nötig, teilt man bei den Kasners auch gerne mal kräftig aus. In der Familie kommen Begabung,

---

[82] ‚Merkel plötzlich von der Bühne verschwunden', Merkur, 03.12.2019 https://web.archive.org/web/20191203184005/https://www.merkur.de/politik/berlin-merkel-schreck-dramatisch-gleichgewicht-rede-grusswort-buehne-publikum-zr-13254688.html

[83] ‚Angela Merkel – Im Lauf der Zeit', Das Erste, 27.02.22 https://web.archive.org/web/20220223012609/https://www.daserste.de/information/reportage-dokumentation/dokus/sendung/angela-merkel-im-lauf-der-zeit-102.html

[84] ‚Von der angepassten Funktionärin in der DDR zur mächtigsten Frau der Welt', Die WELT, 08.09.2021 https://archive.ph/GAlcX#selection-4967.0-4967.702

[85] ‚Die Götter der Politiker: Zur religiösen Grundierung politischen Handelns', Wolfram Kinzig, 2006 https://web.archive.org/web/20221211234143/https://bibliographie.uni-tuebingen.de/xmlui/bitstream/handle/10900/123879/Kinzig_074.pdf?sequence=1

unermüdlicher Fleiß, aber auch Durchsetzungswille und bisweilen rücksichtsloser Machtanspruch zusammen.

Seltene Aufnahmen aus DDR-Zeiten zeigen Merkel kamerascheu in gebückter Haltung mit eingezogenem Kopf. Bei der gebückten Haltung mit eingezogenem Kopf bleibt es bis heute. Promi-Friseur Udo Walz föhnt jedoch Merkels Haar so geschickt über die Ohren in den Nacken, dass der dadurch aufgeplusterte Kopf aufrecht auf dem Hals zu sitzen scheint. Eine aufrechte Haltung muss im Hinblick auf die Kanzlerschaft eben irgendwie hergestellt werden. Es bleibt festzuhalten: Neben einer unterwürfigen Seite gibt es bei Merkel auch eine ausgeprägte Liebe zur Macht und ein emsiges Streben nach Überlegenheit. Diese Charakterzüge dürfte sie von ihrem Vater geerbt haben.

Die Familie Kasner betrachtet sich als Elite, wobei Angela weder durch Strebertum noch durch Hochnäsigkeit negativ auffällt. Allerdings bezieht Angela bereits im zweiten Jahr ihres Ministeramtes eine luxuriöse Maisonettewohnung in bester Berliner Lage gleich hinter dem Hotel Adlon, Haushaltshilfe inklusive.[86] Das oberste Stockwerk muss es bei ihr beruflich und privat schon sein. Ihre durchschaubar zelebrierte Bescheidenheit hat deutliche Grenzen. Schon zu DDR-Zeiten verfügt sie über das bekannte Ferienhaus in der Uckermark. Regelmäßig geht es nach der Wende mit Gatte Joachim Sauer auf Fernreisen in die USA oder auf die Kanaren, unabhängig davon, wie viel CO_2 dabei freigesetzt wird. Oft weilt sie beruflich oder privat auf der langgezogenen Halbinsel Fischland-Darß-Zingst an der Ostsee, die sie seit Jugendtagen kennt.[87] Dann geht es ins vornehme Hotel THE GRAND Ahrenshoop. Seit 1990 liegt dort auch der Wahlkreis von Angela Merkel. Sie wird dort insgesamt achtmal direkt in den Bundestag gewählt.

In den Jahren ihres Aufstiegs diktiert Merkel Journalisten und Biographen immer wieder dieselben Geschichten. Geschichten, die sie auch in ihren ersten Biographien gezielt streut. Geschichten, die sie als jemand darstellen, der in der DDR jahrelang im Widerspruch zum System lebt

---

[86] ‚Spuren der Macht', Herlinde Koelbl, 1999, S. 50

[87] ‚Angela Merkel: Eine politische Biographie', Wolfgang Stock, 2000, S. 46

und die Werte der Bundesrepublik sehnsüchtig verehrt. Der 1977 ausgebürgerte Reiner Kunze ist angeblich ihr Lieblingsautor.[88] Sie ist 1980 natürlich für den NATO-Doppelbeschluss und schon immer ist sie eine Anhängerin von **Ludwig Erhards** Sozialer Marktwirtschaft. Zweifelsohne ist 1973 ihr Studium in Gefahr und immer wieder denkt sie an Ausreise, während sie **Gerhard Löwenthal** im Westfernsehen lauscht. Vermutlich tut sie das in ihrer blauen Bluse mit dem FDJ-Emblem.

Im Jahr 1992 bezieht Merkel eine Maisonettewohnung in dieser luxuriösen Wohnanlage in der Behrenstraße 1, direkt hinter dem Hotel Adlon. Ihre unmittelbare Nachbarin ist damals Birgit Breuel. *„Wir mochten und mögen uns"*, sagt Breuel einmal über diese Freundschaft.

Im Gebäude wohnten zeitweise auch Günther Schabowski, Gregor Gysi, Katharina Witt, Franz Müntefering und, bis zu seinem Tod, Rolf Hochhuth.

[88] Veranstaltungsseite Lesung Reiner Kunze, Aachen, 16.04.2008 https://web.archive.org/web/20231128060915/https://www.karlspreis.de/de/aktuelles/veranstaltungen/veranstaltung/mittwoch-16-april-2008-20-00-uhr

Nur pflegt sie ihre Sehnsucht nach der Bundesrepublik so heimlich, still und leise, dass sie ihre Karriere an der Elite-Akademie der DDR unbekümmert fortsetzen kann und 1986 als alleinstehende junge Frau in die Bundesrepublik reisen darf. Eine Reise, die in seltsamem Widerspruch zum Vorwurf der ‚politisch-ideologischen Diversion' steht, der angeblich ein Stasi-Bericht aus dem Jahr 1984 gegen sie erhebt. Ein Bericht, aus dem sie ihre Biographen artig zitieren lässt, während sie ihre Stasi-Akte der Öffentlichkeit bis heute vorenthält.

Frühe Netzwerke in Ost und West

Merkels politischer Aufstieg setzt sich in der damals noch christlich-konservativen CDU als Protegé von Helmut Kohl unaufhaltsam fort. Die CDU ist eine Partei, die nach Einschätzung vieler ihrer Bekannten und Freunde aus DDR-Zeiten gar nicht zu Merkels tatsächlicher politischer Einstellung passt. Nahezu unisono wird ihre politische Ausrichtung in den achtziger Jahren als ökosozialistisch verortet. Sie unterhält in dieser Zeit intensive Kontakte zum oppositionellen Kreis um den Reformkommunisten Robert Havemann und kennt diesen wahrscheinlich sogar persönlich. Dessen Stiefsohn Ulrich ‚Utz' Havemann und der langjährige Freund der Familie Havemann, Frank ‚Schnaffi' Schneider, sind ihre unmittelbaren Kollegen am Zentralinstitut für Physikalische Chemie (ZIPC). Mit beiden ist Merkel auch privat eng befreundet und alle drei waren Teil der FDJ-Clique des Instituts, die von Hans-Jörg Osten geführt wird, einem erst im Jahr 2013 enttarnten Stasi-Auslandsagenten. Die sogenannte Havemann-Kommune ist 1969 ein von der Westberliner Kommune 1 inspiriertes Experiment von Havemann-Sohn Frank, den Angela Merkel auch kennt. Kaum etwas gibt sie über das Umfeld jener Ost-68er preis, das ihr bestens vertraut ist, wie aus dem Interview des Jahres 2023 klar hervorgeht, als sie auf Frank ‚Schnaffi' Schneider zu sprechen kommt.[89] Geübt im Tarnen, vermeidet sie auch bei dieser Gelegenheit seinen Namen oder auch nur seinen Spitznamen zu nennen.

---

[89] ‚Angela Merkel im Gespräch mit Giovanni di Lorenzo', Die ZEIT, 29.04.2023 https://youtu.be/RtgpwTZG7PQ?t=2670

Im Hinblick auf ihren Freundeskreis vor der Wende hätte sie viel besser zu den Grünen gepasst als zur CDU - nur sind die Grünen 1990 noch fern von der Macht. Deren fundamentalistischer Widerstand gegen die deutsche Einheit und das Versäumnis eines gemeinsamen Bündnisses mit den ostdeutschen Ökosozialisten führt nach den Wahlen im Dezember 1990 sogar zu ihrem Ausscheiden aus dem Deutschen Bundestag. Die Wiedervereinigung war für die Grünen 1989 der schlimmste Alptraum.[90]

Schon in den frühen neunziger Jahren knüpft Merkel von der Öffentlichkeit völlig unbemerkt freundschaftliche Verbindungen zu Galionsfiguren des linken politischen Spektrums Westdeutschlands. 1991 macht sie Bekanntschaft mit der Feministin **Alice Schwarzer** und 1993 beginnt die langjährige enge Freundschaft mit dem Filmregisseur und früheren RAF-Sympathisanten **Volker Schlöndorff**. Diese wichtigen Freundschaften finden in den dominierenden Biographien über Merkel kaum Erwähnung. Langguth bescheinigte Merkel sogar eine *„Distanz zu den westdeutschen Frauenpolitikerinnen"* - Merkels exzellente Tarnung hat hier wieder einmal perfekt die Fakten verkehrt.

Hermetisch schottet Merkel ihre Vergangenheit, ihr Privatleben, ihre Gesprächspartner und ihre Freunde nach außen hin ab. Sie kontrolliert so strikt wie kein bundesdeutscher Kanzler vor ihr, welche ihrer Worte und Bilder an die Öffentlichkeit gelangen und welche nicht. Wer ihr nahe kommen will, dem nötigt sie ein Schweigegelübde ab, dessen Bruch die Verbannung aus dem Hinterzimmer ihrer Macht zur Folge hat. Mit der Bonhomie einer Pfarrerstochter versteht sie es dem Gegenüber Integrität und Vertrauen zu vermitteln, durch eine Aura von Verletzlichkeit weckt sie geschickt Mitleid und Beschützerinstinkte. Wenn alle Stricke reißen, wiegt sie sich auch mal in der weiblichen Opferrolle. Sie macht das, wenn es sein muss theatralisch, aber meistens unterschwellig, unmerklich und verhüllt. Dass die Opferrolle auch bei Merkel zieht, merkt man, wenn sich ihre wichtigste Biographin über die ihrer

---

[90] 'Leere Hände, leere Hirne', Der SPIEGEL, 18.02.1990
https://web.archive.org/web/20230102100356/https://www.spiegel.de/politik/leere-haende-leere-hirne-a-a0fd88c4-0002-0001-0000-000013507379

Meinung nach ungehörige Titulierung ,Mutti' beschwert.[91] Kohl bekam für seinen Spottnamen ,Birne' nie Mitleid, von niemandem. Auch nach vielen Jahren verhalten sich Kollegen und Vertraute von Merkel selbst in Anbetracht von gravierenden Fehlleistungen erstaunlich loyal.

Im Gegensatz zu **Helmut Kohl** ist Loyalität für Angela Merkel allerdings keine Einbahnstraße. Wer zu ihr hält, zu dem hält auch sie. Weggefährten erfahren von ihr wohlwollende Unterstützung, was bisweilen an Vetternwirtschaft grenzt. Aber vielleicht ist während Merkels Kanzlerschaft hierfür ,Cousinenwirtschaft' bereits ein besserer Begriff. Selbst gefallene Größen werden von Merkel nicht gänzlich verstoßen.

Es lässt sich kaum jemand finden, dem Merkel nicht kurz vor dem jeweiligen Rücktritt das vollste Vertrauen ausspricht. Bis heute gehört der vermeintlich im Zorn zurückgetretene Bundespräsident a. D. **Horst Köhler** zu Merkels Entourage. Man fragt sich deswegen, wie ernst es Köhler im März 2010 mit seiner eindringlichen Standpauke gegenüber der Regierung Merkel meint, oder ob er die dabei gezeigte Opposition nur spielt.[92] Immerhin tritt er rund drei Monate später tatsächlich zurück. Selbst die einstige Kanzler-Hoffnung, der überführte Plagiator **Karl-Theodor zu Guttenberg**, bekommt Jahre nach seinem politischen Absturz noch Einzeltermine bei Merkel. Immerhin wurde sein Rücktritt auch von Merkels intimster Parteifreundin **Annette Schavan** betrieben.[93] Er nutzt seine Termine im Jahr 2019 zum Hausieren für die Skandalfirmen Wirecard und Augustus Intelligence.[94] Im Umfeld von Augustus tauchen neben Karl-Theodor mit Philipp Amthor, Hans-Georg Maaßen und Roland Berger auch noch eine ganze Reihe weiterer Prominenter auf. Merkel muss sich für den Besuchstermin im späteren

---

[91] ,Podcast „ÜberMerkel" mit Evelyn Roll', stern, 01.03.2022, 11:00 https://www.stern.de/politik/deutschland/uebermerkel/evelyn-roll-bei--uebermerkel---quellen-und-zusatzmaterial-31664016.html

[92] ,Wir müssen uns eigentlich vor unseren Kindern schämen', FOCUS, Nr. 12 (2010) https://web.archive.org/web/20220816095451/https://www.focus.de/politik/deutschland/wir-muessen-uns-eigentlich-vor-unseren-kindern-schaemen-deutschland_id_1984858.html

[93] ,Ich schäme mich nicht nur heimlich', SZ, 28.02.2011 https://web.archive.org/web/20111116195221/https://www.sueddeutsche.de/politik/anette-schavan-ueber-guttenberg-ich-schaeme-mich-nicht-nur-heimlich-1.1065529

[94] 'Kanzleramt hielt Lobbytreffen zwischen Guttenberg und Merkel geheim', abgeordnetenwatch.de, 26.08.2020 https://web.archive.org/web/20221104113328/https://www.abgeordnetenwatch.de/recherchen/lobbyismus/kanzleramt-hielt-lobbytreffen-zwischen-guttenberg-und-merkel-geheim

Wirecard-Untersuchungsausschuss peinliche Fragen stellen lassen, aber dabei bleibt es dann auch.[95] Bei Wirecard zeichnen sich später mögliche Verbindungen zu Geheimdiensten ab, die über den flüchtigen Ex-Vorstand Jan Marsalek laufen.

Helmut Kohl am 16. September 1991 zu Besuch bei George H. Bush. Bereits damals war Angela Merkel mit von der Partie, selbst Ronald Reagan wird sie damals vorgestellt.

---

[95] ‚Angela Merkel und der weiß-blaue Elefant', Der SPIEGEL,23.04.2021 https://web.archive.org/web/20210423183755/https://www.spiegel.de/wirtschaft/unternehmen/wirecard-untersuchungs-ausschuss-angela-merkel-und-der-weissblaue-elefant-a-cd3630bb-02a1-4d96-b6fd-2dacd86ca2db

Angela Merkel am 4. Mai 2006 zu Besuch bei George W. Bush. Eine ähnlich wichtige Rolle wie die Familie de Maizière spielt auch die Familie Bush für die Karriere von Angela Merkel. Foto: Eric Draper

WEF und Bilderberg

Angela Merkel mit Stephen Harper, Barack Obama, Gordon Brown, Taro Aso, Silvio Berlusconi, José Manuel Barroso und Nicolas Sarkozy am 8. Juli 2009 in L'Aquila. Brown, Barroso und Sarkozy kennt Merkel seit 1993 vom WEF ‚Global Leaders'-Programm. Foto: Pete Souza

Keinerlei Erwähnung findet in den bisherigen Biographien Merkels Teilnahme am Karriereprogramm des World Economic Forum (WEF) von **Klaus Schwab**. Als eine von ungefähr 200 ‚Global Leaders of Tomorrow' des Ausbildungsjahrgangs 1993 trifft Merkel auf besonders illustre Personen. Einige von ihnen sind schon damals wichtig, andere werden es noch.

Neben dem späteren Ministerpräsidenten von Spanien, **José Maria Aznar**, dem späterem Ministerpräsidenten und EU-Kommissionspräsidenten **José Manuel Barroso**, den späteren Premierministern von Großbritannien **Tony Blair** und **Gordon Brown** und dem späteren französischen Präsidenten **Nicolas Sarkozy**, ist auch **Bill Gates** schon damals mit von der Partie.

Gruppenbild ohne Dame: Die ‚Bush-Krieger' Barroso, Blair und Aznar 2003 bei einem Treffen auf den Azoren, am Vorabend des Irak-Kriegs. Alle waren 1993 gemeinsam mit Merkel Eleven des WEF. Merkel warb in Deutschland für den Krieg. Foto: Staff Sgt. Michelle Michaud

Bill Gates ist gerade dabei mit Microsoft den Markt für PC-Software zu monopolisieren. Später initiiert er die Stiftung GAVI (Global Alliance for Vaccines and Immunisation), durch die er, in engem Schulterschluss mit WHO und vielen Regierungen, eine weltweite Monopolstellung bei der Entwicklung und Vermarktung von Impfstoffen anstrebt. Angela Merkel ist 2015 Schirmherrin der GAVI-Konferenz in Berlin - Motto: ‚Reach Every Child‘ - und sorgte dafür, dass hunderte Millionen deutschen Steuergelds an die Stiftung in Genf fließen. Beim ‚World Health Summit 2018‘ trifft man sich gemeinsam mit wichtigen Protagonisten der Covid19-Injektionskampagne erneut in Berlin. Im Januar 2021 wird **José Manuel Barroso** zum Vorsitzenden des GAVI Aufsichtsrates ernannt.

Aus dem Kreis der ‚Global Leaders of Tomorrow‘ des Jahres 1993 rekrutiert sich 2003 ein Helferkreis von Staatsoberhäuptern, die mit großem Nachdruck **George W. Bushs** Angriffskrieg auf den Irak unterstützten. Am Vorabend des völkerrechtswidrigen Angriffskriegs trifft man sich auf den Azoren. Prominenteste Unterstützerin des Krieges in Deutschland ist die damalige CDU-Vorsitzende **Angela Merkel**. *„Die Bedrohung durch Saddam Hussein und seine Massenvernichtungswaffen ist real“*, behauptet Merkel auf der Münchner Sicherheitskonferenz am 8. Februar 2003 und perpetuiert damit die Lügen ihrer politischen Freunde Bush und Blair.[96] Innerhalb der CDU gibt es gegen Merkel deswegen starken Widerstand. Viele Jahre später, auf der Sommer-Pressekonferenz 2016, lügt Merkel dazu flagrant: *„Ich unterstütze nie einen Krieg. Ich habe auch den Irak-Krieg nicht unterstützt.“*[97]

Kaum erwähnt zu werden braucht, dass Merkel auch bei einem Bilderberg-Treffen anwesend ist, und zwar im Mai 2005 in Rottach-Egern, sechs Monate vor ihrem Amtsantritt. Auch Gerhard Schröder ist dort erstmals zugegen und kommt zwei Wochen später auf die Idee Neuwahlen abzuhalten.[98] Bei den Bilderberg-Konferenzen begegnet sich einmal jährlich die internationale Prominenz aus Globalwirtschaft, Fi-

---

[96] ‚Massenvernichtungswaffen‘, Der SPIEGEL, 18.09.2003
https://web.archive.org/web/20130831095424/https://www.spiegel.de/politik/ausland/massenvernichtungswaffen-a-264546.html

[97] ‚Merkel im Faktencheck‘, Deutsche Welle, 29.07.2016
https://web.archive.org/web/20160729144713/https://www.dw.com/de/merkel-im-faktencheck/a-19437032

[98] ‚Heimliches Mächtigen-Treffen‘, Merkur, 16.04.2009
https://web.archive.org/web/20150605005800/https://www.merkur.de/lokales/regionen/heimliches-maechtigentreffen-191284.html

nanzindustrie, Medien und Politik. Außer Adenauer besuchte bis heute jeder deutsche Bundeskanzler mindestens eines dieser Treffen.

WEF-Alumnus Bill Gates trifft sich 2017 mit dem US-Verteidigungsminister Jim Mattis. Merkel leitete hunderte Millionen an deutschem Steuergeld in seine GAVI-Stiftung. Foto: Tech. Sgt. Brigitte N. Brantley

Was ist der Sinn der Bilderberg-Treffen? Werden dort die Pläne für eine zukünftige Weltregierung entwickelt? Spielen dich dort düstere Rituale ab? Sinn und Zweck dieser Treffen sind wahrscheinlich einfacher zu erklären: Das Demokratie-Modell, das in der westlichen Welt etabliert ist, erlaubt dem Wähler theoretisch die zeitliche Beschränkung von Herrschaft durch Abwahl unliebsamer Politiker. Die Bilderberg-Treffen unterlaufen diese Beschränkung und sichern so die Kontinuität von Herrschaft. Abwahl, Rücktritt oder Sturz einer Regierung sind für die Bilderberger nicht weiter schlimm, weil sie deren Nachfolger bereits kennen oder bald kennen werden. Dadurch können sie langfristig Herrschaft sichern und langfristige Herrschaft ermöglicht langfristige Planung - wofür auch immer.

Griff nach der Macht

Neun Tage vor der Jahrtausendwende startet Merkel ihre äußerst erfolgreiche Palastrevolution gegen ihren wichtigsten Förderer **Helmut Kohl** und räumt dabei auch gleich noch **Wolfgang Schäuble** aus ihrer Karrierebahn. Einige, im weiteren Verlauf ausgeschaltete innerparteiliche Gegner heißen **Volker Rühe, Friedrich Merz, Roland Koch** und **Christian Wulff**.

Merkel schafft das Kunststück, den Königsmord zu begehen, ohne als Königsmörderin dazustehen. Bereits wenige Wochen nach der Veröffentlichung ihrer berühmten Berliner-Depesche in der FAZ treffen sich Kohl und Merkel bereits wieder, ohne dass die Öffentlichkeit davon erfährt.[99] Vier Monate später gibt Kohl für Merkels erste Biographie, die von Wolfgang Stock verfasst wird, ein von Lobhudelei geradezu triefendes Interview. Er betont die konservativen Werte Merkels, an die sie sich in den Jahren ihrer Kanzlerschaft allerdings kaum mehr erinnert.

Auch Merkels erste Kanzlerjahre verlaufen holprig. Der von ihr gekürte Generalsekretär Ruprecht Polenz hält sich gerade einmal sieben Monate. Sein Nachfolger Laurenz Meyer muss am Ende ebenso gehen, als 2004 dubiose Zahlungen seines früheren Arbeitgebers RWE ruchbar werden.[100] Volker Kauder hält nur ein Jahr als Generalsekretär durch. Ein Zwist mit Merkels Schatten Beate Baumann führt zu seinem Rücktritt.[101] Als Fraktionsvorsitzender bleibt er dann aber jahrelang Merkel treu ergeben.

Auch Merkels erste Kanzlerjahre verlaufen holprig. Führende Industrievertreter äußern sich während Merkels erster Amtszeit ausgesprochen

---

[99] [99] ‚Angela Merkel: Eine politische Biographie', Wolfgang Stock, 2000. S. 148

[100] ‚Das große Schweigen des Laurenz Meyer', Der SPIEGEL, 01.03.2005
https://web.archive.org/web/20130615131615/https://www.spiegel.de/politik/deutschland/rwe-gehaltsaffaere-das-grosse-schweigen-des-laurenz-meyer-a-344114.html

[101] ‚Ich, Merkel', Der SPIEGEL, 21.06.2009
https://web.archive.org/web/20221028063717/https://www.spiegel.de/politik/ich-merkel-a-5710a6b7-0002-0001-0000-000065794347

negativ über sie.[102] Auch gibt es in diesen Zeiten noch das eine oder andere kritische Interview mit Merkel und nicht nur abgesprochene Wohlfühl-Konversationen mit Anne Will.[103] Bei Manager **Klaus Zumwinkel**, einem ihrer Widersacher, steht kurz nach einem Zerwürfnis mit Merkel am 14. Februar 2008 morgens um sieben Staatsanwältin Lichtinghagen vor der Tür.[104] Auch ein Fernsehteam kommt gerade zufällig vorbei. Fünf Stunden später wird Zumwinkel vor laufender Kamera abgeführt und in Polizeigewahrsam genommen. Wichtige Hinweise auf Zumwinkels Steuersünden kommen vom Bundesnachrichtendienst, der in großem Stil Kundenlisten einer Bank aus dem Fürstentum Lichtenstein angekauft hat. Zumwinkel war der einzige prominente Steuerhinterzieher in jenen Listen, für den ein morgendlicher Fernsehauftritt arrangiert wurde.

2008 rollt die Finanzkrise auch über Deutschland hinweg. Der treue Bündnispartner USA hat hunderte Milliarden marode Schulden gut verpackt über den Atlantik verschifft und damit insbesondere deutsche Landesbanken geflutet. Am stärksten betroffen ist allerdings die Münchner Hypo-Realestate, die bereits unter Schröder als verkappte *Bad-Bank* eingerichtet wird.[105] Joe Ackermann, der Chef der Deutschen Bank, feiert am 22. April 2008 in Merkels guter Kanzleramtsstube seinen sechzigsten Geburtstag nach. Im weiteren Verlauf des Krisenjahres zieht er durch die Talkshows und lässt sich dafür feiern, dass seine Bank angeblich keine Staatshilfen in Anspruch nimmt, während die amerikanische FED die Deutsche Bank mit 354 Milliarden Dollar TARP-Mitteln

---

[102] ‚Die Abkanzlerin', Manager Magazin, 26.06.2008
https://web.archive.org/web/20221212001404/https://www.manager-magazin.de/unternehmen/die-abkanzlerin-a-bb3b-ddf4-0002-0001-0000-000057604684

[103] ‚Ich weiß, wohin ich will', Der SPIEGEL, 16.07.200
https://web.archive.org/web/20230709143305/https://www.spiegel.de/politik/ich-weiss-wohin-ich-will-a-59417da6-0002-0001-0000-000047602963

[104] ‚Postchef soll eine Million Euro Steuern hinterzogen haben', Deutsche Welle, 14.02.2008
https://web.archive.org/web/20210526084049/https://www.dw.com/de/postchef-soll-eine-million-euro-steuern-hinterzogen-haben/a-3127169

[105] ‚Mahlzeit aus der Kantine', BZ, 27.02.2003
https://web.archive.org/web/20240306171639/https://www.berliner-zeitung.de/archiv/was-hinter-den-vorschlaegen-des-deutsche-bank-vorstandschefs-josef-ackermann-zur-gruendung-einer-bad-bank-wirklich-steckt-mahlzeit-aus-der-kantine-li.847801

flutet.[106] Die US-Holding der Deutschen Bank, Taunus Corporation genannt, ist in jener Zeit mit -6,1 Prozent Eigenkapital unterwegs. Das Minuszeichen ist dabei nicht etwa fehlerhaft. Das Unternehmen ist gemäß klassischen Bilanzierungsregeln völlig überschuldet.[107] Nichts ist unmöglich im Kuriositätenkabinett des globalen Finanz-Casinos. Wer bisher glaubt, sein Hypothekenkredit bestünde aus den Spareinlagen seiner Nachbarn, sieht sich fundamental getäuscht. Banken schöpfen ihr Geld maßgeblich durch einen Buchungsvorgang *aus dem Nichts*.[108] Bei dieser Kuriosität macht die Finanzindustrie allerdings noch lange nicht halt. So schöpft die Credit Suisse während der Finanzkrise mit kreativen Buchungen im Zusammenspiel mit Gläubigern gar eigenes Kapital, sprich ihr Eigenkapital selbst.[109]

Die Vergesellschaftung von Banker-Spielschulden in Billionenhöhe führt bald danach in die europäische Staatsschuldenkrise, die die amerikanischen Ratingagenturen durch Abwertungen bestens befeuern. Darunter sind auch Ratingagenturen, die noch fünf Tage vor der Lehman-Pleite der Bank gute Bonität bescheinigen. Es kommt erst zu einer Beruhigung der Lage, nachdem Merkel ihren Segen dazu gibt, dass Deutschland unter flagrantem Bruch der EU-Verträge für die Pleitestaaten des ‚Club Med' haftet und die EZB den überschuldeten Süden unter dem Motto *„Whatever it takes!"* liquide hält.[110]

Nie mehr soll der Steuerzahler für marode Banken haften, verspricht Merkel 2014. Heute wissen wir es besser: Schon während der Finanzkrise wird das deutsche Volksvermögen von Bankern weiter geplündert.

---

[106] ‚Opportunities Exist to Strengthen Policies and Processes for Managing Emergency Assistance', GAO, Juli 2011, S. 131
https://web.archive.org/web/20210311153601/https://www.gao.gov/assets/gao-11-696.pdf

[107] ‚Deutsche Bank trickst US-Aufsicht aus', SZ, 22.03.2012
https://web.archive.org/web/20120324174726/https://www.sueddeutsche.de/wirtschaft/regulierung-deutsche-bank-trickst-us-aufsicht-aus-1.1316162

[108] ‚Geld und Geldpolitik', Deutsche Bundesbank, S. 79
https://web.archive.org/web/20230609084627/https://www.bundesbank.de/resource/blob/606038/79786120337268a-d14bddbb8afbb187b/mL/geld-und-geldpolitik-data.pdf

[109] ‚A lost century in economics: Three theories of banking and the conclusive evidence', International Review of Financial Analysis, July 2016
https://web.archive.org/web/20160119032643/https://www.sciencedirect.com/science/article/pii/S1057521915001477

[110] ‚Mario Draghi's „Whatever it takes"', 27.07.2015
https://www.youtube.com/watch?v=tB2CM2ngpQg

Der deutsche Fiskus überweist an die Banken viele Milliarden Steuerrückerstattungen, obwohl vorher nie auch nur ein Euro Steuer gezahlt wurde. Der Name für die Betrugsmasche lautet ‚Cum-Ex'. Merkels Kanzlernachfolger Scholz war mit den kriminellen Bankern so eng zugange, dass er sich überraschend schnell nicht mehr daran erinnert.

Schon zu Beginn der ersten Amtszeit Merkels deutet sich eine Sozialdemokratisierung der CDU an. Die zuvor beschlossenen Reformen des Sozialsystems werden teilweise zurückgedreht. Merkel belässt Schröders Regierungssprecher im Amt. Und schon bald nach der Sozialdemokratisierung beginnt die unaufhaltsame Begrünung der Partei. Diese wird bereits mit dem Ausstieg aus dem Ausstieg aus dem Ausstieg aus der Kernenergie markiert, kaum ein halbes Jahr nachdem Merkel den Wiedereinstieg mit viel Inbrunst durchgesetzt hat. Schon 2011 wird in Baden-Württemberg die erste schwarz-grüne Landesregierung etabliert, angeführt vom ehemaligen KBW-Kommunisten **Winfried Kretschmann**. Fünf Jahre später wird Kretschmann, neben Merkels Vertrauter **Marianne Birthle**r, als Kandidat für das Bundespräsidentenamt gehandelt. Wer Merkel bis dahin verfolgt hat, ist wenig erstaunt, dass die CDU-Vorsitzende für das höchste Amt im Land Kandidaten aus dem grünen Lager zu rekrutieren versucht. Der Plan scheitert vorerst. Statt eines melonengrünen gibt es einen roten Bundespräsidenten.

2015 ff.

Was nun im Herbst des Jahres 2015 geschah, lassen wir besser einen intimen Kenner Merkels aus dem Zentrum der Haltungsmedien erzählen. **Bernd Ulrich** ist bekennender Veganer, stellvertretender Chefredakteur bei der ZEIT und hat Angela Merkel über viele Jahre hinweg begleitet.

„Die Vorgeschichte war ja, dass wiederum auch Merkel, Politikerin, die keine Prävention kann … hat man die Flüchtlingslager in Jordanien, zum Beispiel, aushungern lassen … dieses Geld zurückgezogen oder nicht weiter gezahlt. Also hat sozusagen selber beigetragen, massiv zu der Flüchtlingsbewegung, die dann entstanden

ist. Insofern hat es auch sachlich etwas Richtiges, wenn Laschet sagt, ‚Das darf sich nicht wiederholen!' Wir müssen jetzt Flüchtlingslager aufbauen und möglichst in der Region, in der Afghanischen … um Afghanistan rum. Und die auch so versorgen, dass die nicht verzweifelt sind und einfach weiterziehen, ins Ungewisse oder zu uns. Es ist aber natürlich eine Implikation in dem, was er sagt, und auch durch die Wiederholung aller anderen. Da bleibt dann nur noch übrig 2015 darf sich nicht wiederholen. Und was dann ankommt bei den Menschen, das weiß natürlich Merkel, was ankommt bei den Menschen, ist: ‚So ein Fehler wie bei Merkel darf sich nicht wiederholen.'"

Herrn Ulrich ist dafür zu danken, dass er nicht nur Haltung hat, sondern dieser Haltung auch eine erkleckliche Portion Naivität beistellt. Ulrich bestätigt hier, was genauen Beobachtern immer als Verschwörungstheorie ausgelegt wird: Die Flüchtlingskrise wird durch *„Aushungern"*, also die Kürzung der monatlichen elektronischen Geldzuteilungen durch die UN für bereits in sicheren Lagern befindliche Flüchtlinge bewusst provoziert. Auch ein ausführlicher Artikel von November 2015 in der FAZ kommt zu genau diesem Schluss.[111] Millionen bildungsferner, kaum integrierbarer Menschen, meist junge Männer, werden mit nur wenig getarnter Absicht nach Westeuropa gelockt. Während vor Ort nur ein paar wenige Milliarden fehlen, sind in Deutschland sofort dutzende Milliarden für die hier zigfach teurere Aufnahme und Versorgung verfügbar. Dies ist ein völlig irrationales Vorgehen, wenn es um die humanitäre Versorgung möglichst vieler Hilfsbedürftiger geht. Es ist ein völlig rationales Vorgehen, wenn es um den ethnischen Umbau Westeuropas geht, wie sie der Ex-EU-Kommissar und bestens vernetzte Strippenzieher Peter Sutherland im Jahr 2012 klar als ein Ziel formuliert.[112] Humanität ist also nur der Vorwand, ethnische Transformation das Ziel.

Am Ende von Merkels Kanzlerschaft ist die politische Landkarte rechts der Mitte bis auf einen stramm aufgeschossenen AfD-Kaktus ausgetrocknet, die CDU ihrer Werte und Millionen bürgerlicher Wähler ihrer

---

[111] ‚Wie der Hunger die Syrer in die Flucht trieb', FAZ, 08.11.2015 https://web.archive.org/web/20151110084406/https://www.faz.net/aktuell/politik/fluechtlingskrise/wie-der-fluechtlings-andrang-aus-syrien-ausgeloest-wurde-13900101.html?printPagedArticle=true

[112] ‚EU should 'undermine national homogeneity'', BBC, 21.06.2012 https://web.archive.org/web/20230101184858/https://www.bbc.com/news/uk-politics-18519395

angestammten Partei und ihrer politischen Heimat beraubt. Die Grünen setzen die politischen Themen, medial von den mit Milliarden an Gebühren zwangsfinanzierten öffentlich-rechtlichen Sendern bestens unterstützt.

Entgegen ihrem Versprechen vom Juni 2012 - *„Keine Eurobonds so lange ich lebe!"* - vollendet Merkel, im Windschatten der Coronakrise, die Schulden- und Transfer-Union, die Deutschland verfassungswidrig dazu verpflichtet, dauerhaft für notorische Pleiteländer aufzukommen. Gleichzeitig steigen die deutschen EU-Beiträge kräftig an, nachdem sich die Briten aus der EU verabschieden, nicht zuletzt wegen Merkels Alleingang mit ihrer Politik der offenen Grenzen.[113]

Nach wie vor sind Deutschlands Grenzen für Migranten aller Herren Länder offen, obwohl im Zuge der Coronakrise die Kontrollierbarkeit derselben nachgewiesen ist - entgegen Merkels falschen Worten.[114] [115] Das einst eng definierte Asylrecht ist dank der normativen Kraft des Faktischen von *„Wir schaffen das!"* als universelles Einwanderungsrecht für jedermann etabliert. Die jährlichen Kosten der illegalen Migration nähern sich nach 2015 den deutschen Gesamtausgaben für die Verteidigung an und werden in absehbarer Zeit das Sozialsystem, inklusive Gesundheits- und das Rentensystem sprengen. Das Ende des Wohlfahrtsstaats Deutschland wird die unausweichliche Folge dieser Entwicklung sein. Das vermeintliche Schlaraffenland ist bald kahl gefressen.

Im Frühjahr 2022 stellt der Inspekteur des Heeres, Generalleutnant Alfons Mais, schließlich fest, dass Deutschland nicht mehr verteidigungsfähig ist: *„Und die Bundeswehr, das Heer, das ich führen darf, steht mehr oder weniger blank da."*[116]

---

[113] ‚Merkel: Eine kritische Bilanz', 2017, S. 205

[114] ‚Uhl: Merkels Aussage zu Grenzsicherung ist widersprüchlich', Deutschlandfunk, 08.10.2015 https://web.archive.org/web/20220526073413/https://www.deutschlandfunk.de/fluechtlingspolitik-uhl-merkels-aussage-zu-grenzsicherung-100.html

[115] ‚Harte Regeln, Grenze dicht: Nun holt Merkel nach, was sie bei Migrationskrise verpasste', Focus, 16.02.2021 https://web.archive.org/web/20210216175323/https://www.focus.de/politik/deutschland/kommentar-von-ulrich-reitz-von-corona-bis-migration-was-merkel-den-deutschen-so-alles-zumutet_id_12982828.html

[116] Alfons Mais, Chief of German Army, 24.02.2022 https://web.archive.org/web/20220305031855/https://www.linkedin.com/posts/alfons-mais-46744b99_du-wachst-morgens-auf-und-stellst-fest-es-activity-6902486582067044353-RZky

Ein Zustand, auf den Merkel mit der als ‚Aussetzung' verbrämten Abschaffung der Wehrpflicht und einer unter den Ministerinnen **von der Leyen** und **Kramp-Karrenbauer** eingeleiteten, fast schon kabarettreifen Infantilisierung der Bundeswehr hingearbeitet hat.

An wichtigen und zentralen Schaltstellen der Macht installiert Merkel ihre Günstlinge. Bei der Bundesbank ist das Jens Weidmann, beim Bundesverfassungsgericht sind das unter anderem Peter Müller, Christine Langenfeld oder Stephan Harbarth, beim Verfassungsschutz ist das Thomas Haldenwang. Ähnliches kann für die Bundeswehr nach mehreren Säuberungswellen gesagt werden. Damit ist die Gewaltenteilung in Deutschland faktisch aufgehoben und eine Fortsetzung der prekären Entwicklung ist auch nach Merkels Abgang garantiert. Das gilt auch für die EU-Kommission und die EZB, wo die Merkel-Freundinnen von der Leyen und Lagarde in Stellung gebracht werden. Lagarde hält 2019 in Leipzig die Laudatio bei der Verleihung der Ehrendoktorwürde an Merkel.[117] Am besten unterwandert es sich noch immer von oben. Ganz ähnlich lief übrigens auch die Gleichschaltung der Evangelischen Kirchen in der DDR ab, an der Merkels Vater beteiligt war: Die dortigen Führungspositionen wurden von Bischof Schönherr mit *progressiven Gefolgsleuten* besetzt, um Konformität mit dem SED-Regime herzustellen.

Schmieröl des von Merkel eingeleiteten Niedergangs ist das seit der Finanzkrise und der faktischen Pleite Griechenlands in irrwitzigen Summen gedruckte Geld im System der Europäischen Zentralbank. In der EZB sorgt zunächst Mario Draghi für italienische Verhältnisse. Christine Lagarde führt sein Werk fort, selbst als die vorhersehbare Inflation bereits einsetzt. Auf einen EZB-Präsidenten deutscher Herkunft wartet man hingegen bis heute. Nahezu bedingungslos wird billiges Geld an Pleitestaaten und Finanzindustrie ausgeworfen und nährt eine substanzlose, stetig wachsende Fiatgeld-Blase, geschaffen durch Geldschöpfung aus dem Nichts. Kurzfristig hält das leichte Geld Industrie und Bürger bei guter Laune. Geschmeidige Ökonomen, für die Geld offenbar auf Bäumen wächst, unterlegen dem Irrsinn die Wortschöpfung

---

[117] ‚Angela Merkel—Beim Führen den richtigen Ton treffen', IMF, 31.08.2019 https://web.archive.org/web/20210311023006/https://www.imf.org/de/News/Articles/2019/08/31/sp083119-Angela-Merkel-Striking-the-Right-Note-on-Leadership

‚Modern Monetary Theory' (MMT). Die Wunschträume von der wundersamen Geldvermehrung sind jedoch noch jedes Mal an der Realität, an der Geldentwertung durch Inflation, gescheitert. Über die EZB wird der größte Schattenhaushalt der deutschen Geschichte finanziert und eine von der Kommission in Brüssel gesteuerte dirigistische Staatswirtschaft entfaltet sich in einem bizarren Rausch von Hybris und Unvernunft. Ein gigantisches Karussell-Geschäft wird eingefädelt, bei dem Exporte deutscher Konzerne in Länder der EU-Peripherie über direkte oder indirekte Transfers von deutschen Steuerzahlern gegenfinanziert werden. Ein günstiger Euro-Wechselkurs hilft zusätzlich, das Karussell in Schwung zu halten.

Erst in den letzten Monaten der Kanzlerschaft Merkels meldet sich die Realität mit einer stark steigenden Inflation zurück, für die man bald danach den Ukrainekrieg verantwortlich machen wird. Merkels wirtschaftspolitischer Kurs, der sich vor und zu Beginn ihrer Amtszeit immer und immer wieder auf Ludwig Erhard beruft, endet in einer noch nie dagewesenen Orgie der Maßlosigkeit. Das *„irrwitzige Dogma der Umverteilung"*, wie es Merkel in ihrer Frühzeit geißelt, macht sie sich in ihrer Spätzeit zu eigen. Vom Gebot des *Maßhaltens*, das Erhard Anfang der sechziger Jahre formuliert, bleibt nichts mehr übrig.

„Noch ist es Zeit, aber es ist höchste Zeit, Besinnung zu üben und dem Irrwahn zu entfliehen, als ob es einem Volk möglich sein könnte, für alle öffentlichen und privaten Zwecke in allen Lebensbereichen des Einzelnen und der Nation mehr verbrauchen zu wollen, als das gleiche Volk an realen Werten erzeugen kann oder zu erzeugen gewillt ist."[118] - Ludwig Erhard am 1. März 1962

Am Ende der Merkeljahre bleibt ein Deutschland zurück, dessen wirtschaftliche Auszehrung, beschnittene Grundrechte und politisch-mediale Gleichschaltung fatal an jenes staatliche Gebilde erinnert, aus dessen Kälte diese Frau vor über dreißig Jahren kam. Selbst der Demokratiebegriff nähert sich in seiner Verwendung durch Politik und Staatsmedien

---

[118] „„Maßhalten" fand in Deutschland schon 1965 ein geteiltes Echo', Die WELT, 10.11.2022 https://web.archive.org/web/20221110093255/https://www.welt.de/geschichte/kopf-des-tages/article242048787/Ludwig-Erhard-Masshalten-fand-in-Deutschland-schon-1965-ein-geteiltes-Echo.html

dem des SED-Staats an. Am Ende dieses Überblicks soll nochmals der hoch geschätzte Bernd Ulrich von der ZEIT zu Wort kommen:

„Diese Phase (...) der Normalität von Bundesrepublik, für die Merkel vielleicht auf beste Weise gestanden hat. Diese Normalität ist zu Ende gegangen, während ihrer Amtszeit in den letzten sechs Jahren. Und seit dem erleben wir einen von Merkel mehr oder weniger gut moderierten Kollaps einer Bundesrepublik, die es so nicht mehr geben wird."[119] - Bernd Ulrich

Die Langguth-Thesen aus heutiger Sicht

Biograph Gerd Langguth, der aus Angela Merkel auch nicht so recht schlau wurde oder nicht schlau werden wollte, formuliert in seiner 2007 neu aufgelegten Biographie zwölf Thesen über sie. Wir geben diese Thesen hier verkürzt wieder und bewerten sie anhand unserer Erkenntnisse. Es zeigt sich, dass Langguth bei wichtigen Thesen zu Merkel komplett daneben liegt, weil ihn Merkel mit ihrer Tarnung überlistet.

Langguth These 1: Angela Merkel hat den unbedingten Willen zur Macht. [...]

Diese These trifft uneingeschränkt zu. Merkel liebt die Macht und die Liebe zur Macht geht mit der Überzeugung einher, es besser als alle anderen zu können. *„Die Leute sollen uns Politiker die Politik machen lassen, weil wir so viel mehr davon verstehen,"* ist ein Satz von ihr[120], der das hinreichend klar erkennen lässt. Merkel kann daher nicht so frei von Eitelkeit sein, wie sie öffentlich vorgibt, und sie ist auch den Annehmlichkeiten der Macht durchaus zugänglich. Allerdings ist sie im Tarnen von Eitelkeit und Machtgier viel geschickter als ihre männlichen Vorgänger.

---

[119] ‚Merkels Kanzlerinnenschaft wendet sich ins Tragische', Die ZEIT Podcast, 20.08.2021 -46:00 https://www.zeit.de/politik/2021-08/angela-merkel-afghanistan-16-jahre-bernd-ulrich-politikpodcast

[120] ‚Angela Merkel – Die Zauderkünstlerin', Nikolaus Blome, 2013, S. 29

Langguth These 2: Die ‚ideologiefreie' Naturwissenschaftlerin Merkel ist Generalistin ohne historische Fixierung. Sie geht von der Notwendigkeit des effizienten ‚Funktionierens' einer Gesellschaft aus [...]

Diese These trifft eingeschränkt zu. Spätestens ab 2015 erlebt Deutschland eine durchaus ideologisch handelnde Merkel, die sich nur fallweise rationaler Argumente bedient. Und es wird abschließend klar, dass ihre ideologischen Wurzeln weit außerhalb der CDU liegen.

Langguth These 3: Das Leben von Angela Merkel ist von ihrem Verhältnis zu ihrem Vater geprägt. [...]

Diese These trifft uneingeschränkt zu. Horst Kasner ist der Mensch im Leben von Angela Merkel, der sie am meisten prägt, auch wenn die Beziehung zu ihrem Vater zeitweise spannungsgeladen ist. Kasner wird häufig als die ‚Graue Eminenz' der Evangelischen Kirche Berlin-Brandenburg bezeichnet. Im Gegensatz dazu tritt seine Tochter während ihres politischen Aufstiegs zunächst als unauffällige ‚graue Maus' auf. Die Kanzlerin Angela regiert dann aber schnell im Stile einer ‚Grauen Eminenz'.

Langguth These 4: Ihre Unfähigkeit sich mitzuteilen, Einblick in das eigne Ich zu gewähren [...] hängt mit den grundlegenden Erfahrungen einer DDR-Bürgerin zusammen [...]

Diese These trifft eingeschränkt zu. Die hermetische Abschottung von Angela Merkel dient dazu, ihre unliebsamen Aspekte gegenüber der Öffentlichkeit zu verbergen. Sie ist damit wesentlich mehr als nur die schlechte Gewohnheit einer vormaligen DDR-Bürgerin.

Langguth These 5: Angela Merkels Überzeugungen sind Gegenbilder [...] der Erfahrung mit dem real existierenden Sozialismus [...] Sie denkt in den Kategorien individueller Freiheit und Verantwortung.[...]

Diese These trifft nicht zu. Für Merkel ist politisches Handeln und das Treffen von Entscheidungen am besten in den Händen einer Elite aufgehoben. Individuelle Freiheit und Verantwortung sind für sie, wie vieles andere auch, Floskeln, die im Zweifelsfall auch schnell kassiert werden können.

Langguth These 6: Allem, was nach Reglementierung einer Gesellschaft aussieht, steht Merkel eher skeptisch gegenüber. ‚Im Zweifel für die Freiheit', könnte ihr Motto lauten. [...]

Diese These trifft nicht zu. Angela Merkel ist unter dem Motto *„Mehr Freiheit wagen"* als Kanzlerin angetreten. Am Ende ihrer Kanzlerschaft stehen jedoch die umfangreichsten Freiheitsbeschränkungen, Zensurmaßnahmen und Überwachungsgesetze, die diese Republik je gesehen hat.

Selbst im Jahr 2014 ist Dirk Kurbjuweit noch auf diese Finte hereingefallen. Er schrieb damals über Merkel: *„Es gibt keinen politischen Kern, mit Ausnahme einer hohen Wertschätzung für die Freiheit, ..."*.[121] Blome begeht den gleichen Fehler, erwähnt aber immerhin den von Kritikern ausgesprochenen Vorwurf, *„dass man diese Freude an der Freiheit in ihrer praktischen Politik an keiner Stelle wiederfindet"*.[122]

Langguth These 7: Merkels Einsatz für politische Ziele entspricht [...] mehr rationaler Einsicht als tradierten christlich-demokratischen Grundpositionen. [...]

Diese These trifft eingeschränkt zu. Merkel hat nie wirklich christlich-demokratische Grundpositionen. Sie vertritt sie nur zeitweise und äußerlich. Die CDU war für Merkel nie mehr als ein Sprungbrett. Ihre eigentliche politische Heimat findet sich in einer globalen grünen Umwelt-, Umverteilungs- und Multi-Kulti-Agenda.

Langguth These 8: [...] Merkels stark von der einstigen DDR geprägtes Frauenbild schuf Distanz zu westdeutschen Frauenpolitikerinnen.

---

121 ‚Alternativlos: Merkel, die Deutschen und das Ende der Politik', Kurbjuweit, 2014, S. 83

122 ‚Die Zauberkünstlerin', Nikolaus Blome, 2013, S. 159

Diese These trifft nicht zu. Merkels frühe Bekanntschaft mit Alice Schwarzer entgeht Gerd Langguth offenbar. Ebenso entgehen ihm ihre bereits im Jahr 1992 formulierten, glasklar feministischen Positionen. Das spricht wiederum für Merkels ausgeprägte Fähigkeit zum Tarnen und Täuschen.

Langguth These 9: Angela Merkel verkörpert gesamtdeutsche Geschichte wie keiner vor ihr. [...]

Diese These trifft zu. Merkel ist mit beiden Entwicklungsbahnen Deutschlands nach 1945 vertraut. Sie kennt sich darüber hinaus in der Welt des untergegangenen Sowjetreichs und dessen osteuropäischen Satellitenstaaten aus. Vor und nach 1989 sammelt sie aber auch Erfahrungen in der westlichen Welt und lernt schnell daraus.

Langguth These 10: Angela Merkel wurde Kanzlerin, weil sie wie kaum ein anderer Politiker die Chance des Augenblicks erkennt und für ihre Realisierung jedes Risiko eingeht.

Diese These trifft teilweise zu. Allerdings sind ihre Kehrtwenden durch ihre exzellenten Verbindungen in die Chefetagen deutscher Medienhäuser gut absichert, was die Risiken kalkulierbar und überschaubar macht.

Langguth These 11: Stärker als alle ihre Vorgänger arbeitet Angela Merkel mit den Medien im Meinungsbildungsprozess. [...]

Diese These trifft uneingeschränkt zu. Merkel hat die Medien wie kein anderer Kanzler vor ihr im Griff. Dabei hält sie sich aber nicht mit der ausführenden Ebene auf. Wulffs Gezerre mit einem Kai Diekmann wäre Merkel nie passiert, denn seit der ersten Hälfte der neunziger Jahre ist sie mit Friede Springer befreundet, auch von Liz Mohn wird sie verehrt.[123]

[123] Interview Stefan Detjen mit Friede Springer, Deutschlandfunk, 24.09.2015 https://web.archive.org/web/20220928131026/https://www.deutschlandfunk.de/friede-springer-ich-wuerde-nie-einen-artikel-in-unseren-100.html

Langguth These 12: Als Kanzlerin hat Angela Merkel mit dem Klimawandel ihr Lebensthema gefunden. [...]

Diese These trifft nicht zu. Obwohl Merkel sich seit 1995 mit dem Thema Klimawandel beschäftigt, war das für sie kein Lebensthema. Bereits 2009 schrieb Dirk Kurbjuweit den folgenden Satz: *„Sie schaffte sich als Klimakanzlerin ab, so wie sie sich als Reformpolitikerin abgeschafft hatte."*[124] Auch privat ist Merkel oft und gerne auf Fernreisen, die durchaus nicht klimaneutral zu organisieren sind.

Der Kupfergraben, dargestellt in einem Gemälde von Friedrich Klose aus dem Jahre 1835. Im Haus Nr. 6 wohnt **Angela Merkel** seit 1997 mit Ehemann **Joachim Sauer.**

Es gibt keine einziges öffentlich verfügbares Foto aus dieser Wohnung und nur ganz enge Freunde kommen zu Besuch. Bereits durch die mündliche Beschreibung des Inneren der Wohnung fühlte sich Merkel verletzt. (Kurbjuweit, Alternativlos, S. 70)

Im Haus Nr. 4a starb am 14.11.1831 Georg Wilhelm Friedrich Hegel.

---

124 'Angela Merkel: Kanzlerin für alle?', Dirk Kurbjuweit, 2009, S. 140

David Cameron, Barack Obama, Angela Merkel, José Manuel Barroso und François Hollande schauen Fußball beim Camp David G8-Treffen am 19. Mai 2012

Die Biographie der Biographien

von Dr. Frank Bachmann

„Merkels Geschichte liest sich wie ein Märchen vom demokratischen Triumph über dunkle politische Strömungen."[125]

Melissa Eddy, Journalistin, New York Times

Die Merkel-Biographien kommen wie ineinander geschachtelte Matrjoschkas daher, die immer mehr Hüllen bei wenig veränder-tem, kleinem Kern liefern.

[125] ‚Die Lady Liberty aus der DDR', Melissa Eddy, taz, 21.9.2021 https://web.archive.org/web/20211101000000*/https://taz.de/Bundestagswahl-2021/!5797508

Übersicht über die wichtigsten Merkel-Biographien

Jahr	Form	Autor	Einfluss
1999 Sep.	Fotoband	Herlinde Koelbl	Hoch
2000 Feb.	Roman	Michael Schindhelm	Wahrscheinlich
2000 Sep.	Biographie	Wolfgang Stock	Hoch
2001 Jan.	Biographie	Jacqueline Boysen	-
2001 Okt.	Biographie	Evelyn Roll	Mittel
2004 Jan.	Interview	Hugo Müller-Vogg	Hoch
2005 Aug.	Biographie	Gerd Langguth	Mittel
2009 Mär.	Portrait	Dirk Kurbjuweit	-
2013 Mär.	Biographie	Stefan Kornelius	-
2013 Mai	Biographie	Ralf Reuth, Georg Lachmann	-
2014	Portrait	Dirk Kurbjuweit	-
2014 Nov.	Portrait	George Packer	-
2017 Dez.	Biographie	Hinrich Rohbohm	-
2021 Sep.	Biographie	Ralph Bollmann	-
2024	Auto-biographie	Angela Merkel Beate Baumann	Maximal

Angela Merkel hat gemeinsam mit Beate Baumann fast alle frühen Biographien beeinflußt.

Eine sehr wichtige Beobachtung für die Aufarbeitung des Falls Merkel ist die Tatsache, dass zwischen 1991 und 2009 fast nur sie selbst und ihr mehr oder weniger gewogene Autoren biographische Informationen über Merkel veröffentlichen. Die meisten Biographien dieses Zeitraums wurden sogar von Merkel und ihrer Büroleiterin inhaltlich redigiert. Wie zurückhaltend sich Angela Merkel mit Informationen über ihr Leben verhält, erkennt man daran, dass jede neue Biographie in großem Umfang Zitate aus den vorangegangenen Werken heranziehen muss, um ein Buch zu füllen. Merkel gibt selten etwas wirklich Neues über sich preis und sowohl ihr familiäres Umfeld als auch darüber hinausgehende Bekannte erhielten von ihr ein faktisches Auskunftsverbot. *„Der ganze Merkel-Clan steht unter diesem manischen Verhüllungszwang“*, beschrieb Hajo Schumacher einmal diesen Zustand.[126] In der Wortwahl war das reißerisch, aber im Kern hat er damit recht. Es liegt in der Natur der menschlichen Wahrnehmung, dass sich mit jeder Wiederholung von bereits bekannten Geschichten deren Glaubwürdigkeit verstärkt. Und so werden beispielsweise die äußerst zweifelhaften Interviewpassagen mit Helmut Kohl in der Biographie von Stock durch deren Zitierung bei Roll ein Stück glaubwürdiger. Und dann kommt die nächste Biographie und zitiert das Zitierte. Und am Ende steht da eine felsenfeste Legende, die Legende von Angela Merkel. Eine Geschichte, die sich wie ein Märchen liest.

Die bisherigen Biographien kommen also wie ineinander geschachtelte Matrjoschkas daher, die immer mehr Hüllen bei fast gleichem Faktenkern liefern. Den Kern, den Markenkern der Politikerin Angela Merkel, formten Merkel und ihre medialen Helfer aber zu großen Teilen selbst. Sie selbst strickten die Legende ihres Denkens *„vom Ende her“*, das nicht nur im Hinblick auf deutsche Interessen wiederholt krachend gescheitert ist.

„Da wir aus der Kernenergie und aus der Braunkohle und Steinkohle aussteigen, ist Deutschland ein sehr sicherer Absatzmarkt - egal für wen - in den nächsten Jahren, was Erdgas anbelangt“, verkündet sie 2019.[127] So kann man eine fatale Abhängigkeit von Energieimporten auch umschreiben. Eine zunehmende deutsche Abhängigkeit, obwohl sie Putin angeblich bereits 2007 durchschaut haben will.[128]

---

126 ‚Die Jongleurin‘, Die WELT, 20.08.2005
https://web.archive.org/web/20190505233108/https://www.welt.de/print-welt/article689682/Die-Jongleurin.htmlttps://www.welt.de/print-welt/article689682/Die-Jongleurin.html

127 ‚Rede der Kanzlerin: Merkel live auf der Münchner Sicherheitskonferenz’, Tagesschau, 16.02.2019
https://youtu.be/QkKaVFD-5i4?t=1298

128 ‚Das wahre Motiv ihrer Putin-Politik verschweigt Merkel: Geld‘, focus, 08.06.2022
https://web.archive.org/web/20220608144249/https://www.focus.de/politik/deutschland/kommentar-von-ulrich-reitz-keine-entschuldigung-keine-fehler-merkels-putin-erklaerungen-reichen-nicht_id_107951323.html

Sie selbst strickten die Legende ihres christlichen Glaubens, der sie offensichtlich weder vom notorischen Kriegstreiben noch vom notorischen Lügen abhält. Sie selbst strickten die Legende ihrer *„hohen Wertschätzung für die Freiheit“*[129], die sie nicht davon abhält, ein weltweit einzigartiges Zensurregime einzuführen und den Verfassungsschutz ebenso wie das Verfassungsgericht in Instrumente des politischen Kampfes umzuformen.

Sie selbst strickten die Legende ihres *„unbedingten Glaubens an den Rechtsstaat“*[130], der sie nicht davon abhält, Grundgesetz und EU-Verträge zu brechen.

Sie selbst strickten die Legende ihrer naturwissenschaftlichen Vorgehensweise, die sie nach dem Fukushima-Unglück komplett ignorierte, um einen bereits damals völlig unsinnigen Ausstieg aus der Kernkraft zu beschließen.

Sie selbst strickten die Legende ihrer Sprachlosigkeit als Ergebnis einer DDR-Sozialisation, von der in den sogenannten Hintergrundgesprächen, bei der u.a. sie Berlusconi und Papst Benedikt nachäfft, nichts zu spüren ist.

Sie selbst strickten die Legende der ‚Musterschülerin der Demokratie‘, die in Fragen von existentieller Bedeutung autokratisch ohne Absprache mit Verbündeten und ohne Rücksprache alleine entscheidet und Gremien oder Experten hinterher gegebenenfalls noch ein wenig über Nuancen diskutieren lässt. Es muss halt demokratisch aussehen! Kratzt man also nur ein wenig am Mattlack dieser Legenden, erweisen sie sich als Mimikry der Dr. Angela Dorothea Merkel, geborene Kasner, und ihrer Entourage.

Erst 2009 kommt es durch SPIEGEL-Journalist Dirk Kurbjuweit zu einem biographischen Ausrutscher. Ein unscheinbares, bis heute wenig

---

[129] Alternativlos, Dirk Kurbjuweit, 2014, S. 83

[130] ‚Die Flüchtlingskrise - Merkel zwischen Nothilfe und Notbremse‘, phoenix Runde, 16.09.2015 https://youtu.be/Otl0s1iljD0?t=200

bekanntes, graues Büchlein, das im Umfang von gerade einmal 155 Seiten erscheint. Darin wird der bis heute tiefste Einblick in die Politikmaschinerie in Merkels Hinterzimmern während ihrer ersten Regierungsjahre gewährt. Vieles verrät Kurbjuweit aber wiederum auch nicht. Die gnadenlose Zensur ihrer Interviews etwa, deutet er nur schwach an.

Kurbjuweit erkennt mit der Zeit offenbar das eigene Abseitsspiel und tritt 2014 zur Wiederholungsprüfung an. Die knappen und klaren Botschaften des ersten Portraits werden darin durch langatmige Rückblicke auf Merkels Amtsvorgänger bis hin zu Adenauer und Erhard verwässert. Negative Wertungen des ersten Bandes werden teils ins Positive gedreht. Am Ende lieben wir seine *„totale Kanzlerin“* und Kurbjuweit hat sich mit der Überschrift ‚Alternativlos‘ in der Berliner Einheitspartei rehabilitiert. *„Merkels beste Truppe“* hat FAZ-Redakteurin Julia Encke die deutschen *Hauptstadtjournalisten* einmal genannt.[131] Man möge ihr für diese Formulierung die Füße küssen.

1999 – Koelbl ‚Spuren der Macht'

Die Interviewabschnitte der Fotodokumentation ‚Spuren der Macht‘ von Herlinde Koelbl, die 1999 erschien, sind die ersten biographischen Fragmente, die über Merkel veröffentlicht werden. Sie wurden von Angela Merkel selbst und wahrscheinlich auch von Beate Baumann akribisch redigiert. Wie wir anhand von Beispielen nachweisen, haben die gedruckten mit den gesprochenen Worten nur wenige Gemeinsamkeiten. Es handelt sich also eigentlich um Monologe, die zum Zwecke der Manipulation als Interviews getarnt werden. Auch ein Leitthema, das Merkels vorgebliche Bodenständigkeit besonders beim weiblichen Publikum prägt, wurde in diesem Werk verankert: Es ist der selbst gebackene Pflaumenkuchen. 1996 versucht sich Merkel sogar zusätzlich noch am Johannisbeer- und am Streuselkuchen. Für alle, die wissen wollen, wie es um Merkels Backkünste bestellt ist: Sie verrät, dass sie 1997 ihren besten Pflaumenkuchen gebacken hat, und der *„fast wie vom*

131 ‚Sie sind ihre beste Truppe‘, FAZ, 30.11.2014 https://web.archive.org/web/20141201110043/https://www.faz.net/aktuell/feuilleton/medien/die-journalisten-der-kanzlerin-ihre-beste-truppe-13293640.html

Bäcker" war. Dabei weiß doch jeder, dass kein Bäcker so gut backt, wie die eigene Mutti.

Erstmals tauchte in jenen Interviewfragmenten auch die Redewendung *„vom Ende her Denken"* auf, als deren Schöpfer Wolfgang Schäuble genannt wird. Eine Redewendung, die zu einer der am besten bewährten Legenden Angela Merkels wird. Der Köder wird ausgelegt und von Journalisten und Biographen gierig verschlungen.

„Angela Merkel hat viele Gipfel der politischen Macht bezwungen und dabei ihre persönliche Integrität gewahrt."[132]

So formuliert Gesine Schwan im Jahr 2022 bei der Eröffnung der Ausstellung ‚Angela Merkel Portraits 1991-2021' den erwiesenen Irrtum, dem sie und viele andere bis heute aufsitzen.

2000 – Schindhelm ‚Roberts Reise'

Bei der Vorstellung von Michael Schindhelms Debütroman ‚Roberts Reise' im Frühling des für Merkel ausgesprochen ereignisreichen Jahres 2000 ist Angela Merkel im Roten Salon der Volksbühne persönlich anwesend. Sie charakterisiert Schindhelm bei diesem Anlass als einen *„angenehmen Kollegen"* an ihrem Institut an der Akademie der Wissenschaften der DDR. Eine überschaubare Anzahl von Zeilen des Romans, verteilt auf einige Seiten, erwähnen auch Renate alias Angela Merkel als harmlose Unschuld vom Lande. Es ist schwer vorstellbar, dass Schindhelm diese Darstellung nicht mit Merkel abgesprochen hat und sie passt bestens in das Bild, das Merkel bis zur Jahrtausendwende von sich verbreiten lässt: Grau, harmlos, zuverlässig und vertrauenswürdig.

---

[132] Ansprache von Gesine Schwan „Herlinde Koelbl. Angela Merkel Portraits 1991 – 2021", 28.04.2022 https://web.archive.org/web/20220502154357/https://www.dhm.de/blog/2022/05/02/herlinde-koelbl-angela-merkel-portraits-1991-2021/

2000 – Stock ‚Eine politische Biographie'

Die erste offizielle und autorisierte Biographie erscheint unter dem Titel ‚Angela Merkel: Eine politische Biographie' im Herbst des für Merkel, die Union und Deutschland wichtigen und vorentscheidenden Jahres 2000. Sie wird von dem Journalisten und PR-Berater Wolfgang Stock erstellt, der sechs Jahre später zu Beginn von Merkels Kanzlerschaft auch deren wöchentliche, zwei- bis dreiminütige Videoansprachen zum Stückpreis von 6500 EUR produziert.[133] Bald darauf wird er aber leider von der Firma des Stoiber-Schwiegersohns Jürgen Hausmann preislich unterboten.[134]

Unverkennbar war es die Mission dieser Biographie, Angela Merkels politische Marke fit für eine Kanzlerschaft zu machen. Hierzu wird die CDU/CSU-Spendenaffäre maximal ausgeschlachtet. Erstmals inszeniert Stock Merkel als Krisenmanagerin, als Politikerin, die die Dinge „vom Ende her denkt", und als rationale Naturwissenschaftlerin, die „zuhören kann".[135] [136] Um keine Unsicherheiten aufkommen zu lassen, werden Merkels Bekenntnisse zur Marktwirtschaft und zum *„christlichem Menschenbild"* aufdringlich oft wiederholt, ergänzt um Grundwerte, Grundsätze, Grundsatzstärke, Ehrfurcht vor Gott und der Schöpfung. Und so richtig will Merkel ja eigentlich gar nicht CDU-Vorsitzende werden, liest man, aber „an der CDU-Basis bildet sich eine Erwartungshaltung" - „Beifall, viel Beifall"...[137] Äußerst geschickt werden immer wieder wohlwollende Kommentare aus unterschiedlichen Richtungen in die Biographie eingeflochten. Dabei hat man propagandistisch klug unterschlagen, dass Fürsprecher wie Schavan, Eppelmann oder Schwarzer schon längst Teil von Merkels Machtgeflecht sind. Verräterisch viel Wert wurde darauf gelegt, jeglichen Verdacht zu zerstreuen, Merkel könnte die CDU auf einen Linkskurs führen. *„So mancher, der*

---

[133] ‚Merkels Video-Podcast kostet 6500 Euro pro Ausgabe', heise.de, 16.06.2006 https://web.archive.org/web/20240325151231/https://www.heise.de/news/Merkels-Video-Podcast-kostet-6500-Euro-pro-Ausgabe-133317.html

[134] ‚Stoibers Schwiegersohn produziert Merkel-Podcast', Der SPIEGEL, 10.08.2006 https://web.archive.org/web/20220129080850/https://www.spiegel.de/wirtschaft/geschaefte-stoiber-schwiegersohn-produziert-merkel-podcast-a-431148.html

[135] ‚Angela Merkel: Eine politische Biographie', Wolfgang Stock, 2000. S. 160

[136] ‚Angela Merkel: Eine politische Biographie', Wolfgang Stock, 2000. S. 186

[137] ‚Angela Merkel: Eine politische Biographie', Wolfgang Stock, 2000, S. 156/157

in den letzten Monaten gehofft hat, durch meine Wahl werde die CDU nach ‚links' rücken, wird sehr enttäuscht sein, wenn er feststellt, dass ich eine echte CDU-Frau bin", antwortet Merkel im beigestellten Interview mit Stock.[138] Im Haupttext wird von Stock genau die gleiche Botschaft repetiert: *„Die Frau, von der viele noch nicht recht wussten, ob sie eine ‚Linke' oder eine Wertkonservative ist ..."*.[139]

Immer wieder wird das *„christliche Menschenbild"* bemüht und Merkels *„Vertrauen auf den christlichen Glauben"* betont:[140] *„Wenn wir auf Christus vertrauen, brauchen wir uns vor der Zukunft nicht fürchten."*[141] Sätze, wie man sie sonntags von der Kanzel hört, liest man hier von einer angehenden Kanzlerin. Eineinhalb Jahrzehnte später huldigt man ihr sogar mit der Ehrenbezeichnung ‚Mutter aller Gläubigen', nur war das Glaubensbekenntnis da schon ein gänzlich anderes.[142]

Klar grenzt Stock die vormalige FDJ-Sekretärin vom Kommunismus ab. Laut den Ausführungen von Wolfgang Stock wird die Familie Kasner immer wieder von der Staatssicherheit behelligt. Vater Kasner habe auch *„gegen den Einmarsch der Warschauer-Pakt-Staaten in die CSSR 1968 protestiert"*, wo und in welcher Form bleibt offen.[143] Seitens der Evangelischen Kirchen in der DDR wird im Herbst 1968 eine kritische Erklärung zum Einmarsch des Warschauer Pakts in die Tschechoslowakei verfasst und in vielen Kirchen verlesen. Sollte sich der Protest von Horst Kasner auf das Verlesen dieses Briefes beschränkt haben, wäre es eigentlich nicht der Rede wert. Es gibt sogar Zweifel daran, dass er ihn überhaupt verlesen hat.[144] Auch Merkel selbst verbreitet mehrfach die Geschichte, dass sich die Begeisterung ihres Vaters für den Sozialismus nach 1968 abgeschwächt habe. Leider steht diese Erzählung in klarem Widerspruch zur Tatsache, dass Merkels Bruder Marcus 1971 zur Ju-

---

138 ‚Angela Merkel: Eine politische Biographie', Wolfgang Stock, 2000, S. 167

139 ‚Angela Merkel: Eine politische Biographie', Wolfgang Stock, 2000, S. 158

140 ‚Angela Merkel: Eine politische Biographie', Wolfgang Stock, 2000. S. 171

141 ‚Angela Merkel: Eine politische Biographie', Wolfgang Stock, 2000. S. 172

142 ARD-Weltspiegel, 06.09.2015, 05:50
https://www.ardmediathek.de/video/weltspiegel/die-sendung-vom-6-september-2015/das-erste/Y3JpZDovL2Rhc2Vy-c3RlL1dlbHRzcGllZ2VsLzA2MDk1NjM4NTM

143 ‚Angela Merkel: Eine politische Biographie', Wolfgang Stock, 2000. S. 50

144 'Angela Merkel', Gerd Langguth, 2005, S. 35

gendweihe geschickt wurde. Kasners Pfarrerkollegen waren über diesen offenen Affront entsetzt und bescheinigtem ihrem Glaubensbruder in einer Beschwerde bei Bischof Schönherr das Auftreten eines „Heckenschützen".[145] Warum Kasner sich vorzugsweise mit kircheninternen Stasi-Spitzeln, wie Clemens de Maizière, Heinrich Fink oder Gerhard Bassarak, umgab und sich deren Drehbuch bei der Gleichschaltung der Kirche anschloss, ist ebenfalls eine der vielen offenen Fragen. Das Motto dieser Gleichschaltung stammte übrigens von Horst Kasner selbst. Es lautete ‚Kirche im Sozialismus', aber wie seine Tochter gegenüber Günter Gaus zu berichten weiß, hat er sich gegen sein eigenes Motto *„immer aufgelehnt"*.

Wenn es jemals die Verschmelzung einer politischen Biographie mit einem Kanzler-Bewerbungsschreiben gab, abgefasst im Stil eines Gebrauchtwagenprospekts, dann ist sie Wolfgang Stock und etwaigen Co-Autoren des hastig zusammengeschusterten Werks geglückt. Der Glaubwürdigkeit wegen werden selbstverständlich auch Schwächen des angepriesenen Modells genannt, die aber gleich hinterher zu seltenen und gesuchten Stärken umgedeutet werden. Kurzum: Wir erblicken 260 Seiten Lobhudelei auf Bestellung, die man hoffentlich nicht ernst nimmt und für die man besser niemals 36 Mark ausgegeben hat. Eine Neuauflage des Werbeprospekts im Jahr 2005 wäre nicht nötig gewesen, aber da wird das erfolgreich beworbene Modell Kanzlerin und neue Absatzchancen winken. Zu einer ähnlichen Bewertung der Biographie kommt man in der FAZ Anfang November 2000, zu Zeiten als das Blatt noch etwas taugte:

„Trotz der Vielfalt der journalistischen Stile enthält der Band schließlich doch keine (distanzierte) journalistische Beobachtung, sondern eine im gegenseitigen Einverständnis entstandene, nicht so benannte Auftragsarbeit."[146]

---

[145] Archiv des Landkreises Uckermark, Prenzlau (hier: Abschrift: Evangelisches Pfarramt, B. Ninnemann, Brief an Bischof Schönherr, 6. Oktober 1972)

[146] ‚Politisches Pubertätsproblem gegenüber Hausvater Kohl', FAZ, Georg Paul Hefty, 08.11.2000 https://web.archive.org/web/20210821163928/https://www.faz.net/aktuell/feuilleton/politik/rezension-sachbuch-politisches-pubertaetsproblem-gegenueber-hausvater-kohl-112919.html

Die einzige ergiebige Seite dieser Biographie ist jene mit der Nummer 33, denn auch Merkel unterlaufen Fehler und einer davon ist da zu sehen. Die junge Ministerin Angela ist mit einer Geste abgebildet, die man bei ihr öffentlich nie wieder sehen wird: Die flache rechte Hand ist gebieterisch mit den Fingerspitzen zum Betrachter gerichtet. Aus der zur Faust geballten linken Hand ragt der Daumen nach oben. Die Augäpfel treten hervor und ein starrer, triumphierender Blick stiert scharf am Betrachter vorbei, während die Mundwinkel zu einem breiten Schmunzeln nach hinten gezogen sind. Hätte man statt eines Fotos das Gemälde eines flämischen Meisters des siebzehnten Jahrhunderts vor sich, es wäre vielleicht mit ‚Die Intrigantin' betitelt.[147]

2001 – Boysen ‚Eine deutsch-deutsche Biographie'

Anfang 2001 tritt Jaqueline Boysen mit ihrer Biographie über Angela Merkel an die Öffentlichkeit. Hervorzuheben ist hierbei, dass Boysen anders als Stock und Roll nicht von Merkel als Biographin autorisiert war und Merkel & Co damit auch keinen direkten inhaltlichen Einfluss ausüben konnten. Damit war Boysen auch zwingend auf eigene Recherchen angewiesen, bei denen einige wichtige Steinchen am Merkel-Mosaik hinzugekommen sind. Unbeabsichtigt birgt das ausführliche, aber harmlos erscheinende Buch dadurch einige brisante Passagen. Vergleichsweise ausführlich kommen auch Merkels erster Ehemann, Ulrich Merkel, und ehemalige Kollegen am ZIPC zu Wort, beispielsweise der erst 2013 als IM „Einstein" enttarnte Hans-Jörg Osten.[148]

Boysen beschreibt detailliert den spätabendlichen Überraschungsbesuch der de Maizières beim Demokratischen Aufbruch inklusive Angela Merkel am Tag der letzten Volkskammerwahlen, die für den DA bekanntermaßen desaströs ausgingen. Vermutlich half ihr bei dieser Episode die Kollegenschaft zu Stephan Detjen bei der Deutschen Welle. Dieser hatte gemeinsam mit seinem Vater, dem Zeitungsverleger, Verbandsfunktionär und Kabelfernsehen-Pionier Claus Detjen,

---

[147] ‚Angela Merkel: Eine politische Biographie', Wolfgang Stock, 2000. S. 33

[148] ‚Angela Merkel', Jaqueline Boysen, 2001, S. 41

Angela Merkel und Joachim Sauer offenbar vor der Volkskammerwahl kennengelernt. Beide, Sohn und Vater Detjen, waren an jenem Abend mit auf Tour.

Diesen Sachverhalt lässt Stefan Detjen in seiner umfangreichen Podcast-Dokumentation über Merkel aus dem Jahr 2021 unerwähnt. Man fragt sich zu Recht, warum er das tut. Diese Anekdote würde doch seine Glaubwürdigkeit und Expertise als Merkel-Chronist deutlich steigern. Auch bei Boysen bleibt sein Name auf zweihundertfünfzig Seiten ungenannt, während im Gegensatz dazu sein Vater Claus Detjen namentliche Erwähnung findet. Langguth erwähnt Stefan Detjen immerhin im Zusammenhang mit der Wahlnacht.[149] An einer Stelle ihres Buches versucht Boysen Merkel als *„allein auf ihre wissenschaftliche Meriten angewiesene“* Forscherin zum Gegenstück einer opportunistischen Kollegin und späteren SED-Parteisekretärin zu präsentieren.[150] Eine Seite weiter berichtet sie dann über Merkels FDJ-Mitgliedschaft, ohne sich an dem Widerspruch zu stören. Sie vermeidet an jener Stelle Merkels Posten als FDJ-Sekretärin für Agitation und Propaganda zu erwähnen und kommt erst etliche Seiten später darauf zu sprechen.[151] Mit den *„wissenschaftliche Meriten“* von Angela Merkel ist es ohnehin nicht weit her: Sieben Jahre benötigt sie für die Promotion und die Liste ihrer wissenschaftlichen Veröffentlichungen ist auffällig kurz. Dieser Hinweis soll allerdings nicht die hohe Intelligenz und das ausgezeichnete Gedächtnis von Angela Merkel in Abrede stellen.

In den Biographien von Boysen und Roll findet sich ein auf den ersten Blick harmloses Motto aus der Anfangszeit des Demokratischen Aufbruchs: *„Wir sind nicht links, wir sind nicht rechts, wir sind vorn.“*[152] [153] Begibt man sich auf Suche, stellt man allerdings fest, dass dieses Motto schon einmal in der Gründungsphase einer Partei verwendet wird. Die Grünen bezeichnen sich in der Anfangsphase als *„Nicht links, nicht rechts,*

---

149 'Angela Merkel', Gerd Langguth, 2005, S. 131

150 ‚Angela Merkel‘, Jaqueline Boysen, 2001, S. 47

151 ‚Angela Merkel‘, Jaqueline Boysen, 2001, S. 57

152 ‚Angela Merkel‘, Jaqueline Boysen, 2001, S. 99

153 ‚Die Kanzlerin: Angela Merkels Weg zur Macht‘, Evelyn Roll, 2009, S. 120

sondern vorn".[154] Schöpfer des Mottos ist der Grüne Parteifunktionär Wilhelm Knabe, der Ende der achtziger Jahre auch Kontakte zur Ost-Berliner Umwelt-Bibliothek unterhält.[155] [156] Der Historiker und ehemalige Direktor der Gedenkstätte Berlin-Hohenschönhausen, Hubertus Knabe, ist dessen Sohn. Zu gerne wüsste man, wer sich in den Anfangstagen des Demokratischen Aufbruchs so eindeutig von den Grünen inspirieren lässt, jener Partei, der sich Angela Merkel im Laufe ihrer Regentschaft immer mehr annähert.

Es ist bei Boysen auch erstmals nachzulesen, dass Merkel im August 1981 nach zwei FDJ-Gruppenreisen eine dritte private Polenreise gemeinsam mit einem Begleiter antrat, an deren Ende sie von DDR-Grenzbeamten in Frankfurt an der Oder mit geschmuggelten Solidarność-Material erwischt wurde.[157] Der Vorfall wurde aktenkundig, blieb für Merkel in jenen politisch angespannten Monaten aber erstaunlicherweise ohne erkennbare Folgen. Zwölf Jahre nach Boysen lüfteten dann Reuth und Lachmann auch die Identität ihres Begleiters: Er heißt Gunter Walther und war 1980 FDJ-Sekretär am ZIPC. Walter legte den Autoren sogar gleich den behördlichen Bericht des Vorfalls auf den Tisch.[158]

Boysen ist als langjährige Journalistin beim Deutschlandradio und Redenschreiberin der Bundestagspräsidenten Lammert, Schäuble und Bas fest im Berliner Politikbetrieb etabliert. Im Jahr 2022 wurde sie zudem Geschäftsführerin der Bundeskanzler-Helmut-Kohl-Stiftung. In welchem Ausmaß auch Boysen auf Merkel hereinfällt oder hereinfallen will, geht aus einer sehr aufschlussreichen, weil kontroversen Gesprächsrunde des Senders Phönix während der humanitär bewegten Wochen

---

[154] ‚Wer spricht fürs Volk?', Die ZEIT, 29.09.2016 https://web.archive.org/web/20161007024607/http://www.zeit.de/2016/39/parteien-interessenvertretung-gemeinschaft-populismus/komplettansicht

[155] ‚Die Grünen: Vom Richtungskrieg zur harmonischen Vielfalt', Deutschlandfunk, 13.06.2011 https://web.archive.org/web/20230526085341/https://www.deutschlandfunk.de/die-gruenen-vom-richtungskrieg-zur-harmonischen-vielfalt-100.html

[156] ‚Ein deutsch-deutsches Leben. Zum Tod von Wilhelm Knabe', Robert-Havemann-Gesellschaft, 05.02.2021 https://web.archive.org/web/20220427224443/https://www.havemann-gesellschaft.de/aktuelles/in-memoriam/ein-deutsch-deutsches-leben-zum-tod-von-wilhelm-knabe/

[157] ‚Angela Merkel', Jaqueline Boysen, 2001, S. 59

[158] ‚Das erste Leben der Angela M.', Ralf Georg Reuth, Günther Lachmann, 2013, S. 126

des Septembers 2015 hervor. Auch einer der wichtigsten CDU-internen Merkel-Kritiker, Josef Schlarmann, ist rege und klug an dieser Diskussion beteiligt. Boysen sagt da folgendes:

„Sie handelt aus ihrer Diktaturerfahrung heraus ... das zweite ist ihr christlicher Glaube und das dritte ist ... ihr unbedingter Glaube an den Rechtsstaat."[159]

Den Satz *„Die Politikerin hat ihre Fähigkeit, eine Maske zu tragen, perfektioniert."* aus ihrer Biographie will man ihr bei dieser Gelegenheit zurufen. Unter anderem im Hinblick auf die übergriffigen Corona-Maßnahmen, die Merkel mit dramatisierend vorgetragenen Manipulationen Jahre später durchsetzt, liegt Boysen mit dem ersten Punkt sogar richtig - allerdings völlig unbeabsichtigt. Das Thema ‚Christlicher Glaube' ist bereits hinreichend erläutert und der *„unbedingte Glaube an den Rechtsstaat"* dürfte insbesondere dann sehr gefestigt sein, wenn die Richter vorher von Merkel abgenickt werden. So wie es bei Stephan Harbarth und nahezu unbemerkt auch bei Christine Langenfeld sowie Peter Müller der Fall ist. Sehr ausgeprägt war Merkels unbedingter Glaube an den Rechtsstaat während der Coronakrise zu erleben, als die Grundrechte von Millionen Bürgern missachtet und viele von ihnen rechtswidrig kriminalisiert wurden.

„In den Abgründen des Unrechts findest du immer die größte Sorgfalt für den Schein des Rechts."

Diese Einsicht hat ein gewisser Johann Heinrich Pestalozzi einmal äußerst klug niedergeschrieben. Es ist seit Menschengedenken kein Satz formuliert worden, der Merkels Rechtsauffassung besser auf den Punkt bringt, als eben jener. Ihren ersten regierungsamtlichen Verfassungs-

---

[159] ‚Die Flüchtlingskrise - Merkel zwischen Nothilfe und Notbremse', phoenix Runde, 16.09.2015 https://youtu.be/Otl0s1iljD0?t=200

bruch kündigt Merkel bereits *„ganz ehrlich“* an, als sie noch gar nicht im Amt ist:[160] [161]

„Wir sagen ganz ehrlich, und das hat es so noch nicht gegeben in der Geschichte der Bundesrepublik Deutschland, dass wir 2006 keinen verfassungskonformen Haushalt vorlegen können.“[162]

Auf dem Wege von *„ganz ehrlichen“* Tricksereien wird auch dieses Problem dann zumindest pro forma gelöst. *„Man solle sich nur einmal vorstellen, die Bürger reichten mit ähnlichen Bemerkungen ihre Steuererklärung ein"*, kommentiert Staatsrechtsprofessor Helmut Siekmann damals, als derlei Regierungskritik noch in größeren Zeitungen abgedruckt wurde.[163]

Eine kleine Variation von Pestalozzis oben zitiertem Satz klärt auch treffend über das Verhältnis von Merkel und Baumann zu Wahrheit und Lüge auf:

In den Abgründen der Lüge findest du immer die größte Sorgfalt für den Schein der Wahrheit.

In der Tat überprüft Beate Baumann Interviews über Merkel bis ins kleinste Detail und reicht auch nach deren Veröffentlichung Korrekturen nach.[164] Der Fehler in Merkels Lebenslauf des Jahrs 2000 war also kein Fehler, sondern wohl eher eine Lüge.

---

160 ‚Als Angela Merkel beinahe nicht Kanzlerin wurde‘, FAZ, 27.10.2009 https://web.archive.org/web/20150210170954/https://www.faz.net/aktuell/politik/wahljahr-2009/amtsantritt-als-angela-merkel-beinahe-nicht-kanzlerin-wurde-1873067.html

161 ‚Hohe Hürden für eine Klage‘, FAZ, 15.11.2005 https://web.archive.org/web/20131203001153/https://www.faz.net/aktuell/wirtschaft/wirtschaftspolitik/verfassungswidriger-haushalt-hohe-huerden-fuer-eine-klage-1280272.html

162 ‚Steinbrück verteidigt Haushaltspläne der Koalition‘, SZ, Datum unbekannt https://web.archive.org/web/20191126142054/https://www.sueddeutsche.de/wirtschaft/drohende-verfassungsklage-steinbrueck-verteidigt-haushaltsplaene-der-koalition-1.901777

163 ‚Hohe Hürden für eine Klage‘, FAZ, 15.11.2005 https://web.archive.org/web/20131203001153/https://www.faz.net/aktuell/wirtschaft/wirtschaftspolitik/verfassungswidriger-haushalt-hohe-huerden-fuer-eine-klage-1280272.html

164 Im Artikel ‚Die heimliche Macht in Zimmer LE 7.401‘ war die Zimmernummer falsch und wurde dann korrigiert. https://archive.li/IDIZi

2001 – Roll ‚Das Mädchen und die Macht'

Erstmals im Jahr 2001 erscheint die autorisierte Biographie von Evelyn Roll, die mehrfach mit variierenden Titeln neu aufgelegt wird. Eigenständige Recherche und Analyse kann man Roll immerhin nicht absprechen und im Gegensatz zu Stock setzt Roll auch ernsthafte Kontrapunkte und schafft Distanz zum besichtigten Objekt. Aber auch sie kommt Merkel nie gefährlich nahe, sondern präsentiert sie als ein scheues Reh, das nach dem Sturz von Kohl durch ein Rudel böser weißer CDU-Männer gejagt wird: Den ehrgeizigen Recken des Andenpakts. Sie präsentiert Merkel als eine Quereinsteigerin, die dem Politikbetrieb im allgemeinen und der CDU im Speziellen frischen Wind zuführt. Und schließlich als eine *„Musterschülerin der Demokratie"*, eine *„authentische, unverbogene, engagierte Politikerin"*.[165] Fraglos geht hier auch Roll zur Markenpflege von ‚AM' über. Da werden dann selbst die bis aufs Nagelbett abgekauten Fingernägel Merkels als *„übrigens männlich kurz, aber gepflegt und gefeilt"* verklärt.

Einige Jahre nach Merkels Amtsantritt ist das im Jahr 1979 über den Andengipfeln formierte CDU-Männerrudel vom scheuen Reh zur Strecke gebracht und zu einer innerparteilichen Selbsthilfegruppe verkümmert. 2013 versammelt man sich ein letztes Mal, um die klaffenden Wunden zu lecken und einander Trost zu spenden. Vielleicht auch um darüber zu sinnieren, was hätte sein können, wenn…[166] [167]

So ganz verzichtet auch Merkel nicht auf CDU-Männer. Sie bedient sich der jüngeren Nachwuchsmannschaft, die über die Bonner Pizza-Connection in der zweiten Hälfte der neunziger Jahre gute Kontakte zu den Grünen pflegt: Peter Altmaier, Hermann Gröhe, Ronald Pofalla, Norbert Röttgen und auch Eckart von Klaeden gehören dazu. Als am Ende von Kohls Amtszeit die CDU in Sachen Euro der Mut verlässt, kommt aus

---

165 ‚Das Mädchen und die Macht', Evelyn Roll, 2001, S. 296

166 ‚Der Männerbund', Der SPIEGEL, 29.06.2003 https://web.archive.org/web/20220208184451/https://www.spiegel.de/politik/der-maennerbund-a-2475e027-0002-0001-0000-000027497155

167 ‚Die Königin von Deutschland', NZZ, 10.09.2017 https://web.archive.org/web/20170910110843/https://www.nzz.ch/international/koenigin-von-deutschland-wie-angela-merkel-die-maechtigste-frau-der-welt-wurde-ld.1315208

diesem Umfeld am 14. März 1997 ein Aufruf für eine zügige Einführung der Einheitswährung. Unterzeichnet haben u. a. von Altmaier, Gröhe, von Klaeden, Laschet, Merz, Pflüger und Polenz.[168]

Anfangs sind also auch noch Friedrich Merz und Friedbert Pflüger Teil dieser Gruppierung. Friedrich Merz hat aber ähnliche Ambitionen wie Merkel. Und Männer, die ihr gefährlich werden können, serviert Merkel gekonnt ab, wie neben Merz auch das Beispiel Norbert Röttgen lehrt. Bei der Karriereplanung des männlichen CDU-Nachwuchses in Berlin ist Merkel überaus hilfreich, solange das Kanzleramt nicht Teil der Planung sein könnte. Das engste politische Umfeld von Merkel besteht jedoch aus einem von Männern freigehaltenen Matriarchat, das zumindest phasenweise eher von Beate Baumann als von Angela Merkel geleitet wird. Reist Merkel um die Welt, hütet Baumann den Bergfried in Berlin. Ab dem Jahr 2002 ist auch Eva Christiansen als Medienberaterin teil dieses innersten Machtzirkels und bleibt es bis zum Ende der Kanzlerschaft. Nebenher sitzt Christiansen zunächst im Rundfunkrat der Deutschen Welle, danach im Fernsehrat des ZDF. Denn schließlich muss die Neutralität und Objektivität der Berichterstattung gewährt werden. Im Gegensatz zu Baumann sieht man bei Christiansen auch einmal ein freies Knie oder eine rote Bluse, die einen Knopf zu weit geöffnet ist. Baumann tritt hingegen immer nahezu ungeschminkt mit Vokuhila-Frisur und unauffälliger Kleidung in Erscheinung. Ein deutlicher Überbiss macht die Sache nicht besser.

Neben der offensichtlichen Markenpflege schafft Roll auch noch etwas für Merkel sehr hilfreiches: Sie offenbart die hellsten dunklen Stellen ihrer Vita. Sie offenbart beispielsweise die Lüge von der *„Kulturbeauftragten“*. Sie offenbart sie und entschärft sie damit zugleich. Der Skandal wird auf diese Weise nicht mehr skandalisierbar: In der Biographie ist es nun kleingedruckt abgedruckt - und alles längst bekannt, sollte jemand mal nachfragen. Während uns Stock ins blendende Sonnenlicht führt, führt uns Roll ein klein wenig ins Zwielicht, das auf Merkel auch einzelne Schatten wirft. Es werden Fragen zum Vater Horst Kasner

[168] ‚Bilanz einer gescheiterten Kommunikation‘, Dissertation Jens Peter Paul, 06.07.2010 http://cdn.jornaldenegocios.pt/files/2013-04/09-04-2013_16_39_06_tesekohl.pdf

gestellt, er wird sogar als der *„rote Kasner"* vorgestellt. Roll beschafft sich auch seine Stasi-Akte oder das, was davon noch übrig ist. Es wird immerhin beiläufig erwähnt, dass drei Stockwerke unter Angelas Wohnung der letzte Ministerpräsident der DDR und Stasi-IM Lothar de Maizière seine Rechtsanwaltskanzlei betreibt.

Erstaunlich ist auch Rolls beißende Kritik am bundesdeutschen Politikbetrieb: *„Die Pervertierung des parlamentarisch-repräsentativen Systems zum medial-präsentativen System der Ereignisdemokratie, der Übergang der Parteiendemokratie zur Telekratie, hat sich schleichend vollzogen."*[169] Doch gerade Angela Merkel treibt genau diese Pervertierung in den folgenden Jahren auf die Spitze. Ohne den Hauch eines Widerspruchs aus den Leitmedien wird 2020 auf ihr Geheiß hin die demokratische Wahl des Ministerpräsidenten Thomas Kemmerich annulliert.

Und genau da, wo es für Merkel brenzlig werden könnte, biegt Roll ab. Wichtige Weggefährten, wie Andreas Apelt oder Hans-Christian Maaß, bleiben gänzlich unerwähnt. Keine Erwähnung findet auch Kasners enger Mitspieler bei der Gleichschaltung der Evangelischen Kirche, Rechtsanwalt und Stasi-IM Clemens de Maizière. Auch über Kasners gute Bekanntschaft mit dessen Sohn Lothar de Maizière und seine engen Kontakte zu Stasi-IM und DA-Gründer Wolfgang Schnur schweigt sich Roll aus. Beide sind entscheidende Förderer von Angela Merkel in den kaum zwölf Monaten, die Merkel benötigt, um vom unscheinbaren ‚Mädchen für alles' im Vorzimmer von Wolfgang Schnur, als ‚Kohls Mädchen' zur Bundesministerin in Bonn aufzusteigen. Man muss mit Blindheit geschlagen sein, um vor dem Hintergrund von Kasners Beziehungen zu Angelas Förderern an der Spitze vom Demokratischem Aufbruch und der Ost-CDU ihren Aufstieg zur Bundesministerin allein mit Tüchtigkeit und glücklichen Fügungen zu erklären. Angesichts des hermetischen Verschweigens dieses Beziehungsgeflechts durch Merkel selbst und ihre Biographen Stock und Roll, darf mit einer gewissen Sicherheit behauptet werden: Ohne Vater Kasner und seine Beziehungen hätte es den rasanten Aufstieg seiner Tochter *„aus dem Nichts"* in jenen zwölf Monaten nie gegeben.

---

[169] ‚Die Kanzlerin: Angela Merkels Weg zur Macht', Evelyn Roll, 2009, S. 179

Roll verschafft Merkel mit ihrer Biographie eine Verteidigungslinie und die hält auch, als 2013 Reuth und Lachmann umfangreiche neue Fakten gegen Angela Merkel in Stellung bringen. Am Ende muss sich nicht Merkel, sondern die Autoren Vorwürfe gefallen lassen.[170] Merkel hingegen gewinnt im selben Jahr souverän die Bundestagswahl. Denn Merkel hat schon längst ihre supergroße Koalition geschmiedet: Quer durch die Parteien wird sie unterstützt, insbesondere von den Grünen erfährt sie Zuspruch. Die Medien sind schon fast geschlossen zu ihr übergelaufen. FAZ, Zeit, Deutsche Welle und Spiegel hatten offenbar heimlich das Singen im Chor geübt. Man diskreditiert die Autoren der Biographie, statt die Auslassungen, Ausreden und Ausflüchte der Kanzlerin zu hinterfragen. So ist es viel bequemer! Auch die alten Recken aus DDR-Zeiten, allen voran Eppelmann, de Maizière und Gysi, scharen sich um sie, wie Bienen um ihre Königin. Gerade Gregor Gysi ist ja ein Musterbeispiel an rückbezüglicher Wahrhaftigkeit.

Wie Wolfgang Stock darf auch Evelyn Roll Merkel bald nach ihrem Amtsantritt filmisch inszenieren. Fast punktgenau ein Jahr nach Merkels Vereidigung erscheint die Dokumentation ‚Die Kanzlerin - Angela Merkels erstes Regierungsjahr'. Regie führt dabei die Tochter der Presse-Legende Manfred Bissinger (Stern, konkret, Natur, Merian, die Woche), Claudia Bissinger. Produziert wird der Film von der Berliner Society-Größe Regina Ziegler, die auch mit Sabine Christiansen bekannt ist und im Herbst 2003 Michel Friedmans Resozialisierungsparty schmeißt, bei der Merkel unter den anwesenden Bewährungshelfern ist. Der SPIEGEL kam zu einer Bewertung, die man in dieser Deutlichkeit heute wohl nicht mehr dort lesen würde:

„Der Makel dieser Dokumentation ist nicht, dass er Angela Merkel freundlich und sympathisch darstellt, sondern dass ihn von einem PR-Film nur der journalistische Anspruch der Autorinnen unterscheidet. Beim Anspruch aber ist es leider geblieben."[171]

---

[170] ‚Merkel-Biograf fühlt sich missverstanden', Die ZEIT, 15.05.2013 https://web.archive.org/web/20130809023746/https://www.zeit.de/politik/deutschland/2013-05/merkel-biograf-ddr-vergangenheit

[171] ‚Bunte Bilder, nette Kanzlerin', Der SPIEGEL, 15.11.2006 https://web.archive.org/web/20240210053110/https://www.spiegel.de/kultur/gesellschaft/merkel-portraet-im-zdf-bunte-bilder-nette-kanzlerin-a-448399.html

Allerspätestens mit diesem unstrittigen Urteil hat Evelyn Roll aufgehört Biographin von Angela Merkel zu sein. Von dieser Aufgabe entfernt hat sie sich aber bereits im November 2005 als sie bei der Kanzlerwahl hinter Merkels *Golden Girls* auf der Bundestagstribüne Platz nimmt. Vielleicht einen Meter sitzt sie von Friede Springer weg, die gemeinsam mit Liz Mohn im Jahr 2005 unter dem Motto ‚Mehr für Merkel' Wahlkampf betreibt.[172] [173] Erwähnt werden die beiden äußerst einflussreichen Milliardärinnen auch in den späteren Ausgaben ihrer Biographie genau ein einziges mal. Obwohl Roll kurz vor der Bundestagswahl 2005 über die PR-Aktivitäten der *Golden Girls* ausführlich in der Süddeutschen Zeitung berichtet.[174] [175]

Unterstützt wird Merkel damals auch von der Unternehmergattin Ann-Katrin Bauknecht, der Journalistin Patricia Riekel und, im Rahmen des ‚Victress-Day', von der Event-Managerin Sonja Müller. Regelmäßig leistet Roll über Jahre hinweg für Merkel wichtigen Flankenschutz, fernab von der Rolle einer neutralen Berichterstatterin. Matthias Schnitzler aus Köln, ein Leser der Süddeutschen Zeitung, fragt nach Lektüre von Rolls Artikel ‚Frau Alpha-Eins' im Wahljahr 2013 *„Ist das noch Auftragsjournalismus oder schon Hagiographie?"*.[176] Wird Merkel angegriffen, dann interpretiert Roll das als *„die Unfähigkeit, mit weiblicher Macht umzugehen"*.[177] Immerhin liefert Roll im gleichen Artikel für das, was sie da betreibt, den Fachbegriff gleich mit, nämlich den *„trivialen Rückgriff auf dichotome Geschlechterbilder"*. Ein herzlicher Dank sei ihr dafür ausgesprochen.

---

[172] ‚Andere Basis', Der SPIEGEL, 08.04.2016
https://web.archive.org/web/20210420102558/https://magazin.spiegel.de/EpubDelivery/spiegel/pdf/144021649

[173] ‚Die Kanzlerin: Angela Merkels Weg zur Macht', Evelyn Roll, 2009, S. 356

[174] ‚Disharmonie bestimmt die Damenwahl', SZ, 09.2005
https://web.archive.org/web/20240210053449/https://www.sueddeutsche.de/web/20240210053449/https://www.sueddeutsche.de/politik/wie-wirkt-der-merkel-faktor-bei-den-frauen-disharmonie-bestimmt-die-damenwahl-1.892005-0

[175] ‚Victress Day', 05.09.2005
https://web.archive.org/web/20210616210908/https://www.aviva-berlin.de/aviva/content_Women%20+%20Work.php?id=7116

[176] ‚Medien schonen Merkel', der Freitag, 03.08.2013
https://web.archive.org/web/20200806164953/https://www.freitag.de/autoren/siebzehnterjuni/medien-schonen-merkel

[177] ‚Glück gehabt, die Kleine! Seltsame Frisur …', SZ, 29.05.2012
https://web.archive.org/web/20191215074146/https://www.sueddeutsche.de/politik/kanzlerin-merkel-und-die-macht-glueck-gehabt-die-kleine-seltsame-frisur-1.1368759

2004 – Müller-Vogg ‚Mein Weg'

Ein sehr umfangreiches Interview, das Hugo Müller-Vogg mit Merkel 2003 führt - oder vielleicht besser, das Merkel und Baumann mit Müller-Vogg führen - wird erstmals 2004 als Buch veröffentlicht und 2005 neu aufgelegt. Hierin sind neben Merkels biographischen Fertigbauteilen (Abitur-Intrige, Akademie der Wissenschaften, Demokratischer Aufbruch, CDU, etc.) sehr viele der damaligen politischen Positionen von Merkels festgehalten und es ist überaus interessant zu sehen, wie wenig von diesen Positionen am Ende der Kanzlerschaft Merkels übrig bleibt.

Wie man an Müller-Voggs Gesichtsausdruck ablesen kann, wenn er im Dokumentarfilm Merkel als *„Kontrollfreak"* bezeichnet und in diesem Zusammenhang auch Beate Baumann erwähnt, hat auch dieses Interview die unerbittliche Zensur der beiden Damen hinter sich.[178] Somit ist auch dieser Text mit Sicherheit meilenweit vom tatsächlich gesprochenen Wort entfernt und hat damit genau nicht jenen *„unschätzbaren Vorteil"*, den Müller-Vogg eingangs verspricht: *„Die Aussagen sind authentisch, werden nicht von einem Dritten erklärt, gedeutet und bewertet."*[179] Wenn Müller-Vogg in seiner Einleitung dann auch noch über Merkels *„kleinem Pöstchen als Kulturbeauftragte"* parliert, weiß man so ungefähr, woran man bei ihm ist.

2005 – Langguth ‚Angela Merkel'

Die bis dahin detaillierteste Biographie wird 2005 vom Politikwissenschaftler und CDU-Funktionär Dr. Gerd Langguth vorgelegt. Langguth betreibt sehr intensive Recherchen und erstellt sein Werk mit dem Anspruch von Wissenschaftlichkeit. Fast tausend Fußnoten mit Hinweisen zu Quellen machen die Biographie von Langguth zu einer der umfangreichsten und präzisesten. In der Ausgabe von 2005 ist zudem noch ein aufschlussreiches Interview enthalten, das in der Ausgabe von 2007 fehlt.

---

178 ‚Merkels Macht Auf den Spuren der Kanzlerin (2008)', https://youtu.be/UkzFyDw_6ZM?t=156

179 ‚Angela Merkel: Mein Weg', Hugo Müller-Vogg, 2005, S. 7

In der Ausgabe von 2007 wurden auch die zehn Thesen zu Merkel um zwei Thesen erweitert. Bemerkenswert ist hier die hinzugekommene These 11:

Merkel habe schon als DDR-Regierungssprecherin gelernt, *„dass nur der die öffentliche Meinung gewinnt, der auch die Veröffentlicher der Meinung überzeugen kann"*.

Langguth spielt hier sehr wahrscheinlich auf die innige Beziehung an, die Merkel zu Friede Springer pflegt und die fast peinliche Bewunderung, die ihr Liz Mohn angedeihen lässt. In seinem Werk schafft es Biograph Langguth immerhin Liz Mohn einmal und Friede Springer sogar zweimal zu erwähnen. *„Zwischen beiden Frauen besteht ein freundschaftlicher Kontakt"*, steht da in erschöpfender Ausführlichkeit zu lesen. Noch präziser will man die Beziehung zwischen den wichtigsten deutschen Medienunternehmerinnen und Angela Merkel ganz sicher nicht erklärt bekommen. Sage mir, wen du kaum erwähnst, und ich sage dir, wer dich beherrscht.

Trotz umfangreicher Recherche ist Gerd Langguth als CDU-Funktionär der Kanzlerhoffnung seiner Partei durchaus gewogen, auch wenn er wie Evelyn Roll im Kleingedruckten auch Negatives über Merkel zur Sprache bringt. In einem Abschnitt der Biographie spekuliert er sogar noch vor der Bundestagswahl 2005 über die mögliche Zusammensetzung eines Merkel-Kabinetts in einer Koalition zwischen CDU und FDP.[180] Wie man weiß, kommt es nicht so. Ebenso wie Roll lässt er Michael Schindhelm ausführlich zu Wort kommen, der nach der Art und Weise seiner erzwungenen Selbst-Entlarvung als Stasi-IM als unsicherer Kantonist gelten muss. Noch deutlich mehr als bei Roll wird aber bei Langguth über Merkels kommunistischen Vater ans Licht gebracht. Er erwähnt erstmals die Jugendweihe von Merkels Bruder Marcus im Jahr 1971, die einen innerkirchlichen Skandal auslöst. Horst Kasner bleibt bei all seinen intellektuellen Fähigkeiten für Langguth eine doppel-

[180] 'Angela Merkel', Gerd Langguth, 2005, S. 292

gesichtige Figur, von der sich die Tochter angeblich distanziert und eine *„grundsätzlich andere politische Haltung einnimmt“*.[181]

Bedenkt man wie schnell sich die politischen Positionen Merkels ändern, darf man mit Recht an dieser Deutung zweifeln. Noch kühner argumentiert Langguth, wenn er einen hilfreichen Einfluss des Vaters auf die politische Karriere der Tochter, durch seine ausgezeichneten Beziehungen, beispielsweise zu Lothar de Maizière und Wolfgang Schnur, in Abrede stellt.[182] Denn es ist offensichtlich, dass die Tochter vom Netzwerk ihres Vaters und seiner langjährigen Politik- und Medienerfahrung stark profitiert. Lothar de Maizières überraschender Besuch in der ‚Mühle‘ am Abend der Volkskammerwahl und das gemeinsame Essen im ‚Newa‘ machen ohne den Bezug zu Angela Merkel einfach keinen Sinn. Und der Bezug zwischen den beiden heißt nun einmal Horst Kasner.

Tapfer verteidigt Langguth Jahre später Merkel gegen die Angriffe, die Gertrud Höhler 2012 in ihrem Buch ‚Die Patin‘ lanciert.[183] Auch wenn Höhler in diesem Buch vielleicht nicht immer solide argumentiert, erkennt Höhler als allererste deutlich vernehmbar die schiefe Bahn, auf die Merkel Demokratie, Rechtsstaat und Land führt. Geradezu prophetisch äußert sich Höhler in einem Fernseh-Interview jenes Jahres zu Merkels politischen Projekten und der von Merkel betriebenen Erosion der Demokratie.[184] Niemand hat Merkel früher und subtiler durchschaut als Gertrud Höhler. Dafür steht ein Satz, den sie 2012 formuliert:

„Wer Normen und Werte einer demokratischen Gesellschaft zur Manövriermasse macht wie Angela Merkel, der arbeitet am Zerfall der Demokratie.“[185]

---

[181] 'Angela Merkel', Gerd Langguth, 2005, S. 309

[182] 'Angela Merkel', Gerd Langguth, 2005, S. 309

[183] ‚Die Legende von der Kanzlerberaterin‘, Der SPIEGEL, 25.08.2012 https://web.archive.org/web/20120825211052/https://www.spiegel.de/politik/deutschland/gertrud-hoehler-zweifel-an-ihrer-taetigkeit-als-kohls-kanzlerberaterin-a-851820.html

[184] ‚Prof. Gertrud Höhler - Im Dialog‘, phoenix, 08.09.2012’ https://www.youtube.com/watch?v=yyS7jqtcAto

[185] ‚Merkel arbeitet am Zerfall der Demokratie‘, Handelsblatt, 23.08.2012 https://web.archive.org/web/20120824231035/https://www.handelsblatt.com/politik/deutschland/ein-buch-ruft-zum-sturz-auf-merkel-arbeitet-am-zerfall-der-demokratie/7043954.html

Genau wie Merkel entstammt Höhler einem protestantischen Pfarrhaus und kennt die gut gewienerten doppelten Böden, über die man dort schreitet. Ihr mutiges Buch leitet Höhlers Verschwinden aus den Talkshow-Runden der Fernsehsender ein. Die Patin muss nichts befehlen, Merkel wirkt schweigend.

Aber nicht nur Höhler durchschaut Merkel, auch Tausende CDU-Mitglieder an der Basis erkennen, dass etwas schief läuft. Bereits im November 2009 bildet sich, angeführt von Martin Lohmann, der ‚Arbeitskreis Engagierter Katholiken in der CDU'. Drei Monate danach wird die ‚Aktion Linkstrend Stoppen' ins Leben gerufen, die eine Abkehr von der im Januar 2010 in einer ‚Berliner Erklärung' verkündigten Parteilinie fordert.[186] Mitte Februar wird das ‚Manifest gegen den Linkstrend' veröffentlicht, das von etwa 7500 CDU-Mitgliedern unterzeichnet wird und im Grunde bereits wesentliche Forderungen der drei Jahre später gegründeten AfD vorwegnimmt.[187] So wie Annette Schavan äußert Langguth sich damals zu diesen Entwicklungen.[188] In einem ausführlichen SPIEGEL-Artikel nimmt er Merkel dabei in die Pflicht, bleibt ihr gegenüber aber grundsätzlich loyal.[189] In genau jenem Jahr 2010 werden zehn Millionen Euro Steuergeld zur Gründung der Bundesstiftung Magnus Hirschfeld bewilligt. Eine Stiftung, die auf einen Gesetzesentwurf aus den Zeiten der rot-grünen Regierung im Jahr 2002 zurückgeht und einen Ausgleich für die *„Zerschlagung der schwulen und lesbischen Infrastruktur"* während der Nazizeit schaffen soll.[190] Drei Jahre später tritt Martin Lohmann aus der CDU aus. Viele andere Enttäuschte folgen ihm nach.

---

[186] ‚BERLINER ERKLÄRUNG: UNSERE PERSPEKTIVEN 2010 – 2013', CDU-Bundesvorstand, 15.01.2010 https://web.archive.org/web/20130103002213/http://www.angela-merkel.de/doc/100115-Berliner-Erklaerung.pdf

[187] ‚Manifest gegen den Linkstrend ', 15.02.2010 https://web.archive.org/web/20100331104835/http://linkstrend-stoppen.de/fileadmin/erklaerung/manifest.pdf

[188] ‚Schavan kritisiert "Arbeitskreis Engagierter Katholiken"', evangelische.de, 26.02.2010 https://web.archive.org/web/20100301204740/https://www.evangelisch.de/themen/politik/schavan-kritisiert-arbeits-kreis-engagierter-katholiken13305

[189] ‚Fundi-Katholiken wollen Merkel weiter ärgern', SPIEGEL, 27.02.2010 https://web.archive.org/web/20130618053722/https://www.spiegel.de/politik/deutschland/stoerfeuer-in-der-union-fundi-katholiken-wollen-merkel-weiter-aergern-a-680566.html

[190]'Entwurf eines Gesetzes zur Errichtung einer „Magnus-Hirschfeld-Stiftung"', Drucksache 14/9218, 04.06.2002 https://dserver.bundestag.de/btd/14/092/1409218.pdf

„Ich will eine CDU, deren Mitglieder in die Meinungsbildung einbezogen werden, die selbstbewusst sind und diskutieren“, hat Merkel zehn Jahre zuvor gesagt. Geblieben ist davon nichts. Die CDU der Angela Merkel erinnert nach 2010 eher an das, worüber Friedbert Pflüger im Jahr 2000 mit Blick auf das *Herrschaftssystem Kohl* klagt: *„Verlust an innerparteilicher Demokratie, in dessen Folge die Union Kompetenz und Kreativität verliert“*.[191]

Langguths Biographie wurde in loser Kooperation mit Merkel und ihrer Büroleiterin Beate Baumann erstellt. Artig bedankt sich der Autor bei Beate Baumann ganz am Ende *„für aufmerksame Begleitung des Buches“*.[192] Diese Formulierung könnte einen Hauch von Sarkasmus enthalten. Ebenso wie bei Stock und Roll, wird auch bei Langguth Merkels gute Bekannte Katja Havemann namentlich nie genannt und auch ihre Teilnahme am WEF-Programm ‚Global Leaders of Tomorrow‘ 1993 bleibt unerwähnt.[193]

2009 – Kurbjuweit I ‚Kanzlerin für alle?'

Wie erwähnt, stammt das erste bemerkenswert offene und bemerkenswert kritische Porträt Merkels aus dem Jahr 2009. Es wurde unter dem Titel ‚Angela Merkel: Die Kanzlerin für alle?‘ von SPIEGEL-Journalist Dirk Kurbjuweit verfasst.

Mit häufig gelungener Sprache wird überzeugend dargelegt, was die breite Öffentlichkeit in puncto Merkel bis heute kaum begriffen hat: Merkels Nicht-Inszenierung war nach den Worten von Kurbjuweit tatsächlich eine *„totale Inszenierung“*![194] Die einschläfernde, infantile öffentliche Sprache - war *totale Inszenierung*! Die scheinbare Authentizität und Glaubwürdigkeit - waren *totale Inszenierung*! Die Bescheidenheit im Auftritt, der Verzicht auf traditionelle Herrschaftsgesten, wenn sie etwa

[191] 'Angela Merkel', Gerd Langguth, 2005, S. 278

[192] 'Angela Merkel', Gerd Langguth, 2005, S. 393

[193] ‚Young Global Leaders: Mitglieder und Ziele der Schwab-Freunde‘, focus, 29.04.2023 https://web.archive.org/web/20220220090428/https://praxistipps.focus.de/young-global-leaders-mitglieder-und-ziele-der-schwab-freunde_141556

[194] Angela Merkel: die Kanzlerin für alle?, Dirk Kurbjuweit, 2009, S. 63

Besuchern im Kanzleramt eigenhändig den Kaffee aus der verchromten Isolierkanne einschenkt - waren *totale Inszenierung*! Das Hochreißen der Arme, der aufgerissene Mund beim WM-Tor im Fußballstadion - waren *totale Inszenierung*! Ihre Schulkameradin Elke Schulz aus Templin lächelt darüber: *„Jeder weiß ja, dass das nicht so ihre Art ist."*[195] Warum es zu ihrer Art wird, kann man in einer Analyse über Merkels Medienarbeit nachlesen: *„Die Inszenierung als leidenschaftliche Fußball-Liebhaberin wurde [2006]- wie dann auch 2014 - ein Erfolg, der sich nicht nur in den Popularitätswerten, sondern einem wohlwollenden, anerkennenden Medienecho niederschlug."*[196]

In den vorderen Hinterzimmern der Macht, dort wo ein ausgewählter Kreis von Journalisten zu sogenannten Hintergrundgesprächen Platz nimmt, beschreibt Kurbjuweit eine ganz andere Merkel. Eine *„Königin der Hintergründe"*[197], die leidenschaftlich ihre tagesaktuellen Standpunkte vertritt und die ausgewählten Zuhörer so mitreißt, dass diese sogar applaudieren - selbstverständlich unter Wahrung ihrer journalistischen Unabhängigkeit. Eine Merkel, die bereits im ersten Amtsjahr internationale Spitzenpolitiker ebenso nachäfft wie Papst Benedikt, der immerhin Oberhaupt von über einer Milliarde Katholiken ist.[198] Eine Merkel, die außerordentlich trinkfest weit nach Mitternacht auf ein Glas Rotwein mit Jean-Claude Juncker im Hotel verschwindet. Eine Merkel, die in auffallend derber Sprache auszuteilen versteht, sobald das Mikrofon aus ist. Kurbjuweit trägt damit tatsächlich Teile der äußeren Schutzhülle Merkels ab. Und schon das ist unter ihren Biographen fast schon ein Alleinstellungsmerkmal. Diesen Ausrutscher wird Kurbjuweit allerdings einige Jahre später mit seinem zweiten Merkel-Porträt korrigieren. Er wird das Tor zur hochinteressanten hintergründigen Merkel schließen und, wie fast alle Biographen, von der stinklangweiligen vordergründigen Merkel erzählen.

---

[195] ‚Die Generation Merkel', FAZ, 15.07.2014
https://web.archive.org/web/20140717193511/https://www.faz.net/aktuell/politik/inland/mitschueler-der-kanzlerin-die-generation-merkel-13042287.html?printPagedArticle=true#pageIndex_2

[196] ‚Medienkanzler', Thomas Brinkner (Hrsg.), 2015, S. 289

[197] Angela Merkel: die Kanzlerin für alle?, Dirk Kurbjuweit, 2009, S. 57

[198] Angela Merkel: die Kanzlerin für alle?, Dirk Kurbjuweit, 2009, S. 44

2013 – Reuth und Lachmann

Reuth und Lachmann legen im Jahr 2013 eine ausgezeichnet recherchierte und äußerst kritische Biographie von Angela Merkel unter dem Namen ‚Das erste Leben der Angela M.' vor. Wie bereits der Titel verrät, steht Angela Merkels Leben von ihrer Geburt bis zum Beginn ihrer Karriere unter Helmut Kohl im Mittelpunkt der Betrachtung. Keine andere Biographie dokumentiert die erste Lebensphase von Merkel so detailliert. Diese Lebensphase war durchaus nicht so verträumt und unschuldig, wie vorangegangene Biographien und Merkels selbst es darstellen. Merkel war beruflich und privat fast im ganzen Ostblock unterwegs und brachte es vor dem Fall der Mauer auch auf mindestens zwei Besuche in Westdeutschland - trotz der angeblich äußerst negativer Stasi-Bewertung. Die Glaubwürdigkeit von Merkel leidet deutlich unter den vielen Widersprüchen, die sich zwischen Merkels eigenen Aussagen und den hier wiedergegebenen Beobachtungen von namentlich genannten früheren Bekannten auftun. Spätestens mit dieser Biographie ist Merkels Erzählung von ihrer Tätigkeit als *„Kulturreferentin"* widerlegt, die allenfalls Theaterkarten besorgt. Merkel war kein widerwilliger Mitläufer des DDR-Unrechtsstaats, sondern bereits ab der Schule in FDJ-Führungspositionen engagiert tätig. Als Fazit der Aufarbeitung von Merkels Vorleben formulieren Reuth und Lachmann dann präzise und zutreffend die Legende, die sich Merkel bereits kurz nach dem Beginn ihrer Karriere überstülpt: *„... die Legende von der patriotischen Pfarrerstochter, die in der Wende auszog, um mitzuhelfen, die gespaltene Nation zusammenzufügen."*[199]

Ihre jahrelange mediale Landschaftspflege mit besten Verbindungen in die Eigentümeretagen der deutschen Medienhäuser bewahrt Merkel aber vor größerem Schaden durch diese spektakuläre Veröffentlichung. Obwohl spätestens mit Reuth und Lachmann ihrem Wahlkampfmotto des Jahres 2013, *„Sie kennen mich!"*, jegliche Basis entzogen ist, gewinnt Merkel diese Bundestagswahl mit traumhaften 41,5 % Stimmenanteil. Die Deutschen *meinen* Merkel zu kennen. Die Legende von der patriotischen

[199] 'Das erste Leben der Angela M.', Reuth, Lachmann, 2013, S. 132

Pfarrerstochter funktioniert ebenso gut, wie die Legende vom einzigen trockenen Fröschlein im Spendensumpf der Union.

2013 – Kornelius

Stefan Kornelius hat 2013 eine äußerst glatt gestrichene und daher langweilige Biographie veröffentlicht, die von einem ‚Journalisten' seines Zuschnitts nicht besser zu erwarten ist.[200] Bereits im Klappentext steht die Fehlinformation, dass Kornelius Merkel *„zum ersten Mal 1989 in Ostberlin begegnet, als sie Sprecherin des Demokratischen Aufbruchs war"*. 1989 war Merkel noch gar nicht Sprecherin des Demokratischen Aufbruchs. Zur Sprecherin des Landesverbandes wurde sie Ende Januar 1990 gewählt und Sprecherin der Gesamtpartei wurde sie, angeblich auf Zuruf, im Februar. Trotz der grundsätzlichen Fadheit dieses Buchs, findet sich auch dort die eine oder andere Perle. Etwa jenes bemerkenswerte Merkel-Zitat aus einer Sendung von Anne Will:

„Wir gehen in der Gesellschaft ein bisschen sparsam mit Schweigen um."[201]

Wie man ein Land zum Schweigen bringt, erleben wir in den Jahren danach.

2014 – Kurbjuweit II ‚Alternativlos'

Es wurde bereits erwähnt, dass Kurbjuweit im Jahr 2014 seinen vortrefflichen biographischen Ausrutscher des Jahres 2009 brav korrigiert. Hier nun wird einem die Alternativlosigkeit dieser Kanzlerin bereits im Titel eingetrichtert. Aber nicht nur in die Alternativlosigkeit der Kanzlerin wird eingeführt, sondern auch in die Alternativlosigkeit der deutschen Befindlichkeit und schließlich in die Alternativlosigkeit der deutschen *Hauptstadtjournalisten*. Um ja kein Risiko einzugehen, leitet der

---

[200] ‚Unabhängiger Journalismus - Die Anstalt - 29.04.2014 - ZDF' https://www.youtube.com/watch?v=1LONPFtP1GY

[201] ‚Angela Merkel: Die Kanzlerin und ihre Welt', Stefan Kornelius, 2013, S. 68

sein öffentlich-korrektes deutsches Selbstbild aus Hollywood-Streifen und politisch-korrekter Literatur ab, von Tarantino über Spielberg bis Schlink. Das muss reichen. Mehr wäre zu viel. Deutschland ist halt ein langweiliges Land und hat keine Abenteuer zu bieten, die roman- oder filmreif wären, meint der *Hauptstadtjournalist*. Nur die RAF liefert tauglichen deutschen Filmstoff, alternativlos, meint der *Hauptstadtjournalist*. Wilhelm Canaris, Harry Graf Kessler, Helene Mayer oder Richard Sorge: Das sind alles deutsche Lebensläufe voller Langeweile, die sich nie für einen Roman oder gar einen Film eigenen würden, meint der *Hauptstadtjournalist* des Weiteren.

Die Alternativlosigkeit des Hauptstadtjournalisten hat, wie die Alternativlosigkeit der Kanzlerin, eine Schutzfunktion. Ohne diese übergestülpte Glocke bliebe die Unzulänglichkeit ihrer Argumente nackt und bloß zurück. Und so schließt Kurbjuweit sein Werk mit einem höchst passendem Satz: *„Sie ist die Lieblingskanzlerin der Deutschen."*[202] Er tut das allerdings nicht, ohne zuvor die Bezeichnung *Führer* für Merkel in Erwägung zu ziehen, die er unter dem Hinweis auf Hitler dann doch für *„verdorben"* erachtet. Es sind solche Zeilen, welche die Erkenntnis reifen lassen: Merkel hat den *Hauptstadtjournalisten* nicht nur so manches Mal den Kopf gewaschen, sondern das Hirn gleich noch mit. Im Mai 2023 wird Dirk Kurbjuweit beim SPIEGEL Chefredakteur. Das System erweist sich seinen Dienern gegenüber als dankbar.

2014 – Packer ‚The Quite German'

Im Jahr 2014 erscheint im *New Yorker* ein umfangreicher Artikel über Angela Merkel, der in Qualität und Auskunftsfreude fast jede bisherige Biographie in den Schatten stellt.[203] George Packer kommt mit der Unterstützung von *Hauptstadtjournalisten* zu Erkenntnissen, die deutlich über das hinausgehen, was jene Herren dem eigenen Volk über Merkel zu verkünden wissen. Packer berichtet beispielsweise von einem

[202] Alternativlos, Dirk Kurbjuweit, 2014, S. 285

[203] ‚The Quiet German', New Yorker, George Packer, 24.11.2014
https://web.archive.org/web/20141201042532/https://www.newyorker.com/magazine/2014/12/01/quiet-german

Gesprächszirkel, den Merkel zusammen mit Joachim Sauer einmal im Monat veranstaltet. Den journalistischen Recken der Hauptstadt, die sich teilweise jahrzehntelang mit Merkel beschäftigten, bleibt Merkels Gesprächsrunde offenbar verborgen oder aber sie halten Wort. Der erlauchte Zirkel unbekannter Besetzung trifft sich auch in Merkels Ferienhaus in der Uckermark. Die Runden erinnern entfernt an jene Treffen, die Merkels Vater jährlich auf dem Waldhof bei Templin abhält. Es erstaunt, dass Packer davon im Grunde nebenbei erfährt, in den wenigen Monaten, die er als Axel Springer Fellow an der American Academy am Berliner Wannsee weilt. Hauptberuflich arbeitet er an seiner Biographie über den verstorbenen amerikanischen Spitzendiplomaten Richard Holbrooke.[204] Holbrookes Witwe Kati Marton schreibt später eine englischsprachige Biographie über Angela Merkel, die im Jahr 2021 erscheint.

Wie uns Packer verrät, ist ein Teilnehmer von Merkels Runden in der Uckermark Volker Schlöndorff. Die erstmals im Rahmen eines Porträts erwähnte langjährige Freundschaft Merkels mit Volker Schlöndorff öffnet einen bisher unbekannten Blickwinkel auf die Regentin. Schlöndorff ist in den siebziger Jahren ein bedeutender Aktivist im Umfeld der RAF. Es deutet sich dadurch eine politische Ausrichtung an, die so gar nicht zur selbst ernannten *„echten CDU-Frau“* passen will. Kein echter CDU-Mann ist vor Merkels Kanzlerschaft auf jemanden wie Schlöndorff gut zu sprechen und schon gar keiner in den Zeiten der hitzigen siebziger Jahre, als selbst Alt-Kommunist Hebert Wehner Schlöndorff die Flügel stutzt. Offenbar spricht George Packer auch mit Schlöndorff selbst über Merkel. Auf diese Idee kommt vorher keiner. Die Sandmännchen Berlins arbeiten zuverlässig und diskret. Aber die größte Überraschung bei Packer liegt in der Erkenntnis, wie viel man als unbedarfter Amerikaner in wenigen Monaten über Merkel zu Tage fördern kann, so man es denn will.

---

[204] ‚Sie sind ihre beste Truppe‘, FAZ, 30.11.2014 https://web.archive.org/web/20141201110043/https://www.faz.net/aktuell/feuilleton/medien/die-journalisten-der-kanzlerin-ihre-beste-truppe-13293640.html

2017 – Rohbohm ‚Merkels Maske'

Bereits am Titel ‚Merkels Maske' ist erkennbar, dass Hinrich Rohbohm trotz seiner Mitgliedschaft in der CDU kein ausgesprochener Anhänger von Angela Merkel ist. Seine sehr umfangreiche Biographie bringt viele unbekannte Fakten über Merkel ans Tageslicht und ist dadurch äußerst lesenswert. Er schildert ausführlich, wie sich viele CDU-Funktionäre jahrelang an Merkel abarbeiten und dabei letztlich immer scheitern. Auch die etlichen, von der CDU verlorenen Wahlen, die Rohbohm detailliert auflistet, werden Merkel erstaunlicherweise nie gefährlich.

Rohbohm analysiert auch ausführlich das linkslastige Milieu, in das sich Merkel während ihrer Amtszeit hinter den Kulissen bewegt und das sehr wahrscheinlich schon immer ihr offiziell verleugnetes politisches zu Hause ist. Ein Geheimnis ihres Erfolges ist ja, dass sie die Bühne der Achtundsechziger und deren geistige Nachkommen bespielt. Rohbohm beschreibt ausführlich ihren Vater und sein Wirken bei der Gleichschaltung der evangelischen Kirchen in der DDR. Er geht detailliert auf Merkels Beziehung zur Familie Robert Havemanns ein und thematisiert erstmals in einer Biographie ihre Freundschaft zu Volker Schlöndorff. Dabei macht er auch viele wichtige Hintergrundinformationen zugänglich, die für eine Deutung notwendig sind. Präzise werden die deutsch-deutschen politischen Entwicklungen der siebziger und achtziger Jahre analysiert und die wichtige Rolle, die linke Intellektuellen dabei spielen. Es bedarf dieser Erkenntnisse, wenn man verstehen will, woraus der Resonanzboden besteht, den Angela Merkel jahrelang kaum merklich zum Schwingen bringt. Merkel bedient die antibürgerliche Denkhaltung der Achtundsechziger und ihrer Nachkommen.

Als Schwachpunkt der Biographie könnte man das Fehlen von Referenzen anführen. Damit bleibt manchmal unklar, worauf Rohbohm seine Thesen konkret stützt. Einige seiner Überlegungen bleiben spekulativ. Ob der vielen schwarzen Löcher in Angela Merkels Vita sind Spekulationen aber völlig legitim, wenn sie zur Klärung offener Fragen anregen. Neben dem Werk von Reuth und Lachmann ist ‚Merkels Maske' damit eine der bisher ertragreichsten Biographien über Merkel.

2021 – Bollmann 'Angela Merkel'

Ein sehr umfangreiches Buch über Merkel mit über achthundert Seiten erscheint im Jahr 2021. Viel ist darin zu lesen, doch Wesentliches fehlt leider und allzu viel ist unpräzise oder schlicht falsch. Die für Merkel eminent wichtige Liz Mohn ist im Namensverzeichnis gleich gar nicht zu finden, der Vorname von Merkels Großmutter schreibt sich Margarete und nicht Margarethe und Merkels Mutter hat nicht im Zuge des Zweiten Weltkriegs Danzig verlassen, sondern vor dem Zweiten Weltkrieg. Sie ist bereits nach dem frühen Tod ihres Vaters Willi 1936 mit Mutter Gertrud und Schwester Gunhild nach Hamburg gezogen. Nach der Operation Gomorrha, den schweren Bombenangriffen auf Hamburg, wurden die beiden Töchter dann 1943 nach Elbing, evakuiert, kommen aber schon im Herbst 1944 zurück nach Hamburg.[205] Die Fluchtgeschichte der Familie Gertrud Jentzsch entspringt somit gänzlich Bollmanns Phantasie.[206] Wahrscheinlich ist, dass andere Teile der weiteren Verwandtschaft flüchten mussten, beispielsweise Merkels Großtante Emmy.

Über diese Unzulänglichkeiten hinaus ist aber vor allem enttäuschend, dass Biograph Bollmann keinerlei Versuch unternimmt, Merkel zum Ende ihrer Kanzlerschaft besser zu deuten als die Biographen, die sich ein oder zwei Jahrzehnte zuvor an Merkel versucht haben. Das müsste doch der eigentliche Anspruch der späten Biographie von Bollmann sein. In seiner Rezension des Werks lehnt sich Stefan Kornelius dann auch zufrieden zurück: *„Das tut gut, denn die akribische Nacherzählung entwickelt ihre eigene Aussagekraft."*[207] Ein Satz, so hohl, dass ihn auch Merkel selbst hätte formulieren können. *„Bis heute begleitet Angela Merkel die Vermutung, dass es doch eine andere, unentdeckte Person in ihr geben müsse"*, stellt Kornelius fest und beruhigt uns damit, dass dies mit ihrem

---

[205] ‚Das »Merkel-Haus« in Elbing', Der Westpreuße, 3/2017 https://web.archive.org/web/20230410070433/http://www.der-westpreusse.eu/de/assets/17-03_der-westpreusse_e-paper.pdf

[206] 'Angela Merkel: Die Kanzlerin und ihre Zeit', Ralph Bollmann, 2021, S. 21

[207] ‚Die Puzzleteile der Stabilität', Süddeutsche Zeitung, 24.07.2021 https://web.archive.org/web/20210718172929/https://www.sueddeutsche.de/politik/rezension-des-buches-die-kanzlerin-und-ihre-zeit-die-puzzleteile-der-stabilitaet-1.5355469

„perfekten Aufmerksamkeitsmanagement“ zusammenhänge.[208] In Wahrheit hängt es mit Merkels perfekten Sandmännchen zusammen, die nicht erklären, sondern verklären, die nicht enthüllen, sondern verhüllen und die nicht hinterfragen, sondern kneifen. Denn die *„unentdeckte Person in Merkel“* gibt es ja, nur muss man in die Tiefe gehen und nicht in der Ebene verweilen, um sie zu entdecken. Es gibt die *„unentdeckte Person in Merkel“* sogar mehrfach: Es gibt die unentdeckte Dissidentin. Es gibt die unentdeckte Gutsherrin. Und es gibt die Bertelsmann-Kanzlerin. Und diese Aufzählung ist nicht einmal vollständig. Doch an Fakten ist Bollmann wie alle Mitglieder der *Einheitspartei* eher beiläufig interessiert. Er nennt Verfassungsrichter Andreas Voßkuhle, der im Zusammenhang mit der sogenannten Euro-Rettung am Ende noch jeden Vertragsbruch abgesegnet hat, *„extrem Europa-kritisch, fast feindlich“*.[209]

2024 – Baumann & Merkel

Der massive Einfluss, den Merkel und Baumann auf die frühen Merkel-Biographien ausgeübt haben, wird dem Kontrollwahn, dem die beiden Damen offenbar unterliegen, nicht hinreichend gerecht. Merkel lässt verlauten, dass sie und Baumann mit einer Biographie aus eigener Feder die Wahrheit noch besser zurechtrücken wollen, als es ihnen in den vergangenen drei Jahrzehnten ohnehin schon geglückt ist.[210] Angekündigt ist das *Sachbuch* für den Herbst 2024.[211]

---

[208] ‚Die Puzzleteile der Stabilität‘, SZ, 24.07.2023
https://web.archive.org/web/20210718172929/https://www.sueddeutsche.de/politik/rezension-des-buches-die-kanzlerin-und-ihre-zeit-die-puzzleteile-der-stabilitaet-1.5355469

[209] ‚Kanzlerin Merkel: Wer ist sie und was bleibt von ihr?‘, DW, 23.09.2021
https://youtu.be/aj3PF0GEZ-0?t=1683

[210] ‚Merkel schreibt Erinnerungen "ohne Ghostwriter"‘, dw, 10.12.2021
https://web.archive.org/web/20211210210408/https://www.dw.com/de/merkel-schreibt-erinnerungen-ohne-ghostwriter/a-60086509

[211] ‚Merkel will nicht von Fehlern reden‘, FAZ, 30.04.2023
https://web.archive.org/web/20230502150945/https://www.faz.net/aktuell/gesellschaft/menschen/buchmesse-leipzig-merkel-will-nicht-von-fehlern-reden-18858987.html?GEPC=s30

Höhler, etc.

Unbedingt erwähnt werden müssen die drei Bücher, die Gertrud Höhler im Zusammenhang mit dem Wirken von Angela Merkel veröffentlicht hat. Im Jahr 2012 erscheint mit ‚Die Patin' eine der besten Analysen von Angela Merkels Unterwanderungs-, Ausgrenzungs- und Zersetzungsarbeit. Zitiert wird auch aus dem Porträt von Volker Resing des Jahres 2009, das mit dem Versuch scheitert, die religiöse Seite Merkels zu beleuchten, die man nach Lage der Dinge gänzlich in Abrede stellen kann. Ergänzend zu den bisher erschienenen Merkel-Biographien sind auch in einigen ihrer Interviews und Ansprachen dann und wann biographische Informationen beigemischt. Legendär ist Merkels Interview mit Günter Gaus vom Oktober 1991.[212] Bereits damals macht sie falsche und irreführende Angaben zu ihrem Vater und geht ein einziges Mal detaillierter auf das Schicksal ihres Großvaters Ludwig Kasner ein, als sie sich von Gaus ertappt fühlt. In keiner einzigen Biographie finden sich irgendwelche Hinweise, welcher Beschäftigung Großvater Kasner im Hauptquartier der Sowjetunion in Berlin-Karlshorst bis zum 3. Februar 1959 nachgeht. An jenem Tag stirbt er in der Treskowallee, Haus Nummer 97, vermutlich an einem Herzinfarkt.

Ein aufschlussreiches Fernseh-Interview gibt sie im Jahr 2005 Frank Schirrmacher und Stefan Aust.[213] Einige frühe biographische Informationen über Angela Merkel können ihren spärlichen, wissenschaftlichen Arbeiten entnommen werden, die sie als Forscherin am ZIPC in Berlin-Adlershof veröffentlichte. Diese wissenschaftlichen Arbeiten, darunter auch ihre Doktorarbeit, sind dank Internet leicht zugänglich. Bis auf ihre Doktorarbeit, bei der sie von ihrem späteren Ehemann Joachim Sauer sowie Ilka Börger und Hans-Dieter Klotz unterstützt wird, ist keine Veröffentlichung bekannt, in der Merkel alleinige Autorin ist. Ihre Co-Autoren waren u.a. Merkels Leipziger Professor Dr. Ralf Der, Dr. Reinhold Haberlandt, Hans-Jürgen Czerwon, der mit Frank Havemann bekannt ist, Professor Dr. Lutz Zülicke, der Doktorvater von Merkel,

---

[212] Zur Person, Günter Gaus im Gespräch mit Angela Merkel, 28.10.1991 https://www.youtube.com/watch?t=903&v=YQBslPEZceI&feature=youtu.be

[213] Angela Merkel Interview 2005 mit Frank Schirrmacher u. Stefan Aust, 05:00 https://www.dailymotion.com/video/x4a8b1u

Rudolf Zahradník und Zdenek Havlas vom Prager Heyrovsky Institut, Rudolf Janoschek, Josef Kalcher und Frank Schneider. Frank Schneider war seit Ende der sechziger Jahre mit Ulrich ,Utz' Havemann-von Trotha und Florian Havemann gut bekannt und starb im Jahr 2010. Merkel ist aus ihrer Zeit als FDJ-Sekretärin auch mit dem renommierten Physiker Bretislav Friedrich persönlich bekannt, der in jenen Jahren mit ihr den Austausch zwischen den beiden Instituten in Prag und Berlin organisierte.[214]

Rudolf Zahradník war ab 1990 Leiter des J. Heyrovsky Instituts in Prag und ab 1993 Leiter der Tschechischen Akademie der Wissenschaften. Bei einem Trauerakt für Zahradník hielt Joachim Sauer am 22. Oktober 2021 in Prag eine Ansprache.[215] Interessanterweise hatte Zahradník auch Kontakt zu Marie Jana Körbelová, besser bekannt als Madeleine Albright. Beide waren Ehrenmitglieder im Vorstand des Prager Museums für Moderne Kunst. Albright spielte jahrelang bei der Rekrutierung und Sozialisierung deutscher Spitzenpolitiker von Joschka Fischer bis Annalena Baerbock eine bedeutende Rolle. Auch Zdenek Havlas wurde wie Zahradník später Institutsleiter und Vorstandsmitglied an der Tschechischen Akademie der Wissenschaften. Ein Foto zeigt Angela Merkel mit dem japanischen Wissenschaftler Tatsumi Kazuyuki, Rudolf Zahradník, Milena Zahradnikova, Olga Tureckova und Zdenek Havlas Anfang 1982 vor dem Portal des Veitsdoms auf der Prager Burg. Eine gemeinsame wissenschaftliche Arbeit von Merkel, Zahradník und Havlas wird im Jahr 1988 veröffentlicht.[216]

---

[214] ,Autobiography of Bretislav Friedrich', Molecular Physics, 2013, Vol. 111, Nos. 12–13, 1632–1642 https://web.archive.org/web/20210623142843/https://www.fhi.mpg.de/725875/autobiography_of_bretislav_friedrich.pdf

[215] ,Czech Academy of Sciences honoured the memory of Rudolf Zahradník', 22.10.2021 https://web.archive.org/web/20211205042130/https://www.avcr.cz/en/news-archive/Czech-Academy-of-Sciences-honoured-the-memory-of-Rudolf-Zahradnik/

[216] ,Evaluation of the rate constant for the SN2 …', ChemInform, Januar 1988 https://web.archive.org/web/20240210060010/https://www.researchgate.net/publication/293068779_Evaluation_of_the_rate_constant_for_the_SN2_reaction_CH3F_H-_CH4_F-_in_the_gas_phase

Die Biographie der Familie

von Dr. Frank Bachmann

Das Haus ‚Fichtengrund': Im ersten Stock wohnten jahrzehntelang die Kasners mit den Kindern Angela, Marcus und Irene.

Als Angela Dorothea Kasner am 17. Juli 1954 im Elim-Krankenhaus des Hamburger Stadtteils Eimsbüttel das Licht der Welt erblickt, ist sie der jüngste Spross zweier deutlich unterschiedlicher Familienzweige. Herlind Kasner, Angelas Mutter, ist die ältere der beiden Töchter von Gertrud Jentzsch, geborene Drange. Gertrud Drange kommt 1891 in Glogau zur Welt, wächst in Elbing auf und lebt ab 1936 als verwitwete Gertrud Jentzsch in Hamburg. Bis zum relativ frühen Tod von Ehemann Willi Jentzsch, ist die Familie im westpreußischen Danzig beheimatet, wo Jentzsch Schuldirektor und kurzzeitig sogar Senator der Stadt ist.

Horst Kasner, Angelas Vater, ist das einzige Kind von Margarete und Ludwig Kasner, einem Ehepaar, das 1925 in Berlin heiratet. Margarete Kasner kommt 1905 als Marie Margarete Pörschke, genannt Grete, in Berlin-Kreuzberg zur Welt und entstammt dem dortigen Arbeiter-Milieu. Ihr Vater Karl ist Kutscher und stirbt ebenfalls recht früh vor dem

Ende des Ersten Weltkriegs. Ludwig Kasner wird 1896 als ethnischer Pole mit dem Namen Ludwig Marian Kaźmierczak in Posen unehelich geboren. Sein Stiefvater Ludwik Rychlicki ist als Wanderarbeiter u.a. in Berlin und viele Jahre lang auch im Ruhrgebiet tätig. In der Familie von Angela Merkel trifft also westpreußisches Bildungsbürgertum aus den Hansestädten Danzig und Elbing auf die Berliner Arbeiterklasse mit polnischem Migrationshintergrund.

Elbing und Danzig

Elbing um 1930

Dem überaus tüchtigen polnischen Historiker und Experten für die Geschichte von Elblag bzw. Elbing, Lech Słodownik, ist es zu verdanken, dass Merkels familiäre Verbindungen nach Elbing und Danzig ausgezeichnet dokumentiert sind.[217] Seine Recherchen wurden von Dr. Klaus-Heinz Hinz aus Düren unterstützt und füllen eine große Lücke der bisherigen Biographien.

Ein kaum verwitterter alter Grabstein aus Granit erinnert an die Wurzeln der Familie Kasner, die in der vormals westpreußischen Hansestadt Elbing liegen. Er markiert das Grab von **Emil** (18.03.1866 - 8.04.1913) und **Emma Drange**, geb. Wachs, (25.10.1871 - 1.08.1935), den Urgroßeltern von Angela Merkel, und weist Drange als Stadtsekretär a. D. aus. Kurz vor seinem Tod erwirbt Drange in Elbing ein stattliches Bürgerhaus mit der Adresse Holländer Chaussee 27, in das er mit seiner immerhin zehnköpfigen Familie einzieht. Das Gebäude überdauert beide Weltkriege und kann noch heute in Elbing besucht werden. Es wechselt allerdings nach dem Tod des Vaters den Besitzer, und die Dranges wohnen dort anschließend zur Miete. Vier der Kinder werden bereits im niederschlesischen Glogau geboren, wo die Dranges heiraten. Vier weitere Kinder erblicken in Elbing das Licht der Welt.

Ein Bruder und damit Merkels Großonkel ist der Ritterkreuzträger Günther Drange (14.03.1897 - 18.06.1970). Über ihn liegt eine umfangreiche Recherche aufgrund einer mutmaßlich von ihm verübten Erschießung eines sowjetischen Politkommissars während des Zweiten Weltkriegs vor.[218] Günther Drange zieht bereits mit 17 Jahren gemeinsam mit seinem Bruder Paul mit dem 5. Westpreußischem Infanterieregiment Nr. 148 in den Ersten Weltkrieg. Günther gerät im Range eines Leutnants der Reserve im Sommer 1916 für mehrere Jahre in russische Kriegsgefangenschaft. Sein fünf Jahre älterer Bruder **Paul**, Vizefeldwebel und später Offiziersstellvertreter, wird dreimal verwundet, hat den Krieg aber anscheinend ohne in Gefangenschaft zu geraten überstanden. Eine Postkarte Günthers an seine Mutter aus dem Lager im sibirischen Krasnoyarsk ist erhalten. Er kommt erst im Frühjahr 1920 heim nach Elbing.

---

[217] ‚Das »Merkel-Haus« in Elbing', Der Westpreuße, Lech Słodownik, 3/2017 https://web.archive.org/web/20230410070433/http://www.der-westpreusse.eu/de/assets/17-03_der-westpreusse_e-paper.pdf

[218] ‚Truppenführer als Täter: Das Beispiel des Majors Günther Drange', Felix Römer, in ‚Von Feldherren und Gefreiten' https://web.archive.org/web/20240210060321/https://www.degruyter.com/document/doi/10.1524/9783486708264.69/html?lang=de

Günther Drange, Oberst der Wehrmacht
und Großonkel von Angela Merkel.

Foto: Vermittelt von Lech Słodownik

Auch am Zweiten Weltkrieg nimmt Günther von Anfang bis Ende teil und gerät im Frühjahr 1945 als Oberst der Wehrmacht auf der Frischen Nehrung abermals in Kriegsgefangenschaft. Aus der sowjetischen Gefangenschaft kommt Günther Drange erst im Dezember 1949 gesundheitlich schwer angeschlagen zurück. Er hat insgesamt sechs Jahre im Krieg und acht Jahre in russischer und sowjetischer Kriegsgefangenschaft verbracht. Die Haltungen gegenüber der Sowjetunion dürfte in der Familie damit recht unterschiedlich gewesen sein. Die Kasner-Kinder Angela und Marcus sind häufig in Russland. Angela ist ein großer Bewunderer der russischen Kultur. Nach Krieg und Gefangenschaft lebt Drange in Wiesbaden und engagiert sich im ‚Deutschen Soldatenbund Kyffhäuser e.V.'. Günther Drange erhält dafür das Bundesverdienstkreuz und stirbt am 18. Juni 1970 an seinem Wohnort.

Angela Merkels Großmutter Gertrud arbeitet seit 1913 als Lehrerin in Elbing. Im selben Jahr heiratet sie den Gymnasiallehrer Willi Jentzsch (15.5.1886 - 23.5.1936), den sie vermutlich im Schuldienst kennen lernt. Gemeinsam ziehen beide 1921 nach Danzig. Willi ist dort am Kronprinz-Wilhelm-Realgymnasium in Danzig-Langfuhr angestellt. Im Jahr 1928 wird die Tochter Herlind (8.7.1928 - 6.4.2019) und im Jahr 1931 die Tochter Gunhild (30.4.1931 - ?) geboren.

In Danzig durchläuft Gertruds Ehemann Willi Jentzsch eine erfolgreiche Beamtenlaufbahn und wird 1926 sogar Senator der Stadt. 1927 wird er Schuldirektor des Realgymnasiums St. Johann. Offenbar leidet er aber bereits in dieser Zeit unter gesundheitlichen Beeinträchtigungen, die zu einem schnellen Rückzug als Senator führen. Etwa zehn Jahre später, am 23. Mai 1936, stirbt Willi Jentzsch. Im Jahr zuvor ist bereits Gertruds Mutter in Elbing verstorben. Nach dem frühen Tod ihres Mannes zieht die Witwe Gertrud Jentzsch mit ihren beiden Töchtern Herlind und Gunhild nach Hamburg. Der genaue Grund für diesen Umzug ist nicht bekannt. Im Hamburger Adressbuch finden sich jedoch mehrere Einträge mit dem Familiennamen Jentzsch. Man kann vermuten, dass nach Hamburg familiäre Verbindungen bestehen.

In der wechselvollen Geschichte der hanseatischen Familien Drange und Jentzsch finden sich Anklänge an die berühmte Familiensaga ‚Buddenbrooks' von Thomas Mann. Nach 1945 verlassen vermutlich auch die restlichen Geschwister von Gertrud Elbing und Westpreußen, sofern sie den Krieg überlebt haben. Die Schwester Emmy lebt nach dem Krieg ebenfalls in Hamburg und der Bruder Günther in Wiesbaden.

Danzig um 1850

Ludwig Kaźmierczak und **Marie Margarete ‚Grete‘ Pörschke**, Merkels Großeltern väterlicherseits bei einer Winterunterhaltung im Berliner Kriegerverein in der Chausseestraße, 1923.

Ludwig Kaźmierczak kurz nach dem Ende des 1. Weltkriegs in der Uniform der polnischen Haller-Armee mit einer unbekannten jungen Frau.

Ebenso wie die Verwandtschaftsverhältnisse mütterlicherseits, sind in den bisherigen Biographien auch die Verwandtschaftsverhältnisse der Familie von Merkels Vater nur lückenhaft beschrieben. Einige wichtige Lücken können wir nun dank umfangreicher Recherchen schließen.

Merkels Großvater Ludwig wird am 17. Oktober 1896 in Posen mit dem Namen **Ludwig Marian Kaźmierczak** als uneheliches Kind von **Anna Kaźmierczak** (19.07.1867 - vermutlich 19.01.1941) aus Kunowo bei Samter/Szamotuły geboren. Der Vater war vermutlich ein gewisser Ludwig Wojciechowski. Anna heiratet später den Arbeiter **Ludwig Rychlicki** (14.07.1866 - vermutlich 1944) und hat mit ihm vier weitere Kinder, von denen allerdings nur zwei das Erwachsenenalter erleben.

Laut den Angaben des Archivs in Posen wird Ludwig Kaźmierczak am 1. November 1915 als Soldat in das Deutsche Heer einberufen. Aus den Verlustlisten des 1. Weltkriegs geht hervor, dass Ludwig am 10. Oktober 1917 als vermisst und am 14. November 1917 als gefangen gemeldet wird. Ein Foto, das vermutlich kurz nach Ende des Krieges entstand, zeigt ihn mit einer unbekannten jungen Frau in der blauen Uniform der Haller-Armee.

Angeführt vom polnischen General Józef Haller von Hallenburg, kämpft dieser polnische Verband in den letzten Kriegsmonaten auf der Seite der Entente an der Westfront. Als Soldaten werden Auslandspolen und Überläufer polnischer Abstammung rekrutiert aus der kaiserlichen Armee. Im Jahr 1918 ist der Krieg für die Haller-Armee allerdings noch längst nicht vorbei. Kurz nach der Gründung der polnischen Republik kommt es zum Polnisch-Sowjetischen Krieg und auch die nur kurzzeitig existente Westukrainische Republik mischt in diesen Auseinandersetzungen anfänglich mit. Nach erheblichen Gebietsgewinnen durch die Polen im Jahr 1919, wird der Ansturm der Roten Armee ein Jahr später in der Schicksalsschlacht von Warschau, dem ‚Wunder an der Weichsel', im letzten Moment gestoppt. Klare Absicht der Sowjets ist die Expansion in Richtung Deutschland. Auch am Kampf um Oberschlesien im Jahr 1921 sind Soldaten der Haller-Armee beteiligt. Es ist möglich, dass

Ludwig Kaźmierczak auch an diesen Kämpfen teilnimmt, dafür gibt es allerdings bisher keine Belege.

Nachweisbar ist hingegen, dass Ludwig spätestens 1923 in Berlin eine Verbindung mit Margarete Pörschke beginnt und diese am 11. August 1925 heiratet. **Marie Margarete Pörschke** (11.08.1905 - 9.11.1986) ist die Tochter des Kreuzberger Kutschers Karl August Pörschke und seiner Frau Marie Katharina, geborene Tausendfreund. Die Pörschkes wohnen zunächst in der Fidicinstraße und später, nach dem Tod des Vaters, in der Graunstraße in Pankow. Dort teilt sich das junge Ehepaar die Wohnung zunächst mit der Schwiegermutter. Fast genau ein Jahr nach der Hochzeit wird am 6. August 1926 **Horst Kasner** als **Horst Kaźmierczak** in Berlin-Pankow geboren. Ludwig Kaźmierczak gelingt in den zwanziger Jahren ein bemerkenswerter Aufstieg zum Polizeibeamten, zuletzt im Rang eines Hauptwachtmeisters. Im Jahr 1930 wird der Familienname geändert, der heraufziehende Nationalsozialismus dürfte hierfür der Grund sein. Aus dem polnischen Namen Kaźmierczak wird der deutsche Name Kasner. Der Namenswechsel geht auch mit einem Konfessionswechsel einher. Der katholisch getaufte Sohn wird Protestant. Über die Schulzeit und den Kriegsdienst von Horst Kasner ist kaum etwas bekannt. Nicht viel mehr weiß man über das Leben von Vater und Mutter Kasner während der Nazi-Zeit und nach dem Krieg.

Oberster Chef der Schutzpolizei währendes Krieges ist der Reichsführer SS Heinrich Himmler. Es ist möglich, dass Ludwig Kasner auch an Festnahmen und Deportationen verfolgter Juden in Berlin beteiligt ist. Vergleichsweise glimpflich übersteht das Ehepaar Kasner das Kriegsende in Berlin. Ihre Wohnung bleibt offenbar intakt und eine Haft in sowjetischen Lagern, die viele seiner Kollegen von der Schutzpolizei nicht überleben, bleibt ihm offenbar erspart. Im Interview mit Günter Gaus berichtet Angela Merkel 1991, ihr Großvater sei nach dem Krieg in die SPD eingetreten und nach der Zwangsvereinigung von SPD und KPD SED-Mitglied geworden.[219]

---

219 ‚Günter Gaus im Gespräch mit Angela Merkel (1991)‘ https://youtu.be/YQBslPEZceI?t=1940

In dieser Mietskaserne der Kreuzberger Fidicinstraße 25 kommt am 11. August 1905 Merkels Großmutter väterlicherseits (Marie) Margarete Kasner geb. Pörschke zur Welt.

Ludwig Kasner stirbt am 3. Februar 1959 um 07h30 in Berlin-Karlshorst im Verwaltungsgebäude des dortigen Garnisonstheaters. Gleich neben der S-Bahnstation gelegen, ist dieses Gebäude Teil des Sperrgebiets des Hauptquartiers der Sowjetischen Militäradministration in Deutschland.[220] Es steht zu vermuten, dass Ludwig Kasner dort auf die eine oder andere Weise für die Sowjets tätig war. Margarete war Angestellte bei der Kommunalen Wohnungsverwaltung (KWV) und stirbt siebenundzwanzig Jahre später am 9. November 1986 in einem Altenheim des Berliner Stadtteils Pankow.

[220] Sterbeurkunde Nr. 326, Standesamt Berlin-Lichtenberg, 04.02.1959

Posen/Poznań: Hier wurde am 17. Oktober 1896 Ludwig Marian Kaźmierczak, Angela Merkels Großvater, geboren.

Bildmitte: Bazylika Archikatedralna św. Apostołów Piotra i Pawła, Grablege der Piastendynastie.

Hamburg

Hamburger Hafen ca. 1884

Über die Zeit der Familie, welche Merkels Mutter Herlind in Hamburg verbringt, ist nicht allzu viel bekannt. Angela Merkel trägt bis heute nahezu nichts dazu bei, diesen Zustand zu verbessern. Die von ihr verfügbaren Informationen sind meist wenig mehr als oberflächliche Andeutungen. Den Hamburger Adressbüchern ist zu entnehmen, dass Merkels Großmutter Gertrud und ihre beiden Töchter Herlind und Gunhild in der Isestraße im Hamburger Stadtteil Harvestehude wohnen.

Im Jahr 1954 ist in Hamburg auch ein Vikar namens Horst Kasner verzeichnet. Kasner studiert in Heidelberg, Bielefeld und in Hamburg Theologie. Details zu seiner Studienzeit liegen nicht vor. In Hamburg lernt Horst seine zukünftige Ehefrau Herlind kennen, die wie ihre Eltern Lehrerin ist, und zwar für Englisch und Latein. Später unterrichtete sie in der kirchlichen Fortbildung auch Griechisch.[221]

✉ Harb
— Wwe., Gertr.. Isestr. 37, ✉ 13
— H., Rentn., Stückenstr. 63, ✉ 22
— Hans, Tapez., Am Markt 8, H.1, ✉ 2

Die Adresse von Gertrud Jentzsch in Hamburg vor und während des Krieges lautet Isestr. 37, danach Isestr. 95

Kasner —
— Herm, ESchweiß, Cordsstr 20
— Horst, Vikar, Andreasstr 33 ✉ 39
— Leocadja, Schreibstube ☎ 22 27 28, Holweg 31 ✉ 21

Eintrag von Horst Kasner im Hamburger Adressbuch des Jahres 1954.

---

[221] ‚Angela Merkel: Eine politische Biographie', Wolfgang Stock, 2000, S. 41

In Hamburg heiraten Herlind und Horst. Wann genau die Hochzeit stattfindet weiß man nicht. Am 17. Juli 1954 wird dann Angela Dorothea geboren. Bereits zuvor, vermutlich im Juni 1954, wird Horst Kasner an seinem zukünftigen Arbeitsort als Hilfspfarrer im Dörfchen Quitzow tätig. Quitzow liegt hundertfünfzig Kilometer von Hamburg entfernt in der DDR direkt an der Fernverkehrsstraße 5, der Transitroute nach Berlin. Während oder nach den Sommerferien kommen auch Herlind und Tochter Angela in die DDR nach. *„Der Liebe wegen"*, wie es Merkel einmal formuliert.

Das Mehrfamilienhaus in dem Gertrud Jentzsch mit ihren zwei Töchtern in Hamburg lebt. Hier verbringt Angela Merkel die ersten Wochen nach ihrer Geburt am 17. Juli 1954.

In der Zeit der Geburt ihres Bruders Marcus im Jahr 1957 ist Angela für einige Zeit zur Betreuung bei Großmutter Gertrud und Tante Gunhild in Hamburg. Vermutlich als Geschenk zu ihrem siebzigsten Geburtstag, gehen Merkels Eltern mit der Hamburger Großmutter Ende Juli, Anfang August 1961 in einem gemieteten VW-Käfer auf eine Urlaubsreise nach Bayern.[222] Auch die damals sieben Jahre alte Angela ist schon mit dabei. Wenige Tage nach der Rückkehr aus dem Urlaub beginnt in Ost-Berlin der Bau der Mauer. Jenes traumatische Ereignis, das Angela Merkel als erste bewusste politische Prägung ihrer Kindheit beschreibt.[223]

Merkels Tante Gunhild wohnt in Hamburg offenbar gemeinsam mit ihrer Mutter Gertrud in der Isestr. 95 und bleibt vermutlich unverheiratet, was bedeuten würde, dass sie zwei uneheliche Töchter hat. Von einem Onkel ist jedenfalls nie die Rede, nur von jener *„Tante mit Kindern"*.[224] Alle drei, die Tante und die beiden Cousinen, werden von Merkel nie beim Namen genannt. Ende der sechziger Jahre kommt dann Gertrud mit bald achtzig Jahren in ein Pflegeheim in der Haldesdorfer Str. 117. Zumindest lässt sich so der Eintrag im Hamburger Adressbuch der Jahre 1969/70 deuten. Ihr Todesdatum war bisher nicht in Erfahrung zu bringen.

Auf einem Familienfoto des Jahres 2011, dem Todesjahr von Horst Kasner, sind fünf Personen abgebildet. Ganz links mit etwas Abstand eine ältere Frau, deren Gesichtszüge ganz klar der Familie Drange zugeordnet werden können. Es könnte sich um eine Tochter aus dem Kreis der Geschwister Drange handeln, also eine Cousine von Gunhild und Herlind. Gunhild tritt im Bild mit modischer Sonnenbrille, Trenchcoat und Hut als Frau von Welt auf. Deutlich einfacher gekleidet und bescheidener, aber auch kühler im Auftritt, ist ihre Schwester Herlind zu sehen. Mit Abstand zu beiden steht der hochgewachsene Horst Kasner, aufrecht und mit strengen Gesichtszügen. Von manchen wird ihm der

[222] Angela Merkel Interview 2005 mit Frank Schirrmacher u. Stefan Aust, 05:00 https://www.dailymotion.com/video/x4a8b1u

[223] ‚Ihr wißt gar nicht, wie viele sozialistische Elemente ihr habt', FAZ, 27.05.2005 https://web.archive.org/web/20120313195129/https://www.faz.net/aktuell/feuilleton/debatten/angela-merkel-ihr-wisst-gar-nicht-wie-viele-sozialistische-elemente-ihr-habt-1228387.html

[224] ‚Angela Merkel: Eine politische Biographie', Wolfgang Stock, S. 43

Habitus eines preußischen Offiziers nachgesagt, der er tatsächlich gewesen sein könnte.

Reichlich Abstand gab es auch in der Ehe der beiden. Stasi-Offizier Klaus Roßberg berichtet, dass Horst Kasner dem MfS im Rotlicht-Bezirk von Berlin auffiel, aber nicht zur Kooperation erpresst werden konnte.[225] In den achtziger Jahren unterrichtet Herlind Kasner in Berlin Sprachen und nimmt sich dort eine eigene Wohnung. Merkel berichtet darüber erstmals in einem Interview des Jahres 2022 und meint dazu: *„Das hat meinen Vater ganz schön getroffen."*[226] Ganz rechts steht ein Mann mit Mütze, der vorläufig nicht zugeordnet werden kann.

Auch nach dem Mauerbau 1961 kommt die Hamburger Verwandtschaft regelmäßig zu Besuchen nach Templin, insbesondere zwei etwas jüngere Cousinen, wahrscheinlich die Kinder von Tante.[227] Den Umständen entsprechend seltener werden die Gegenbesuche in Hamburg. Allerdings berichtet Merkels Prager Forscherkollege Zdeněk Havlas im Jahr 2007 davon, dass sich Angela in den achtziger Jahren mit einer ihrer beiden Cousinen heimlich bei ihm zu Hause in Poděbrady sechzig Kilometer östlich von Prag getroffen habe.[228] Über diese Anekdote, die die Lebensrealität im geteilten Europa des Kalten Kriege anschaulich widerspiegelt, erfahren wir von Angela Merkel bisher nichts.

Merkel berichtet mehrfach über ihre Großtante Emmy in Hamburg, die sie am 4. November 1989, kurz vor dem Mauerfall, aus Anlass ihres fünfundachtzigsten Geburtstags dort besucht.[229] Dabei handelt es sich um das zweitjüngste Kind der Dranges, das 1904 auf die Welt kam. Fälschlicherweise wird im Interview mit Langguth von einem fünfundsiebzigsten Geburtstag gesprochen, Vater Emil stirbt aber bereits im

---

225 ‚Das Kreuz mit dem Kreuz', Klaus Roßberg, Peter Richter, 1996, S. 81

226 ‚Das Gefühl war ganz klar: Machtpolitisch bis du durch', Der SPIEGEL, 24.11.2022 https://archive.li/Bwbus

227 ‚Angela Merkel Interview 2005 mit Frank Schirrmacher u. Stefan Aust', Minute 10:00 https://www.dailymotion.com/video/x4a8b1u

228 ‚Als Angela Merkel heimlich ihre West-Cousine traf', Mitteldeutsche Zeitung, 25.01.2007 https://web.archive.org/web/20230831104657/https://www.mz.de/deutschland-und-welt/politik/geschichte-als-angela-merkel-heimlich-ihre-west-cousine-traf-2815012

229 ‚Angela Merkel: Eine politische Biographie', Wolfgang Stock, S. 20

April 1913, sodass nur 1904 als Geburtsjahr in Frage kommt. Offenbar ist Tante Emmy eine so wichtige Bezugsperson, dass Angela sie vermutlich am Abend des 9. Novembers 1989 von West-Berlin aus anrufen will. Auch ihr Bruder Marcus berichtet von einem Geburtstagsbesuch bei einer Tante in Hamburg im Jahr 1984, bei der es sich um Emmy Jensen handeln dürfte.[230]

Im Jahr 1986 reist Merkel zur Hochzeit einer Cousine über West-Berlin nach Hamburg. In West-Berlin nutzt sie den Aufenthalt um sich vom Bahnhof Tiergarten Richtung Kreuzberg zu begeben. Man kann vermuten, dass sie damals das Geburtshaus ihrer Großmutter in der Fidicinstraße aufsucht.[231]

Die Biographie des Horst Kasner

Die Familie Margarete, Ludwig und Horst Kaźmierczak 1926.
Ein vergleichbares Foto der Familie Kasner ist nicht zugänglich.

[230] ‚Der Bruder, der stille Beobachter', taz, 24.08.2005 https://web.archive.org/web/20201124211445/https://taz.de/Der-Bruder-der-stille-Beobachter/!556150/

[231] ‚Ihr wißt gar nicht, wie viele sozialistische Elemente ihr habt', FAZ, 27.05.2005 https://web.archive.org/web/20120313195129/https://www.faz.net/aktuell/feuilleton/debatten/angela-merkel-ihr-wisst-gar-nicht-wie-viele-sozialistische-elemente-ihr-habt-1228387.html

Über Horst Kasners Jugend- und Kriegszeit ist wenig bekannt. Insbesondere seine militärische Verwendung ist ein von der Familie gut gehütetes Geheimnis. Es gibt vage Hinweise, dass er als Flakhelfer eingesetzt war und am Kriegsende in Dänemark in Gefangenschaft geriet. Mit neunzehn Jahren war er aber am Kriegsende für einen Flakhelfer deutlich zu alt und Berlins Flakbatterien standen auch nicht in Dänemark. Wir stoßen also nicht nur bei Angela Merkel auf offene Fragen, sondern auch bei ihrem Vater und dem Rest der Familie.

Nach dem Krieg setzt Horst Kasner mit einem bestandenem Abitur, einem anschließenden theologischem Studium und einer Karriere als Pfarrer, Seminarleiter und Kirchenfunktionär den von seinem Vater begonnenen familiären Aufstieg fort. Allerdings kommt es 1954 durch die Übersiedlung der jungen Familie von Hamburg in die DDR zu einem gewissen Bruch. Die Verhältnisse für die Familie des Hilfspfarrers Horst Kasner im ostdeutschem Dörfchen Quitzow waren äußerst karg und für seine Ehefrau aus gutbürgerlichem Haus wahrscheinlich nur schwer erträglich. Nach drei Jahren ziehen die Kasners weiter nach Templin, wo der Vater neben seinem Pfarrdienst bald das sogenannte Pastoralkolleg leitet und damit bessere berufliche Entwicklungsmöglichkeiten hat. Darüber hinaus wird Kasner auch als nationaler und internationaler Kirchenpolitiker aktiv. Er tritt dem ‚Weißenseer Arbeitskreis' bei, einem von der Stasi infiltrierten Funktionärskreis, der die Evangelischen Kirchen der DDR im Sinne der SED beeinflusst. Mit der Gründung des ‚Bundes der Evangelischen Kirchen' der DDR (BEK) ist 1969 ein wesentliches Ziel der SED erreicht: Die Evangelischen Kirchen sind in Ost und West gespalten und der Einfluss der EKD ist zurückgedrängt. Zusätzlich wird Kasner Mitglied der international agierenden ‚Christlichen Friedenskonferenz' (CFK), die unter dem kommunistischen Einfluss Moskaus steht. Im Fernsehinterview des Jahres 2005 mit Stefan Aust und Frank Schirrmacher beschreibt Merkel die Aktivitäten ihres Vaters so:

„Mein Vater hatte zumindest, soweit ich das erinnere, eine Sympathie dafür, dass die Kirche, die Evangelische Kirche in der DDR, sich jetzt nicht, sozusagen, nur als gesamtdeutsche Formation versteht. … Und hat gesagt es hat keinen Sinn jetzt immer so zu tun als wären wir jetzt eine Kirche mit einer einzigen Identität und

einer einzigen Fragestellung. ... 1968 war dann spätestens der Wendepunkt, nachdem der Einmarsch der Russen in der Tschechoslowakei stattfand. Und von da an war eigentlich so jede Hoffnung erstorben."[232] [233]

Es stellt sich die Frage, warum Horst Kasner nur drei Jahre nach seinem „*Wendepunkt*", sehr zum Ärger vieler seiner Pfarrerkollegen, seinen Sohn Marcus zur FDJ-Jugendweihe schickt. Die Jugendweihe ist die pseudoreligiöse Gegenveranstaltung zur evangelischen Konfirmation und trägt in erheblichem Maße zur Entchristianisierung der DDR bei. Die Frage zu beantworten fällt leicht, wenn man die einfachste und schlüssigste Vermutung heranzieht: Den *Wendepunkt*, von dem Angela Merkel spricht, hat es im Leben ihres Vaters nie gegeben, er ist ihre *Erfindung*.

Als Reaktion auf den Einmarsch des Warschauer Pakts in die Tschechoslowakei entscheidet sich die Kirchenleitung nach längerer Diskussion und anfänglichem Widerstand durch Bischof Schönherr zu einer offiziellen Stellungnahme. An alle evangelischen Pfarrer der DDR wird ein entsprechender Brief übermittelt, in dem sich die Kirche für solidarisch mit ihren tschechoslowakischen Glaubensbrüdern erklärt. Dieser Brief wird auf Weisung der Kirchenleitung in den Kirchen verlesen.

Zu der Frage, ob Kasner diesen Brief auch in Templin verlesen hat, gibt es widersprüchliche Angaben. Langguth berichtet von Hinweisen darauf, dass er das nicht getan hat.[234] Andere Quellen berichten Gegenteiliges. Albrecht Schönherr gerät nach dieser Aktion als Chef der Konferenz der Kirchenleitungen unter starken Druck der SED und wird aufgefordert den Brief zurückzuziehen, was er allerdings nicht tut. Auch wenn Kasner den Brief verlesen hat, ist er am 3. Dezember 1968 Teilnehmer eines Lagegesprächs von *progressiven*, also staatsnahen Kirchenleuten in Potsdam, die teilweise auch im Weißenseer Arbeitskreis vertreten sind. Es geht dabei um Aufräumarbeiten nach dem Eklat, denn

---

[232] ‚Angela Merkel Interview 2005 mit Frank Schirrmacher u. Stefan Aust', 27.05.2005, 07:00 https://www.dailymotion.com/video/x4a8b1u

[233] ‚Ihr wißt gar nicht, wie viele sozialistische Elemente ihr habt', FAZ, 27.05.2005 https://web.archive.org/web/20240210061625/https://www.faz.net/aktuell/feuilleton/debatten/angela-merkel-ihr-wisst-gar-nicht-wie-viele-sozialistische-elemente-ihr-habt-1228387.html?printPagedArticle=true#pageIndex_2

[234] 'Angela Merkel', Gerd Langguth, 2005, S. 35

die SED ist über Schönherr erzürnt und eigentlich steht im Jahr 1969 die Gründung des Bundes der Evangelischen Kirchen in der DDR (BEK) auf dem Programm, die dann auch trotz der Irritationen erfolgt.[235]

Wer sich mit seiner jungen Familie ein Jahr nach dem 17. Juni 1953 freiwillig in die DDR aufmacht, wer dort zwei Jahre später den Volksaufstand in Ungarn mitbekommt und wer später erlebt wie seine Heimatstadt mit Mauer und Stacheldraht zweigeteilt wird, ohne sich zu einer Ausreise aus der DDR zu entschließen, dem ist der Sozialismus wichtiger als die Freiheit, dem ist der Sozialismus auch wichtiger als die Menschlichkeit. Und für den kann dann auch der Einmarsch in Prag keine Enttäuschung gewesen sein, sondern eine simple Wiederholung repressiver kommunistischer Gewalt. Kein sozialistisches System der Welt kann auf Repression verzichten, weil der Sozialismus nicht in seinen Ausprägungen, sondern in seinem Kern eine totalitäre Ideologie ist.

Als die Bundesregierung unter Angela Merkel ab dem Jahr 2015 systematisch damit beginnt die Freiheiten der deutschen Bürger massiv einzuschränken. Als ihre Regierung im Jahr 2017 das sogenannte Netzwerkdurchsetzungsgesetz einführt, das die grundgesetzlich garantierte Meinungsfreiheit verfassungswidrig der Jurisdiktion von Privatunternehmen unterwirft. Als ihre Regierung im selben Jahr die Einsatzmöglichkeiten von Staatstrojanern in einem Hau-Ruck-Verfahren massiv erweitert und mit dem Steuerumgehungsbekämpfungsgesetz behördliche Abfragen von Privatkonten der Bürger zur Routine macht. Als ihre Regierung im Jahr 2021 gegen den Rat vieler Experten beschließt, das gesamte Instrumentarium des Verfassungsschutzes auch gegen Einzelpersonen anwendbar zu machen, statt nur für einen Zusammenschluss mehrerer Personen. Als ihre Regierung dazu übergeht per Verordnungen zum angeblichen Infektionsschutz den Bürgern ihre garantierten Grundrechte zu entziehen, und dabei das Verhältnismäßigkeitsprinzip mit Füßen tritt. Als ihre Regierung vor dem Hintergrund der Proteste gegen die Corona-Maßnahmen im November 2020 schließlich eine bis heute kaum bekannte Verordnung verabschiedet, die den Bundesbehörden

[235] ‚Das Kreuz mit dem Kreuz', Klaus Roßberg, Peter Richter, 1996, S. 23 ff.

den dienstlichen Zugang zu Waffen in großem Stil erleichtert.[236] In all diesen Fällen handelt Angela Merkel im autoritären Geist ihres geliebten Vaters.

Nach den Anschlägen vom 9. September 2001 forciert ihr guter Freund George W. Bush gigantische Programme zur Überwachung der eigenen Bürger, insbesondere im Internet. Selbst innerhalb der Überwachungsbehörde NSA werden dazu Bedenken geäußert. Zunächst wird die Effektivität der neuen Programme, die später teils spektakulär scheitern, angezweifelt, dann auch deren Rechtmäßigkeit. Daraufhin werden die leitenden NSA-Mitarbeiter William Binney, J. Kirk Wiebe, Ed Loomis und Thomas Drake, sowie Diane Roark, GOP-Angestellte am US-Repräsentantenhaus, jahrelang massiv juristisch verfolgt. Etliche Jahre später münden die unter George W. Bush initiierten Programme in jene Massenüberwachung, die Edward Snowden im Jahr 2013 spektakulär publik macht und welche auch von Barak Obama nie korrigiert wird.

Als das EU-Parlament im Februar 2010 gegen das SWIFT-Abkommen mit den USA stimmt, ist *„Teflon"*- Merkel laut Ole von Beusts „sehr, sehr zornig", *„zorniger, als ich sie je zuvor gesehen habe"*.[237] [238] Die USA betreiben in den Wochen zuvor über mehrere Minister und Botschafter Murphy eine regelrechte Kampagne um Massenzugriff auf die SWIFT-Daten zu erhalten. Die SWIFT-Organisation versuchte das zu unterbinden und errichtete zu diesem Zweck ein Rechenzentrum in der Schweiz. Merkels Wutausbruch zeigt, wie wichtig es der deutschen Kanzlerin ist, die Interessen der US-Regierung in Sachen Massenüberwachung durchzusetzen. Es ist ihr offenbar ein *Herzensanliegen*.

„Weil man nie sicher sein kann, dass die Menschen vernünftiger werden, müssen die politischen Strukturen so sein, wie sie sind", schreibt Merkel einmal ins

---

236 ‚Verordnung über die Freistellung von Behörden, Dienststellen und Gerichten des Bundes von waffenrechtlichen Vorschriften (Waffengesetz-Bund-Freistellungsverordnung - WaffGBundFreistV)', 30.11.2020 https://web.archive.org/web/20210330151535/https://www.gesetze-im-internet.de/waffgbundfreistv/BJNR261000020.html

237 ‚„Teflon"-Merkel', Der SPIEGEL, 29.11.2010 https://web.archive.org/web/20130415020824/https://www.spiegel.de/spiegel/a-731614.html

238 ‚EU-Parlament kippt SWIFT-Abkommen zum Bankdatentransfer', heise.de, 11.02.201 https://web.archive.org/web/20230728234154/https://www.heise.de/news/EU-Parlament-kippt-SWIFT-Abkommen-zum-Bankdatentransfer-927932.html

Gästebuch einer Gedenkveranstaltung an die Judenverfolgung.[239] Dieser Satz könnte vielleicht tatsächlich so etwas wie eine innere Überzeugung einer Kanzlerin ausdrücken, die einst unter der Überschrift *„Mehr Freiheit wagen!"* ihren Amtseid geschworen hat. Nichts trennt Merkel besser voneinander, als ihre Worte von ihren Taten.

Mit einer geräumigen 7-Zimmer-Wohnung, zwei Autos, einer angestellten *„Hausmutter"*[240] und zwei Kindern, die studieren dürfen, kann die Pfarrersfamilie Kasner in den siebziger Jahren als ausgesprochen privilegiert gelten. Später verfügt Mutter Herlind auch noch über eine Zweitwohnung in Berlin.

FÜR EINE NEUFASSUNG der theologischen Präambel der kirchlichen Grundordnung trat auf der Synodaltagung Pfarrer Horst Kasner, Studienleiter des Berlin-Brandenburger Pastoralkollegs, ein. Unser Bild zeigt ihn (l.) im Gespräch mit dem Jugendsynodalen Martin Lenz Foto: Krüger

Hort Kasner (l.) am Rande einer Synode im Jahr 1971. Wie ihr Vater raucht auch Merkel zu Beginn ihrer politischen Karriere, hört aber in den 90er Jahren damit auf.

Neue Zeit, 15.05.1971, S. 5

---

[239] ‚Die Zauberkünstlerin', Nikolaus Blome, 2013 S. 30

[240] ‚Spuren der Macht', Herlinde Koelbl, 1999, S. 48

Auch Reisen in den ‚nichtsozialistischen Wirtschaftsraum' (NSW) sind möglich. Im Jahr 1974 geht es für Horst Kasner beispielsweise nach Italien. Auch London besucht er zu Zeiten des Kalten Kriegs.[241] Ehefrau Herlind soll es gar bis in die USA geschafft haben.[242] Pfarrer, die sich wie Horst Kasners Widersacher Reinhard Steinlein nicht anpassen, können von solchen Reisen allenfalls träumen. Häufig dürfen Kinder von Pfarrern in der DDR entweder gar nicht oder allenfalls Theologie studieren. Merkel selbst bestätigt das:

„Man war umgeben von Pfarrerskindern, die, weil sie nicht in den Pionieren waren, nicht studieren durften oder nicht auf die Erweiterte Oberschule kamen."[243]

Alle drei Kasner-Kinder sind hingegen in den SED-Jugendorganisationen Junge Pioniere und Freie Deutsche Jugend engagiert, auch auf der Leitungsebene. Am tüchtigsten erweist sich dabei Tochter Angela, die am Zentralinstitut für Physikalische Chemie der Akademie der Wissenschaften in Berlin-Adlershof bis zur Altersgrenze von dreißig Jahren FDJ-Sekretärin für Agitation und Propaganda ist. Nach 1989 versucht sie diese Rolle mit den für sie typischen Wortverdrehungen kleinzureden. Es kann jedoch kein Zweifel daran bestehen, dass sich die Kasners in der DDR-Diktatur nicht nur anpassen, sondern das System mit Engagement unterstützen. Um diese Tatsache zu verbergen, verabschiedet sich Merkel in der Zeit nach 1990 mit erkennbarem Übereifer von ihrer DDR-Identität. Im Interview mit Koelbl kommt das klar zum Ausdruck: *„Die [DDR-Identität] hatte ich nie. Ich habe niemals DDR-Fernsehen gesehen, mit Ausnahme von Sportsendungen. Und ich habe die DDR nie als mein Heimatland empfunden. ... Mich verband mit diesem Land überhaupt nichts."*[244] Selbst ihre Kleidung ist angeblich fast nur aus dem Westen. Am Abend des 9. November 1989 macht Merkel im Hinblick auf ihren Fernsehkonsum dann doch einmal eine Ausnahme, als sie Schabowskis Pressekonferenz mitverfolgt.

---

[241] ‚Angela Merkel: Die Kanzlerin und ihre Welt', Stefan Kornelius, 2013, S. 20

[242] 'Angela Merkel', Gerd Langguth, 2005, S. 37, S. 309

[243] , ‚Ihr wißt gar nicht, wie viele sozialistische Elemente ihr habt', FAZ, 27.05.2005 https://web.archive.org/web/20240210061625/https://www.faz.net/aktuell/feuilleton/debatten/angela-merkel-ihr-wisst-gar-nicht-wie-viele-sozialistische-elemente-ihr-habt-1228387.html?printPagedArticle=true#pageIndex_2

[244] ‚Spuren der Macht', Herlinde Koelbl, 1999, S. 48

Danach ruft sie bei Mutter Herlind zu Hause in Templin an und teilt ihr mit, dass die Öffnung der innerdeutschen Grenze bevorsteht.

Auch als ihre Kinder schon teilweise ausgezogen sind, beansprucht das Ehepaar Kasner trotz Wohnraumknappheit ihre großzügigen Räumlichkeiten weiterhin ohne Abstriche. Bei den Mitarbeitern auf dem Waldhof ist Horts Kasner wegen seines herrischen Auftretens ausgesprochen unbeliebt. Aus diesem Umfeld sind Beschwerden überliefert, die innerhalb der kirchlichen Verwaltung von einem gewissen Manfred Stolpe mit Gleichmut zu den Akten geheftet werden. Ebenso beschweren sich Pfarrerkollegen bei Bischof Schönherr über Kasner wegen der bereits erwähnten Jugendweihe von Sohn Marcus.

Es erstaunt wenig, dass die Beschwerden über Kasner bei Stolpe und Schönherr ohne erkennbare Folgen bleiben. Die drei sind seit Mitte der sechziger Jahren enge Weggefährten bei der Neuausrichtung der Evangelischen Kirchen der DDR im Sinne der SED-Herrschaft. Diese Neuausrichtung wird seit dem Bau der Mauer angestrebt und zielt insbesondere auf die territoriale Angleichung der Evangelischen Landeskirche Berlin-Brandenburg an das geteilte Berlin ab. Noch 1966 scheitert ein erster Versuch diese Spaltung zu vollziehen durch die Wahl von Bischof Kurt Scharf mit über achtzig Prozent Stimmenanteil. Wegen der Teilung der Stadt muss die Wahl parallel im Ost-Berliner Stephanusstift und im West-Berliner Johannesstift durchgeführt werden.[245] Doch in wenigen Jahren gelingt es, die Mehrheitsverhältnisse umzudrehen. Bereits im September 1969 wird feierlich der Bund der Evangelischen Kirchen in der DDR (BEK) gegründet, dem Albrecht Schönherr vorsteht. Dabei führt maßgeblich die Stasi Regie.

Im Jahr 1972 ist das letzte Ziel der Spaltung schließlich erreicht und in Berlin amtieren zwei evangelische Bischöfe: Kurt Scharf für West-Berlin und Albrecht Schönherr für Ost-Berlin und Brandenburg - gewissermaßen Pabst und Gegenpapst. Kasner ist seit Mitte der sechziger Jahre für

---

[245] ‚Geteilter Himmel', Der SPIEGEL, 20.02.1966
https://web.archive.org/web/20240210062002/https://www.spiegel.de/politik/geteilter-himmel-a-b7566eca-0002-0001-0000-000046265759

Bischof Schönherr als eine Art Chefideologe tätig und formuliert die umstrittene Anpassungsformel ‚Kirche im Sozialismus'. Diese Formel wird von Bischof Schönherr auf der BEK-Synode 1971 mit folgendem Satz interpretiert: *„Wir wollen Kirche nicht neben, nicht gegen, sondern im Sozialismus sein."* Drei Jahre später hält Horst Kasner auf der BEK-Synode im Jahr 1974 ein Hauptreferat mit dem Titel ‚Kirche als Gemeinschaft von Lernenden'.

Am 6. März 1978 treffen sich der Generalsekretär des Zentralkomitees der SED, Erich Honecker, und Bischof Albrecht Schönherr zu einem Spitzengespräch, das nach rund eineinhalb Jahrzehnten Neuausrichtung den Vollzug der Gleichschaltung der Evangelischen Kirchen in der DDR markiert.[246] Ein Ergebnis, das ohne die Unterwanderungsarbeit des Ministeriums für Staatssicherheit und dessen Agenten Clemens de Maizière, Gerhard Bassarak oder Hanfried Müller, die Kasner allesamt gut kannte, nicht denkbar ist. Bassarak ist beispielsweise in der innerkirchlichen Zensur tätig und schreibt über fünfhundert gut bezahlte Gutachten für oder gegen Buchprojekte der Evangelischen Verlagsanstalt.[247]

Mitte der siebziger Jahre gehen die Wege von Horst Kasner und seinem Mentor Bischof Schönherr offenbar auseinander. In Schönherrs Autobiographie findet Kasner an genau einer Stelle eine eher beiläufige Erwähnung, während beispielsweise Manfred Stolpe breiteren Raum einnimmt. Ob sich das Verhältnis der beiden grundsätzlich verschlechtert hat oder ob sich Kasner neuen Aufgabenfeldern zuwendet, ist unklar. Überhaupt ist der Zeitraum ab 1974 im Leben des Horst Kasner äußerst schlecht dokumentiert. In den Aktenbeständen, die Kasner betreffen, klaffen ab diesem Zeitpunkt verdächtige Lücken.

Erst Anfang der achtziger Jahre, zu Zeiten der polnischen Solidarność-Bewegung, gibt es Neuigkeiten vom Waldhof. Ab 1981, andere Quellen

---

[246] ‚Wir werden es beide schwer haben…', ND, 07.03.1998
https://web.archive.org/web/20240210062217/https://www.nd-aktuell.de/artikel/702767.wir-werden-es-beide-schwer-haben.html

[247] ‚Die Tore weit', Der SPIEGEL, 14.01.1996
https://web.archive.org/web/20220117224830/https://www.spiegel.de/politik/die-tore-weit-a-1e0c7a62-0002-0001-0000-000008870577?context=issue

sprechen von 1986, veranstaltet Kasner dort jährliche Treffen mit Intellektuellen aus Ost und teilweise auch aus West.[248] Als eigentlicher Initiator wird verschiedentlich Marcus Kasner genannt, Merkels jüngerer Bruder, der damals Mitte zwanzig war.[249] Dessen enger Freund, der spätere Merkel-Vertraute Günter Nooke, ist ebenso Teilnehmer an den Treffen wie die angehende Medizinerin Cornelia Matzke, der Physikstudent Meik Hellmund und der Physiker Hans-Jürgen Fischbeck. Fischbeck ist seit 1977 Mitglied der Synode der Evangelischen Kirche Berlin-Brandenburg und wird während der Wendezeit für die Bewegung ‚Demokratie Jetzt!' aktiv. Danach wechselt er zu den Grünen und sitzt für diese einige Jahre im Berliner Abgeordnetenhaus. Regelmäßige Gäste aus Westdeutschland sind der Theologieprofessor Christofer Frey von der Ruhr-Universität in Bochum und dessen Ehefrau. Die westdeutsche Beteiligung macht es sehr wahrscheinlich, dass diese Treffen auch der Staatssicherheit bekannt sind. Entsprechende Akten gibt es aber offenbar keine. Auch die Akten von Kasner im Berliner Kirchenarchiv machen einen gründlich aussortierten Eindruck.

In den achtziger Jahren gibt es auch intensiven Kontakt zwischen Kasner und dem Rechtsanwalt Wolfgang Schnur. Über die Inhalte dieser Zusammenarbeit weiß man bis heute nichts. Schnur vertritt als Anwalt unter anderem die Bürgerrechtler Freya Klier und Stephan Krawczyk, die 1988 in die Bundesrepublik abgeschoben werden. Die Einnahmen der DDR aus dem Häftlingsfreikauf, der häufig von kirchennahen Rechtsanwälten eingefädelt wird, belaufen sich zwischen 1964 und 1989 auf insgesamt rund dreieinhalb Milliarden DM. Weitere vier Milliarden DM fließen von westdeutschen Glaubensbrüdern als Hilfsgelder an die Kirchen in der DDR. Der starke Einfluss einiger Kirchenfunktionäre in der Endphase der DDR dürfte auch auf jenen, für den klammen Arbeiter- und Bauernstaat lebenswichtigen Einnahmen beruhen. Kasner selbst berichtet, wie er vor dem Mauerbau Geldbündel aus West-Berlin in die DDR schmuggelt, zeitweise zweimal pro Woche.[250]

---

[248] ‚Angela Merkel', Jaqueline Boysen, 2001, S. 86

[249] ‚Das erste Leben der Angela M.', Ralf Georg Reuth, Günther Lachmann, 2013, S. 124

[250] ‚Das eiserne Mädchen', Der SPIEGEL, 28.01.2017 https://web.archive.org/web/20230413221247/https://www.spiegel.de/geschichte/angela-merkel-portraet-aus-dem-jahr-2000-das-eiserne-maedchen-a-1131489.html

Auch der kirchennahe Rechtsanwalt Lothar de Maizière, ein guter Bekannter von Horst Kasner, ist öfters in der Ständigen Vertretung in Ost-Berlin zugegen und hat regen Westkontakt. Die zentrale Figur für innerdeutsche Angelegenheiten bei der Evangelischen Kirche in der DDR ist jedoch Manfred Stolpe. Dieser holt sich, als er erster Ministerpräsident im Land Brandenburg wird, gleich 1990 den vormaligen Leiter der Ständigen Vertretung in Ost-Berlin, Hans Otto Bräutigam, in sein Kabinett. Bräutigam war in Potsdam bis 1999 als Minister tätig. Offenbar versteht man sich vor und nach der Wende auch über Systemgrenzen hinweg ausgezeichnet. In Potsdam werden Bräutigam und de Maizière im Jahre 2009 nochmals gemeinsam aktiv, um in einem Streit betreffend der Begehbarkeit des Ufers am Griebnitzsee zu schlichten.[251]

Das bekannteste der Gesprächsrunden auf dem Waldhof von Templin ist jenes Treffen vom 23. bis 25. September 1989 an dem auch erstmals Angela Merkel teilnimmt. Später gibt Merkel vor, sich daran nicht mehr erinnern zu können. Was man davon halten muss, wird klar, wenn man weiß, dass Merkel ein hervorragendes Gedächtnis hat und sich im Zweifel auch bei Bruder oder Vater betreffend ihrer Anwesenheit informieren könnte. Gegenüber der Ehefrau von Christofer Frey sagt Merkel damals

„Wenn wir die DDR reformieren, dann nicht im bundesrepublikanischen Sinne.“[252]

Diese Aussage kratzt stark an der Legende von der Kohlianerin der ersten Stunde in Ost-Berlin, die mit einem Dritten Weg, einer reformierten, eigenständigen DDR, nie etwas anfangen konnte und schon immer für Marktwirtschaft und deutsche Einheit eintrat. Bereits im Juli des Jahres 1989 ist Horst Kasner gemeinsam mit Günter Nooke und anderen am Rande des Kirchentags in Leipzig mit einer politischen Erklärung zu Friedens- und Umweltfragen hervorgetreten.[253] Nooke gehört

---

[251] ‚Stadt hofft auf die Ufer-Diplomaten‘, PNN, 13.05.2009 https://web.archive.org/web/20240210062541/https://www.tagesspiegel.de/potsdam/landeshauptstadt/stadt-hofft-auf-die-ufer-diplomaten-7627414.html

[252] ‚Das erste Leben der Angela M.‘, Ralf Georg Reuth, Günther Lachmann, 2013, S. 164

[253] ‚Angela Merkel‘, Jaqueline Boysen, 2001, S. 87

dann im Oktober 1989 zu den Gründern des Demokratischen Aufbruchs, den er nach der Richtungsänderung, die der Leipziger Parteitag markiert, bereits Ende des Jahres wieder verlässt um zu ‚Demokratie Jetzt!' zu wechseln.

Trotz seiner außerordentlichen Fähigkeiten und Verbindungen tritt der damals 63-jährige Horst Kasner in der Wendezeit nicht selbst aktiv in die Politik ein, sondern beschränkt sich auf die Motivation seines Umfeldes. Sein Sohn Marcus betätig sich einige Zeit lang bei den Grünen, seine Tochter geht zum Demokratischen Aufbruch, später zur CDU, und seine Ehefrau tritt in die SPD ein. Herlind Kasner engagiert sich danach in der Lokalpolitik und steht einige Jahre dem Kreistag vor. Den Absprung aus der Lokalpolitik schafft sie erst unter Zwang, nämlich als sie 1998 nicht mehr gewählt wird. Ungefähr mit dem Beginn der Kanzlerschaft ihrer Tochter verlässt sie die SPD. Auch der langjährige Bürgermeister von Templin, Ulrich Schöneich, der zuvor auf dem Waldhof Betriebsleiter ist und dort mit Kasner so manchen Zwist austrägt, wurde von Kasner zum Einritt in die Politik ermuntert. Kasner selbst äußert sich in den Jahren nach der Wende kritisch zum gesamtdeutschen politischen System. 1992 wettert er gegen den *„Parteienstaat der Bundesrepublik, in dem sich die beiden Volksparteien kaum noch unterscheiden ...“*.[254] Es ist übrigens seine eigene Tochter, die diese Entwicklung einige Jahre später mit der Sozialdemokratisierung und der Begrünung der CDU krönt. Kasner engagiert sich bei Ostermärschen und spricht gegen Massentierhaltung und Truppenübungsplätze.[255] [256] Außerdem ist er maßgeblich bei der Renovierung und Erhaltung des ‚Kirchleins im Grünen' bei Templin engagiert.

Im Jahr 2000, das für seine Tochter ein Entscheidungsjahr ist, gibt Kasner dem SPIEGEL-Journalisten Alexander Osang ein ausführliches

---

[254] ‚Angela Merkel', Jaqueline Boysen, 2001, S. 159

[255] ‚Ostermarschierer protestieren gegen Anti-Terror-Krieg', FAZ, 01.04.2002 https://web.archive.org/web/20111230100223/https://www.faz.net/aktuell/politik/friedensbewegung-ostermarschierer-protestieren-gegen-anti-terror-krieg-150866.html

[256] ‚Keine Ruhe in Rheinsberg', BZ, 07.06.2006 https://web.archive.org/web/20201001075728/https://www.berliner-zeitung.de/bombodrom-gegner-melden-sich-am-rande-des-deutsch-franzoesischen-gipfels-zu-wort-keine-ruhe-in-rheinsberg-li.7151

Interview.[257] Auch von der älteren Generation des Waldhofs lässt sich Osang dabei dem Eindruck nach einseifen. War es wirklich so, dass Kasner von den *„Fleischtöpfen Ägyptens"* weg wollte, als er in die DDR übersiedelte oder hat es nicht auch etwas mit der Nähe zu seinen Eltern in Ost-Berlin oder weiteren Motiven zu tun? Wäre Osang je auf eine solche Frage gekommen, er hätte sie sich meisterhaft verkniffen. Diese Art von Meisterschaft ist vielleicht so etwas wie sein journalistisches Erfolgsgeheimnis: Die Fähigkeit, sich im entscheidenden Moment die entscheidende Frage zu verkneifen. Auch heute noch würde die Pudelfrisur aus den Neunzigern gut zu ihm passen, viel besser als der linksintellektuelle Wuschelkopf. Und so glaubt er offenbar auch Horst Kasner aufs Wort. Beispielsweise, dass es damals 1973 für Angela mit dem Studium auf der Kippe steht und Kasner sich Tipps für den richtigen Umgang mit den Behörden holen muss. Nicht nur Töchter, sondern auch Väter werden gelegentlich unterschätzt und man beginnt zu ahnen, warum sich Angela Merkel Alexander Osang jahrzehntelang als Interviewpartner hält.

Ein ähnlich erquickliches Interview gibt Kasner im Jahr 2005 in Anwesenheit von Sohn Marcus, als Tochter Angela sich ins Kanzleramt aufmacht, gegenüber der internationalen Presse. Judy Dempsey hat noch weit geringere Chancen im richtigen Moment die richtigen Fragen zu stellen als Osang. Und so erhält der internationale Leser einen tiefen Einblick in eine von der Stasi bedrängte Familie, der ein idealistischer Pfarrer vorsteht und dessen freiheitsliebende Tochter nun Kanzlerin werden soll.[258]

Noch schräger präsentiert sich Kasner wenige Wochen zuvor in einem Interview mit der Berliner Zeitung an seinem Lieblingsort, dem legendären ‚Kirchlein im Grünen'. Mit einer Wünschelrute demonstriert der studierte Theologe dem Journalisten das besondere Kraftfeld der Örtlichkeit, an dem nach seiner Meinung *„schon slawische Schamanen einen*

---

[257] ‚Die Schläferin', Der SPIEGEL, 08.11.2009
https://archive.is/tQqQv

[258] ‚The young Merkel: Idealist's daughter', 06.09.2005
https://web.archive.org/web/20180311195732/https://www.nytimes.com/2005/09/06/world/europe/the-young-merkel-idealists-daughter.html

Kultplatz errichtet haben“.[259] Es handelt sich hoffentlich nur um einen Schabernack, den er sich mit einem Journalisten erlaubt.

Während der ersten Kanzlerjahre seiner Tochter wird Kasner Fürsprecher für ein Projekt in Götschendorf, einem Flecken, der fünfzehn Autominuten von Templin entfernt lieg. In dem dortigen Herrenhaus soll auf Initiative des Journalisten, Schauspielers und Russlandkenners Norbert Kuchinke ein einzigartiges russisch-orthodoxes Kloster auf deutschem Boden entstehen. Kasner dürfte vielleicht auch noch Wladimir Michailowitsch Gundjajew kennen, der 2009 als Kyrill I. Oberhaupt der Russisch-Orthodoxen Kirche wird. Wie Kasner ist Gundjajew in den siebziger Jahren in der Christlichen Friedenskonferenz (CFK) engagiert. Der Vorsitzende der CFK von 1969 bis 1978 ist Metropolit Nikodim, der für Gundjajew wohl eine Art Mentor ist. Ab 1970 ist Gundjajew als dessen Sekretär tätig. Beide, Nikotim und Gundjajew, der spätere Kyrill I., haben an den KGB berichtet. Das Kloster Götschendorf wird nach der Fertigstellung von namhaften Politikern wie Gerhard Schröder und Sahra Wagenknecht besucht.[260]

Im Jahr 2008 meldet sich der Biograph Andreas Schumann bei Kasner und will sich über dessen Verhältnis zu Clemens de Maizière erkundigen. Schumann arbeitet an seiner Familienbiographie über die de Maizières. Horst Kasner behauptet Clemens de Maizière *„nur flüchtig“* gekannt zu haben. Eine *„Zusammenarbeit“* oder *„andere gemeinsame Erlebnisse“* streitet er ab.[261] Vor dem Hintergrund der bestens belegten jahrelangen Kooperation der beiden, kann man Pfarrer Kasner bei solchen Aussagen ein äußerst flexibles Verhältnis zur Wahrheit bescheinigen. Im Jahr 2011 stirbt Host Kasner im Alter von fünfundachtzig Jahren in seiner Geburtsstadt Berlin.

---

[259] ‚B.Z.-Besuch bei dem Pfarrer aus Templin‘, BZ, 02.06.2005 https://archive.ph/ISGRX#selection-693.237-693.359

[260] ‚Putins Außenposten in der Uckermark‘, Die WELT, 28.03.2023 https://web.archive.org/web/20230328113259/https://www.welt.de/politik/deutschland/plus244455064/Wladimir-Putin-Der-russische-Aussenposten-in-der-Uckermark.html

[261] ‚Familie de Maizière‘, Andreas Schumann, S. 234 u. 374

Das Wohnhaus der Familie Ludwig und Margarete Kasner in Berlin-Pankow, Retzbacher Weg, ab ca. 1932.

Hier wächst Horst Kasner auf und in den sechziger Jahren ist seine Tochter Angela häufiger Gast bei Großmutter Grete.

Die Biographie der Angela Dorothea Merkel

„Ich glaube, wir müssen sprachfähig sein über unsere eigene Geschichte. Erst dann können wir unsere Zukunft wirklich gestalten.“[262]

Angela Merkel

Die Kirche in Quitzow: Heute steht sie leer.

Horst Kasner schreibt dazu im September 1954: *„Vor ein paar Tagen bin ich ihn den Glockenstuhl hinaufgestiegen und habe mir unsere Glocke angesehen. Leider haben wird von den ehemals drei Glocken nur noch eine. In jedem der beiden Weltkriege hat man eine Glocke weggeholt, weil man das Metall brauchte.“*

Im Spätsommer des Jahre 1954 wird Angela Merkel als Säugling in die Prignitz gebracht. Die Prignitz ist eine topfebene, verträumte Landschaft östlich der Elbe mit rötlichen sandigen Böden. Die Landschaft liegt auf halbem Weg zwischen Hamburg und Berlin. In den Dörfern

---

262 ‚Darf die Kanzlerin Israel kritisieren?‘, SZ, 08.05.2010 https://web.archive.org/web/20100511220809/http://www.sueddeutsche.de/politik/522/510640/text/4

rund um das Städtchen Perleberg finden nach dem Krieg auch viele Heimatvertriebene Zuflucht. Im Dörfchen Quitzow steht eine aus Findlingen und Ziegeln erbaute historische Kirche, in der ab Sommer 1954 Horst Kasner als Hilfspfarrer seinen Dienst verrichtet.

In Quitzow fällt auf, dass Angela Merkel schlecht laufen lernt. Es dauert Jahre und viel Übung, bis sie es schafft, problemlos Steigungen und Gefälle zu meistern. Sie berichtet in der Sendung Beckmann auch von Einlagen in den Schuhen und einer Zahnspange. Man gewinnt den Eindruck, dass die schlechte Bein- und Fußmotorik Angela Merkel ein Leben lang begleitet. Anfang 1992 trägt sie einen Gips und Krücken, nachdem sie sich in Berlin-Mitte beim Besuch der Buchhandlung Bouvier einen komplizierten Beinbruch zugezogen hat. Im Frühjahr 2011 ist am linken Knie eine Miniskus-OP notwendig.[263] 2014 erleidet sie durch einen Sturz beim Skilanglauf im Engadin in der Nähe von St. Moritz sogar ein linksseitig angebrochenes Becken und muss sich einige Wochen lang schonen.[264] Im Sommer 2022 erleidet sie in Salzburg bei einem Sturz einen Kreuzbandriss im Knie.[265]

Fast genau drei Jahre nach Angela kommt am 7. Juli 1957 in Perleberg ihr Bruder Marcus zur Welt. Merkel kommt in dieser Zeit zur Entlastung für einige Wochen zur Großmutter nach Hamburg. Marcus Kasner ist in der Schule ähnlich leistungsstark wie Angela. Auch er studiert Physik in Leipzig. Er trifft dort Günter Nooke, mit dem ihn eine lange Freundschaft verbindet. Er wird Patenonkel von Nookes Kindern. In den Zeiten der Wende ist auch Marcus politisch aktiv. Er nimmt gemeinsam mit Nooke schon Ende der achtziger Jahre an den Runden auf dem Waldhof teil.

---

263 ‚Angela Merkel musste sich am Meniskus operieren lassen', Stern, 02.04.2011
https://web.archive.org/web/20220702224531/https://www.stern.de/politik/deutschland/kanzlerin-am-krueckstock-angela-merkel-musste-sich-am-meniskus-operieren-lassen-3198620.html

264 ‚Merkel beim Langlauf verletzt', Der SPIEGEL, 06.01.2014
https://web.archive.org/web/20140107013856/https://www.spiegel.de/politik/deutschland/urlaub-der-kanzlerin-merkel-beim-langlauf-verletzt-a-941983.html

265 ‚Das Gefühl war ganz klar: Machtpolitisch bis du durch', Der SPIEGEL, 24.11.2022
https://archive.li/Bwbus

Das Pfarrhaus in Quitzow.

Hier lebte die Familie Kasner vom September 1954 bis 1957.

Beschäftigt ist er da offenbar an der Universität Leipzig. In der Zeit des Mauerfalls verbringt er einige Monate am Kernforschungsinstitut Dubna bei Moskau.

Ganz ähnlich wie seine Schwester erzählt Marcus Kasner von der Parteiensuche zu Wendezeiten, die ihn zur SPD, aber auch zum Demokratischen Aufbruch führt. Als Günter Nooke ab Ende 1990 im Brandenburger Landtag Fraktionsvorsitzender der Grünen ist, tritt Kasner der Partei bei, verlässt sie aber später wieder.[266] Im Gespräch mit der taz-Journalistin Barbara Bollwahn gibt sich Kasner ähnlich verschlossen wie seine Schwester. *„Nur lässt er sich kaum in die Karten gucken, wo er politisch steht"*, resümiert Bollwahn. Sätze wie *„Einen gewissen konservativen Zug gibt es schon bei mir"*, könnten auch von Angela stammen.

---

[266] ‚Der Bruder, der stille Beobachter', taz, 24. 08. 2005
https://web.archive.org/web/20201124211445/https://taz.de/Der-Bruder-der-stille-Beobachter/!556150

Marcus Kasner habilitiert sich nach der Wende, er findet dann aber keine Professorenstelle. Er arbeitet in der Industrie und lehrt parallel dazu als Privatdozent in Magdeburg und Frankfurt a. M.. Sein Wohnsitz ist Darmstadt.

Etwas mehr als ein Jahrzehnt nach Marcus kommt am 19. August 1967 Irene Kasner zur Welt. Irene ist das Kasner-Kind, über das man am wenigsten weiß. Nach den innerkirchlichen Protesten wegen der Jugendweihe ihres Bruders, bleibt ihr diese Feier erspart. Aber auch Irene ist bei den Jungen Pionieren und vermutlich später auch in der FDJ.[267] Irene Kasner lebt in Berlin und ist mit Sven Kasner verheiratet, der ihren Nachnamen angenommen hat. Ursprünglich absolvierte sie eine Ausbildung als Krankenschwester und arbeitet heute als Ergotherapeutin in Berlin.

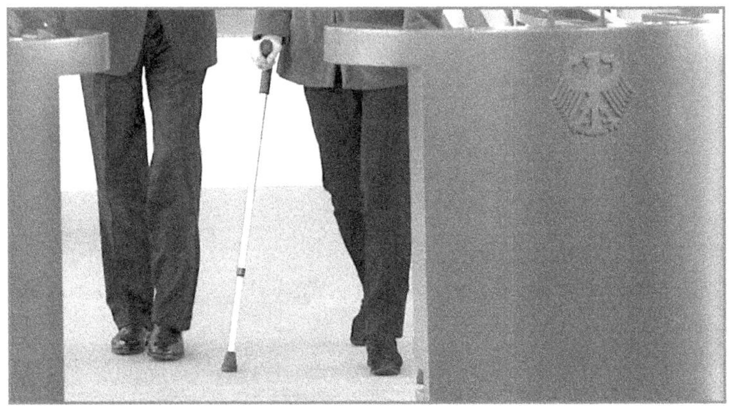

„Man gewinnt den Eindruck, dass die schlechte Bein- und Fußmotorik Angela Merkel ein Leben lang begleitet."

Merkel nach einem Bruch des Beckenrings mit Krücken beim Besuch von US-Außenminister John Kerry am 31. Januar 2014. Foto: U.S. Department of State

[267] Angela Merkel Interview 2005 mit Frank Schirrmacher u. Stefan Aust, 12:30 https://www.dailymotion.com/video/x4a8b1u

Einige Zeit nach der Geburt von Marcus geht es in der zweiten Jahreshälfte 1957 für die nun vierköpfige Familie Kasner von Quitzow nach Templin, genau genommen auf den Waldhof vor den Toren der Stadt.

Der Waldhof ist eine Einrichtung der Stephanus-Stiftung, in der nach dem Krieg Behinderte untergebracht sind. Gegründet wurde die Einrichtung 1854 als ‚Knabenrettungshaus' für verwahrloste Jungen. Horst Kasner übernimmt dort bald die Leitung des sogenannten Pastoralkollegs, einem Seminar für angehende protestantische Pfarrer. Im Zuge seiner Ausbildung verbringt jeder zukünftige Pfarrer der Evangelischen Kirche Berlin-Brandenburg auch einige Wochen auf dem Waldhof. Das macht Kasner gemeinsam mit seinen kirchenpolitischen Aktivitäten innerhalb der Kirche zu einem prominenten Mann.

Angela und ihre Geschwister kommen nicht wie sonst oft üblich in eine Kindertagesstätte, sondern werden von Mutter Herlind zu Hause auf dem Waldhof erzogen. Die mütterliche Erziehung hat es offenbar in sich gehabt. Angela Merkel berichtet davon, dass es jeweils nach der Schule eine tägliche, ein bis zweistündige Besprechung mit Mutter Herlind gibt.[268]

Sowohl Angela als auch Bruder Markus entwickeln sich zu Musterschülern und heimsen Preise ein. Angespornt von beiden Elternteilen wurden Angela und Marcus von Anfang an auf Leistung gedrillt. Die schulischen Leistungen der beiden Geschwister sind ausgezeichnet und das Ergebnis von außerordentlicher Begabung, intensiver Übung und der ausgeprägten Erwartungshaltung der Eltern, die keine Fehler duldet. Bei Angela Merkel kann von einem fotografischem Gedächtnis ausgegangen werden. An *„Namen, Daten, Umstände, bis hin zum Wetter und was sie anhatte in der Stunde, als sie sich von wem auch immer gedeckelt fühlte"*, kann sich Merkel auch noch nach Jahrzehnten erinnern.[269] Ihr Bruder Marcus verfügt wohl über ein ähnlich ausgezeichnetes Gedächtnis. Von ihm wird berichtet, dass er als Jugendlicher die Namen aller Päpste

---

[268] 'Angela Merkel', Gerd Langguth, 2005, S. 37

[269] ‚Angela Merkel – Die Zauderkünstlerin', Nikolaus Blome, 2013, S. 96

auswendig kennt.[270] Es sind um die dreihundert. Die Lessing-Medaille für außergewöhnliche schulische Leistungen wird Angela in der zehnten Klasse überreicht. Als 15-Jährige gewinnt sie die landesweite Russisch-Olympiade und fährt zur Belohnung mit dem Zug der Freundschaft nach Moskau. Auch über einen Preis für ihre Leistungen in einem Mathematik-Wettbewerb wird berichtet.

Trotz ihrer Primus-Rolle in der Klasse wird Angela von ihren früheren Mitschülern weder als überheblich noch als unkameradschaftlich beschrieben. Allerdings kann kein Zweifel daran bestehen, dass sie sich wie ihre Eltern früh als Teil einer Elite sieht. Bereits in ihrer Schulklasse übt sie eine FDJ-Führungsfunktion aus. Das Bild von der eigenen Überlegenheit hat sie seit ihrer Jugendzeit verinnerlicht. Sie ist aber klug genug, es nur selten so offen nach außen durchscheinen zu lassen, wie in jenem Satz, den sie abends nach einem anstrengenden EU-Gipfel ausruft: *„Die Leute sollen uns Politiker die Politik machen lassen, weil wir so viel mehr davon verstehen."*[271] Ein Satz, den das basisdemokratische Modell der Schweiz Lügen straft. Eineinhalb Jahrhunderte Frieden, Wohlstand

Wirtschaftsgebäude des Waldhofs bei Templin
(Historische Aufnahme)

---

[270] 'Angela Merkel', Gerd Langguth, 2007, S. 43

[271] ‚Angela Merkel – Die Zauderkünstlerin', Nikolaus Blome, 2013, S. 29

und eine stabile Währung zeugen von den Vorteilen einer Basisdemokratie, in der der Souverän auch tatsächlich souverän ist, und die Politiker *nicht* machen lässt.

Von ihrer dreizehn Jahre später geborenen Schwester Irene ist im Gegensatz zu Angela und Marcus nichts über herausragende schulische Leistungen bekannt. Sie hat auch nicht studiert.

Die Erweiterte Oberschule, die Angela und Marcus ab der 9. Klasse besuchen, befindet sich auf halbem Weg vom Waldhof nach Templin und heißt damals noch ‚Goetheschule', später ‚EOS Hermann Matern'. Im rustikalen Gebäude war vor dem Zweiten Weltkrieg die ‚Forstschule Templin' untergebracht.

Im Hinblick auf den hohen Leistungsdruck, den ihre Eltern ausüben, könnte Angela bereits in ihrer Jugendzeit ein ausgeprägtes Geschick darin entwickelt haben, eigene Fehler durch neutralisierende Formulierungen und manipulativen Umgang mit Fakten zu verdecken. Ihre schon beinahe sprichwörtlichen Teflon-Eigenschaften, nichts bleibt hängen, bilden sich wahrscheinlich schon in frühen Jahren aus. Obendrein wächst sie in einem totalitären Staat auf, der multiple Sichten auf die Wirklichkeit geradezu erzwingt. Die treffende Bezeichnung *‚Teflon-Merkel'* stammt übrigens vom vormaligen US-Botschafter in Berlin, Philip Murphy.[272] Es klingt daher kaum glaubwürdig, wenn Angela sagt *„Über meiner Kindheit lag kein Schatten"*.[273] Eine einfache Kindheit hat Angela Merkel ganz sicher nicht. Sie erwähnt, dass ihr Vater häufig abwesend ist, viel arbeitet und sie oft stundenlang auf ihn wartet. Allerdings geht es mit ihm in ihrer Jugendzeit auch oftmals auf Berlin-Tour. Dort wird dann Großmutter Grete besucht, bei der Angela regelmäßig die Sommerferien verbringt. Während ihrer Kanzlerschaft besucht Merkel gemeinsam mit ihrem Vater inkognito noch einmal das Örtchen Quitzow, in dem sie ihre ersten Kindheitsjahre verbracht hat. Trotz mancher

---

[272] ‚Angela 'Teflon' Merkel', Der SPIEGEL, 29.11.2010 https://web.archive.org/web/20130617203230/https://www.spiegel.de/spiegel/a-731614.html

[273] ‚Spuren der Macht', Herlinde Koelbl, 1999, S. 48

Differenz und Spannung, dürfte ‚Kasi', wie sie in der Schule genannt wird, immer Horst Kasners Lieblingskind gewesen sein.

Außerhalb, aber auch innerhalb des familiären und freundschaftlichen Umfelds, muss Angela immer misstrauisch und vorsichtig mit ihren Äußerungen sein. Merkels langjähriger enger Freund und früherer Kollege Michael Schindhelm beschreibt das im Jahr 2000 gegenüber dem SPIEGEL:

„Wir hatten beide diesen eigenartigen sozialen Mechanismus erlernt, Tarnung anzulegen, wenn das DDR-System zudringlich wurde, Tarnung abzulegen, wenn es abwesend war. Zwischen uns [Merkel und Schindhelm] war es abwesend."

Kurze Zeit nach diesen Worten wird Schindhelm selbst als vormaliger Stasi-Spitzel enttarnt. Eineinhalb Jahrzehnte lang hält er seine Verpflichtungserklärung geheim. Der Freundschaft mit Angela Merkel tut das aber offenbar bis heute keinen Abbruch. Michael bekommt im Jahr 2006 im Kanzlerbüro ein *„Käffchen"* von Angela persönlich eingeschenkt und gibt in zahlreichen Biographien, Reportagen und Interviews beredt über seine Freundin Auskunft, ohne viel zu sagen.[274] Seine Stasi-Vergangenheit findet kaum mehr Erwähnung.*„Ich bin mit mir im Reinen"*, behauptet Schindhelm 2001. Ein Satz, den er sich mit deutlichen Gebrauchsspuren von Merkel ausgeliehen haben könnte.

Laut der Biographie von Stock wird Angela Kasner kurz vor dem Abitur wegen einer *„‚anti-sozialistischen' Kulturstunde fast der Schule verwiesen"*.[275] Die Anti-Sozialisten von der Erweiterten Oberschule singen die Sozialistische Internationale auf Englisch, provozieren mit einem Morgenstern-Gedicht, das eine Mauer thematisiert, und sammeln, statt für Nordvietnam, für die kommunistische Mosambikanische Befreiungsfront (FRELIMO). Das ist schon eine große Provokation, aber wohl kaum eine genuin *„anti-sozialistische"*. Man könnte diesen Vorfall auch als Versuch Horst Kasners interpretieren, die erstarrten sozialistischen

[274] ‚Merkel gilt als Wendegewinnlerin', Der SPIEGEL, 03.09.2021 https://archive.is/LbPLi

[275] ‚Angela Merkel: Eine politische Biographie', Wolfgang Stock, 2000. S. 189

Parteikader in Schule und Schulverwaltung links zu überholen. Denn Kasner war mutmaßlicher Organisator der Intrige.[276] Anders als erwartet, werden die Schüler nicht nennenswert bestraft. Statt der Clique um Angela, fliegt am Ende der Klassenlehrer Charly Horn von der Schule und ist danach auf die Familie Kasner nicht mehr sonderlich gut zu sprechen.

Das Gebäude der ehemaligen Erweiterten Oberschule
in Templin.

Hier ging Angela Merkel von 1969 bis 1973 zu Schule.

Ohne Problem und ohne Verzug beginnt im Herbst 1973 für Angela Merkel also das Physikstudium in Leipzig. Sicherheitshalber fährt ihr Vater mit zur Immatrikulation an der Karl-Marx-Universität. Dass die Kinder einer Pfarrersfamilie problemlos studieren können, ist eher die Ausnahme als die Regel. Mathias Rau, Merkels Spielkamerad in den Kindheitstagen vom Waldhof, darf nicht wie erwünscht Medizin studieren. Der Sohn des damaligen Leiters der Behinderteneinrichtung betätigt sich heute als Stadtführer in Berlin.[277]

---

[276] ‚Das erste Leben der Angela M.', Ralf Georg Reuth, Günther Lachmann, 2013, S.72

[277] Lebenslauf Matthias Rau
https://web.archive.org/web/20080517100642/http://www.matthiasrau-berlin.de/math.htm

Anfang der siebziger Jahre lebt die Familie von Pfarrer Kasner in Templin ähnlich angepasst und ähnlich privilegiert wie die eines SED-Funktionärs. Wie das zu Merkels frühen Interessen für westdeutsche Politik und Politiker passen soll, weiß wohl nur sie allein. Die Wahl von Gustav Heinemann will sie als 14-Jährige am 5. März 1969 angeblich mit einem Transistorradio auf der Schultoilette mitgehört haben und die Namen aller Kabinettsmitglieder von Adenauer weiß sie als Kind sogar auswendig. Das sind Merkels Erzählungen, die etliche Biographen und Journalisten dankbar aufnehmen und unreflektiert weiterverbreiten. Die drei Wahlgänge bei der Heinemann-Wahl, von denen Merkel auf der Schultoilette angeblich wegen deren Spannung so bewegt war, ziehen sich über acht Stunden hin.[278] Die Sitzung beginnt laut stenographischem Bericht um 10h04 und endet um 18h38.[279] Etwas lang, um auf der Toilette mitzuhören. Auch auf der Delegiertenversammlung am Abend vor der ersten Wahl von Horst Köhler zum Bundespräsidenten am 23. Mai 2004, berichtet Merkel lebhaft von ihrem jugendlichen Toilettenerlebnis und benennt sogar ‚Stern' als die Marke des genutzten Radios.[280]

Ein Foto aus ihrer Studienzeit in Leipzig zeigt Angela, wie sie umringt von ihren ausschließlich männlichen Kommilitonen grinsend auf dem Gehweg sitzt. Mit dem Beginn ihres Studiums ist Angela Merkel in Ausbildung und Beruf immer mehrheitlich von Männern umgeben.

Während des Studiums lernt sie auf einer Reise nach Moskau und Leningrad ihren ersten Ehemann Ulrich Merkel kennen. Auch Ulrich studiert in Leipzig im gleichen Jahrgang Physik. Angela besucht dort *„fast jede Woche"* die christliche Studentengemeinde, ohne sich dort weiter zu engagieren.[281] Die beiden heiraten am 3. September 1977 in der

---

[278] ‚Und es war Sommer', SZ-Magazin, 26..02.2015 bzw. 9/2008 https://web.archive.org/web/20201126042727/https://sz-magazin.sueddeutsche.de/geschichte/merkel-interview-jugend-ddr-80995

[279] ‚5. Bundesversammlung der Bundesrepublik Deutschland', Stenografischer Bericht, 05.03.1969 https://www.bundestag.de/resource/blob/486420/be69c53c0669baac7f3e22b893fef600/04-Stenografischer-Bericht-data.pdf

[280] ‚Weizsäcker liest Merkel die Leviten', Der SPIEGEL, 22.05.2004 https://web.archive.org/web/20131003215915/https://www.spiegel.de/politik/deutschland/praesidentenkuer-weizsaecker-liest-merkel-die-leviten-a-301074.html

[281] ‘Angela Merkel: Eine politische Biographie', Wolfgang Stock, 2000. S. 47

St. Georgen Kapelle in Templin, auf ihren Wunsch hin kirchlich. Nach dem Studium ergattert Merkel eine Arbeitsstelle im Zentralinstitut für Physikalische Chemie der Akademie der Wissenschaften. Das junge Ehepaar Merkel bezieht eine Wohnung in der Marienstraße 27 von Berlin-Mitte.

Das Paar trennt sich 1981 und wird 1982 geschieden. Es darf als gesichert gelten, dass Ulrich Kinder möchte und Angela das aus Karrieregründen ablehnt. Ähnlich äußert sie sich einmal im Interview mit Herlinde Koelbl.[282] Heute ist Ulrich Merkel erneut verheiratet und Vater.

Erstmals fällt eine ausgeprägte Härte, man könnte es wohlwollend auch Konsequenz nennen, bei der Trennung von Ulrich Merkel ins Auge. *„Eines Tages packte sie ihre Sachen und zog aus unserer gemeinsamen Wohnung aus"*, wird er zitiert.[283] Mit einer christlichen Einstellung, wie sie Merkel immer wieder hochhält, ist ein solch abruptes und offenbar nicht einvernehmliches Auseinandergehen nur schwer in Einklang zu bringen. Aber Merkels Christentum haben wir schon erschöpfend an anderer Stelle geklärt. Ulrich Merkel ist bei weitem nicht der letzte Mann, den Angela Merkel ohne viel Aufhebens am Rand ihres Lebenswegs zurücklässt.

---

[282] ‚Spuren der Macht', Herlinde Koelbl, 1999, S. 50

[283] ‚Eines Tages zog sie aus', Focus, 05.07.2004
https://web.archive.org/web/20210925125659/https://www.focus.de/politik/deutschland/eines-tages-zog-sie-aus-deutschland_id_1998824.html

Achtziger Jahre in Berlin und Osteuropa

In diesem Hinterhaus der Marienstraße 27 befindet sich die Wohnung, in der Angela und Ulrich Merkel von 1978 bis ungefähr 1981 gemeinsam wohnen.

Während der achtziger Jahre ist Angela Merkel sehr viel auf Reisen. Im Rahmen ihrer Tätigkeit als Wissenschaftlerin am Zentralinstitut für Physikalische Chemie an der Akademie der Wissenschaften der DDR, bricht sie häufig auf zu Konferenzen, mehrwöchigen Forschungsaufenthalten oder Sprachkursen in die Tschechoslowakei, nach Polen oder in die Sowjetunion. Im Jahr 1986 erfolgt ihre erste bekannte Reise in den Westen nach dem Mauerbau 1961. Sie fährt nach Hamburg zur Hochzeit ihrer Cousine. Danach geht es an die Universität Karlsruhe zum Institut von Professor Reinhart Ahlrichs, an dem ab 1988 auch ihr heutiger Gatte Joachim Sauer mehrfach Gast ist. Am Ende der Reise geht es auch noch nach Konstanz, wo sie angeblich bei einem früheren Kollegen haltmacht, der in den Westen geflohen ist. Ein Sehnsuchtsziel sind in diesen Jahren nach ihrem eigenen Bekunden die USA, eine Reise dorthin lässt sich aber erst nach der Wende verwirklichen. Ein ausgeprägtes Fernweh kann man dieser Frau auch in jungen Jahren nicht absprechen.

Auch in Berlin ist Merkel häufig unterwegs. Wie ein Schmetterling beim Abschöpfen von Nektar ist Angela Merkel während der achtziger Jahre in Hauskreisen und Kirchengemeinden Ost-Berlins präsent. Sie besucht darüber hinaus Lesungen von Schriftstellern wie Stefan Heym. Unklar bleibt, warum und für wen der graue Schmetterling in diesen Jahren Honig saugt.

„Bei vielen dieser Veranstaltungen war ich dabei. Aber ich passte nicht ganz in das Milieu. ... Ich bin da hingegangen, um mich mit der DDR-Opposition ein Stück weit solidarisch zu zeigen“, erklärt sie ziemlich verschraubt.[284] Ähnlich verquer äußert sie sich im Gespräch mit Gerd Langguth zu ihren Besuchen bei Pfarrer Eppelmann:

„Ich bin da hingegangen, weil ich fand, dass es ein Zeichen gegen die DDR war, aber es war nicht meine politische Welt.“

Was aber war dann ihre *„politische Welt“*? Glaubt man ihren Erzählungen, dann lebt da inmitten der Bohème des Prenzlauer Bergs während der achtziger Jahren die erste und einzige Kohlianerin jenseits der Mauer. Und die hat schon damals konkrete Vorstellungen von Marktwirtschaft und hofft als deutsche Patriotin mit politischer Ambition auf die Wiedervereinigung. *„Für mich waren sofort nach dem Mauerfall drei Dinge klar: Ich wollte in den Bundestag. Ich wollte eine schnelle deutsche Einheit, und ich wollte die Marktwirtschaft,“* wird Merkel von Roll zitiert.[285] Angeblich weiß Merkel bereits im November 1989, dass die Wiedervereinigung kommt und ihr die Chance auf ein Mandat im Deutschen Bundestag beschert. Niemand sei daran gehindert, ihr das zu glauben.

Ganz ähnlich sehen das auch die Biographen Reuth und Lachmann: *„Begünstigt durch die Unkenntnis der Verhältnisse in der DDR verfestigt sich im Westen derweil Zug um Zug das von ihr geschickt genährte Klischee von der*

---

[284] ‚Angela Merkel‘, Gerd Langguth, 2005, S. 127

[285] ‚Die Kanzlerin: Angela Merkels Weg zur Macht‘, Evelyn Roll, 2009, S. 117

systemkritischen Pfarrerstochter, die schon immer von der deutschen Einheit geträumt habe."[286]

Der bereits erwähnte Stefan Heym macht ihr später, am siebten Tag des neuen Jahrtausends, Scheinheiligkeit im Zusammenhang mit der CDU-Spendenaffäre zum Vorwurf: *„Finten, Retraiten und Richtungsveränderungen"*. Er ist damit einer der ersten, der die Inszenierung durchschaut, und bei weitem nicht der letzte aus dem linken Lager, der Merkels konservative Inszenierung gerade durch seine Vorwürfe stützt.[287]

Auch in der von Oppositionellen gern besuchten Pankower Gethsemanekirche ist Merkel Anfang Oktober 1989 zugegen. Dort sind der oppositionelle Pfarrer Werner Widrat und auch die spätere Merkel-Vertraute Marianne Birthler tätig.[288] Am 27. Oktober 1989 findet in dieser Kirche eine Veranstaltung der Gruppe ‚Demokratie Jetzt!' statt, bei der zu einem Volksentscheid aufgerufen und die Einrichtung eines ‚Runden Tisches' gefordert wird.[289] Diese Gruppierung ist wenige Wochen zuvor von Hans-Jürgen Fischbeck und weiteren Mitstreitern gegründet worden. Fischbeck war schon im September Teilnehmer des jährlichen Gesprächskreises von Horst Kasner in Templin. Bei der Veranstaltung in Templin waren auch Günter Nooke, Angelas Bruder Marcus und sie selbst mit dabei. Merkel kann sich daran allerdings später angeblich nicht mehr erinnern - *„Finten, Retraiten und Richtungsveränderungen"*.[290] Schon in der ersten Oktoberhälfte wird Merkel von Stefan Dachsel in der Rechtsanwaltskanzlei von DA-Mitgründer Wolfgang Schnur in der Nähe des Rosenthaler Platzes gesichtet.[291] Dachsel kennt Merkel von seinem Hauskreis, den sie gemeinsam mit Gunter Walther, einem mit

---

[286] ‚Die Rechnung geht nicht mehr auf', JF, 28.09.2019
https://web.archive.org/web/20240325133959/https://www.jf-archiv.de/archiv19/201927062842.htm

[287] 'Die Heilige Johanna der CDU', der Freitag, 07.01.2000
https://web.archive.org/web/20211025044309/https://www.freitag.de/autoren/der-freitag/die-heilige-johanna-der-cdu

[288] Mahnwache in der Gethsemanekirche, Jugendopposition
https://web.archive.org/web/20220807091937/https://www.jugendopposition.de/themen/herbst89/145461/mahnwache-gethsemanekirche?video=145208

[289] „Am 27. Oktober 1989 stellt sich in der Gethsemanekirche in Ost-Berlin die Bürgerbewegung Demokratie Jetzt vor"
https://web.archive.org/web/20240210065144/https://www.jugendopposition.de/node/151146?guid=5471

[290] 'Die Schläferin', Der SPIEGEL, 08.11.2009
https://archive.is/tQqQv

[291] ‚Das erste Leben der Angela M.', Ralf Georg Reuth, Günther Lachmann, 2013, S. 175

ihr befreundeten, nebenberuflichen FDJ-Funktionär am ZIPC, Anfang der achtziger Jahre mehrfach besucht.

Die zwei guten Bekannten des Vaters

Laut der Biographie von Stock, die in enger Kooperation mit Merkel erstellt wird, ist es *„Ende November/Anfang Dezember 1989"*, als sich Merkel für eine Mitarbeit beim Demokratischen Aufbruch entscheidet.[292] Dass Stefan Dachsel sie bereits in der ersten Oktoberhälfte in der Kanzlei von Wolfgang Schnur entdeckt, ist von daher mehr als erstaunlich. Noch am 14. Dezember 1989 taucht Merkel gemeinsam mit ihrem Chef am Institut, Klaus Ulbricht, bei einer Veranstaltung der SDP in der Treptower Bekenntniskirche auf. Angeblich sind sie da auf *„relativ intensiver Parteiensuche"*.[293] Dort treffen sie auf die Bürgerrechtlerin Angelika Barbe.[294] Demzufolge hätte sich Merkel also erst in der zweiten Dezemberhälfte 1989 für den Demokratischen Aufbruch entschieden. Merkel selbst erzählt sie wäre erst nach dem Besuch bei der SDP zum Demokratischen Aufbruch gelangt.[295] Jaqueline Boysen terminiert die SDP-Veranstaltung allerdings ebenso wie Evelyn Roll auf *„einen Abend im November"* vor, wahrscheinlich, weil es sonst nicht zu Merkels Erzählung passt.[296] [297]

Boysen berichtet weiterhin von einem lokalen DA-Treffen in Berlin, das von Andreas Apelt geleitet wird, und an dem Merkel teilnimmt, allerdings nur zum *„Zuhören"*.[298] Sie stellt sich als Mitglied der Akademie der Wissenschaften vor. Die Versammlung findet Mitte Dezember in einer Räumlichkeit der ‚Volkssolidarität' statt, die in der Christburger Straße 47 logiert.[299]

---

292 ‘Angela Merkel: Eine politische Biographie‘, Wolfgang Stock, 2000. S. 24

293 'Angela Merkel', Gerd Langguth, 2005, S. 340

294 'Angela Merkel', Gerd Langguth, 2007, S. 120

295 ‚Merkel wird CDU-Vorsitzende‘, Phönix, 10.04.2021, min 08:45 https://www.ardmediathek.de/video/phoenix-unvergessene-szenen/merkel-wird-cdu-vorsitzende-onthisday-10-04-2000/phoenix/Y3JpZDovL3dkci5kZS9CZWl0cmFnLThmNzgxZjBjLWJhY2EtNDNkZS1hNzcwLTkwOWI4OGUwYjIxYg

296 ‚Angela Merkel‘, Jaqueline Boysen, 2001, S. 89

297 ‚Die Kanzlerin: Angela Merkels Weg zur Macht‘, Evelyn Roll, 2009, S. 116

298 'Angela Merkel', Gerd Langguth, 2005 S. 195

299 ‚Angela Merkel‘, Jaqueline Boysen, 2001, S. 95

Berliner Kalender

Die Gründungsversammlung des Kreisverbandes Treptow der Sozialdemokratischen Partei in der DDR findet am Donnerstag, 14. 12., ab 19 Uhr im Kreiskulturhaus Treptow, Puschkinallee 5, statt.

An dieser SDP-Versammlung hat Merkel, angeblich auf Parteiensuche, gemeinsam mit ihrem Chef am Institut, Klaus Ulbricht, teilgenommen. Bereits am 14.11.1989 trifft Hans-Christian Maaß sie allerdings beim Demokratischen Aufbruch.

Berliner Zeitung, 13.12.1989

Merkel wiederholt in diesen Wochen ihre Handlungsmuster aus den Jahren zuvor: Sie ist fast gleichzeitig an vielen Orten präsent - und hört unauffällig mit.

Die Verwirrung um den Beginn von Merkels Aktivitäten beim Demokratischen Aufbruch wird perfekt, wenn man die Geschichte hört, die Hans-Christian Maaß erzählt. Maaß ist der offizielle ‚Merkel-Entdecker'. Laut Wolfgang Stock soll der damalige Verkehrsminister Jürgen Warnke mit seinem Sprecher Hans-Christian Maaß schon *„Ende November"* 1989 den DA aufgesucht haben, der damals in der Marienburger Straße 12/13 residiert. Journalist Alexander Osang verortet den Besuch hingegen im Dezember.[300] [301] Am 14. November 1989 kommt Warnke nachweisbar tatsächlich nach Berlin und trifft sich mit Lothar de Maizière von der Ost-CDU, wie man in der Berliner Zeitung tags darauf lesen kann.[302] Es kann also keinen ernsthaften Zweifel am Datum des

---

[300] ‚Angela Merkel: Eine politische Biographie', Wolfgang Stock, S. 24

[301] ‚Die Schläferin', Der SPIEGEL, 08.11.2009 https://web.archive.org/web/20220913040250/https://www.spiegel.de/panorama/die-schlaeferin-a-3002b360-0002-0001-0000-000067682698

[302] ‚Eberhard Diepgen für Kontakt zu DDR-Parteien', BZ, 15.11.1989, S. 2

Warnke-Besuches geben. Von einem weiteren Berlinbesuch des Verkehrsministers Jürgen Warnke in diesen Wochen ist nichts bekannt.

Maaß, der 1974 als Häftling aus der DDR freigekauft wurde, kannte Wolfgang Schnur bereits vor dem Mauerfall und hat vermutlich den zusätzlichen Besuch von Warnke beim DA vor oder nach dem Treffen mit de Maizière bei der Ost-CDU eingefädelt.[303] Schnur ist bekanntlich auch mit Merkels Vater Horst Kasner in engem Kontakt. Schon bei dieser Gelegenheit haben sich Merkel und Maaß angeblich im Vorzimmer von Schnur kennengelernt und Telefonnummern ausgetauscht. Die Sache hat nur einen dicken Haken: Merkel ist in dieser Woche auf Dienstreise im polnischen Thorn, hält dort am Montag, dem 13. November, einen Vortrag und bleibt die ganze Woche.[304] So zumindest berichtet es detailreich Professor Jacek Karwowski von der dortigen Universität. Merkel selbst erinnert sich 2005 daran, am Mittwoch zurückgekommen zu sein.[305] Also kann an der Geschichte von Maaß irgendetwas nicht stimmen, es sei denn Merkel hat eine Doppelgängerin. Maaß selbst behauptet in anderem Zusammenhang an diesem Tag zumindest abends in Bonn gewesen zu sein.[306]

Entweder gab es kein Treffen zwischen Maaß und Merkel am 14. November 1989 oder es fand zu einem anderen Zeitpunkt statt, nur wann? Allerdings ist die Erinnerung von Angela Merkel an die Zeit Ende 1989 insgesamt äußert lückenhaft. Osang zitiert Merkel wie folgt: *„Zwischen Oktober und Dezember? Tja, ich weiß auch nicht.“*[307]

Noch seltsamer wird es, wenn Merkel auf ihre erwiesene Tätigkeit beim DA Landesverband Berlin angesprochen wird. Wie aus der Berliner

---

303 ‚Das erste Leben der Angela M.‘, Ralf Georg Reuth, Günther Lachmann, 2013, S. 195

304 ‚Merkel war in Polen, als die Berliner Mauer Stück für Stück verschwand‘, DW, 09.11.2020 https://web.archive.org/web/20201109153647/https://www.dw.com/de/merkel-war-in-polen-als-die-berliner-mauer-st%C3%BCck-f%C3%BCr-st%C3%BCck-verschwand/a-55542648

305 Angela Merkel Interview 2005 mit Frank Schirrmacher u. Stefan Aust, Zeitpunkt 04:00 https://www.dailymotion.com/video/x4a8b1u

306 ‚20 Maaß Clip 1 9.November‘, Bundesstiftung zur Aufarbeitung der SED-Diktatur, min 2:30 https://vimeo.com/488013193

307 ‚Die Schläferin‘, Der SPIEGEL, 08.11.2009 https://web.archive.org/web/20220913040250/https://www.spiegel.de/panorama/die-schlaeferin-a-3002b360-0002-0001-0000-000067682698

Zeitung hervorgeht, wird sie Ende Januar zur ersten Sprecherin des DA-Landesverbandes Berlin gewählt und Apelt zu dessen offiziellem Vorstand. Gisbert Mangliers, Pfarrer in der Paul-Gerhard-Gemeinde, wird zweiter Sprecher. Die Wahlversammlung tagt am 23. Januar 1990.[308] Die Wahlversammlung fand im Jugendklub ‚Gerard Philipe' in der Karl-Kunger-Straße statt.[309] Sie behauptet dazu im Interview mit Langguth: *„Vom Landesverband habe ich nie etwas mitbekommen."*[310]

NOTIZEN

● Der DEMOKRATISCHE AUFBRUCH hat einen neuen Berliner Vorstand. Erster Vorsitzender ist Andreas Apelt. Zum 1. und 2. Pressesprecher wurden Angela Merkel und Gisbert Mangliers gewählt. Und jetzt liegt das Programm des DA gedruckt vor! Es kann für Berlin über die Kreisverbände oder die Geschäftsstelle in der Marienburger Str. 12/13, Berlin 1055, angefordert werden.

„Vom Landesverband habe ich nie etwas mitbekommen."- Angela Merkel

Berliner Zeitung, 27./28.01.1990

---

308 ‚Das erste Leben der Angela M.', Ralf Georg Reuth, Günther Lachmann, 2013, S. 215

309 Focus Sonderedition Angela Merkel, 18.09.2021, S. 61 https://web.archive.org/web/20240104080802/https://www.risikofonds98.de/bilder/chat20210919_191759.pdf

310 'Angela Merkel', Gerd Langguth, 2005, S. 340

Komische Geschichten erzählt und seltsame Erinnerungslücken offenbart Musterschülerin Angela hier. Man kennt solche Erinnerungslücken eigentlich nur aus Gerichtsverfahren oder von Untersuchungsausschüssen, wenn sich Leute nicht um Kopf und Kragen reden wollen.

Völlig unglaubwürdig werden Merkels Erzählungen, wenn man von einer ihrer ersten Amtshandlungen als Sprecherin des Berliner Landesverbandes des Demokratischen Aufbruchs erfährt. Merkel unterzeichnet am 6. Februar 1990 gemeinsam mit Eberhard Diepgen (CDU West-Berlin), Eberhard Engler (CDU Ost-Berlin) und Stefan Sabottka (DSU) eine ‚Berliner Erklärung', die eine ‚Allianz für Berlin' begründet. Es ist nur schwer vorstellbar, dass sich Merkel an dieses Zeremoniell, ihr erstes öffentliches Auftreten mit Presseecho, nicht erinnert. Einen Tag zuvor wird von Helmut Kohl (CDU-West), Lothar de Maizière (CDU-Ost), Wolfgang Schnur (DA) und Hans-Wilhelm Ebeling (DSU) in

Berlin. Eine „Allianz für Berlin" stellte sich gestern in der CDU-Landesgeschäftsstelle auf einer Pressekonferenz vor. Der amtierende Landesvorsitzende Berlin der CDU, Dr. Eberhard Engler, der Landesvorsitzende der Deutschen Sozialen Union, Stefan Sabottka, der Landesvorsitzende der West-Berliner CDU, Eberhard Diepgen, und die 1. Pressesprecherin des Demokratischen Aufbruch, Angela Merkel, unterzeichneten hier eine „Gemeinsame Berliner Erklärung". Darin wird

Als 1. Sprecherin des DA Landesverbandes Berlin unterzeichnet Angela Merkel am 06.02.1990 eine ‚Berliner Erklärung'

Neue Zeit, 07.02.1990

West-Berlin das Wahlbündnis ‚Allianz für Deutschland‘ aus der Taufe gehoben.[311]

Die Wahrscheinlichkeit sich als Sprecherin des Landesverbandes nicht an den ersten öffentlichen Auftritt zu erinnern, der gleich in mehreren Zeitungen Widerhall findet, ist äußerst gering.

In den folgenden Tagen steigt Merkel dann offenbar fast übergangslos zur Sprecherin der Gesamtpartei und faktischen Nachfolgerin von Christiane Ziller auf. Ziller ist nach dem Leipziger Parteitag im Januar aus dem DA ausgetreten. Angeblich hat Parteichef Schnur zwei kollidierende Termine zugesagt und sich deshalb von Merkel vertreten lassen. Er nimmt das kurzerhand zum Anlass, sie zur Pressesprecherin zu machen.[312] Bereits am 10. Februar veröffentlicht Merkel unter eigenem Namen einen bemerkenswerten Artikel mit der Überschrift *„CDU-West natürlicher Verbündeter beim Umbau der Gesellschaft“*.[313]

CDU-West natürlicher Verbündeter beim Umbau der Gesellschaft

Unser schweres Erbe und Ludwig Erhards Radikalkur

Stalinistische Strukturen, verwaltet von der SED, haben uns länger als 40 Jahre beherrscht. Wir haben vergessen, daß Politik Dienstleistung für das Volk sein

erwirtschaften, können wir im sozialen und ökologischen Bereich auch nichts verteilen.

Versetzen wir uns an den Ausgangspunkt der wirtschaftlichen Entwicklung der

fach ins kalte Wasser werfen könne". Erhard entgegnete, „Demokratie und freie Wirtschaft gehören logisch ebenso zusammen wie Diktatur und Staatswirtschaft". Auch

Programmatischer Artikel von Angela Merkel in der Berliner Zeitung 10./11.02.1990

Damit richtet Merkel den Demokratischen Aufbruch auf CDU, Marktwirtschaft und auf Wiedervereinigung aus. Und hier schreibt nicht die Sprecherin eines subalternen Landesverbandes, sondern die Sprecherin

311 ‚Allianz für Deutschland (CDU, DSU, DA)‘, Villa Wurmbach, Dahlem, 05.02.1990 https://web.archive.org/save/https://www.kas.de/o/adaptive-media/image/600951/hd-resolution/7_media_object_file_65977.jpg

312 ‚Die Kanzlerin: Angela Merkels Weg zur Macht‘, Evelyn Roll, 2009, S. 118

313 ‚CDU-West natürlicher Verbündeter beim Umbau der Gesellschaft’, Angela Merkel, BZ, 10./11.02.1990 https://dfg-viewer.de/show?tx_dlf%5Bdouble%5D=0&tx_dlf%5Bid%5D=https%3A%2F%2Fcontent.staatsbibliothek-berlin.de%2Fzefys%2FSNP26120215-19900210-0-0-0-0.xml&tx_dlf%5Bpage%5D=11&cHash=cd720a3f19a27162f8-fab3a8b4cdfe1a

der Gesamtpartei Demokratischer Aufbruch und sie schreibt ganz sicher mit der Rückendeckung des Parteivorstands. Diese Veröffentlichung offenbart ihre Fähigkeit, zu Förderung von Karriere und Partei zügig und kalkuliert hilfreiche Themen zu besetzten. Später beginnt tatsächlich ein von ihr vorangetriebener *„Umbau der Gesellschaft"*, nur nicht in dem Sinne, den sie sich noch 1990 auf die Fahnen schreibt. Von jeher sind Projekte zum Umbau von Gesellschaften, insbesondere unter dem Siegel wissenschaftlicher Alternativlosigkeit, im sozialistischen und nicht im konservativen Terrain verortet.

Pikanterweise wird auf der exakt gleichen Zeitungsseite, auf der sich Merkel mit ihrem Artikel der Kohl-CDU anbiedert, auch ein alternativer Vorschlag für einen *gesellschaftlichen Umbau* abgedruckt. Der Autor fordert, nicht ganz ernst gemeint, eine bunte *„freie Republik, die kein Militär gegen irgendjemand, aber Asyl für alle hätte"* und sich *„Nordanien"* nennt. Ein abgespaltener Teil Deutschlands für alle, *„denen der Stempel im Paß so gleichgültig ist wie der Staub auf dem Mond"*.[314] Autor ist ein Gründer und Vorstandsmitglied der Grünen namens Jürgen Reents, der vorher beim Kommunistischen Bund war. Er ist über das absehbare Ende der Deut-schen Teilung erkennbar tief enttäuscht. Er ist, wie nahezu alle Funk-tionäre der Grünen bis heute, von einem ausgeprägtem Hass auf das eigene Land durchdrungen. Reents ist von 1999 bis 2012 Chefredakteur der Zeitung ‚Neues Deutschland', dem vormaligen ‚Zentralorgan' der SED.

Wer hätte je gedacht, dass eine CDU-Kanzlerin Reents' alberne Utopie ein Vierteljahrhundert später subtiler in die Tat umsetzt, als sich das Reents und die Grünen je erträumt haben?

Vermutlich im Januar 1990 organisiert Hans-Christian Maaß Kurse über Pressearbeit in West-Berlin, an denen Merkel und Andreas Apelt teilnehmen. Maaß behauptet, dass er Merkel später, als neben Matthias Gehler von der Ost-CDU ein zweiter Pressesprecher für die Regierung

[314] ‚Ein paar ernste Töne m heiterer Zeit Aus: Vorschlag zur Teilung Deutschlands', Jürgen Reents, BZ, 10./11.02.1990 https://dfg-viewer.de/show?tx_dlf%5Bdouble%5D=0&tx_dlf%5Bid%5D=https%3A%2F%2Fcontent.staatsbibliothek-berlin.de%2Fzefys%2FSNP26120215-19900210-0-0-0-0.xml&tx_dlf%5Bpage%5D=11&cHash=cd720a3f19a27162f8-fab3a8b4cdfe1a

de Maizière gesucht wurde, aus der Teilnehmerliste jener Kurse ausgewählt und sie dann Lothar de Maizière als Kandidatin vorgeschlagen habe. Laut Hans-Christian Maaß hätte de Maizière Merkels Vater, Horst Kasner, dann als *„ein bisschen komisch"* bezeichnet.[315] Damit räumt er ein, dass es de Maizière trotz des angeheirateten Namens Merkel vollkommen klar war, um wen es sich bei Angela Merkel handelt, nämlich um die geliebte Tochter seines guten Bekannten Horst.

Die Geschichte von der zufälligen Berufung von Angela Merkel, die als tüchtiges und nettes Mädchen, das zur richtigen Zeit am richtigen Ort war, ist somit hinfällig. Die Quellenlage zu dieser Geschichte passt weder vorne noch hinten zusammen. So sollen sich neben Maaß auch Eppelmann und Thomas de Maizière bei Regierungschef Lothar für Merkels Berufung zur stellvertretenden Regierungssprecherin verwendet haben. Selten war ein Stellvertreterposten so bedeutsam, wie der von Angela Merkel. Ein Essen, über das Biographin Boysen berichtet, liefert einen weiteren Hinweis für die einfachste und wahrscheinlichste Variante, nämlich, dass die familiäre Verbundenheit zwischen den Kasners und den de Maizières den Ausschlag für Merkels Berufung gab: *„Bei einem Besuch im Restaurant Newa im Haus der Sowjetischen Kultur haben Angela Merkel, ein Pfarrer, ein Grafiker, Maaß und de Maizière miteinander gegessen."*[316]

Bei dem Grafiker wird es sich um Stefan Dachsel handeln, der wie Merkel beim DA war und sie seit Jahren kannte. Wann dieses Abendessen stattfand ist nicht genau bekannt, aber vor den Volkskammerwahlen war ein Treffen zwischen Leuten der zweiten Garde des DA und dem Chef der Ost-CDU äußerst unwahrscheinlich. Im Grunde ist es auch nach der Wahl äußerst unwahrscheinlich, wenn da nicht jemand ist, den man auf einen Posten hieven will. Denn Lothar de Maizière hatte in diesen Wochen sicher Wichtigeres zu tun, als zweckfreie Essen mit Vertretern einer gescheiterten Splitterpartei abzuhalten. Wie wir an anderer Stelle berichten, gibt es bereits am späten Abend der Volkskammerwahl Mitte März einen überraschenden Besuch der beiden de Maizières bei den Wahlverlierern vom DA, einschließlich Angela Merkel.

---

[315] ‚20 Maaß Clip 3 Aufbau Amt des Regierungssprechers', Bundesstiftung Aufarbeitung, 07.12.2020 https://vimeo.com/488014635

[316] ‚Angela Merkel', Jaqueline Boysen, 2001, S. 120

Durch Eintragungen von Merkel und Lothar de Maizière im Gästebuch der Gaststätte ‚Zur Mühle' ist dieser Besuch gut belegt.[317]

Mit ihrer an Gehler gerichteten schriftlichen Zusage, datiert mit *„9.4., 20 Uhr"*, war die Besetzung des Amtes perfekt. Merkel entschuldigt sich darin auch gleich für einige Tage Abwesenheit über Ostern wegen einer Reise, die sie auch nach London führt.[318] Zumindest will sie laut dem Briefchen am Donnerstag, dem 12. April 1990, versuchen, von London aus anzurufen.[319] Allerdings reiste sie mit Joachim Sauer über Ostern laut eigenen Angaben nicht nach London, sondern angeblich nach Sardinien zu einer Fachtagung ihres Partners.[320] Was auch immer der Grund oder das Ziel der Reise war, Angela war sich offenbar sehr sicher, dass sie den Posten in der Tasche hatte, denn sonst wäre die karrierebewusste Dame in den wichtigen Tagen der Regierungsbildung in Berlin geblieben.

Anders, als in vielen Anekdoten berichtet, sind nach dieser Lesart die drei Sprecherposten, die Angela Merkel kurz aufeinander beim Landesverband des DA, bei der Gesamtpartei des DA und bei der letzten DDR-Regierung ausübt, weit weniger Produkte des Zufalls als behauptet. Übrigens strebt sie nach dem Ende der DDR zunächst eine Aufgabe im Bundespresseamt an und bekommt dort im Oktober eine Stelle als Ministerialrätin, bevor sie dann im Dezember in den Bundestag gewählt wird. Viel eher sieht es nach einem Ablauf aus, bei dem Merkel genau diese Sprecherposten anstrebt und ihr dabei die guten Bekannten ihres Vaters, Wolfgang Schnur und Lothar de Maizière, von der anderen Seite her helfen. Ob sich Merkel im Dezember 1989 tatsächlich noch auf eine ergebnisoffene Parteiensuche begab, ist höchst fraglich. Wesentlich wahrscheinlicher ist, dass sie sich bereits viel früher für den DA entschieden hat und im voraus klar war, dass sie im Vorzimmer von Wolfgang Schnur landen würde, mit dem sie laut Stefan Dachsel ja schon in der ersten Oktoberhälfte Kontakt hatte.

---

[317] 'Angela Merkel', Jaqueline Boysen, 2005, S. 112

[318] 'Angela Merkel', Gerd Langguth, 2005, S. 134/135

[319] Focus Sonderedition Angela Merkel, 18.09.2021, S. 18
https://web.archive.org/web/20240104080802/https://www.risikofonds98.de/bilder/chat20210919_191759.pdf

[320] ‚Angela Merkel: Eine politische Biographie', Wolfgang Stock, S. 30

Am Ende ist der auffallend hohe Aufwand, den Angela Merkel und die dubiosen Figuren ihres Umfelds betreiben, um den Einfluss von Horst Kasner in Abrede zu stellen, der beste Nachweis, dass es diesen Einfluss gibt. Der Aufwand ist sogar so groß, dass darüber spekuliert werden darf, ob da nicht mehr als nur ein über väterliche Beziehungen eingefädelter Karrierestart vertuscht werden soll.

„Dass das evangelische Netzwerk Merkel bewusst nach oben hievt, scheint eher eine Verschwörungstheorie zu sein." - Volker Resing, Merkel-Biograph[321]

Die Bürgerrechtlern Angelika Barbe, der Merkel am 14. Dezember 1989 bei der SDP-Veranstaltung in Treptow begegnet, wird drei Jahrzehnte später, im *„besten Deutschland, das wir je hatten"* [322], umringt von einem halben Dutzend Bereitschaftspolizisten in Kampfmontur am Rande von Corona-Protesten mit schmerzendem, frisch operiertem Knie auf dem Alexanderplatz abgeführt.[323]

Thomas de Maizière gemeinsam mit Angela Merkel beim Besuch von Barack Obama am 5. Juni 2009 in Dresden. Ganz rechts Christoph Heusgen, außenpolitischer Berater von Merkel. 2017 schanzte Heusgen seiner Ehefrau einen lukrativen UN-Posten zu, ohne dass Merkel daran erkennbar Anstoß nimmt.

---

[321] ‚Angela Merkel - Die Protestantin', Volker Resing, 2009

[322] 'Das beste Deutschland, das wir je hatten', Joachim Gauck zitiert bei t-online, 31.01.2014 https://web.archive.org/web/20140208091925/https://www.t-online.de/nachrichten/deutschland/id_67704432/-das-beste-deutschland-das-wir-je-hatten-.html

[323] 'Brutal verhaftet: DDR-Bürgerrechtlerin Angelika Barbe packt aus', MMnewsTV, 18.5.2020 https://www.youtube.com/watch?v=fCbgVFRCnTc

Die Kalte Wut

Schon zu Beginn ihrer ersten Amtszeit 1991 als Bundesministerin wird bei einem Besuch in Israel offensichtlich, wie übersteigert Angela Merkels Geltungsbedürfnis ist. Nachdem der damalige Forschungsminister Riesenhuber als jahrelanger Politprofi mehr Aufmerksamkeit durch die Anwesenden erfährt als die Frauen- und Familienministerin, die formal höher steht, kommt es zu einem ihrer gelegentlichen Gefühlsausbrüche. Wenn man dem Bericht des Journalisten Ewald König trauen darf, begegnet Merkel Heinz Riesenhuber erstmals im Februar oder Anfang März 1990 an der Akademie der Wissenschaften in Berlin-Adlershof.[324] Auch DA-Chef Wolfgang Schnur ist angeblich anwesend, als Riesenhuber einen Vortrag hält, der bei den anwesenden Wissenschaftlern weder in Form noch im Inhalt in guter Erinnerung bleibt. In den folgenden Monaten leitet Riesenhuber die ersten Schritte ein, die am Ende zur Abwicklung der Akademie führen.[325] Bei Langguth kann man zu der besagten Israel-Reise folgendes nachlesen:

„Sie fühlte sich insbesondere von dem damaligen deutschen Botschafter von der Gablenz unbeachtet, nicht gleichbehandelt. In der Anspannung dieses für Merkel historischen Besuches kam in ihr so etwas wie eine 'kalte Wut' hoch. Dies führte zu einem Tränenausbruch, den auch begleitende Journalisten wahrnahmen. Berichtet wurde darüber nie."[326]

Die gekränkte Angela ertrotzt sich so noch einen Termin beim israelischen Außenminister, der kurzfristig anberaumt wird, um ihre Not zu lindern. Merkel selbst spricht im Interview mit Evelyn Roll lediglich davon *„als unerfahrene Ministerin konsterniert"* gewesen zu sein.[327] Im Übrigen fällt bereits bei dieser Reise auf, dass sich Merkel nicht sonderlich für jene historischen Stätten interessiert, die gläubigen Christen fast

---

[324] ‚Merkels Welt zur Wendezeit', euractiv.de, 04.11.2009 https://web.archive.org/web/20160915130707/https://www.euractiv.de/section/wahlen-und-macht/news/merkels-welt-zur-wendezeit

[325] Gespräch zwischen Heinz Riesenhuber und Dr. Trepe, 14.08.1990 https://web.archive.org/web/20170208231204/https://deutsche-einheit-1990.de/wp-content/uploads/BArch-DF4-32367.pdf

[326] 'Angela Merkel', Gerd Langguth, 2007, S. 168

[327] 'Darf die Kanzlerin Israel kritisieren?', SZ, 08.05.2010 https://web.archive.org/web/20100511220809/http://www.sueddeutsche.de/politik/522/510640/text/4

ausnahmslos den Glanz spiritueller Rührung in die Augen treibt. Jener Glanz, mit dem sie dann aus Israel heimkehren. Langguth schreib hierzu:

„Auffallend bei der Programmgestaltung war jedoch, dass sie, obgleich Pfarrerstochter, die christlichen Stätten mit wenig sichtbarer Bewegtheit besuchte und an keinen Andachten teilnahm."[328]

Ein weiteres mal wird im Mai 1995 über Tränen berichtet, als sie sich im Kabinett als Umweltministerin mit ihren Vorschlägen zu weitreichenden Fahrverboten und Geschwindigkeitsbegrenzungen zur Reduzierung der hohen Ozonwerte nicht durchsetzen kann.[329] In der CDU hat man damals noch ein Herz für freie Autofahrer und darüber hinaus auch für freie Bürger.

Nicht weniger aufschlussreich ist der Kosename, den sie von ihren Mitarbeitern im Bonner Jugendministerium verliehen bekommt, ‚Angie, die Schlange'.

„Sie guckt dich an wie eine Schlange. Du wusstest noch gar nicht, was sie will, schon schnappte sie zu."[330]

So wird ein ehemaliger Mitarbeiter ihres Ministeriums zitiert. Im Rheinland ist man fair genug, niemandem ohne ausreichenden Grund so einen Titel anzuhängen. Neben ausgeprägtem Geltungsdrang sind damit Tarnung, Arglist und Skrupellosigkeit wahrscheinliche Bestandteile von Merkels wahrem Charakter.

Einen Höhepunkt ihrer Eiseskälte setzte Merkel zwei Tage vor Weihnachten im Jahr 1999 mit ihrem berühmten Artikel in der Frankfurter Allgemeinen Zeitung. Auf den Tag genau zwanzig Jahre nach der durch Kohl, Momper, Genscher und Modrow zelebrierten Öffnung des

---

[328] 'Angela Merkel', Gerd Langguth, 2007, S. 168

[329] Die Tränen der Umweltministerin', Die WELT, 19.05.1995 https://web.archive.org/web/20130617040803/https://www.welt.de/print-welt/article658861/Die-Traenen-der-Umweltministerin.html

[330] ‚Die Kanzlerin: Angela Merkels Weg zur Macht', Evelyn Roll, 2009, S. 167

Brandenburger Tors, stach Merkel ihrem Mentor das rhetorische Messer in den Rücken und drehte es noch mindestens zweimal um. Dabei war das Messer lang genug, um auch in Hannelore Kohl einzudringen, mit der sie noch während des Wahlkampfs 1998 eine herzlich zelebrierte Freundschaft verband.[331] Der FAZ-Redakteur Karl Feldmeier, der gegen Kohl eine ausgeprägte Abneigung empfand, war seinerzeit mehr als überrascht, als Angela Merkel ihm nach einem Telefongespräch jenen fix und fertig formulierten Artikel zur Veröffentlichung zukommen ließ.[332]

Beeindruckend ist bei Merkel die Fähigkeit, Vorgänge wie den Scheidungsbrief an Kohl vom Dezember 1999 nachträglich zum Gegenstand von Fehlinterpretationen zu verklären. Vielleicht ist es eine ihrer herausragendsten Fähigkeiten früher oder später der eigenen Lüge zu glauben. Merkel hat sich in den Jahrzehnten ihrer politischen Karriere wahrscheinlich zu ihrer eignen Marionette entwickelt und es ist bisweilen unklar, ob Merkel die Marionette oder die Marionette Merkel steuert.

Kommunikation und Netzwerke

Die Basis der ungeheuer erfolgreichen Kanzlerkarriere von Angela Merkel ist eine ausgefeilte Strategie mit der Öffentlichkeit umzugehen, ja mit ihr zu spielen, das *Große Hütchenspiel* zu spielen. Grundzüge dieser Öffentlichkeitsarbeit erinnern stark an die bescheidene und freundliche Erscheinung der Filmfigur Chauncey Gardener aus ‚Being There'. Auf ganz ähnliche Weise vermeidet Merkel im Auftreten und im Sprechen viele gängige Muster der Inszenierung, die ihre Amtsvorgänger Gerhard Schröder und Helmut Kohl pflegen, oder kehrt sie einfach um. So sind das Bad in der Menge und die emotionale Rede zum Volk für ihre beiden Vorgänger zentraler Pfeiler der Außendarstellung. Auf beide

---

[331] 'Anteil am Tod meiner Mutter', Stern, 23.02.201713 https://web.archive.org/web/20170223094325/https://www.stern.de/politik/deutschland/walter-kohl--angela-merkel-hat--anteil-am-tod-meiner-mutter--7339966.html

[332] ‚Der Wille zur Macht', Deutschlandfunk, 31.05.2005 https://web.archive.org/web/20240325131737/https://www.deutschlandfunk.de/der-wille-zur-macht-100.html

Elemente verzichtet Angela Merkel fast vollständig. Kurz vor den Händen, die geschüttelt werden wollen, dreht sie im Wahlkampf 2005 ab. Im Sommer des Jahres 2009 wecken die scheinbaren Defizite bei Ralf Neukirch vom SPIEGEL gar den Beschützerinstinkt. Er glaubt, Merkel und vor allem Baumann einen Rat geben zu müssen: *„Ein guter Redenschreiber könnte helfen."*[333] Besser kann Neukirch nicht zeigen, dass er wie viele die Kommunikationsstrategie von Merkel und Baumann gänzlich missversteht. Nicht das Sprechen liefert die Aussage, sondern das Schweigen, das Schweigen des okkulten Mediums.

Dass Merkel im Herbst 2015 mit ihren Flüchtlings-Selfies das Bad in der Menge sucht, zeigt wie wichtig es ihr ist, *„möglichst viele Menschen"* nach Deutschland zu locken.[334] Eine abwehrende Hand, die sich auf jenen Selfies immer trennend zwischen Merkel und den angeblich willkommenen Schutzsuchenden schiebt, verrät dabei zuverlässig ihre verkappte innere Abneigung. Gesten der Privilegierung, Brioni-Anzüge, Zigarren oder wechselnde Ehepartner, mit denen insbesondere Schröder auf sich aufmerksam macht, meidet Merkel wie die Pest. Und das, obwohl sie Privilegien und auch Luxus durchaus zu schätzen weiß. So gelingt es ihr beim Publikum den Eindruck von Bescheidenheit, Pflichterfüllung und Nüchternheit zu erwecken, die Tugenden des protestantischen Pfarrhauses. Merkel strahlt nicht. Merkel funkelt nicht. Merkel brilliert nicht. Denn wer strahlt, funkelt und brilliert, der gibt seine Tarnung auf und kann entdeckt, gar aufgedeckt werden. Wer immerzu strahlt, funkelt und brilliert, der kann auch auf die Nerven gehen und Überdruss auslösen. Überdruss weckt allenfalls Merkels Politik, aber eben nicht die rar gehaltene Person. Dankbar nimmt die Öffentlichkeit jeden ihrer wenigen, vermeintlich freigesprochenen Sätze auf, lechzt gar nach ihnen. Selbst ein nur angedeuteter Witz führt so beim Publikum zum garantierten Lacher. *„Lasset eure Weiber schweigen in der Gemeinde"*, steht doch schon in der Bibel. Also bleibt Merkel grau und schweigt das Volk an, mit der Hilfe von belanglos formulierten Reden, die Baumann

---

333 ‚Ich, Merkel'. Der SPIEGEL, 21.06.2009
https://web.archive.org/web/20221028063717/https://www.spiegel.de/politik/ich-merkel-a-5710a6b7-0002-0001-0000-000065794347

334 ‚Merkel bei Anne Will: "Ich habe einen Plan', Anne Will, 07.10.2015
https://youtu.be/TokGxNr_vxc?t=3384

verfasst oder zumindest redigiert. Denn sie will nichts mitteilen, sie will nur den richtigen Ton treffen und dieser Ton soll vor allem ruhig stellen und einschläfern. Wer eingeschläfert ist, der hört auch dann nicht mehr hin, wenn Ungeheuerliches gesagt wird. Der wacht auch dann nicht auf, wenn Ungeheuerliches geschieht. Wie Chauncey formuliert auch Merkel jene kindgerechten Sätze, die Ruhe und Geborgenheit vermitteln, die Geborgenheit von ‚Mutti'.

Chauncey sagt im Film einmal: *„Erst kommen Frühling und Sommer ... aber dann haben wir Herbst und Winter. Und dann bekommen wir wieder Frühling und Sommer."*

Merkel sagt im Leben einmal: *„Wir sind jetzt gerade im Sommer der Entscheidungen. Und dann kommen der Herbst und dann der Winter der Entscheidungen."*

Bei ihrer ersten Wahl zur Kanzlerin, sind in der Merkel-Fankurve des Bundestags prominente Damen postiert, mit denen Merkel schon Jahre zuvor engen Kontakt pflegt. Darunter ist die Springer-Chefin und Milliardärin Friede Springer. Eine Reihe dahinter nimmt ihre Haus- und Hof-Biographin Evelyn Roll Platz und parliert mit Isa von Hardenberg. Gleich daneben sitzen Inga Griese und Sabine Christiansen. Bei ihren Golden Girls ist Merkel offenbar eine Art weiblicher Hahn im Korb und nicht nur Liz Mohn zeigt sich vom Charme der Chancellor Gardener überwältigt. Die CDU-Politikerin Birgit Breuel erhält von Merkel 1991 das *„netteste Schreiben, das ich von einem Minister bekommen habe"*.[335] Nicht lange nach Erhalt des Schreibens wohnen Breuel und Merkel, selbstverständlich zufällig, Tür an Tür in Maisonettewohnungen des exklusiven Apartmenthauses mit der Adresse Behrenstraße 1 in Berlin-Mitte, gleich hinter dem Hotel Adlon.

Ganz ähnlich wie Chauncey Gardner im Film ‚Being There' minimiert Merkel ihre Angriffsfläche nach dem Prinzip *„Don't complain, don't explain"* - *„Jammer nicht, erkläre nicht"*. So wird verbrannte Erde vermieden und die Unschärfen, das Rätselhafte, die Projektionsflächen bleiben

---

[335] ‚Die Gesamtdeutsche', Die ZEIT, 14.09.2009
https://web.archive.org/web/20090916064128/https://www.zeit.de/2009/38/Portraet-Merkel

erhalten. Zusätzlich drückt sie sich wie fast jeder Politiker vor konkreten Aussagen. Ihre Ablenkungs- und Ausweichmanöver sind allerdings deutlich geschickter angelegt, als es gemeinhin bei Politikern der Fall ist. Unangenehmen Fragen weicht sie meisterhaft aus. Auf die Frage, ob sie eine Feministin ist, erklärt sie nach langer Pause folgendes:

„Ehrlich gesagt möchte ich … Also, die Geschichte des Feminismus ist eine, bei der gibt es Gemeinsamkeiten mit mir und es gibt auch solche, wo ich sagen würde es gibt auch Unterschiede. Und ich möchte mich auch nicht mit einem Titel schmücken, den ich gar nicht habe. …“[336]

Damit wehrt sie sich geschickt mit vorgeschobener Bescheidenheit gegen die Vereinnahmung als Feministin, zeigt aber gleichzeitig deutlich ihre Sympathien für den Feminismus. Damit hat sie es allen recht gemacht und man ist *so klug als wie zuvor*. Wie viele Lehrerkinder, und ihre Mutter war ja Lehrerin, versteht sie es vortrefflich eigene Fehler zu kaschieren. Darin hat sie von klein auf im extrem fordernden Elternhaus Erfahrung. Bekennt sie sich ausnahmsweise zu einem Fehler, dann inszeniert sie das Bekenntnis zu einem beinahe sakralen, unterwürfigen Akt, der wiederum zu ihrem Vorteil Bescheidenheit und Menschlichkeit signalisiert.[337]

Merkel ist in der CDU anfänglich ohne Hausmacht. Sie ist in der CDU eigentlich immer ohne Hausmacht, weil diese Partei nie ihr zu Hause ist. Macht über die CDU hatte sie durchaus, Macht im Überfluss sogar. Alleine war Angela Merkel in den Jahren ihres politischen Aufstiegs allerdings nie. Am Beginn ihrer Laufbahn profitierte sie von den wichtigen Kontakten ihres Vaters im systemkonformen kirchlichen Umfeld der DDR. Das waren Kontakte, die sie schnell ebenso ins Machtzentrum des Demokratischen Aufbruchs unter Wolfgang Schnur als auch an die Spitze der letzten DDR-Regierung unter Lothar de Maizière führten. Offenbar verfügt Angela Merkel aber auch selbst über eine ausgespro-

---

[336] ‚Die Angst vor dem F-Wort‘, Die ZEIT, 23.06.2017
https://web.archive.org/web/20170623183011/https://www.zeit.de/kultur/2017-06/feminismus-angela-merkel-gleichstellung-10nach8

[337] ‚"Mein Fehler!" - Merkel stoppt Corona-Osterruhe‘, ARD Tagesschau, 24.03.2021
https://youtu.be/OhXZi4wH_NY?t=7350

chene Gabe darin, schnell Kontakte zu knüpfen, diese auszubauen und langfristig für ihre Zwecke nutzbar zu machen. Menschen, die Merkel einmal für sich gewonnen hat, verhalten sich ihr gegenüber in der Regel über Jahre hinweg äußerst loyal und wohlwollend. Das kann nur jemandem gelingen, der sehr geschickt Vertrauen erwecken und erhalten kann. Aufgrund ihrer langjährigen vielfältigen Erfahrungen in sehr unterschiedlichen politischen Systemen, beruflichen und sozialen Milieus, dürfte Angela Merkel ein durchaus interessanter Gesprächspartner sein. Vor einem offenen privaten Umgang verlangt Angela Merkel allerdings vom Gegenüber eine Art Schweigegelübde, das dafür sorgt, dass kaum etwas über sie unkontrolliert nach außen dringt. Geschieht es trotzdem, zeigt sich Merkel enttäuscht und straft den Plauderer durch Entfernung aus ihrem Zirkel ab.

Leicht erkennbar revanchiert sich Merkel im Gegenzug großzügig für Loyalität bei Ihren Freunden und Vertrauten. Sie vermittelt Weggefährten gut dotierte Posten in staatlichen Institutionen und erweiterte damit gleichzeitig auch ständig ihren Einfluss. Ronald Pofalla ist hier ein gutes Beispiel. Nach vier Jahren als Kanzleramtsminister wechselt er einige Zeit danach zur Deutschen Bahn bei einem Gehalt von zuletzt mehr als 600 000 EUR. Ob die Deutsche Bahn sonderlich von Pofallas Geisteskraft profitiert hat, darf angesichts des verheerenden Zustands des Unternehmens am Ende von Merkels Amtszeit arg bezweifelt werden. Einige ihrer Vertrauten, wie Eckart von Klaeden oder Thomas Steg, gehen als Lobbyisten in bestens bezahlte Konzernpositionen.[338] [339] Beide sorgen später im Zusammenhang mit der Dieselaffäre für unrühmliche Schlagzeilen.

Neben Industrie-, Regierungs- und Richterkarrieren schmiedet Merkel aber auch Parlamentskarrieren. Stern-Journalist Hans Peter Schütz berichtet von einem längeren Spaziergang, den Merkel mit Norbert Lam-

---

338 ‚Ex-Staatsminister beeinflusste Kanzleramt im Auftrag von Daimler', SPIEGEL, 04.08.2017 https://web.archive.org/web/20170804131839/https://www.spiegel.de/wirtschaft/soziales/daimler-cheflobbyist-eckart-von-klaeden-beeinflusste-kanzleramt-bei-regeln-fuer-abgastests-a-1161319.html

339 ‚Ex-Regierungssprecher wird VW-Cheflobbyist', Wirtschaftswoche, 19.12.2011 https://web.archive.org/web/20120615000000*/https://www.wiwo.de/unternehmen/thomas-steg-ex-regierungssprecher-wird-vw-cheflobbyist/5975220.html

mert auf Rügen unternahm.[340] In der Frage des mit evidenten Lügen begründeten Angriffskriegs auf den Irak war Lammert vor diesem Spaziergang noch gegen Merkels bereits damals törichte Haltung. Nach der gemeinsamen körperlichen Betätigung in frischer Ostseeluft hatte sich das offenbar geändert. Lammerts Name fand sich bald gemeinsam mit etlichen weiteren Merkelianern in der Namensliste auf Merkels Abstimmungsantrag mit dem Titel ‚Europa und Amerika müssen zusammenstehen' von 11. Februar 2003.[341] Zweieinhalb Jahre später war Lammert Präsident des Deutschen Bundestags und blieb es zwölf Jahre lang. Gleich danach ging es für ihn als Chef der Konrad-Adenauer-Stiftung weiter, wiederum mit dem Segen von Merkel.

Jenem Spaziergang auf Rügen dürfte auch geschuldet sein, dass Lammert am 30. Juni 2017 die Abgeordnete Erika Steinbach nach ihrer letzten Rede im Bundestag, in unflätiger Oberlehrer-Manier abkanzelt.[342] Steinbach hatte Merkel während der Debatte vor dem Beschluss zur ‚Ehe für alle' kritisiert. Sie gehört über ein viertel Jahrhundert dem Bundestag an. Lammert stellt dabei indirekt, und doch allen Ernstes, die Existenz eines Fraktionszwangs im Deutschen Bundestag in Abrede. Jeder, der sich auch nur beiläufig für Politik interessiert, weiß um dessen Existenz. Und nie funktioniert dieser Gruppenzwang besser als bei jener letzten Sitzung des 18. Bundestags, die noch völlig ungestört von der AfD ihren inszenierten Lauf nimmt: Kein einziges Paar Hände regt sich in den Reihen der Einheitspartei zum Beifall ehrenhalber für die langjährige Kollegin Steinbach, die sich am Ende ihrer Rede kollegial bedankt.

Die Art und Weise, wie Merkel korrumpiert, ist vielleicht von jener *„Sehnsucht nach Effizienz"* geprägt, die Merkel Frauen im Gegensatz zu Männern nachsagt. Eine Erkenntnis, die wir einer offenbar vom Aussterben bedrohten Klasse von Journalisten und Publizisten verdanken,

---

340 ‚Der Aufstieg des „Mädchens"', Stern, 25.05.2004
https://web.archive.org/web/20181212053909/https://www.stern.de/politik/deutschland/angela-merkel-der-aufstieg-des--maedchens--3072578.html

341 ‚Europa und Amerika müssen zusammenstehen', Drucksache 15/421, 11.02.2003
https://web.archive.org/web/20210919233711/https://dserver.bundestag.de/btd/15/004/1500421.pdf

342 ‚Die "Ehe für alle" passiert den Bundestag', WELT, 30.06.2017
https://youtu.be/aUJ3k8Mrl-4?t=393

der beispielsweise Hans Peter Schütz noch angehörte. Von Merkels bewährten *Hauptstadtjournalisten* wird man so etwas nie erfahren.

Wer Politik im allgemeinen und speziell die Politik der Merkel-Jahre verstehen will, der ist gut beraten, das Hütchenspiel als Modell ihres Wirkens heranzuziehen. Denn was in der Politik abläuft, ist das *Große Hütchenspiel* und kaum einer spielt es über die Jahre hinweg besser als Merkel. Merkel spielt es auch deswegen so gut, weil sie es so gut *mit anderen zusammen* spielt. Mal steht sie hinter dem Tisch, mal steht sie vor dem Tisch, mal ist sie gar nicht zu sehen. Aber über ihre Spielpartner hat sie die Fäden in der Hand und mit der Zeit hat die Einheitspartei auch ohne Merkel laufen gelernt.

Die vielleicht wichtigste Gruppe heimlicher Mitspieler in der deutschen Politik sind die konzernnahen Stiftungen. Selbstverständlich ist deren Existenz nicht geheim, sondern öffentlich, so öffentlich wie ein Hütchenspiel. Kaum erkennbar ist jedoch das abgestimmte Zusammenwirken dieser Stiftungen mit Universitäten, Parteien, internationalen Gremien und der Regierung bei der Durchsetzung von politischen Großprojekten. Sie pumpen jährlich hunderte Millionen in eigene Projekte oder beauftragen andere Lobby-Organisationen und Denkfabriken. Es geht dabei nicht immer, aber häufig um Propagandaarbeit, wie man sie auch aus totalitären Systemen kennt, nur eben deutlich geschickter. Propagandaarbeit, die zur metapolitischen Beeinflussung eingesetzt wird. Statt Einzelspieler ins Rennen zu schicken, wird das politische Spielfeld durch die Vorfeldarbeit gleichsam in Gänze geneigt und der Ball findet so viel leichter den Weg ins gegnerische Tor als in das eigene. Die seit spätestens 2015 deutlich spürbare Verengung des politischen Diskursraums, die erkennbare Einschränkung der eigentlich grundgesetzlich garantierten Meinungsfreiheit und die systematische Ausgrenzung von regierungskritischen Bürgern, sind Ergebnisse des *Großen Hütchenspiels*.

Am Kupfergraben 6: In dem ockerfarbenen Haus wohnen **Angela Merkel** und **Joachim Sauer** seit 1997 im obersten Stock.

Im Hochparterre hat der frühere Stasi-IM und letzte Ministerpräsident der DDR **Lothar de Maizière** jahrelang seine Kanzlei. Lothar de Maizière war ebenso wie sein Vater, Stasi-IM **Clemens de Maizière**, mit Merkels Vater, **Horst Kasner**, gut bekannt.

Merkels Politische Projekte

von Dr. Ralf Schirmer

Es entspricht dem Wirkprinzip Merkels, bei ihren politischen Projekten möglichst im Hintergrund zu verweilen und doch alle Zügel fest in der eigenen Hand zu halten. Gerne schickt sie Mitstreiter wie Ursula von der Leyen oder Karl-Theodor von und zu Guttenberg an die Front, um selbst nicht in die Schusslinie zu geraten. Bis auf wenige Ausnahmen hat es Merkel mit dieser Strategie erreicht, nicht oder zumindest kaum mit ihren politischen Projekten in Verbindung gebracht zu werden. Willig kollaborieren die Leitmedien bei ihren Täuschungsmanövern, sonst wäre ihr das nie so gut gelungen. Lange Zeit wird in sogenannten *gut informierten Kreisen* sogar bestritten, dass Angela Merkel überhaupt irgendwelche politischen Projekte hat oder gar ein politisches Programm verfolgt.[343]

Auch hier lässt sich bei Merkel eine Umkehrung klassischen Verhaltens von Politikern feststellen. Während sich konventionelle Politiker gerne auf die Schulter klopfen und klopfen lassen, sich ihrer politischen Großtaten rühmen, verzichtet Merkel lieber auf Beifall und hält sich mit Eigenlob strickt zurück. Oft geht sie sogar dazu über, die Aufmerksamkeit regelrecht von sich weg zu loben. Beinahe jeder Erdenbürger erfährt dann, wie gut ihn Merkel findet.

Merkel geriert sich in unberechenbaren Wogen der politischen Hochsee statt als Steuermann auf der Kommandobrücke lieber als ein passiver Anker vermeintlicher Stabilität. Aber das Schiff driftet unbemerkt ab und leider weiß keiner ihrer Passagiere, wohin die Reise am Ende geht. Weit schwerer wiegt aber, dass kaum einer ihrer Passagiere auf die Idee kommt, danach zu fragen. Es ist kein Zufall, dass Robin Alexander ihre Regierungsmannschaft als ‚Getriebene' tituliert. Merkels Regierung tritt nicht als handelndes Subjekt mit der Allmacht einer Regierungschefin

[343] ‚Angela Merkel hat kein großes Interesse an Integration', Deutschlandfunk, 11.02.2016 https://web.archive.org/web/20230209001807/https://www.deutschlandfunk.de/jakob-augstein-angela-merkel-hat-kein-grosses-interesse-an-100.html

in Erscheinung, sondern als ohnmächtiges Objekt, das mit matronenhafter Behäbigkeit auf die schicksalhaften Ereignisse reagiert. *„Deutschland hat mich verändert und Deutschland hat uns alle verändert"*, ist ein Satz von ihr, der typisch für ihre Strategie der Täuschung ist.[344] Fast nie fällt den Leitmedien dazu mehr ein, als solche Sätze, sprechenden Papageien gleich, beinahe wörtlich zu wiederholen: *„Die 16-jährige Kanzlerschaft hat nicht nur Angela Merkel selbst verändert hat, sondern vor allem ihr Land und ihre Partei"*, lesen wir beispielsweise im Jahr 2021 im Focus.[345]

Wer ohne Not Millionen illegale Migranten ins Land lässt und dafür auch noch Werbeporträts liefert, der wird nicht von diesem Land verändert, sondern der verändert dieses Land mit Macht und erwartbar nicht zum Besseren. Mit der Strategie der Täuschung hat sie jahrelang geschickt den Blick auf ihre politischen Projekte und ihre damit fest verknüpfte Verantwortung verstellt. Lediglich bei der Grenzöffnung vom September 2015 muss sie sich dann doch exponieren, um die Ungeheuerlichkeit ihres Handelns mit der Kraft ihrer Inszenierung zu einem Naturereignis umzudeuten, das, wie sie sagt, *„nicht in meiner Hand liegt"*.

Mit etwas Abstand betrachtet, bringt die Regierung Merkel ab dem Jahr 2010 die wichtigsten Projekte der Rot-Grünen-Koalition von Schröder und Fischer in Vollendung zur Vollendung. Hier nun einige Beispiele:

- Energiepolitik: Sie steigt 2011 nicht nur aus der Kernkraft aus, sondern im Jahr 2020 zusätzlich auch noch aus der Kohleverstromung.[346] Das im Jahr 2000 beschlossene, unsägliche Erneuerbare Energien Gesetz (EEG) bleibt, trotz gut begründeter Forderungen für dessen Abschaffung, in Kraft.[347]

---

344 Autorin Angela Merkel, Aufbau Verlag
https://web.archive.org/web/20220808034943/https://www.aufbau-verlage.de/autor-in/angela-merkel

345 Focus Sonderedition Angela Merkel, 18.09.2021 S. 3
https://web.archive.org/web/20240104080802/https://www.risikofonds98.de/bilder/chat20210919_191759.pdf

346 ‚Von der Kohle zur Zukunft', Bundesregierung, 24.02.2023
https://web.archive.org/web/20231117033613/https://www.bundesregierung.de/breg-de/schwerpunkte/klimaschutz/kohleausstieg-1664496

347 ‚Regierungsberater wollen EEG abschaffen', FAZ, 25.02.2014
https://web.archive.org/web/20140302011811/https://www.faz.net/aktuell/wirtschaft/wirtschaftspolitik/oekostrom-regierungsberater-wollen-eeg-abschaffen-12820227.html

- Familienpolitik: Sie überführt 2017 die eingetragene Lebenspartnerschaft in die ‚Ehe für alle', stimmt in der Abstimmung allerdings um den Schein zu wahren dagegen.

- Einwanderungspolitik I: Sie erweitert 2014 die doppelte Staatsbürgerschaft durch Abschaffung der Optionspflicht und ignoriert im Jahr 2016 dreist einen gegenläufigen CDU-Parteitagsbeschluss.[348]

- Einwanderungspolitik II: Sie macht 2015 aus einer erleichterter Einwanderung der Regierung Schröder unter Bruch des Grundgesetzes eine faktisch bedingungslose Grenzöffnung ‚für alle' und setzt damit im Alleingang die Dublin-Regelung außer Kraft.

Auch das gleich in den ersten Monaten ihrer Kanzlerschaft beschlossene ‚Allgemeine Gleichbehandlungsgesetz' trägt die Handschrift von Rot-Grün, wie die FAZ damals feststellt.[349] Mit diesem Gesetz wird auch gleich eine ‚Antidiskriminierungsstelle' unter der Leitung einer ‚Antidiskriminierungsbeauftragten' eingerichtet. Bis heute stand übrigens kein Mann dieser Stelle vor. Im Jahr 2022 übernimmt mit Ferda Ataman ausgerechnet eine Frau dieses Amt, die sich mehrfach diskriminierend über Deutsche geäußert hat.[350] Das hat aber alles seine Richtigkeit, denn im schiefen Weltbild des Neuen Deutschlands gibt es offenbar eine ganz bestimmte Gruppe von Menschen, die problemlos und zu jeder Zeit diskriminiert werden darf, selbst von einer ‚Antidiskriminierungsbeauftragten': Deutsche, deutscher Herkunft.

Merkel schleppt auch den von Schröder und Fischer geerbten Krieg in Afghanistan über ihre gesamte Amtszeit hinweg mit und lässt die

[348] ‚Merkel hält an doppelter Staatsbürgerschaft fest', Stern, 07.12.2016 https://web.archive.org/web/20240325130352/https://www.stern.de/news/doppelte-staatsbuergerschaft--merkel-gegen-parteibeschluss-7228604.html

[349] ‚Schwarz-Rot ganz rot-grün', FAZ, 10.05.2006 https://web.archive.org/web/20240325130433/https://www.faz.net/aktuell/politik/inland/gleichbehandlungsgesetz-schwarz-rot-ganz-rot-gruen-1331208.html

[350] ‚Die Diskriminierung der Kartoffel', Der SPIEGEL, 05.07.2022 https://web.archive.org/web/20220705082059/https://www.spiegel.de/politik/deutschland/ferda-ataman-als-antidiskriminierungsbeauftragte-die-diskriminierung-der-kartoffel-kommentar-a-be08e89d-3e33-4d9e-b67c-fa084f415a1c

Chance auf einen frühen geordneten Abzug verstreichen. Die Franzosen sparen sich fast zehn Jahre Krieg und suchen bereits im Jahr 2012 das Weite. Danach geht es für die Franzosen nach Mali, wo bald auch die Bundeswehr, für welche Zwecke auch immer, eingespannt wird.

Viel Kontinuität gibt es auch beim Personal im Kanzleramt und den Ministerien: Merkel belässt beispielsweise den früheren DGB-Mann und stellvertretenden Regierungssprecher von Kanzler Schröder, Thomas Steg, in Amt. SPD-Mitglied Jörg Asmussen, Schlüsselfigur in der Finanz-, Griechenland- und Eurokrise, ist ein weiteres Beispiel. Als Ministerialdirektor gebärdet der sich bereits zu Schröders Zeiten wie ein Bankenlobbyist im Finanzministerium und ist am Vorabend der Weltfinanzkrise ein Treiber der fatalen Deregulierung der deutschen Finanzmärkte. Er wirbt im Namen des Finanzministeriums aktiv für genau die Verbriefungsprodukte, die sich wenige Jahre später als Anlageschrott entpuppen, der den Steuerzahler dutzende Milliarden kosten wird. Im Bonner Konrad-Adenauer-Haus tauscht Merkel hingegen als neue Generalsekretärin der CDU in kurzer Zeit alle sechs Abteilungsleiter aus.[351] Bemerkenswert eng ist und bleibt die Beziehung zu Peter Hintze, Merkels Vorgänger als Generalsekretär der CDU. Bereits in den Jahren 1991 und 1992 ist Hintze unter Merkel Staatssekretär im Ministerium für Frauen und Jugend und wird gleich zu Beginn von Merkels Kanzlerschaft Staatssekretär im Bundeswirtschaftsministerium. Der studierte Theologe Peter Hintze zählt bis zu seinem Tod zu den engsten Vertrauten Merkels, insbesondere bei EU-Fragen.[352]

Insgesamt lassen sich fünf politische Großprojekte ausmachen, die Merkel über Jahre und Jahrzehnte hinweg vorantreibt:

1. Eine staatlich organisierte Kinderaufzucht, die sich am Modell der DDR orientiert, und welche dem Kindeswohl nicht immer zuträglich ist.

---

351 'Angela Merkel', Gerd Langguth, 2007, S. 337

352 ‚Ein Arbeiter für Merkels Erfolg', FAZ, 27.11.2016 https://web.archive.org/web/20161128172829/https://www.faz.net/aktuell/politik/inland/zum-tod-von-peter-hintze-engster-vertrauter-von-angela-merkel-14548140.html

2. Eine staatlich forcierte Energiepolitik, die mit einem rechtswidrigen Ausstieg aus der Kernenergie und zusätzlich noch dem Kohleausstieg die Versorgungssicherheit gefährdet, die Strompreise zu den weltweit teuersten macht und mit dem Beginn des Ukrainekriegs die Deindustrialisierung Deutschlands einleitet.

3. Eine Abrüstung der Bundeswehr durch Abschaffung der Wehrpflicht und inkompetente Verteidigungsministerinnen, die von einer Ausgabenexplosion begleitet wird. Eine Verteidigungsfähigkeit Deutschlands ist nach sechzehn Jahren Merkel nicht mehr gegeben.

4. Eine staatlich in die Wege geleitete und von Konzernstiftungen geförderte illegale Masseneinwanderung, die weit vor dem Jahr 2015 beginnt und nach Merkels Abgang einen weiteren Höhepunkt erreicht. Im Hinblick auf den Artikel 16a des Grundgesetzes ist dieses Vorgehen verfassungswidrig.

5. Errichtung einer Schulden- und Transferunion, die nach Artikel 125 des ‚Vertrags über die Arbeitsweise der Europäischen Union' ausdrücklich verboten ist und darüber hinaus mit den Statuten der Europäischen Zentralbank bricht.

Mit der Ausrichtung der Kindererziehung und des Bildungswesens auf ein Modell, das erstaunlich viele Gemeinsamkeiten mit dem der DDR aufweist, beginnt Merkel bereits im Jahr 1992. Ab dem Jahr 2011 wird die deutsche Energieversorgung von der Kernkraft befreit, später auch noch von der Kohle, was die Versorgungssicherheit senkt und die deutschen Strompreise für Privathaushalte weltweit zu den teuersten macht. Die dadurch entstehende Abhängigkeit von russischem Erdgas, auf die Donald Trump bereits im Jahr 2018 bei seiner Rede vor der UN-Generalversammlung hinweist, wird im Jahr 2022 durch den Ukraine-Krieg für die Deutsche Industrie zur absehbar tödlichen Falle.[353] Während der Warnungen in der Rede von Donald Trump amüsierten sich übrigens

---

[353] ‚Trump accused Germany of becoming 'totally dependent' on Russian energy at the U.N.', Washington Post, 25.09.2018
https://web.archive.org/web/20180925210944/https://www.washingtonpost.com/world/2018/09/25/trump-accused-germany-becoming-totally-dependent-russian-energy-un-germans-just-smirked/?utm_term=.557dd9ac4e71

die deutschen Spitzendiplomaten, angeführt von Außenminister Maas und UN-Botschafter Christoph Heusgen.[354] Mit der Aussetzung der Wehrpflicht leitet Merkel die personelle Auszehrung der Bundeswehr ein. Ihre Ministerinnen für Verteidigung erweisen sich als unfähig, die enormen Bürokratiekosten zu bändigen. Insbesondere Ursula von der Leyen sorgt nach der Rekrutierung von etlichen teuren Beratern für eine Kostenexplosion. Eigentlich hätten die Berater die Kosten senken sollen.

2015 kommt es dann unter dem Deckmantel einer humanitären Großtat zur nahezu bedingungslosen Öffnung der deutschen Grenzen und einer illegalen Masseneinwanderung in die Sozialsysteme, die bis heute anhält und im Jahr 2023 einen weiteren Höhepunkt erreicht. Ein weiteres zentrales politisches Projekt Merkels ist die Vollendung der Transfer- und Schuldenunion im Rahmen der Gemeinschaftswährung Euro.

„Der studierte Theologe Peter Hintze zählt bis zu seinem Tod zu den engsten Vertrauten Merkels, insbesondere bei EU-Fragen."

Foto: EPP, Treffen am 15. Mai 2006 in Meise

[354] ‚Germany Reacts to Trump's UNGA Speech', Bloomberg Quicktake, 25.09.2018 https://www.youtube.com/watch?v=FfJv9QYrlwg

Staatlich organisierte Kinderaufzucht

„Im Bundestag habe ich mich dann doch für den CDU-Antrag ausgesprochen, obwohl er in einem wichtigen Punkt nicht meiner Auffassung entsprach.“[355]

Angela Merkel

Am 18. Januar 1991 wird Angela Merkel zu Bundesministerin für Frauen und Familie vereidigt und bleibt es bis zum 17. November 1994, als sie nahtlos ins Umweltministerium wechselt. Ihr Ressort ist aus der Dreiteilung des bisherigen Bundesministeriums für Familie, Senioren, Frauen und Jugend hervorgegangen, die dazu dient ausreichend Ministerposten zu schaffen. Ministerin für Familie und Senioren wird Hannelore Rönsch und Minister für Gesundheit wird zunächst Gerda Hasselfeldt, später Horst Seehofer.

Der nach Merkels eigenem Bekunden *„größte Erfolg“* ihrer Amtszeit als Frauen- und Jugendministerin kommt am 25. Juni 1992 zur Abstimmung.[356] An diesem Tag läuft von neun Uhr morgens bis weit nach Mitternacht im Bundestag eine hitzige Debatte mit anschließenden Abstimmungen über nicht weniger als sieben Alternativen zur Neufassung des Abtreibungsrechts.[357] Eine Neufassung ist notwendig, um die

[355] ‚Spuren der Macht', Herlinde Koelbl, 1999, S. 54

[356] 'Angela Merkel', Gerd Langguth, 2005, S. 346

[357] Deutscher Bundestag Stenographischer Bericht 99. Sitzung, 25.06.1992 https://dserver.bundestag.de/btp/12/12099.pdf

unterschiedliche Rechtslage in Ost- und Westdeutschland anzugleichen. Seit 1972 können sich Frauen in Ostdeutschland bis zur zwölften Schwangerschaftswoche legal und ohne Beratungspflicht für eine Abtreibung entscheiden. Das ist die sogenannte Fristenlösung. Der damalige Beschluss, den die Volkskammer nach einer Dreiviertelstunde verabschiedete, war übrigens bis 1989 die einzige Abstimmung im DDR-Parlament, bei der es jemals Gegenstimmen gab.[358] [359] Merkel stimmt am 25./26.06.1992 folgendermaßen ab:

Gesetzesantrag	Merkel	Ergebnis
BÜNDNIS 90/DIE GRÜNEN	NEIN	NEIN
PDS/Linke Liste	NEIN	NEIN
Herbert Werner (Ulm)	NEIN	NEIN
FDP	NEIN	NEIN
SPD	NEIN	NEIN
CDU/CSU	JA	NEIN
Inge Wettig-Danielmeier, Uta Würfel (Gruppenantrag)	ENTH.	JA

Allerdings betrifft der entscheidende Teil des damals verabschiedeten Gesetzes und der *„größte Erfolg"* Merkels nicht das Thema Abtreibung, sondern das Thema Kinderbetreuung: Um 00h39 des 26. Juni 1992 ist der Rechtsanspruch auf einen Kindergartenplatz für Kinder ab drei Jahren in Deutschland beschlossen, der nach einem Vorlauf von vier Jahren ab 1996 gelten wird. Ein Rechtsanspruch, der die Kommunen jährlich Milliarden kostet und dem weitere Schritte zum Modell der werktätigen

---

[358] #Nur einmal gab es Gegenstimmen in der Volkskammer', Die WELT, 09.03.2012 https://web.archive.org/web/20240120122632/https://www.welt.de/kultur/history/article13912738/Nur-einmal-gab-es-Gegenstimmen-in-der-Volkskammer.html

[359] !972: Volkskammer zum Gesetz der Schwangerschaftsunterbrechung', mdr, 09.03.2012 https://www.mdr.de/geschichte/stoebern/damals/audio197014.html

Mutter folgen. Einem Modell, dessen Vorbild die staatliche Kinderaufzucht der DDR ist. Ab 2013 wird dieser Rechtsanspruch auf Betreuung für Kinder ab einem Jahr ausgeweitet. Bereits in ihrer Rede während der Debatte 1992 spricht sich Merkel für *„Betreuungsmöglichkeiten für Kinder unter drei Jahren"* aus.[360] Wie man dem Bundestagsprotokoll entnehmen kann, ist der junge CDU-Abgeordnete Friedbert Pflüger schon damals bei Merkels Rede der Einklatscher. Im Jahr 2001 springt er Merkel bei, als diese via BILD-Zeitung nach einem Vergleich von George W. Bush mit Osama bin Laden nicht weniger als die Absetzung von Ulrich Wickert als Moderator der Tagesthemen fordert.[361] Wickert sieht sich dazu gezwungen, den Vergleich zurückzunehmen, welchen er in einem Interview für die Zeitschrift ‚Max' gezogen hatte. Er verliest in den Tagesthemen eine entsprechende Erklärung. Sonst hätte er wohl tatsächlich seinen Posten verloren.[362] Auch in der Frage des Irak-Kriegs gibt Pflüger Merkel Anfang 2003 mit Sätzen Rückendeckung, die aus der Pressestelle des Weißen Hauses stammen könnten.[363] Trotzdem kommt nach 2005 seine Karriere, die als Kofferträger von Richard von Weizsäcker begann, deutlich ins Stocken. Pflüger gründet 2009 eine Beratungsfirma und ist unter anderem für die Nord Stream AG als Lobbyist tätig.[364]

In einer Studie der Bertelsmann-Stiftung, in deren Vorstand die Mohn-Tochter Brigitte sitzt, wird behauptet, dass *„Kinder, die früh eine Kita besuchen, in erheblichem Maße davon profitieren"* und auf einen angeblichen *„Konsens in der Forschung"* verwiesen.[365] Allerdings kann auch der Hochglanz dieser Studie ihren offensichtlichen und zentralen methodischen

---

[360] Deutscher Bundestag Stenographischer Bericht 99. Sitzung, 25.06.1992, 8246
https://dserver.bundestag.de/btp/12/12099.pdf

[361] ‚Tagesthemen-Moderator in Bedrängnis', Die WELT, 04.10.2001
https://web.archive.org/web/20190418185702/https://www.welt.de/print-welt/article479472/Tagesthemen-Moderator-in-Bedraengnis.html

[362] ‚Der Ehrliche ist der Dumme', taz, 05. 10. 2001
https://archive.ph/wywLf

[363] ‚Gauweiler kann seine Privatmeinung vertreten', Der SPIEGEL, 16.01.2003
https://archive.li/x2oJD

[364] ‚Friedbert Pflüger, Gas-Lobbyist mit Doppelrolle', LobbyControl, 26.07.2018
https://web.archive.org/web/20230320182015/https://www.lobbycontrol.de/lobbyregister/friedbert-pflueger-gas-lobbyist-mit-doppelrolle-50386

[365] ‚Begleitforschung „Kein Kind zurücklassen!"', Ausgabe 1/2014, S. 4
https://web.archive.org/web/20211227234655/https://www.bertelsmann-stiftung.de/fileadmin/files/BSt/Publikationen/GrauePublikationen/Policy_LebensWK_Ausg1_2014_final.pdf

Fehler nicht kompensieren: Es ist durch andere Erhebungen nachgewiesen, dass Eltern mit Abitur und ohne Migrationshintergrund ihre Kinder unter drei Jahren deutlich häufiger in die Betreuung geben.[366] Damit ist offen, ob hier ein vorteilhafter Einfluss des Elternhauses oder der Frühbetreuung ohne Eltern festgestellt wurde. Das kümmert die Autoren der Bertelsmann-Stiftung aber nicht weiter, denn ihre frohe Botschaft wird in der Apotheken-Umschau ebenso abgedruckt wie im FOCUS oder der Thüringischen Landeszeitung.[367] [368]

Festzuhalten bleibt, dass Angela Merkel sowohl als Ministerin für Frauen und Jugend als auch in ihrer Zeit als Kanzlerin das Erziehungswesen Gesamtdeutschlands am Modell der DDR ausrichtet. Ein Modell, das dem Ziel der werktätigen Frau das Wohl des Kindes unterordnet. Bemerkenswert ist nämlich, dass es bereits in der DDR umfangreiche Forschungen gibt, welche die frühe Trennung von den Eltern in den Kinderkrippen als eindeutig nachteilig für das Wohl und die Entwicklung des Kindes bewerten. Gerade weil diese Ergebnisse den gesellschaftlichen Zielen der SED-Führung zuwiderlaufen, sind sie ausgesprochen glaubwürdig. Sie stammen maßgeblich von Eva Schmidt-Kolmer, die als SED-Mitglied den Ausbau der Kinderkrippen in der DDR ausdrücklich befürwortet und fördert. Schmidt-Kolmer fordert bezeichnenderweise einmal dazu auf, *„den Rückstand in der körperlichen wie psychischen Entwicklung der Krippenkinder im Vergleich mit zu Hause aufgewachsenen Kindern zu überwinden.“*[369] Ähnlich negative Ergebnisse werden in den sechziger Jahren aus der Tschechoslowakei berichtet. Einem Film, der die damaligen Ergebnisse zusammenfasst, wird folgender Satz vorangestellt:

---

366 ‚Gründe für unterschiedliche Kita-Nutzung von Kindern unter 3 Jahren sind vielfältig‘, DIW Wochenbericht 14/2020 https://web.archive.org/web/20200726211436/https://www.diw.de/de/diw_01.c.745643.de/publikationen/wochenbericht-te/2020_14_1/gruende_fuer_unterschiedliche_kita-nutzung_von__kindern_unter_drei_jahren_sind_vielfaeltig.html#figure2

367 ‚Das passiert mit Kindern, die früh in die Kita kommen‘, focus, 28.03.2019 https://web.archive.org/web/20190401010007/https://www.focus.de/panorama/welt/panorama-das-passiert-mit-kindern-die-frueh-in-die-kita-kommen_id_10515008.html

368 ‚Kein Automatismus: Kita-Kinder sind fitter bei der Einschulung‘, Thüringische Landeszeitung, 02.06.2015 https://web.archive.org/web/20240325123903/https://www.tlz.de/leben/vermischtes/article220943669/Kein-Automatismus-Kita-Kinder-sind-fitter-bei-der-Einschulung.html

369 ‚Das Krippensystem der DDR und seine Folgen‘, Florian von Rosenberg, Verlag C.H. Beck, 2022

„Was ein kleines Kind am nötigsten braucht, ist die intensive und dauerhafte Gefühlsbindung zur Mutter. Wird dieser Kontakt unterbrochen und erhält das Kind keine Ersatzperson, zu der es ähnliche Beziehungen aufnehmen kann, so stellen sich seelische Schädigungen ein.“[370]

Auch wenn sich zwischenzeitlich bei der Methodik der Frühkindererziehung vieles geändert haben mag, bestehen weiterhin erhebliche Bedenken wegen der frühen Trennung von der Mutter.

Man erkennt hier ein Muster, das im Deutschland der Ära Merkel Schule macht: Ideologie und Wunschdenken schlagen Vernunft und Verstand. Wissenschaftliche Erkenntnis wird so lange beschworen, wie sie den politischen Akteuren nützt. Sie wird als ‚Wissenschaftlicher Konsens‘ politisch instrumentalisiert und gegen Widersacher in Stellung gebracht. Einrichtungen wie die Bertelsmann-Stiftung, die Leopoldina, der Ethikrat oder die Charité liefern annähernd alles, was das Politikerherz begehrt. Auch die Peinlichkeit, sich dabei mitunter selbst zu widersprechen, nimmt man auf sich, wenn Ruhm, Karriere und reichlich Drittmittel winken. Weicht wissenschaftliche Erkenntnis jedoch von den politischen Zielen ab, wird sie bestenfalls ignoriert, regelmäßig verunglimpft und schlimmstenfalls verfolgt. Geld gibt es dann obendrein auch keines mehr.

Somit kann es auch nicht verwundern, dass Merkel ihre holde Mitstreiterin Ursula von der Leyen in ihrer Rolle als Bundesministerin für Familie, Senioren, Frauen und Jugend im Jahre 2008 zur ‚Krippenoffensive‘ blasen lässt.[371] Milliarden werden dadurch in den Ausbau der staatlichen Kindererziehung und der damit verknüpften Sozialindustrie gepumpt. Obwohl feststeht, dass die frühe Trennung von den Eltern das Kindeswohl gefährdet. So manchen CDU-Minister erinnert das an

---

[370] ‚Zdeněk Matějček – Kinder ohne Liebe‘, 19.19.2021
https://web.archive.org/web/20211128202223/https://condorcet.ch/2021/10/zdenek-matejcek-kinder-ohne-liebe/

[371] ‚Die Krippenoffensive kann starten‘, Die WELT, 27.09.2008
https://web.archive.org/web/20240325124842/https://www.welt.de/welt_print/article2499294/Die-Krippenoffensive-kann-starten.html

DDR-Zeiten.[372] [373] Das als Trostpflaster für die verbliebenen Konservativen in den Reihen von CDU und CSU eingeführte Betreuungsgeld für daheim erziehende junge Eltern wird 2015 vom Bundesverfassungsgericht gekippt. Das könnte am Ende sogar so geplant gewesen sein. Im Jahr 2020 werden trotz erheblicher Bedenken vieler Erzieher, Ärzte und Kinderpsychologen deutschlandweit fünfunddreißig Prozent der Kinder unter drei Jahren in Tageskrippen betreut.[374] [375]

Zusammen mit der im Jahr 2017 eingeführten gleichgeschlechtlichen ‚Ehe', schwächt die von Merkel über fast drei Jahrzehnte hinweg betriebene staatliche Kinderaufzucht das klassische Modell der Familie. Jenes Modell, welches das Grundgesetz *„unter besonderen Schutze der staatlichen Ordnung"* stellt und das den Eltern *„Pflege und Erziehung der Kinder"* als *„natürliches Recht"* und *„ihnen zuvörderst obliegende Pflicht"* zuweist.[376] Jenes Modell, das einzig und allein auf natürliche Weise durch Frau und Mann Nachkommen hervorbringt. Dieses klassische Familienmodell schließt selbstverständlich nicht aus, dass auch gleichgeschlechtliche Paare intakte Familien mit Kindern bilden können und sollen. Allerdings muss man das nicht als Ehe im Sinne des Grundgesetzes titulieren, einer Institution, die beispielsweise den Achtundsechzigern eigentlich suspekt war, weil sie muffige Bürgerlichkeit symbolisiert. Es geht bei dieser Begriffsverwässerung darum, die Institution Familie zu schwächen und den Einfluss des Staats, nahezu von Geburt an, zu stärken. Getarnt wird das übergriffige Eindringen von Staat und Wirtschaft

---

[372] ‚Die „dunkle Seite" der Betreuung in der Kindheit', Rainer Boehm, Bildung und Erziehung 66(2), Juni 2013 https://web.archive.org/web/20240325125030/https://www.degruyter.com/document/doi/10.1515/9783110504583-001/html?lang=de

[373] ‚Das erinnert mich schon sehr an die DDR', DLF, 15.02.2007 https://web.archive.org/web/20220206171258/https://www.deutschlandfunk.de/das-erinnert-mich-schon-sehr-an-die-ddr-100.html

[374] ‚Betreuungsquote der unter 3-jährigen Kinder auf 35,0 % gestiegen', Pressemitteilung Nr. 380, 30.09.2020 https://web.archive.org/web/20201001100720/https://www.destatis.de/DE/Presse/Pressemitteilungen/2020/09/PD20_380_225.html

[375] ‚Aufruf zur Wende in der Frühbetreuung', 12.05.2020 https://web.archive.org/web/20200810080607/https://gute-erste-kinderjahre.de/aufruf-vollstaendige-version

[376] Artikel 6, Grundgesetz für die Bundesrepublik Deutschland https://web.archive.org/web/20060711061817/https://www.gesetze-im-internet.de/gg/art_6.html

in die Familiensphäre unter anderem mit der Überschrift ,familienfreundliche Arbeitswelt' - es lebe das Kollektiv der Werktätigen![377]

Die Angleichung der Kinderaufzucht an das Modell der DDR ist das politische Projekt, das Merkel zuerst angeht. Auch eines der allerletzten Gesetze ihrer Regierungszeit dient genau diesem Zweck. In der letzten Sitzung des Bundestags vor der Wahl wird am 7. September 2021 das ,Ganztagsförderungsgesetz' verabschiedet und am 10. September 2021 auch vom Bundesrat abgesegnet.[378] Wie schon im Jahr 1992 wird mit dem ,Gesetz zur ganztägigen Förderung von Kindern im Grundschulalter' ein nur schwer umsetzbarer Rechtsanspruch begründet, der den im Grundgesetz vorgegebenen Erziehungsauftrag der Eltern schwächt und den staatlichen Einfluss stärkt. Es kann kaum mehr überraschen, dass auch für dieses Gesetz das politische Vorfeld von den üblichen verdächtigen Stiftungen bestellt wurde. Neben der Bertelsmann Stiftung, die über die Jahre etliche wohlwollende Publikationen unter dem Motto ,guter Ganztag' veröffentlicht, wirken auch hier die Robert Bosch Stiftung, die Stiftung Mercator und die Vodafone Stiftung bei der einschlägigen, wissenschaftlich verzierten Propagandaarbeit mit. Dort entsteht die Studie ,Mehr Schule wagen - Empfehlungen für guten Ganztag', die 2017 veröffentlicht wird.[379] Und natürlich *„zeigt die Forschung, dass Kinder und Jugendliche, die regelmäßig an guten Ganztagsangeboten teilnehmen, bessere Lernerfolge erzielen"*. Ein hohler, gut klingender Satz, den man bei der Süddeutschen Zeitung ebenso ungeprüft übernimmt, wie bei der Stadt Pforzheim oder beim Elternrat in Oldenburg. Wie wird ein *„gutes Ganztagsangebot"* definiert? Kann dieses *„gute Ganztagsangebot"* in Deutschland flächendeckend erzielt werden? Wird es je die notwendigen Lehrer und Erzieher zu Umsetzung des Rechtsanspruchs geben? Was ist mit den Kindern in nicht so *„guten Ganztagsangeboten"*, könnten die nicht vielleicht doch zu Hause besser aufgehoben sein? Ist es sinnvoll und

---

[377] ,Familiengipfel 2013: Familienfreundliche Arbeitswelt soll gestärkt werden', BMIH, 2013 https://web.archive.org/web/20240325124411/https://www.demografie-portal.de/DE/Service/Blog/130313_Familiengipfel_2013.html

[378] ,Rechtsanspruch auf Ganztagsbetreuung ab 2026 beschlossen', BMFSFJ, 10.09.2021 https://web.archive.org/web/20210910101222/https://www.bmfsfj.de/bmfsfj/aktuelles/alle-meldungen/rechtsanspruch-auf-ganztagsbetreuung-ab-2026-beschlossen-178826

[379] ,Mehr Schule wagen – Empfehlungen für guten Ganztag', Bertelsmann Stiftung, 15.05.2017 https://web.archive.org/web/20170718035813/http://www.bertelsmann-stiftung.de/de/publikationen/publikation/did/mehr-schule-wagen-empfehlungen-fuer-guten-ganztag

durchdacht, den Eltern die Erziehung ihrer eigenen Kinder so weitgehend aus der Hand zu nehmen, und gleichzeitig hunderttausende Menschen ausschließlich mit der Erziehung fremder Kinder zu beschäftigen?

Alles entwickelt sich zusehends wie in der DDR. An das Volk werden zahllose staatliche Segnungen verteilt, die sich inhaltlich als Luftnummern erweisen. So hatte man in der DDR billigen Wohnraum mit undichtem Dach und bröckelnder Fassade, der überaus knapp war, weil man durch die Überregulierung Eigeninitiative und private Investitionen erstickte.

Merkels Energiewende

„Ich glaube, wir haben etwas Großes geschafft."[380]

Angela Merkel

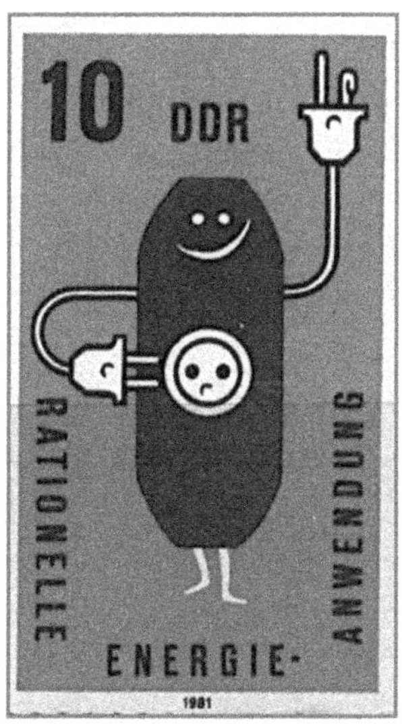

Eine ihrer weitreichendsten Fehlentscheidungen, sofern sich Merkel um nationale Interessen schert, verkündet Kanzlerin Merkel am 14. März 2011. Genau drei Tage nach dem verheerenden Erdbeben in Japan tritt sie gemeinsam mit Vizekanzler Westerwelle vor die Hauptstadtpresse und verkündet ein dreimonatiges Moratorium für die Kernkraftwerke in Deutschland.[381] Damit verbunden ist die sofortige Abschaltung der sieben ältesten Blöcke der Kraftwerke Brunsbüttel, Unterweser, Krümmel, Biblis, Philippsburg, Neckarwestheim und Isar. Mit fast ebenso viel wissenschaftlicher Emphase, wie Angela Merkel vor kaum sechs Monaten die Laufzeitverlängerung der Deutschen Kernkraftwerke begründet, begründet sie nun deren Laufzeitende. *„Es macht keinen Sinn, wenn wir auch im internationalen Wettbewerb stehen, ideologiegetriebene*

---

[380] ‚Haben Großes geschafft', SZ, 01.07.2020 https://web.archive.org/web/20201001064028/https://www.sueddeutsche.de/wirtschaft/energie-merkel-verteidigt-kohle-ausstieg-haben-grosses-geschafft-dpa.urn-newsml-dpa-com-20090101-200701-99-635613

[381] ‚Angela Merkel läutet Atomausstieg ein', SWR2 Archivradio https://web.archive.org/web/20210311065352/https://www.swr.de/swr2/wissen/archivradio/nach-fukushima-merkel-laeutet-atomausstieg-ein-2011-100.html

Energiepolitik zu machen, sondern es macht Sinn eine rationale, vernünftige Energiepolitik zu machen", sagt sie noch am 15. September 2010 im Bundestag.[382] Sechs Monate später begibt sich Deutschland in Sachen Energiepolitik auf einen macht- und ideologiegetriebenen Sonderweg.

Bereits in dieser Zeit ist auch im Lager der Umweltschützer der Zielkonflikt zwischen den Risiken der Kernenergie und der Reduzierung der Kohlendioxid-Emissionen längst erkannt. In der Folge entscheidet sich kein anderes Land außer Deutschland für einen Ausstieg aus der Kernkraft, nicht einmal Japan, wo die Katastrophe stattfindet. Im Jahr 2023 sind weltweit 59 Kernkraftwerke im Bau und weitere 104 in Planung. Auch in der überlebenswichtigen Frage der Energiesicherheit begibt sich Deutschland auf eine Geisterfahrt, regiert von einem angeblichen Anker der Stabilität. Die bestehenden rechtlichen Hürden für den Ausstieg werden mit vielen Milliarden Steuergeld und kreativer Rechtsauslegung aus dem Weg geräumt. Die mit großem Brimbamborium ausgerufene ‚Ethikkommission für eine sichere Energieversorgung' kommt Ende Mai mit erstaunlicher Präzision zu genau dem Ergebnis, das Merkel bereits am 14. März 2011 festlegt.[383] Eine Erklärung liefert über ein Jahrzehnt später der Spitzenforscher Prof. Dr. André Thess nach:

„Ich nehme wahr, dass, zum Beispiel in puncto Kernenergie, in die Kommission 2011 zum Atomausstieg diejenigen Kollegen berufen worden sind, bei denen von vornherein klar gewesen ist, dass sie die Erwartungshaltung der damaligen Bundeskanzlerin genau erfüllen."[384]

Der vormalige Chef der *Energie de France*, Henri Proglio, berichtet Jahre nach Merkels Wende einer Untersuchungskommission detailliert von einem Gespräch, das er mit Merkel am Rande der Hannover Messe im Jahr 2012 führt. Nach seiner Darstellung gibt ihm Merkel bei dieser Gelegenheit sehr deutlich zu verstehen, dass sie als promovierte Physikerin

---

[382] ‚Rede von Angela Merkel am 15. September 2010 im Deutschen Bundestag'
https://youtu.be/cqH71S1aQR8?t=1449

[383] ‚Deutschlands Energiewende', Ethik-Kommission, Sichere Energieversorgung, 30.05.200
https://web.archive.org/web/20191021223125/https://archiv.bundesregierung.de/resource/blob/992814/394384/962b-af09452793c8a87402c9ee347379/2011-07-28-abschlussbericht-ethikkommission-data.pdf?download=1

[384] ‚Deutschland ist nicht gewappnet für Grüne Politik (Prof. André Thess)', Interview Marc Friedrich, 14.01.2024
https://www.youtube.com/watch?v=b0UbsnQ6On0&t=2473s

keinerlei Zweifel an der Sicherheit der Kernkrafttechnik hegt. Proglio kommt zum Schluss, dass Merkel die Deutschen Kernkraftwerke allein aufgrund von machtpolitischen Erwägungen stilllegt. Er erwähnt dabei ausdrücklich die Annäherung an die Ziele der Grünen.

Jeder kann im Hinblick auf diese Informationslage selbst entscheiden, was denn die tatsächliche Motivation Merkels ist, Deutschland von der Kernenergie abzukoppeln: Das durch die Ereignisse in Japan fundamental veränderte Tsunami-Risiko in Deutschland und Merkels damit verbundener Wille, Schaden vom Deutschen Volk abzuwenden oder Merkels Avancen an die Grünen, mit denen sie 2017 monatelange Koalitionsgespräche führt, bis FDP-Chef Lindner die Reißleine zieht. Bereits vor dem Kriegsausbruch in der Ukraine genießen die Deutschen jedenfalls die nach den Bermuda-Inseln weltweit höchsten Strompreise. Die Abhängigkeit von russischem Erdgas erhöht sich durch den Ausstieg nochmals stark und gefährdet spätestens 2022 den Bestand der Deutsche Industrie, nachdem das Gas aus Russland versiegt und die USA mit der Sprengung der Nordstream-Pipeline dafür sorgen, dass es dabei bleibt.

„Elle me l'a dit ... Elle m'a dit ‚Je le fais pour des raisons politiques'. Pas du tout techniques ni scientifique. Le mot êtait lâché." - Henri Proglio, ehemaliger Chef der EDF[385]

Wer Proglio alleine nicht glauben will, darf sich zusätzlich auf die Äußerungen des damaligen Wirtschaftsministers Rainer Brüderle gegenüber Managern der deutschen Energiekonzerne beim BDI vom 14. März 2011 stützen. Der erklärte dort laut Protokoll in vertraulicher Runde, *„daß angesichts der bevorstehenden Landtagswahlen Druck auf der Politik laste und die Entscheidungen daher nicht immer rational seien"* und er ein Befürworter der Kernenergie sei.[386] So viel bleibt also von der rationalen Physikerin Dr. Merkel übrig, wenn kurzfristig Wahlen anstehen und langfristig die Grünen übernehmen sollen, wie es schließlich 2021 nach intensiver

---

[385] ‚Henri Proglio, audition du Président d'honneur d'EDF - Indépendance énergétique', 13.12.2022 https://youtu.be/E1bFTTMGPuM?t=4932

[386] Deutscher Bundestag Stenografischer Bericht 99. Sitzung, 24.03.2011 https://dserver.bundestag.de/btp/17/17099.pdf

Vorbereitung durch Merkel geschieht. Denn de facto ist Angela Merkel vielleicht schon ab 2010, aber spätestens ab 2015 die erste Bundeskanzlerin der Grünen. Und schon in der Bundestagsdebatte über die Äußerungen von Brüderle fällt mehrmals das Wort von der *Deindustrialisierung*.

Merkels Ausphasung der deutschen Kernkraftwerke ist die größte Fehlentscheidung der bundesdeutschen Energiepolitik. Selbst nach der durch den Ukrainekrieg ausgelösten ‚Zeitenwende' wird diese Fehlentscheidung unter Bundeskanzler Scholz nicht korrigiert, sondern mit der Abschaltung der letzten drei Kernkraftwerke zu Ende geführt. Zusätzlich zum Ausstieg aus der Kernkraft macht Merkel im Jahr 2019 auch noch den Ausstieg aus der Kohleverstromung zu ihrer *Chefsache*.[387] Ihre Regierung beschließt im folgenden Jahr den Kohleausstieg bis zum Jahr 2038. Merkel kommentiert diesen Beschluss mit den Worten *„Ich glaube, wir haben etwas Großes geschafft"*.[388] Im Jahr 2024 kommt der Energieexperte Prof. Dr. André Thess von der Universität Stuttgart zu einem vernichtenden Urteil im Hinblick auf Merkels Energiewende:

„Ein Projekt, wo Sie nach zwanzig Jahren und mehreren hundert Milliarden weder die gewünschte Versorgungssicherheit, noch die gewünschte Bezahlbarkeit und schon gar nicht den gewünschten Klimaschutzeffekt haben - ein solches Projekt kann ich beim besten Willen nicht als Erfolg bezeichnen."[389]

---

[387] ‚Merkel macht Kohleausstieg zur Chefsache', Der SPIEGEL, 05.01.2019 https://web.archive.org/web/20190106191247/https://www.spiegel.de/wirtschaft/unternehmen/angela-merkel-macht-kohleausstieg-zur-chefsache-a-1246454.html

[388] ‚Haben Großes geschafft', SZ, 05.01.2020 https://web.archive.org/web/20201001064028/https://www.sueddeutsche.de/wirtschaft/energie-merkel-verteidigt-kohle-ausstieg-haben-grosses-geschafft-dpa.urn-newsml-dpa-com-20090101-200701-99-635613

[389] ‚Deutschland ist nicht gewappnet für Grüne Politik (Prof. André Thess)', Interview Marc Friedrich, 14.01.2024 https://youtu.be/b0UbsnQ6On0?t=2868

Entrüstung der Bundeswehr

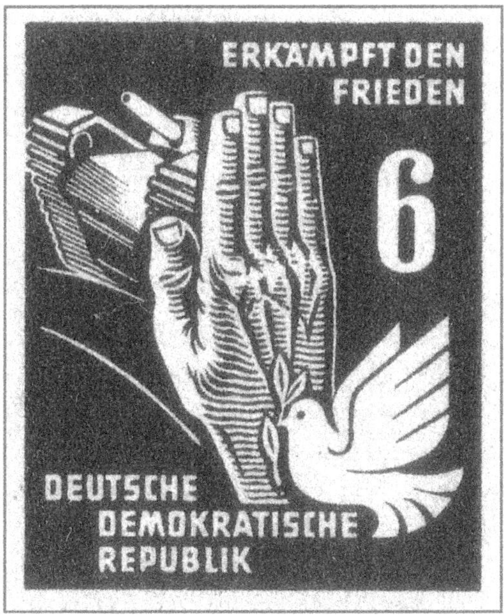

Ein Kernproblem feministischer Ideologie ist der erratische Glaube an eine inhärente Überlegenheit weiblicher Führungsarbeit, sobald Machtpositionen mit Frauen besetzt sind. Dass Angela Merkel so manche Beispiele liefert, welche diesen Irrglauben eindrücklich widerlegen, könnte man mit etwas Sinn für Ironie als ihre ganz besondere Leistung deuten.

So kann man durchaus zum Schluss kommen, dass ausgerechnet ein feministisches Triumvirat im Kanzleramt den massenhaften sexuellen Übergriffen, den Vergewaltigungen und den Morden an Frauen seit 2015 Vorschub leistet. Ebenso fördert es unbekümmert den Import von patriarchalen Strukturen, während es sich am Feindbild des bösen alten weißen Manns abarbeitet, der im objektiven Vergleich dazu äußerst liberal daherkommt. Der Irrtum ist mit einer geschlechterspezifischen Personalauswahl bereits vollzogen. Denn damit wird das Leistungsprinzip ausgehebelt, das die Grundlage jeder leistungsfähigen Organisation ist.

Eine der in dieser Hinsicht bemerkenswertesten Episoden der Kanzlerschaft Merkel ist die Führung der Bundeswehr in den Jahren von 2013 bis 2021.

Wie aus der Gegenüberstellung von Truppenstärke und Wehretat hervorgeht, explodiert zum Ende der Kanzlerschaft von Angela Merkel dieser Etat regelrecht. Hört man von Schützenpanzern, die für Schwangere tauglich sein müssen, oder der Sanierung der Gorch Fock für schlappe 135 Millionen Euro, wundert das nicht sonderlich.[390] [391]

Rekrutierung und reichlicher Einsatz von Beratern in der Amtszeit von Ursula von der Leyen und ihrer Staatssekretärin, der vormaligen McKinsey-Frau Suder, erzielen weder Kostensenkungen noch Leistungssteigerungen, sondern bringen lediglich eine Beraterafäre mit sich: Im Umfeld von Suder werden zahlreiche gute Bekannte ihres alten Arbeitgebers McKinsey angeheuert. Infolge der lukrativen Beratungsaufträge geht es nun also immerhin den Beratungsfirmen besser, während sich die Zustände bei der Bundeswehr dramatisch verschlechtern..[392] Hohen Wert legt von der Leyen auf die Linientreue der Soldaten, auch bei der Bundeswehr startet der notorische ‚Kampf gegen Rechts'. Im Verlauf dieser Kampagne muss zunächst selbst ein Bild des früheren Bundeskanzlers Helmut Schmidt in Wehrmachtsuniform entfernt werden. Einige Zeit später darf es wieder an der Wand der Universität der Bundeswehr hängen, allerdings nur ergänzt um eine erklärende Texttafel.[393] Eine neue Säuberungsaktion unter Verteidigungsministerin Kramp-Karrenbauer führt 2020 zur Auflösung einer Kompanie des Kommandos

---

[390] ‚Schwangerenschutz beim Panzerfahren, FAZ, 06.02.2015
https://web.archive.org/web/20170817034955/https://www.faz.net/aktuell/wirtschaft/unternehmen/puma-panzer-buerokratie-und-sonderwuensche-verteuern-und-verzoegern-13405087.html

[391] ‚Die Marine hat die »Gorch Fock« wieder', SPIEGEL, 30.09.2021
https://web.archive.org/web/20210930145940/https://www.spiegel.de/politik/deutschland/gorch-fock-nach-langer-sanierung-an-die-deutsche-marine-uebergeben-a-048a48fb-bab7-48ae-a11d-5558f0c80d1f

[392] ‚Neue Vorwürfe gegen Ex-Staatssekretärin Suder', Der SPIEGEL, 29.01.202
https://web.archive.org/web/20200130030211/https://www.spiegel.de/politik/deutschland/katrin-suder-neue-vorwuerfe-gegen-ex-staatssekretaerin-im-verteidigungsministerium-a-8c3e9b9a-5030-4861-a386-087e1a4caefa

[393] ‚Helmut-Schmidt-Foto darf wieder in Bundeswehr-Uni hängen', Die WELT, 15.06.2017
https://web.archive.org/web/20170616153952/https://www.welt.de/regionales/hamburg/article165562639/Helmut-Schmidt-Foto-darf-wieder-in-Bundeswehr-Uni-haengen.html

Spezialkräfte (KSK).[394] Zwei Jahre später berichtet die Tagesschau über Probleme bei der Rekrutierung von ausreichend Personal für das KSK.[395]

Am Ende der Amtszeit von der Leyen ist die Bundeswehr in einem völlig verwahrlosten Zustand. Die Grundlage für diesen Zustand hat Merkel mit der faktischen Abschaffung der Wehrpflicht durch Karl-Theodor zu Guttenberg legen lassen. Merkel hält sich dabei geschickt im Hintergrund und gibt sich verärgert als Karl-Theodor die Pläne erstmals in den Medien präsentiert. Doch nach mehreren Monaten ist es dann so weit, dass sich der damals beliebteste Politiker Deutschlands als Terminator der Wehrpflicht präsentieren darf. Ort seines triumphalen Auftritts ist das Kanzleramt in Gütersloh.[396] Nach der Landung im Hubschrauber begrüßt er Liz und Shobhna Mohn mit Handkuss, man ist gut miteinander bekannt. Karl-Theodor ist bereits bei der Grablegung von Reinhard Mohn in Gütersloh und spricht tröstende Worte. Ehefrau Stephanie zu Guttenberg sitzt bei der RTL2-Sendung ‚Tatort Internet' zeitweilig vor der Kamera. Und die Guttenberg-Biographie, verfasst von Anna von Bayern, gibt es beim Bertelsmann Buchclub zum Vorzugspreis. Drei Monate später ist die kometenhafte Karriere des Freiherrn zu Ende, der angehende Kanzler als Sternschnuppe verglüht. Zu Guttenberg geht. Die Abschaffung der Wehrpflicht aber bleibt und sie bleibt an zu Guttenberg kleben, nicht an seiner Auftraggeberin Angela Merkel.

Mit dieser Abschaffung geht eine quantitative und qualitative Austrocknung des Personalstamms einher. Doch auch die Ausrüstung ist in einem katastrophal schlechtem Zustand. Hier eine Aufstellung aus dem Jahr 2019:

---

394 ‚Zweite Kompanie der KSK aufgelöst', DW, 30.07.2020
https://web.archive.org/web/20200801015022/https://www.dw.com/de/rechtsextremismus-zweite-kompanie-ksk-aufgel%C3%B6st-bundeswehr-eliteeinheit-kommando-spezialkr%C3%A4fte/a-54384543

395 ‚KSK hat Personalprobleme', Tagesschau, 20.06.2022
https://web.archive.org/web/20220621035644/https://www.tagesschau.de/investigativ/ndr-wdr/ksk-bundeswehr-personalprobleme-101.html

396 ‚Zu Guttenberg: Wehrpflicht hat keine Zukunft', Neue Westfälische, 17.11.2010
https://web.archive.org/web/20230905091910/https://www.nw.de/nachrichten/thema/3982215_Zu-Guttenberg-Wehrpflicht-hat-keine-Zukunft.html

- Transporthubschrauber NH90: 75 im Bestand, 44 teilverf., 9 flugfähig.
- Transporthubschrauber CH53: 71 im Bestand, 48 teilverf., 18 flugfähig.
- Kampfhubschrauber Tiger: 53 im Bestand, 36 teilverf., 12 flugfähig.
- Kampfjet Tornado: 93 im Bestand, 57 teilverf., 20 flugfähig.
- Transportflugzeug A400M: 31 im Bestand, 13 teilverf., 8 flugfähig.
- Schützenpanzer Puma: 284 im Bestand, 192 teilverf., 67 einsatzfähig.
- Kampfpanzer Leopard: 245 im Bestand, 183 teilverf., 101 einsatzfähig.

Nach diesen katastrophalen Entwicklungen hätte man erwarten können, dass bei der Nachfolge für von der Leyen mehr Wert auf Kompetenz gelegt wird. Doch weit gefehlt: Offenbar musste die Nachfolgerin im Amt vor allem zwei Kriterien erfüllen: Eine Frau zu sein und Wunschkandidatin von Angela Merkel.

Merkel rekrutiert aber nicht nur das Personal der Inkompetenz, sie etabliert darüber hinaus auch die Kultur des Niedergangs. Denn auch nach ihrer Zeit als Kanzlerin geht es im Verteidigungsministerium mit der kompetenzbefreiten feministischen Verteidigungspolitik weiter. Die nächste Frau, die alles besser macht, heißt Christine Lambrecht und wird von Kanzler Scholz eingestellt. Nach dreizehn Monaten stellen sie und andere fest, dass es doch nicht ganz reicht, es erfolgt der Rücktritt.

Sogar noch mehr als Christine Lambrecht disqualifiziert sich aber der neue Kanzler mit seiner *Zeitenwende*. Ohne taugliche Bestandsaufnahme, ohne Identifikation der Problembereiche und ohne Definition überprüfbarer Ziele verkündet er am 27. Februar 2022 die Einrichtung eines Schuldentopfs in Höhe von 100 Milliarden Euro für Bundeswehr-Beschaffungszwecke. Mit dem Begriff ‚Sondervermögen' werden die Schulden getarnt. Ist es Zufall oder Methode, dass zwischen dem russischem Angriff auf die Ukraine und der Verkündung einer *Zeitenwende* nur jene drei Tage vergehen, die auch Merkel bis zur Verkündung ihrer *Energiewende* nach der Havarie in Fukushima benötigte?

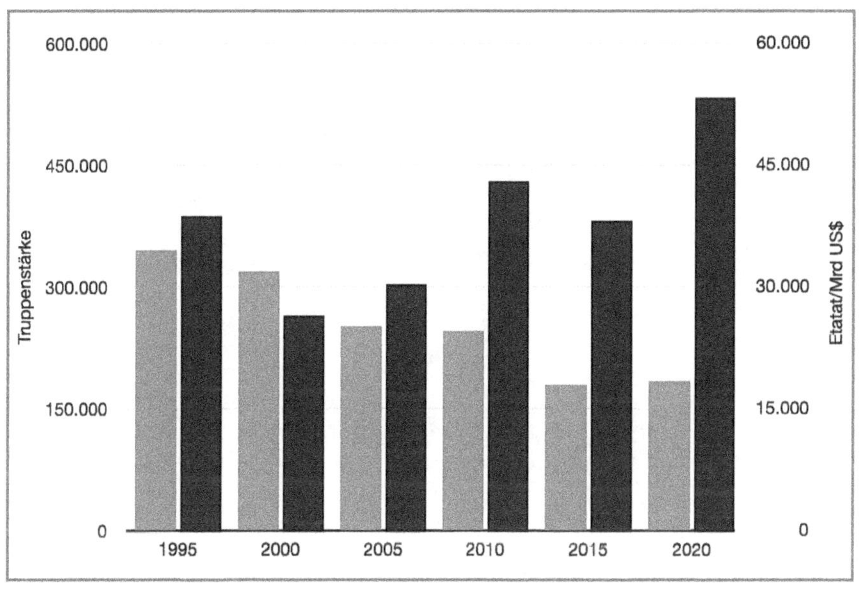

Trotz reduzierter Truppenstärke explodiert am Ende der Kanzlerschaft Merkel der Wehretat.

Karl-Theodor zu Guttenberg und Angela Merkel
am 20. Juli 2010

„Zu Guttenberg geht, die Abschaffung der Wehrpflicht bleibt und sie bleibt an zu Guttenberg kleben, nicht an seiner Auftraggeberin Angela Merkel."

Foto: Bundeswehr/S.Wilke

Merkels Migrationswende

"On ne peut pas tuer des millions de juifs pour faire venir des millions de leurs pires ennemis après."[397] [398]

Karl Lagerfeld

Illegale Migranten sind am 4. September 2015 in Ungarn unterwegs nach Österreich

Foto: Joachim Seidler

In den Jahren vor Merkels Kanzlerschaft gibt es sehr seltsame Tage im Leben der Angela M. . Tage, an denen sie morgens Joschka Fischer leidenschaftlich wegen seiner militanten Achtundsechziger-Vergangenheit attackiert. Überliefert ist hier beispielsweise jenes schöne Merkel-Zitat vom 18. Januar 2002:

---

[397] atlantico, 11.11.2017 https://web.archive.org/web/20220523025324/https://atlantico.fr/article/video/karl-lagerfeld--on-ne-peut-pas-tuer-des-millions-de-juifs-pour-faire-venir-des-millions-de-leurs-pires-ennemis-apres-

[398] ‚L'invité d'honneur, Karl Lagerfeld', Les Terriens, 13.11.2017 https://youtu.be/EJKPn51ZrD8?t=1189

„Ich erwarte von Ihnen, dass sie sagen: Ich hatte eine total verquere Sicht auf die Bundesrepublik Deutschland der damaligen Zeit. Ich hab' mich geirrt, ich hab' eine falsche Sicht gehabt, dies war nicht die richtige Sicht, und ich habe deshalb Buße zu tun und das anzuerkennen, Herr Vizekanzler."

Seltsame Tage, an denen sie dann abends auf Gartenpartys im Alt-Achtundsechziger-Milieu verkehrt. Dass sie dort jemandem wegen *„verquerer Sicht auf die Bundesrepublik Deutschland der damaligen Zeit"* Buße abverlangt, ist nicht überliefert.

Die Diskrepanz zwischen Merkels politischer Tagesrhetorik dieser Jahre und der politischen Ausrichtung vieler ihrer privaten Gesprächspartner und Freunde ist augenfällig. So berichtet ihr Freund Ulrich Matthes, dass er Merkel statt auf ihre Leipziger Parteitagsrede des Jahres 2003, lieber auf den Apfelkuchen ihrer Mutter anspricht.

Unvergessen ist die kleine Anfrage ihrer Fraktion, die Angela Merkel am 6. Mai 2003 unterzeichnet. Darin geht es im Punkt 9 um die Kosten, die die Umbenennung des Bundesamts für die Anerkennung ausländischer Flüchtlinge (BAFl) in Bundesamt für Migration und Flüchtlinge (BAMF) verursacht hat.[399] Es wird nach *„Kosten hinsichtlich erforderlicher Schilder (u. a. Hinweisschilder), Briefbögen, Visitenkarten (Kosten bitte nach internen und externen Kosten aufschlüsseln) und ggf. IT-Ausstattung"* gefragt. Hintergrund ist die erfolgreiche Verfassungsklage der CDU/CSU gegen die Verabschiedung des zugrunde liegenden Gesetzes im Bundesrat. Letztendlich tritt das Gesetz im Januar 2005 dann doch in Kraft. Nach dem Amtsantritt von Angela Merkel bleibt dieses Gesetz und das BAMF allerdings gänzlich unangetastet, trotz der diesbezüglichen jahrelangen Kritik Merkels und ihrer Fraktion. Das BAMF wird in den folgenden Jahren zur zentralen Plattform für Merkels regierungsamtlich geförderte illegale Masseneinwanderung ausgebaut.

Unvergessen ist auch das engagierte Vorgehen der CDU unter Führung Merkels im Zusammenhang mit der von Joschka Fischer und Ludger

---

[399] ‚Kleine Anfrage', Deutscher Bundestag Drucksache 15/965, 06.05.2003 https://dserver.bundestag.de/btd/15/009/1500965.pdf

Vollmer zu verantwortenden Visa-Affäre. Im Jahr 2005 wird hierzu eigens ein parlamentarischer Untersuchungsausschuss einberufen, dessen Sitzungen erstmals direkt das Fernsehen ausstrahlt. Merkel setzt im Untersuchungsausschuss ihren engen Vertrauten Eckart von Klaeden auf Fischer an. Und sie wirft Fischer folgendes vor:

„... er habe offensichtlich von dem massenhaften Visa-Missbrauch von Zwangsprostituierten, Schwarzarbeitern und Kriminellen die Augen verschlossen, ... die innere Sicherheit in Deutschland gefährdet und menschenunwürdige Verhältnisse möglich gemacht".

Immerhin bringt Merkel in Sachen Zwangsprostitution Expertise aus erster Hand ein: Sie war zwei Jahre zuvor auf der Resozialisierungsparty eines prominenten Freiers und guten Bekannten von ihr, der sich unter dem Decknamen *Paolo Pinkel* ukrainischer Zwangsprostituierter bediente und ihnen während des Liebesspiels auch von seinen Drogen anbot.[400]

Eckart von Klaeden wird später für seine Wadenbisse in Richtung Fischer und dessen Ministerkollegen Schily mit dem Posten des Kanzleramtsministers belohnt und geht dann als Lobbyist zum Daimler-Konzern. Die zeitweise arg angekratzten Beziehungen der Bundesregierung zum Konzern verbessern sich danach deutlich. Vorstand Zetsche lobt 2015 ausgiebig Merkels Grenzöffnung und ist einer von hundert Prominenten, die bei der BILD-Zeitung unter dem Antifa-Spruch *„Refugees Welcome!"* aktiv für Merkels umstrittenes Vorgehen werben. *„Genau solche Menschen suchen wir bei Mercedes und im ganzen Land"*, behauptet Zetsche. Neun Monate später kommt die FAZ nach einer Umfrage zum Ergebnis, dass bei den DAX-Konzernen sage und schreibe vierundfünfzig jener Migranten feste Anstellung gefunden haben, fünfzig davon bei der Deutschen Post, keine einziger bei Mercedes.[401] Auch tritt das von Zetsche erhoffte Wirtschaftswunder als Folge der Masseneinwanderung

---

400 ‚Ein rein privater Termin', taz, 02. 10. 2003 https://web.archive.org/web/20230724051818/https://taz.de/Ein-rein-privater-Termin/!701386/

401 ‚Dax-Konzerne stellen nur 54 Flüchtlinge ein', FAZ, 04.07.2016 https://web.archive.org/web/20160706001210/https://www.faz.net/aktuell/wirtschaft/unternehmen/welcher-konzern-stellte-fluechtlinge-ein-14322168.html

der weitgehend unqualifizierter Migranten überraschenderweise doch nicht ein.[402] Ähnlich träumerisch und ähnlich irreführend äußert sich David Folkerts-Landau, Chefvolkswirt der Deutschen Bank, in der ZEIT und schreibt von der Möglichkeit *„wieder zu dem wissenschaftlichen und kulturellen Zentrum werden, das es [Deutschland] einmal war"*.[403] In einer Replik auf Folkerts-Landau macht der Ökonom Dr. Daniel Stelter eine seriöse Gegenrechnung auf. Er kommt Mitte Oktober 2015 zum Schluss, dass die von Merkel geschaffene Form von ungesteuerter Einwanderung zum gigantisches Verlustgeschäft im Billionenbereich werden kann und zerpflückt nahezu alle von Folkerts-Landau genannten Argumente.[404]

Mit einem Bein bleibt von Klaeden auch später in der Politik: Es sitzt zusammen mit Annegret Kramp-Karrenbauer, Gregor Gysi und Wolfgang Ischinger im Präsidium der Deutschen Gesellschaft für Auswärtige Politik e.V..[405] Im aufgeblähten Präsidium dieser Organisation findet sich jede Menge illustre Prominenz wie Sawsan Chebli, Alexander Graf Lambsdorff, der NZZ-Chefredakteur Eric Gujer oder die estländische Lobbyistin Kristi Raik. Vorstand dieses Vereins ist der Luftfahrt- und Rüstungsmanager Tom Enders, ein treuer Stammgast auf den Bilderberg-Konferenzen. Im Grunde bildet die ‚Deutsche Gesellschaft für Auswärtige Politik e.V.' Merkels Einheitspartei ganz gut ab. Fast alle Parteien, die sich im Bundestag öffentlich fetzen, sind dort einträchtig versammelt. Auch bei der notorischen Atlantikbrücke und dem Center for European Policy Analysis (CEPA) in Washington ist oder war von Klaeden engagiert. Bei dieser Institution ist auch Annegret Kramp-Karrenbauer an Bord, die zeitweilige Nachfolgerin von Merkel als CDU-Vorsitzende.

---

402 ‚Flüchtlinge könnten Wirtschaftswunder bringen', FAZ, 15.09.2015
https://web.archive.org/web/20150917001144/https://www.faz.net/aktuell/technik-motor/iaa/daimler-chef-zetsche-fluechtlinge-koennten-neues-wirtschaftswunder-ausloesen-13803671.html

403 ‚Lasst sie kommen!', Die ZEIT, 15.10.2015
https://web.archive.org/web/20151018002432/http://www.zeit.de/2015/42/fluechtlinge-zuwanderung-deutschland-integration-vorteile/komplettansicht

404 ‚Lasst sie kommen? – Ich würde Fakten bevorzugen. David Folkerts-Landau vs. Daniel Stelter', 16.10.2015
https://web.archive.org/web/20170902092536/https://think-beyondtheobvious.com/stelters-lektuere/lasst-sie-kommen-ich-wuerde-fakten-bevorzugen-david-folkerts-landau-vs-daniel-stelter

405 ‚DGAP: Die Organe der Gesellschaft', DGAP e.V.
https://web.archive.org/web/20230603220357/https://dgap.org/de/ueber-uns/die-organe-der-gesellschaft

Im Hinblick auf die von Merkel zu verantwortenden Geschehnisse ab dem Jahr 2015 muten ihre Vorwürfe gegen die großzügige Visavergabe der Regierung Schröder sehr seltsam an. In Sachen illegaler und unkontrollierter Einwanderung finden die Herren Fischer und Vollmer spätestens 2015 ihre Meisterin in Merkel: Rund achtzig Prozent der von Regierung und den Leitmedien pauschal als Flüchtlinge deklarierten illegalen Migranten der Jahre 2015 und 2016 sind sich damals ihrem Recht auf Aufnahme so sicher, dass sie keinerlei Papiere vorlegen. Im Jahr 2020 liegt die Quote immer noch bei über fünfzig Prozent. Seit Jahrzehnten belohnt der deutsche Staat die betrügerische Verschleierung der eigenen Identität durch Migranten mit einem faktischen Schutz vor Abschiebung, statt sinnvollerweise einen Identitätsnachweis seitens des Antragstellers zur Grundvoraussetzung für jedes Asylverfahren und jeglichen Aufenthalt zu machen.

Warum aber gibt es für den viel gravierenderen Vorgang der Grenzöffnung durch Merkel keinen Untersuchungsausschuss mit Live-Übertragung mehr? Eine leicht zu beantwortende Frage: Weil da im Bundestag schon keine funktionierende Opposition mehr vorhanden ist. Merkels Einheitspartei ist im Amt. Merkel betreibt eine verkappte rot-grüne Politik und garantiert gleichzeitig der CDU und der CSU Macht und Posten. Das stellte alle Seiten zufrieden. Und wer will schon die im Gleichtakt berichtenden Haltungsmedien gegen sich aufbringen?

Wo aber war die Justiz? Bis auf einige wenige Richter, welche die faktische Aufhebung der geltenden Rechtsordnung durch Merkel in ihren Urteilen klar benennen und einige Juraprofessoren, die die *„Herrschaft des Unrechts"* feststellen, richteten die Mehrheit der Richter ihr Fähnlein ganz einfach in den Wind.[406] [407] Was kümmert sie schon das Recht, wenn die orchestrierte Stimmungslage und die Ansage einer Kanzlerin Flexibilität erfordern und Schwimmen gegen Strom nur der eigenen Karriere schadet?

---

[406] ‚Schleuser vor Gericht', häufe.de, 15.11.2015
https://web.archive.org/web/20151116102913/https://www.haufe.de/recht/kanzleimanagement/colours-of-law-schleuser-vor-gericht_222_327880.html

[407] ‚Juristenstreit über die „Herrschaft des Unrechts"', Cicero, 26.02.2016
https://web.archive.org/web/20160301082854/https://www.cicero.de/herrschaft-des-unrechts/60554

Die Ereignisse des Jahrs 2015 haben allerdings eine bemerkenswerte Vorgeschichte. Im Jahr 2008 gründet sich im politischen Vorfeld der sogenannte ‚Sachverständigenrat deutscher Stiftungen für Integration und Migration‘. Mit dabei sind die Stiftung Mercator, die Volkswagen-, die Bertelsmann-, die Freudenberg-, die Hertie-, die Körber-, die Vodafone- und die ZEIT-Stiftung. Nach der Wortwahl des langjährigen Vorsitzenden Prof. Klaus J. Bade kommt diese Gründung *„aus der Bürgergesellschaft, vertreten durch große Stiftungen mit eigener Förderungserfahrung im Feld.“*[408] Bade liefert hier eine aufschlussreiche Klärung des Begriffs *Bürgergesellschaft*: Eine Handvoll Stiftungen mit Milliardenkonzernen im Hintergrund legt fest, wer diese Bürgergesellschaft ist und was sie will. *Wir sind das Volk!*, ruft hier ein Professor im Auftrag seiner milliardenschweren Sponsoren. Kaum einmal wird man von diesem Sachverständigenrat ein kritisches Wort zur Einwanderung hören. Denn es handelt sich bei dieser Institution nicht um einen neutralen Zusammenschluss von Sachverständigen, sondern um eine Migrations-Lobby.

Die Blaupause für die Manipulation der deutschen Öffentlichkeit durch dieses Gremium liefert die seit Jahrzehnten bewährte PR-Arbeit der Bertelsmann-Stiftung. Mit Broschüren, Berichten und Webseiten informiert die Bertelsmann-Stiftung seit Jahrzehnten über die schöne neue Welt, die ihr vorschwebt. Eine Welt, die durch *„ein neues nationales Narrativ, das Einheimische … sowie Einwanderer in einer vielfältigen Nation verbindet“*, der seit 2010 immer stärker propagierten, sogenannten ‚Willkommenskultur‘.[409] Eine schöne neue Welt, die der Öffentlichkeit mit Barometern, Monitoren und Indizes eingebläut wird. So finden wir bei dieser Stiftung, den ‚Populismusbarometer‘, den ‚Transatlantikbarometer‘, den ‚Religionsmonitor‘, den ‚Demokratiemonitor‘, den ‚Ländermonitor Frühkindliche Bildungssysteme‘, den ‚Fachkräftemigrationsmonitor’, den ‚Social Justice Index‘ und die ‚Sustainable Governance Indikatoren‘. Die Robert-Bosch-Stiftung liefert darüber hinaus noch das

---

[408] ‚Eine klaffende Lücke geschlossen‘, Qantara.de, 19.08.2009 https://web.archive.org/web/20220913121529/https://de.qantara.de/inhalt/interview-mit-migrationsforscher-klaus-j-bade-eine-klaffende-lucke-geschlossen

[409] ‚Willkommenskultur in Deutschland‘, Bertelsmann Stiftung, 12.2017 https://web.archive.org/web/20190223103457/https://www.bertelsmann-stiftung.de/fileadmin/files/Projekte/Migration_-fair_gestalten/IB_PolicyBrief_2017_12_Willkommenskultur.pdf

‚Deutsche Schulbarometer', das ‚Vielfaltsbarometer' und den ‚BiPsy-Monitor'. Es handelt sich dabei um nichts anderes als Kügelchen im *Großen Hütchenspiel* zur Steuerung der veröffentlichten und damit auch der öffentlichen Meinung.

Auch im Kanzleramt lautet das Motto ‚Malen nach Zahlen': Für Merkel und ihr Team werden vom Presse- und Informationsamt unter der Leitung von Steffen Seibert wöchentlich Berichte erstellt, in denen die Stimmungslage im Land quantitativ aufgeschlüsselt und mittels Fieberkurven dargestellt ist.[410] Wer erhebliche Teile der Leitmedien hinter sich weiß, kann damit die veröffentlichte Meinung in seinem Sinne beeinflussen. Während ihrer Amtszeit werden von der Regierung hunderte

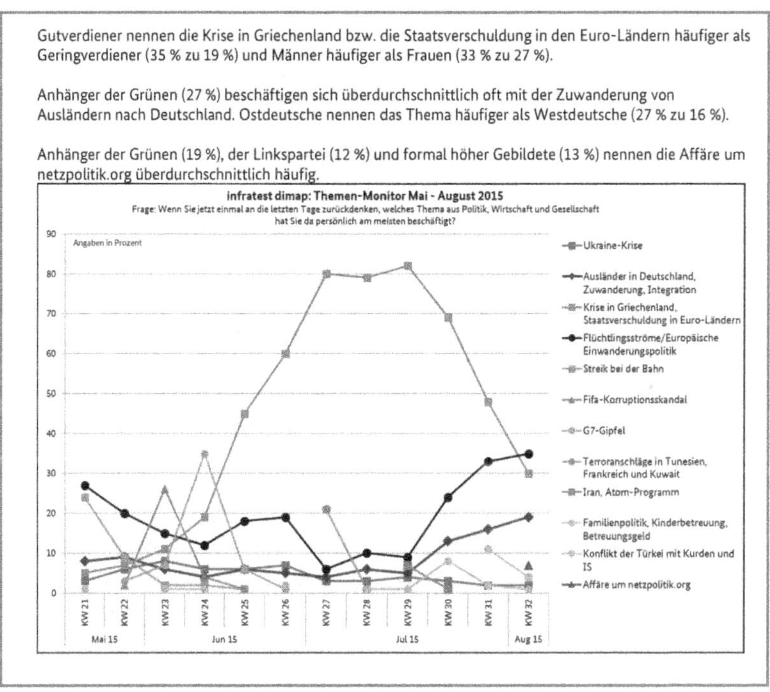

Gutverdiener nennen die Krise in Griechenland bzw. die Staatsverschuldung in den Euro-Ländern häufiger als Geringverdiener (35 % zu 19 %) und Männer häufiger als Frauen (33 % zu 27 %).

Anhänger der Grünen (27 %) beschäftigen sich überdurchschnittlich oft mit der Zuwanderung von Ausländern nach Deutschland. Ostdeutsche nennen das Thema häufiger als Westdeutsche (27 % zu 16 %).

Anhänger der Grünen (19 %), der Linkspartei (12 %) und formal höher Gebildete (13 %) nennen die Affäre um netzpolitik.org überdurchschnittlich häufig.

Ausschnitt aus Merkels Wochenbericht KW 32 vom 7.08.2015

---

[410] ‚Die Umfragen der Kanzlerin: Alle Wochenberichte des Bundespresseamts', FragDenStaat, 30.06.2021 https://web.archive.org/web/20210702163532/https://fragdenstaat.de/blog/2021/06/30/wochenberichte-bundespresse-amt

Umfragen in Auftrag gegeben, die für Agitation und Propaganda reichlich Verwendung finden.[411]

Während diese Stiftungen immer neue manipulative Kennzahlen erfinden, verzichten gleichzeitig die deutschen Behörden und die Bundesregierung darauf, zu zentralen politischen Projekten aussagefähige und aussagekräftige Daten zu erheben. Insbesondere fehlen Daten, die dem Bürger eine Erfolgskontrolle der politischen Arbeit ermöglichen, sei es bei den Corona-Maßnahmen oder sei es bei der ungesteuerten Zuwanderung. Stattdessen wird mit der berühmt-berüchtigten Inzidenz in Zeiten von Corona die Gesellschaft über zwei Jahre hinweg in Angst und Schrecken gehalten, um ohne tatsächliche Not grundgesetzwidrige Maßnahmen durchzusetzen.[412]

Auf den ersten Blick ist bei Bertelsmann & Co alles solide und umfangreich mit Zahlen, Auswertungen und Umfragen unterfüttert. Auf hunderten Seiten von Broschüren und Berichten wird alles detailliert erklärt und erläutert. Hinzugezogene Professoren und Experten vermitteln den Schein wissenschaftlicher Integrität. Schaut man jedoch genauer hin, dann erkennt man die vielen kleinen und großen Manipulationen der inszenierten Scheinwelt. Es ist die Scheinwelt des *Großen Hütchenspiels,* jene Scheinwelt, die wir bereits ganz zu Beginn im Vorwort beschrieben haben. Es geht um die Erzeugung und Lenkung von Aufmerksamkeit zum Zwecke der Manipulation. Zahlen sind hierzu besonders gut geeignet, vermitteln sie doch den Schein von Objektivität. Dass Zahlen interpretiert und bewertet werden müssen, dass quantitative Daten immer durch qualitative Daten und Fakten ergänzt werden müssen, dass schließlich vor der Ergreifung von freiheitsbeschränkenden Maßnahmen transparente Überlegungen und Schlüsse vorangestellt werden müssen, all das wird nicht zuletzt in den Zeiten von Corona völlig verdrängt. Es gelingt, ganze Gesellschaften allein mit dem Hebel der Inzidenz in ein künstliches Koma zu versetzen. Ein Satz, der Albert Einstein

---

411 'So stark beeinflussen Meinungsforscher Merkels Politik', Der SPIEGEL, 07.09.2014
https://web.archive.org/web/20140909135207/https://www.spiegel.de/politik/deutschland/angela-merkel-meinungsforscher-beeinflussen-arbeit-der-kanzlerin-a-990231.html

412 ‚RKI-Dashboard', Südwest Presse, 06.02.2021
https://web.archive.org/web/20210207113223/https://www.swp.de/panorama/corona-zahlen-7-tage-inzidenz-deutschland-rki-dashboard-81-stadtkreise-landkreise-unter-grenzwert-50-ulm-bayern-54927257.html

zugeschrieben wird, bringt es auf den Punkt: *„Nicht alles was zählt, kann man zählen, und nicht alles, was man zählen kann, zählt."* Das zeigt sich eindrucksvoll zu Beginn des Jahres 2022. Da erreicht die Covid-19 Inzidenz bundesweit den vierstelligen Bereich, ohne dass es zu einer Überlastung des Gesundheitssystems kommt, während Politik, ,Experten' und Medien den Untergang schon bei dreistelligen Inzidenzen vorhersagen.[413] Und noch früher waren bereits Inzidenzen von über 50 ein Anlass für drastische Maßnahmen und Hysterie.[414]

Auch der ,Sachverständigenrat deutscher Stiftungen für Integration und Migration' hat selbstverständlich sein Barometer, es nennt sich ,Integrationsbarometer' und gibt vor, das gesellschaftliche Klima im Hinblick auf Zuwanderung zu messen. Diese Berichte erscheinen seit 2010 alle zwei Jahre. Auf der Basis von zweifelhaften Telefon-Interviews werden dabei Umfragen durchgeführt. Anfänglich beschränken sich diese Befragungen auf die drei Regionen Rhein-Ruhr, Rhein-Neckar und Stuttgart.[415] Später werden sie auf alle Bundesländer ausgeweitet. Nur bei etwa zehn Prozent oder weniger der telefonischen Interviewanfragen kommt überhaupt ein Interview zustande. Im Hinblick auf Objektivität und Repräsentativität dieser Umfragen können da schon Zweifel aufkommen. Personen, die zuwanderungsfreundlich eingestellt sind, werden sich vermutlich eher befragen lassen. Passen wider Erwarten die Ergebnisse nicht, dann werden sie schöngeschrieben. Wenn beispielsweise laut der eigenen Erhebung 57,8 % der Befragten ohne Migrationshintergrund - also der sogenannten Biodeutschen - das Tragen eines Kopftuchs durch eine Lehrerin im Unterricht ablehnen oder eher ablehnen (SVR-Integrationsbarometer 2018, S. 24) sieht das die Mehrheitsbevölkerung nicht nur *„kritisch"* (S. 4), sondern überwiegend

---

[413] ,Triage: Wenn Kliniken Behandlungen priorisieren müssen', mdr, 22.11.2021
https://web.archive.org/web/20211123000745/https://www.mdr.de/wissen/was-passiert-bei-triage-priorisierung-patienten-covid-intensivstation-100.html

[414] ,Diese Stadtkreise und Landkreise sind unter dem Grenzwert von 50', SWP, 06.02.2021
https://web.archive.org/web/20210207113223/https://www.swp.de/panorama/corona-zahlen-7-tage-inzidenz-deutschland-rki-dashboard-81-stadtkreise-landkreise-unter-grenzwert-50-ulm-bayern-54927257.html

[415] ,Einwanderungsgesellschaft 2010', SVR, S. 31
https://web.archive.org/web/20220112210002/https://www.stiftung-mercator.de/content/uploads/2020/12/SVR_Jahresgutachten_2010.pdf

ablehnend.[416] Aber eine klare Ablehnung wird in dieser Frage vom Sachverständigenrat nicht ebenso klar formuliert, weil das der eigenen Agenda zuwiderläuft.

Es bleibt Kritikern wie Necla Kelek, Thilo Sarrazin, Ruud Koopmans, Susanne Schröter oder Hamed Abdel-Samad überlassen, auf die evidenten Probleme hinzuweisen, die ganz speziell bei den muslimischen Einwanderern anzutreffen sind. Nicht ohne Recht nennt Kelek den Sachverständigenrat *„das Politbüro der deutschen Migrationspolitik"*.[417] Auch erheben sich sporadisch Hilferufe aus der Praxis, beispielsweise von der Richterin Kirsten Heisig, die sich 2010 das Leben nimmt. Auf Thilo Sarrazins Buch ‚Deutschland schafft sich ab' gibt es von Bertelsmann-Stiftung sofort eine Replik mit ‚Faktencheck', die Sarrazins Thesen als Vorurteile bezeichnet.[418] Dabei stützt man sich auf das im eigenen Hause erzeugte umfangreiche Zahlenmaterial. Traue keiner Statistik, die du nicht selbst gefälscht hast!

Die große Stunde des großen Rates schlägt dann im Jahr 2015, als Angela Merkel die Grenze öffnet. Medialer Startschuss ist das Foto des ertrunkenen Aylan Kurdi, dass am 3. September 2015 wie auf Kommando weltweit die Titelseite zahlreicher Zeitungen schmückt. Über die Tatsache, dass Aylans Vater durch die Aussicht auf eine Zahnbehandlung in Europa zur Überfahrt motiviert ist, wird hingegen kaum berichtet. Wie die Mehrheit der Migranten des Jahres 2015 kommt auch Familie Kurdi nicht direkt aus Syrien, sondern hatte bereits in der Türkei Schutz, Wohnung und Arbeit gefunden.[419]

---

[416] ‚SVR-Integrationsbarometer 2018', SVR, S. 4, S. 24
https://web.archive.org/web/20230508183955/https://www.svr-migration.de/wp-content/uploads/2022/10/SVR_Integrationsbarometer_2018.pdf

[417] ‚Professor Bade gibt den Anti-Sarrazin', FAZ, 09.05.2011
https://web.archive.org/web/20180910222515/https://www.faz.net/aktuell/feuilleton/sarrazin/necla-kelek-professor-bade-gibt-den-anti-sarrazin-12930.html

[418] ‚Deutschland schafft sich NICHT ab', Bertelsmann Stiftung, 23.09.2010
https://web.archive.org/web/20211227212550/https://www.bertelsmann-stiftung.de/de/presse/pressemitteilungen/pressemitteilung/pid/deutschland-schafft-sich-nicht-ab

[419] ‚Full Tima Kurdi Press conference', CBC News, 03.09.2015
https://www.youtube.com/watch?v=nC93qni5k6k

Auch wenn nichts gut ist, ist für den Sachverständigenrat alles gut oder es wird irgendwann alles gut. Die damalige Vorsitzende des Sachverständigenrats, Christine Langenfeld, räumt letzte Zweifel an der Rechtmäßigkeit von Merkels Aussetzung des Dublin-Verfahrens im Alleingang beiseite: *„Möchte man hierin ernsthaft einen Rechtsbruch Deutschlands sehen?"*[420] Auch die berühmte Obergrenze beim Massenzuzug schließt sie, mit Verweis auf das *„europäische Recht"* und mit dem Hinweis auf mögliche *„schlimme Szenen an der Außengrenze"*, aus.[421] Wer *„schlimme Szenen"* und *„unschöne Bilder"* an den Außengrenzen vermeiden will, bekommt früher oder später *„schlimme Szenen"* und *„unschöne Bilder"* auf Weihnachtsmärkten, in Fußgängerzonen oder in Zügen der Deutschen Bahn. So einfach und so einfach vorhersehbar ist das. Das - vielleicht - gut Gemeinte, ist häufig das Gegenteil vom Guten. Eine Einsicht, die den Unterschied zwischen Gesinnung und Verantwortung markiert, wie ihn Max Weber schon vor über hundert Jahren konstatiert hat.

Man gelangt auch zur Erkenntnis, dass ‚Europäisches Recht' immer dann haarscharf einzuhalten ist, wenn es sich nachteilig für deutsche Interessen auswirkt. In umgekehrten Fall kümmert das heilige ‚Europäische Recht' meist niemanden. Bestes Beispiel ist hier die von Merkel im Alleingang gekippte Dublin-Regelung.

Das sogenannte Selbsteintrittsrecht, das einen klaren Ausnahmesachverhalt im Dublin-System darstellt, wird zur neuen Regel gemacht, zum neuen Anormalzustand. *„Aus Illegalität Legalität zu machen"*, nennt das Angela Merkel deutlich vernehmbar und kaum widersprochen.[422] Das Land der eigenen Wahl und nicht mehr das Land der Einreise in die EU wird für zuständig erklärt. Und im Zweifelsfall ist das Land der Wahl Deutschland mit seinen üppigen, für Migranten fast bedingungslosen

---

420 ‚Deutschland und die Flüchtlinge: zwischen Scylla und Charybdis', verfassungsblog.de, 27.01.2016 https://web.archive.org/web/20160404224003/http://verfassungsblog.de/deutschland-und-die-fluechtlinge-zwischen-scylla-und-charybdis

421 ‚Eine Obergrenze ist mit europäischem Recht nicht vereinbar', Die ZEIT, 24.11.2015 https://web.archive.org/web/20151126205426/https://www.zeit.de/politik/deutschland/2015-11/fluechtlinge-obergrenze-kontingente-christine-langenfeld

422 ‚Flüchtlingskrise - Was nun, Frau Merkel', ZDF ,13.11.2015 https://youtu.be/25RiywQZ3xw?t=1790

Sozialleistungen. Die als Sachverständige getarnten Migrations-Lobbyisten vom großen Rat freut es. Noch mehr Grund zur Freude hat bald die Vorsitzende Christine Langenfeld: Sechs Monate nachdem sie Merkel hilfreich und medienwirksam juristisch beigesprungen ist, wird sie auf Vorschlag der CDU Richterin am Bundesverfassungsgericht. Man darf von diesem Gericht also eher keine Urteile mehr erwarten, die eine illegale Einwanderung beenden oder bremsen könnten. Und auch Verfassungsrichter Peter Müller erinnert sich im Zusammenhang mit Merkels Grenzöffnung daran, wem er seinen Posten zu verdanken hat. Auf einer Klausurtagung der baden-württembergischen CDU im Jahr 2018 lobt er ausdrücklich Merkels Grenzöffnung: *„Auch er hätte damals die Grenzen geöffnet, das habe er als Gebot der Humanität empfunden, zumal für Christdemokraten."*[423] Da weiß Merkel doch bestens, was sie an den von ihr eingesetzten Verfassungsrichtern hat. Immerhin verkündet ein Sprecher des höchsten deutschen Gerichts auf Anfrage, dass Müller als Privatperson gesprochen habe, was den Vorfall auch nicht mehr rettet.

Das Jahr 2015 beginnt mit dem Anschlag auf die Redaktion von Charlie Hebdo und im November läuten die Anschläge in Paris u. a. auf die Veranstaltungshalle Bataclan die islamistische Terrorwelle der Jahre 2015 - 2017 ein. Vermutlich reisen drei Mittäter dieses Anschlags aus einer Ulmer Flüchtlingsunterkunft an, die über Lesbos in die EU gelangt sind.[424] Nach Paris werden in Brüssel, Nizza, Berlin, Manchester und Barcelona islamistische Anschläge mit insgesamt ungefähr 300 Todesopfern verübt. Trotzdem wird in Deutschland auch in den folgenden Jahren weiterhin auf Grenzkontrollen verzichtet, die auch zur Zurückweisung von illegalen Migranten in nennenswerter Zahl führen. Neben genuinen Terroristen kommen so auch bereits in der EU verurteilte Schwerkriminelle wie Anis Amri oder Hussein Kavari nach Deutschland und finden hier als Kostgänger des deutschen Steuerzahlers ihre neuen Opfer.

---

[423] ‚Beifall für die Analyse von Merkels Versäumnissen', Stuttgarter Zeitung, 17.01.2018 https://web.archive.org/web/20180117192849/https://www.stuttgarter-zeitung.de/inhalt.ex-politiker-peter-mueller-beifall-fuer-die-analyse-von-merkels-versaeumnissen.4c9c720f-887c-47d3-a1fa-b2533459056b.html

[424] ‚Salah Abdeslam: Mitfahrzentrale des Terrors', DW, 31.03.2016 https://web.archive.org/web/20160401025154/https://www.dw.com/de/salah-abdeslam-mitfahrzentrale-des-terrors/a-19156833

2021 haben die Stiftungen, welche 2008 den ‚Sachverständigenrat' gegründet hatten, Grund zu großer Freude. Ihre Lobby-Organisation wird von nun an vollständig vom Bundesinnenministerium finanziert und in ‚Sachverständigenrat für Integration und Migration' umbenannt. Die Migrations-Lobbyisten werden also zukünftig über das Budget des Innenministeriums vom Steuerzahler direkt finanziert und die Stiftungen können sich neuen gesellschaftlichen Großtaten widmen.

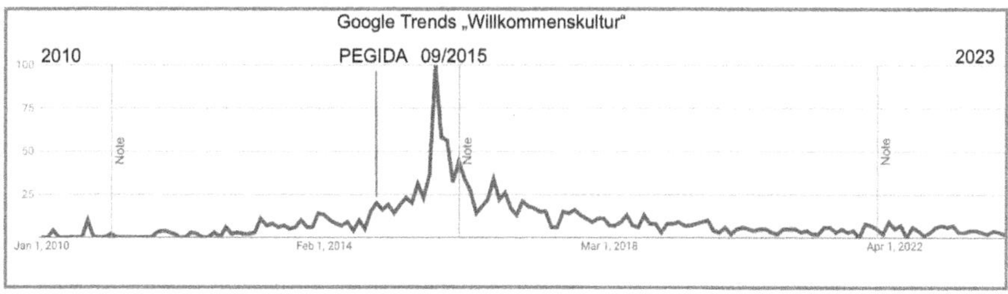

Bereits lange vor der Grenzöffnung 2015 wird die Masseneinwanderung medial vorbereitet

Gemeinsam mit Kanzleramtsminister Peter Altmaier organisiert Jan Hecker (r.) ab 2015 die Massenmigration nach Deutschland. 2017 wird er als Merkels Chefberater für Außenpolitik Nachfolger von Christoph Heusgen. Am 25. August 2021 tritt er sein Amt als Botschafter in China an und kommt zwei Wochen später in Peking auf bis heute ungeklärte Weise zu Tode.

Foto: Treffen mit US-Sicherheitsberater Robert C. O'Brien am 14. Juli 2020 in Paris.

Schulden- und Transferunion in Vollendung

„Die Währungsunion ist ein großer Irrtum, ein abenteuerliches, waghalsiges und verfehltes Ziel, das Europa nicht eint, sondern spaltet." [425]

Ralf Dahrendorf

„Über jede einzelne kleine Etappe auf dem Weg dahin ist viel und heftig diskutiert worden. Über das große Ganze dieser in Summe epochalen Umwälzung freilich viel weniger. Das ist ganz nach Merkels Geschmack. Die Höhe des Einsatzes im Übrigen auch, der Fortbestand des Euros. Da war jemand angekommen, bei ***seinem Projekt****."*[426]

Im Jahr 2013 findet man diese gewogenen und bedeutenden Sätze über ein zentrales Projekt Merkels bei Nikolaus Blome. Selbst Hauptstadtjournalisten sind nicht gar so dumm, wie sie tun. Darin ähneln sie ‚Mutti'. Blome beschreibt die epochale Umwälzung der Jahre 2010 bis 2012. Gleichzeitig beschreibt er auch wie Politik gemacht wird, besonders unter Merkel. Nämlich, in dem man belanglose Diskussionen anheizt

---

[425] ‚Alle Eier in einen Korb', Der SPIEGEL, 10.12.1995 https://web.archive.org/web/20220412033155/https://www.spiegel.de/politik/alle-eier-in-einen-korb-a-05549a9d-0002-0001-0000-000009247341

[426] ‚Angela Merkel – Die Zauderkünstlerin', Nikolaus Blome, 2013, S. 189

und entscheidende vermeidet. Das Projekt, um das es geht, ist in dieser Zeit in der Tat Merkels Projekt. Vorbereitet wurde es aber schon Jahre und Jahrzehnte bevor es Merkel zu ihrem Projekt macht.

Über ein ganzes Jahrzehnt hinweg ist Steffen Seibert Merkels Pressesprecher. Ähnlich wie bei Ulrich Wilhelm erzeugt sein attraktives Aussehen jenen Glanz, neben dem Merkel absichtsvoll matt bleibt. Foto: EPP, 24. März 2011 in Meise

Die Anfänge

Während die Vorbereitung der Massenmigration nach Deutschland rund sieben Jahre dauert, braucht es für die Einführung der EU-Währung wesentlich mehr Zeit. Man schreibt das Jahr 1965 als sich am 11. Juni eine illustre Runde zusammenfindet. Mit von der Partie ist Robert Marjolin, ein in den USA ausgebildeter französischer Ökonom und damals unter Walter Hallstein Vizepräsident der Kommission der Europäischen

Wirtschaftsgemeinschaft (EWG).[427] Seine Mitspieler sind Thomas C. Mann, ein US-Spitzendiplomat, Spezialist für Lateinamerikafragen im US-Außenministerium und später Verbandsfunktionär bei der Autoindustrie, J. Robert Schaetzel, der spätere US-Botschafter bei der Europäischen Wirtschaftsgemeinschaft, der Diplomat und spätere Botschafter Deane R. Hinton, Andrew F. Ensor, damals im Außenministerium Chef der Abteilung Treibstoff und Energie und danach Manager bei Mobile Oil, und Stephen C. Schott, der später bei der Weltbank und als Unternehmer tätig ist. Nicht etwa in Brüssel, nicht einmal in Europa werden diese Gedanken zu Papier gebracht, sondern in Washington. Das Memorandum des Gesprächs ist mit ‚Developments in the Common Markets' überschrieben. Einleitend werden die Harmonisierung der Zolltarife und die Agrarpolitik der Europäischen Gemeinschaft besprochen. Doch viel bedeutender ist die Tatsache, dass bereits bei diesem Treffen über eine Währungsunion gesprochen wird. Man einigt sich aber darauf, mit einem konkreten Vorschlag so lange zu warten, bis eine Währungsunion aufgrund anderer Faktoren, so wörtlich, *„unentrinnbar"* ist. Die EWG bestand damals aus den Ländern Belgien, Deutschland, Frankreich, Italien, Luxemburg und den Niederlanden, im Memorandum als ‚the Six' zusammengefasst.

Knapp drei Wochen nach dem Treffen in Washington kommt es zu einer tiefen Krise der EWG, als Charles de Gaulle Robert Marjolin aus der Kommission zurückbeordert.[428] De Gaulle will keinen europäischen Zentralstaat, sondern ein Europa der Vaterländer. Walter Hallstein und die von ihm geführte EWG-Kommission sind ihm ein Graus, wie folgendes Zitat belegt:

„As for this Commission, it deserves to disappear. I want no more of Hallstein. I want no more of Marjolin. I want no more to do with them. ... I want no more that the French government should have to do business with these types. ... The

[427] ‚The Secret Meeting of 11 June 1965 on European Monetary Union', Voltaire Network, 24.06.2014 https://web.archive.org/web/20140627043220/https://www.voltairenet.org/article184422.html

[428] ‚Vermintes Gelände', Der SPIEGEL, 03.08.1965 https://web.archive.org/web/20230424151823/https://www.spiegel.de/politik/vermintes-gelaende-a-3b0b1540-0002-0001-0000-000046273552

problem, it is this mafia of supranationalists, whether commissioners, deputies or bureaucrats. They are all enemies. They have been put there by our enemies.“[429]

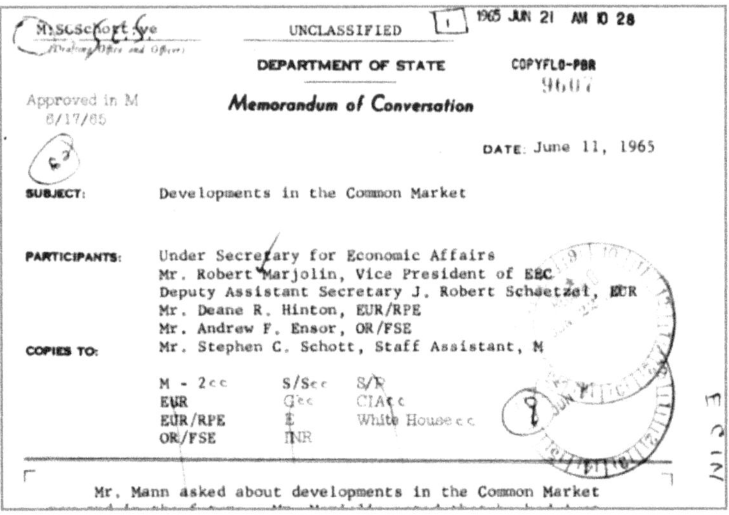

UNCLASSIFIED

1965 JUN 21 AM 10 28

DEPARTMENT OF STATE

COPYFLO-PBR

Memorandum of Conversation

Approved in M 6/17/65

DATE: June 11, 1965

SUBJECT: Developments in the Common Market

PARTICIPANTS: Under Secretary for Economic Affairs
Mr. Robert Marjolin, Vice President of EEC
Deputy Assistant Secretary J. Robert Schaetzel, EUR
Mr. Deane R. Hinton, EUR/RPE
Mr. Andrew F. Ensor, OR/FSE

COPIES TO: Mr. Stephen C. Schott, Staff Assistant, M

M - 2cc S/Sec S/P
EUR G cc CIA cc
EUR/RPE E White House cc
OR/FSE INR

Mr. Mann asked about developments in the Common Market

Memorandum der Besprechung vom 11. Juni 1965, bei der auch eine Einheitswährung diskutiert wird. Diese wird fünfunddreißig Jahre später mit EZB und Euro umgesetzt.

Überlegungen für eine gemeinsame Währung gibt es bereits in den fünfziger Jahren in den Reihen der ‚Union Europäischer Föderalisten‘ (UEF) die 1946 gegründet wurde. Zentrale Figur dieser Organisation war der kommunistische Widerstandskämpfer Altiero Spinelli, der bereits 1941 im ‚Manifest von Ventotene‘ einen sozialistisch geprägten europäischen Bundesstaat vorschlägt. Eine ganz ähnliche Idee wie sie zur gleichen Zeit Robert Havemann mit seiner ‚Europäischen Union' verfolgt. Der UEF standen über die Jahre hinweg von deutscher Seite so illustre Persönlichkeiten wie Eugen Kogon, Jo Leinen und Elmar Brok vor. Das Treffen in Washington belegt, dass auch US-Regierungskreise Mitte der sechziger Jahre an einer Einheitswährung für einen europäischen Bundesstaat Gefallen finden und dabei auch steuernd eingreifen. Durch das 1948 gegründete ‚Amerikanisches Komitee für ein vereintes Europa‘ (ACEU) werden Finanzmittel für die

[429] C'était de Gaulle, Alain Peyrefitte, Fayard, Éditions de Fallois, Tome II, pp.290-291.

Europabewegung mobilisiert, die aus der Ford- und der Rockefeller-Stiftung stammen.[430] Eine zentrale Rolle spielen dabei führende Köpfe der US-Geheimdienste, wie aus der Beschreibung des ‚Online Archive of California' und anderen Quellen hervorgeht:[431]

„ACUE was organized as a non-governmental agency by Allen Welsh Dulles, then head of a committee reviewing the organization of the Central Intelligence Agency (CIA) on behalf of the National Security Council (NSC), and William J. Donovan, former head of the wartime Office of Strategic Services (OSS). The ACUE worked closely with US government officials, particularly the Economic Cooperation Administration (ECA) and the National Committee for a Free Europe, which was being funded by the Henry Ford and John D. Rockefeller foundations. One of the aims of ACUE was to covertly finance the European Movement, Le Mouvement Européen (ME), an influential federalist organization in the post-war years. The European Movement brought together a network of people and organizations to mobilize advocacy a democratic, federal & enlarged union."[432]

Die nächste Etappe auf dem Weg zur Einheitswährung ist der Werner-Plan des Jahres 1970, der nach Pierre Werner, dem damaligen Premierminister von Luxemburg, benannt ist. Dieser Plan sieht die Einführung einer Einheitswährung bis zum Jahr 1980 vor. Als Anfang der siebziger Jahre in der Folge des Vietnam-Kriegs die Goldbindung des Dollars aufgegeben wird und die USA über Nacht Einfuhrzölle erhebt, um ihre Zahlungsbilanz zu retten, werden Inhalt und Zeithorizont des Werner-Plans verändert. In der EWG wird versucht zu einem System fester Wechselkurse zurückzukehren, bei der sich die Wechselkurse der sechs beteiligten Länder 2,25 % über oder unter einem nominalen Wechselkurs bewegen können (‚The Snake in the Tunnel').[433] Im Zuge der Ölkrise von 1973 bricht auch dieses System auseinander. Theoretische Betrachtungen zu einer Währungsunion liefert bereits in den sechziger

---

[430] ‚Euro-federalists financed by US spy chiefs', The Telegraph, 19.06.2001 https://web.archive.org/web/20081014191836/https://www.telegraph.co.uk/news/worldnews/europe/1356047/Euro-federalists-financed-by-US-spy-chiefs.html

[431] https://web.archive.org/web/20100223104217/http://www.comite-valmy.org/spip.php?article516

[432] ‚American Committee on United Europe records, 1951-1957 https://web.archive.org/web/20220710024439/https://oac.cdlib.org/findaid/ark:/13030/kt7779r94m/admin/

[433] ‚The Snake in the Tunnel', IMF, 01.06.1973 https://web.archive.org/web/20220221092905/https://www.elibrary.imf.org/view/journals/022/0010/002/article-A002-en.xml

Jahren der kanadische Professor für Ökonomie und spätere Nobelpreisträger Robert Mundell.

Zwischen 1979 und 1998 wird dann in zunächst acht Ländern (Belgien, Dänemark, Deutschland, Frankreich, Italien, Irland, Luxemburg und die Niederlande) das ‚European Monetary System' (EMS) verwirklicht. Treiber des EMS sind Frankreich und Deutschland unter Führung von Valéry Giscard d'Estaing und Helmut Schmidt. Als neuntes Land kommt später Großbritannien hinzu. Erstmals gibt es als Vorläufer einer Einheitswährung die Verrechnungseinheit European Currency Unit (ECU). Nach der erfolgreichen Wechselkurs-Spekulation von George Soros vom September 1992 wurden die Schwankungsgrenzen des EMS stark erweitert, Italien und England scheiden aus dem Verbund aus. Über viele Jahre ist die Deutsche Mark innerhalb des EMS wegen der disziplinierten Geldpolitik der Deutschen Bundesbank faktisch die Ankerwährung Europas. Karl Otto Pöhl, der langjährige Präsident der Bundesbank, bezeichnet die D-Mark 1992 in einem Vortrag als *„die zweitwichtigste Währung für private Anlagen und als Zentralbank-Reservewährung"*.[434]

Die Währungsdisziplin aus Frankfurt engt die Handlungsmöglichkeiten der anderen Länder in Europa ein und führt zu Kritik an der faktischen währungspolitischen Hegemonie der Bundesbank in Frankfurt. Insbesondere in den Jahren nach der Wiedervereinigung musste in Deutschland mit hohen Zinsen die Inflation bekämpft werden. Andere Länder waren dazu gezwungen dieser Geldpolitik folgen. Das Ende dieser monetären Hegemonie wird am 7. Februar 1992 durch die Unterzeichnung des Vertrags von Maastricht eingeläutet, bei dem der spätere Bundespräsident Horst Köhler als sogenannter *Sherpa* für Deutschland die Verhandlungen führt.[435] Der Vertrag basiert auf einem Tauschgeschäft zwischen Helmut Kohl und François Mitterrand: Die Aufgabe der Deutschen Mark bedeutet den Abschied von der monetären Souveränität

[434] ‚A New Monetary Order for Europe', Karl Otto Pöhl, 20.09.1992
https://web.archive.org/web/20031116212117/http://www.perjacobsson.org/lectures/1992.pdf
[435] Lebenslauf, horstkoehler.de
https://web.archive.org/web/20180611115438/https://www.horstkoehler.de/en/vita-horst-koehler

und der faktischen Hegemonie Deutschlands in Europa. Diesen Preis zahlt Kohl, zahlt Deutschland, für die Wiedervereinigung.

Die Europäische Währungsunion (EMU) ist keineswegs der erste Versuch einer gemeinsamen europäischen Währung zur Erleichterung des Außenhandels. Am 23. Dezember 1865 wird in Paris ein Vertrag zwischen Frankreich, Italien, Belgien und der Schweiz unterzeichnet, der die ‚Lateinische Münzunion' (LMU) aus der Taufe hebt. Bereits damals spielen machtpolitische Erwägungen eine Rolle. Vor allem Frankreich hofft auf einen Machtzuwachs. Kerngedanke dieser Münzunion war die Prägung von Münzen, deren Konvertibilität durch standardisiertes Gewicht und Material (Bronze, Silber, Gold) erzielt wird. Das Prinzip funktioniert immerhin bis zum Ersten Weltkrieg ganz passabel, auch wenn Schwankungen der Edelmetallpreise Verwerfungen mit sich bringen. So sinkt der Silberpreis durch die Erschließung neuer Abbaugebiete gegenüber dem Goldpreis zeitweise stark, was Goldmünzen aufwertet und Silbermünzen abwertet. Vertragsgemäß mussten die Münzen aber trotzdem zum festgelegten Kurs eingetauscht werden, was ab 1878 dazu führt, dass nur noch Gold als Währungsbasis dient. Über bilaterale Abkommen aber auch informell schließen sich weitere Staaten der Union an. Allerdings kommen auch Italien und das 1868 beigetretene Griechenland auf die Idee auch konvertibles Papiergeld auszugeben und sich damit auf Kosten der anderen Länder zu finanzieren. Eine andere Taktik besteht darin, die Gold- und Silberanteile der geprägten Münzen zu strecken. Wegen dieser Betrugsmasche ist übrigens der Vatikan nur für kurze Zeit Mitglied der Union. Auch Griechenland wendet diese Taktik zeitweise an und legt 1893 obendrein noch einen Staatsbankrott hin, blieb aber bis zum formalen Ende der Union dessen Mitglied. Der Beginn des Ersten Weltkriegs lautet das faktische Ende der Münzunion ein, denn für die enormen Kriegskosten musste viel Papiergeld gedruckt werden. Formal endet die Union am 31. Dezember 1926.

In den Jahren 1988 und 1989 werden die Planungen für eine EG-Währungsunion wieder hervorgeholt und zur Chefsache bei der Kommission gemacht, Zufall oder auch nicht. In einem Bericht des damaligen Kommissionspräsidenten Jacques Delors werden die Ergebnisse zusammengefasst.[436] Auch der damalige Präsident der Deutschen Bundesbank, Karl Otto Pöhl, arbeitet an diesen Planungen mit. Ein Grundsatzpapier der Deutschen Bundesbank vom 25. Mai 1988 trägt die Überschrift ‚Weiterentwicklung des Europäischen Währungssystems'.[437] Das Papier sieht vor, eine zukünftige Europäische Zentralbank am Modell der Bundesbank zu orientieren und Frankfurt zu deren Sitz zu machen. Darin vertritt Pöhl die These, wonach eine vollständige politische Union keine zwingende Voraussetzung sei, um die angestrebte Währungsunion erfolgreich zu realisieren, aber etwas, dass dieser sehr nahekommt.

Pöhls Überlegungen sind in einem Papier vom 7. Oktober 1988 zusammengefasst.[438] Bereits damals warnt Pöhl vor Transferzahlungen, die unvermeidbar sind, wenn strukturell äußerst unterschiedliche Volkswirtschaften über einmal und für immer festgelegte Wechselkurse aneinander gekettet werden. Eine solche dauerhafte Festlegung der Wechselkurse findet dann mit der Einführung des Euro im Jahr 1999 tatsächlich statt. Relativ schwache Volkswirtschaften können von da an eine negative Zahlungsbilanz nicht mehr durch Abwertung der eigenen Währung gegenüber den Währungen starker Volkswirtschaften ausgleichen. Pöhl spricht bereits 1988 von extrem hohen Finanzmitteln, die für den Ausgleich solcher inhärenten Ungleichgewichte notwendig werden. Und genau so kommt es wenige Jahre nach dem Start des Euro, auch wenn durch die Konvergenzkriterien und dem Stabilitäts- und Wachstumspakt unmittelbar vor der Euro-Einführung alles in bester Ordnung zu sein scheint. Denn mehr als Staffage sind die Verträge in Wahrheit nicht. Bestenfalls passt man sie an, in der Regel werden sie schlicht ignoriert.

---

436 ‚Der Delors-Ausschuss (1988 bis 1989)', EZB https://web.archive.org/web/20240325162733/https://www.ecb.europa.eu/ecb/history-arts-culture/archives/delors/html/index.de.html

437 ‚The Further Development of the European Monetary System', 25.05.1988 https://web.archive.org/save/https://www.ecb.europa.eu/ecb/history-arts-culture/archives/delors/documents/shared/data/ecb.dr.delors880101_FurtherDevelopmentSystemNotes.de.pdf?d77aa96e087a11217198da12e893761b&d77aa96e087a11217198da12e893761b

438 ‚Karl Otto Pöhl, the Further Development of the European Monetary System.', 07.10.1989 https://web.archive.org/web/20240325162804/https://www.ecb.europa.eu/ecb/history-arts-culture/archives/delors/documents/shared/data/ecb.dr.delors880101_FurtherDevelopmentSystemNotes.de.pdf?d77aa96e087a11217198da12e893761b&d77aa96e087a11217198da12e893761b

Während Mitte der neunziger Jahre Italien und Spanien noch zweistellige Zinssätze für ihre Staatsanleihen berappen müssen, fallen die Zinsen aller Euro-Länder bis zur Euro-Einführung 1999 ganz erheblich und gleichen sich an. Zwei Jahrzehnte nach der Einführung der Währungsunion sind die zusammengeketteten Volkswirtschaften allerdings fast so unterschiedliche Gebilde geblieben wie zu Beginn. Eine erhoffte, aber wohl eher erträumte Konvergenz findet nicht statt, es kommt viel mehr zu einer Divergenz.

Auch im Kanzleramt von Gütersloh wird man Ende der achtziger Jahre in Sachen Währungsunion aktiv, Zufall oder auch nicht. Werner Weidenfeld veröffentlicht gemeinsam mit Professor Rolf Hasse ein Buch, das, Zufall oder auch nicht, nahezu den gleichen Namen trägt, wie das Papier der Bundesbank: ‚Die Europäische Zentralbank: Perspektiven für die Weiterentwicklung des Europäischen Währungssystems'. Im Mai 1989 wird eine hochkarätig besetzte Konferenz zum gleichen Thema in Gütersloh ausgerichtet. Unter den Teilnehmern finden sich der damals amtierende Außenminister Hans-Dietrich Genscher, der Vorstandssprecher der Deutschen Bank Alfred Herrhausen, Reinhard Mohn und etliche Journalisten, wie beispielsweise Udo van Kampen. Van Kampen wird ziemlich genau fünfundzwanzig Jahre später Angela Merkel im Brüsseler Pressesaal kurz nach Mitternacht ein Geburtstagsständchen singen. Auch Horst Teltschik, damals Kohls rechte Hand, und natürlich Werner Weidenfeld selbst, sind auf der Konferenz im ‚Kanzleramt von Gütersloh' mit von der Partie. Weidenfeld tritt dabei als Vorsitzender des ‚Beirats des Europa-Projektes der Bertelsmann-Stiftung' in Erscheinung.

Wie es um die im Vertrag von Maastricht feierlich festgelegten Konvergenzkriterien tatsächlich steht, formuliert der britische Schriftsteller Ian Kershaw schon im Jahr 1997 mit eindringlichen Worten in einem offenen Brief an Helmut Kohl:[439]

[439] ‚Die D-Mark behalten', Der SPIEGEL, 30.03.1997
https://web.archive.org/web/20231020051821/https://www.spiegel.de/politik/die-d-mark-behalten-a-7f16e09c-0002-0001-0000-000008687052

„Frankreich, Spanien, Italien - alle tun es: Sie frisieren ihre Bücher auf eine Weise, die bei Privatleuten sofort das Betrugsdezernat auf den Plan rufen würde."

„Wenn Sie sich auf den Euro einlassen, während Frankreich, Spanien, Italien und die Benelux-Staaten ihre tatsächliche Wirtschaftslage vertuschen, wird der Euro wie ein Stück Butter sein. Die Haie der internationalen Geldmärkte werden das sofort bemerken. Und das Ergebnis? Erst großer Jubel, das Ereignis wird überall mit Sekt begossen (Wissen Sie noch, Berlin 1990?), und dann die Katastrophe."

Nach der Einführung des Euro mit Beginn des Jahres 1999 kommt es zunächst zu einem erheblichen Abfluss von Kapital aus Frankreich und Deutschland, den Kernländern der Währungsunion. Speziell Deutschland tritt mit einem zu hohen Wechselkurs in die Währungsunion ein, Irland mit einem zu niedrigen. Leicht höhere Zinssätze lenken Kapital in jene Länder, die man später als den ‚Club Med', die ‚Peripherie' oder die ‚PIIGS' bezeichnen wird: Portugal, Italien, Irland, Griechenland und Spanien. Viel Geld fließt in dortige Immobilien und Infrastrukturprojekte. Irland erlebt nach der Euro-Einführung einen Boom und wird durch attraktive Steuersparmodelle, gemäß den Prinzipien ‚Base Erosion' und ‚Profit Shifting' zum Magnet für internationale Konzerne, die mit Konstrukten wie dem ‚Double Irish' ihre Steuersätze gegen Null drücken. Etliche Zweckgesellschaften, die sogenannten ‚Special Purpose Vehikels' (SPV), werden in Irland angesiedelt. In ihnen werden oftmals Risiken gebündelt, die in der Bilanz des Mutterkonzerns nicht ersichtlich sind, aber im Krisenfall auf diesen zurückfallen. Es sind die Zeiten der neuen Montagsdemonstrationen in Deutschland, die es schließlich der SED-Nachfolgepartei PDS ermöglicht, mit Unterstützung des SPD-Renegaten Lafontaine und dessen WASG zur gesamtdeutschen Partei ‚Die Linke' aufzusteigen. Auslöser der Demonstrationen ist die Agenda 2010, die Bundeskanzler Schröder in seiner Regierungserklärung vom 14. März 2003 verkündet.[440] Bereits damals fordert Schröder Lockerungen beim Stabilitäts- und Wachstumspakt, dessen Kriterien Frankreich und Deutschland in jenen Jahren verfehlen. Griechenland erfüllt die Kriterien nie und hätte deshalb auch nie in die Währungsunion

[440] ‚Vor 20 Jahren: Gerhard Schröders Agenda gegen den Reformstau', Deutscher Bundestag, https://web.archive.org/web/20230311183544/https://www.bundestag.de/dokumente/textarchiv/2023/kw11-kalenderblatt-agenda2010-211202

aufgenommen werden dürfen, wäre man ernsthaft an einen stabilen Euro interessiert gewesen.

Es sind auch die Zeiten in denen durch die Regierung Schröder für amerikanische Investmentbanken und Beteiligungsgesellschaften die Tür nach Deutschland geöffnet wird. Das einst biedere Deutschland wird Teil des von der Wall-Street gesteuerten globalen Finanzcasinos. Die Trickkisten der dortigen Banker werden auf die heimische, mittelständisch geprägte Wirtschaft losgelassen. Mit den Basel II - Regularien wird gleichzeitig die Kreditvergabe an kleine und mittelständische Unternehmen erschwert. Das angelsächsische Credo der kurzfristigen Gewinnmaximierung hält Einzug und die Managergehälter explodieren. Spektakuläre Börsengänge, Fusionen und Übernahmeschlachten, wie sie bereits ein Jahrzehnt zuvor in den USA stattfinden, sind nun auch in Deutschland an der Tagesordnung. Die Übernahme und anschließende Zerschlagung von Mannesmann durch Vodafone, bei der an den bisherigen Vorstand Esser die Kleinigkeit von rund 60 Millionen Euro Prämie fließen, ist ein Beispiel von vielen.

Öffentliche Infrastruktur, von der Autobahn bis zur Trinkwasserleitung, die sich bisher von der Planung bis zum Abbruch fest in der Hand des Staats befindet, wird unter der Formel ‚Public Private Partnership' über teils aberwitzige Finanzierungs- und Leasing-Modelle in die Hände privater Investoren gegeben.

Der unaufhaltsame Aufstieg von Jörg A.

„Die Deutschen werden dazulernen müssen." [441]

Jörg Asmussen am 11. Oktober 2011

Im Bundesfinanzministerium sieht man seine Aufgaben längst nicht mehr in einer soliden Führung des Bundeshaushalts oder der Gewährleistung von Währungsstabilität durch eine disziplinierte Fiskalpolitik. Wichtig ist alleine, dass der Rubel - oder besser - der Euro rollt. Schauspieler Manfred Krug wirbt Mitte der neunziger Jahre kräftig für die *T-Aktie* der Deutschen Telekom AG, die mit Unterstützung der staatlichen Förderbank KfW in drei Börsengängen unters Volk gebracht werden. Die letzte Tranche erzielt Anfang des Jahres 2000 einen Stückpreis von 66,50 Euro. Etliche Milliarden fließen dabei auch in die Kassen des Finanzministeriums. Bald darauf platzt die Finanzblase und die völkischen Investoren halten danach eine Volksaktie mit einem Wert von gerade noch 8,16 Euro in ihren Händen. Aber auch nach den geplatzten Dotcom- und Neuer Markt-Blasen glaubt man im Finanzministerium Lobbyarbeit für den deutschen Finanzplatz leisten zu müssen.

Eine zentrale Figur in der zweiten Reihe des Ministeriums ist dabei Jörg Asmussen, der ebenso wie Jens Weidmann beim späteren Bundesbankpräsidenten Axel Weber in Bonn studiert hat und diesen wahrscheinlich als Nachfolger von Ernst Welteke ins Spiel bringt. Beim Ministerium heuert er noch unter CSU-Minister Theo Waigel an und steigt dort unaufhaltsam weiter auf. Asmussen dient drei Kanzlern und sechs Ministern. Zuletzt war Asmussen, der mit zwanzig Jahren der SPD beigetreten ist, Staatssekretär bei Finanzminister Wolfgang Schäuble im zweiten Merkel-Kabinett, nachdem er zuvor bereits unter Peer Steinbrück, Hans Eichel, Oskar Lafontaine und Theo Waigel tätig war.[442] Gleichzeitig ist Asmussen seit 2004 auch im Beirat der Verbriefungsplattform ‚True Sale International' tätig und wirbt 2006 im Namen des Finanz-

[441] ‚Porträt Jörg Asmussen', Tagesspiegel, 11.10.2011 https://web.archive.org/web/20240110100628/https://www.tagesspiegel.de/meinung/die-deutschen-werden-dazu-lernen-mussen-2008345.html

[442] ‚Hintergründe zu Finanzstaatssekretär Asmussen', report https://www.youtube.com/watch?v=FFE-UNWzkm8

ministeriums in einem viel beachteten Artikel offensiv für die sogenannten ‚Asset Backed Securities' (ABS).[443]

In gewisser Weise sind ‚Asset Backed Securities' die Wall Street - Variante des Deutschen Pfandbriefs, der unter Friedrich dem Großen für die Verbriefung von Krediten an adlige Gutsbesitzer eingeführt wird. Wie solide Verbriefungen gestaltet sein können, beweist die Tatsache, dass seit Friedrichs Zeiten kein Gläubiger eines deutschen Pfandbriefs jemals einen Ausfall zu beklagen hat. Der Grund ist einfach: Eine Bank, die einen Pfandbrief ausgibt, haftet ohne jede Einschränkung bei dessen Ausfall. Pfandbriefe gelten qua Gesetz (BGB §1807 bis 2022) als empfohlene Anlageform für Mündelgeld und damit als besonders ausfallsicher.[444]

Wie fatal sich Deregulierung und Internationalisierung auswirken können, zeigt beispielhaft die Entwicklung der ‚Deutsche Pfandbriefanstalt'. Bis zum Jahr 1989 handelt es sich bei diesem Unternehmen um eine ‚bundesunmittelbare Körperschaft des öffentlichen Rechts' mit Sitz in Wiesbaden, also nahezu um eine langweilige Behörde, die langfristige Anleihen ausgibt. 1990 erfolgt die Umwandlung in eine Aktiengesellschaft und im Jahr 1991 geht es an die Börse. Der Bund nimmt beim damaligen Börsengang über eine halbe Milliarde DM ein. 1998 wird eine Filiale in Nikosia auf Zypern eröffnet, die sich um lukrativere Geschäfte kümmert. Geschäfte mit Russland, auf dem Balkan oder Estland sind es, die für Adrenalin und sprudelnde Gewinne sorgen. Bereits in Nikosia ist der New Yorker Investmentbanker Fulvio Dobrich mit an Bord. Zentrale Figur ist jedoch ein gewisser Gerhard Bruckermann, der im Jahr 2000 den Vorstandsvorsitz der Depfa übernimmt und den Hauptsitz 2002 von Wiesbaden nach Dublin verlegt. Ein Schritt, der ohne das Euro-Projekt höchstwahrscheinlich nicht erfolgt wäre.

In Dublin dreht Bruckermann mit der Depfa am ganz großen Rad. Das lohnt sich nicht nur für die Aktionäre, sondern vor allem für ihn selbst.

---

[443] ‚Verbriefungen aus Sicht des Bundesfinanzministeriums', Kreditwesen, 01.10.2006, S. 1016
https://web.archive.org/web/20090320014651/https://www.nachdenkseiten.de/upload/pdf/081010_Asmussen.pdf

[444] BGB § 1807 ‚Art der Anlegung'
https://web.archive.org/web/20231207084437/https://dejure.org/gesetze/BGB_bis_31.12.2022/1807.html

Etwa 7,4 Millionen Euro bekommt der Vorstandsvorsitzende im Jahr 2004 bezahlt, die Eigenkapitalrendite der Depfa nähert sich dreißig Prozent an.[445] Das alles macht der Aufsichtsrat, in dem Vertreter der Kreditanstalt für Wiederaufbau (KfW), der Europäischen Investitionsbank (EIB) und auch die ehemaligen Präsidenten der Zentralbanken von Deutschland und Irland, Hans Tietmeyer und Maurice O'Connel, sitzen, ohne Murren mit. Vielleicht ahnt Bruckermann aber, dass die Geschäfte nicht ewig so gut laufen werden. Die Depfa wird 2007 an die Hypo Real Estate in München unter Führung von Georg Funke verkauft. Von den 5,4 Milliarden Euro, die die HRE bezahlt, kommen immerhin schlappe 100 Millionen Euro bei Bruckermann persönlich an, als er seine Aktien kurz nach der Übernahme verkauft. Eine Haltefrist ist wohlweislich nicht vorgesehen. Denn kurz nach der Übernahme mehren sich die Probleme sprunghaft. Am Ende wird die HRE mit sage und schreibe 102 Milliarden Euro gestützt um den Kollaps zu verhindern. 87 Milliarden Euro davon kamen vom deutschen Staat, denn durch die Übernahme kurz vor dem faktischen Zusammenbruch kehrte die irische Depfa haftungstechnisch heim nach Deutschland, zumindest stellt sich das für den haftenden deutschen Steuerzahler so dar.[446]

Ganz anders als mit dem nahezu mündelsicheren Pfandbrief verhält es sich mit den ‚Asset Backed Securities' der Wall Street. Das sind genau jene Papiere, die in der Finanzkrise der Jahre 2008 und 2009 eine zentrale Rolle spielen, weil sie dazu eingesetzt werden, betrügerische amerikanische Hypothekenkredite in dreistelliger Milliardenhöhe zu verbriefen und danach mit einem kalten Lächeln in alle Welt zu exportieren. Die ABS-Papiere ermöglichen es Hypothekenbanken bequem Kredite und das damit verbundene Ausfallrisiko in großen Paketen gebündelt zügig weiterzuverkaufen. Weil das Ausfallrisiko durchgereicht wird, spielt für den Kreditgeber beim Abschluss des Kreditvertrags die Bonität des Kreditnehmers eine eher untergeordnete Rolle. Die Abschlüsse fallen leicht und die Vertragsprovisionen können reichlich fließen.

[445] ‚Im Grab des großen Geldes', Der SPIEGEL, 01.02.2009
https://web.archive.org/save/https://www.spiegel.de/wirtschaft/im-grab-des-grossen-geldes-a-1a6ab5b7-0002-0001-0000-000063947500

[446] ‚Der HRE-Gewinner', FAZ, 21.08.2009
https://web.archive.org/web/20120507050336/https://www.faz.net/aktuell/wirtschaft/gerhard-bruckermann-der-hre-gewinner-1845286.html

In den USA entsteht ein riesiger Markt für windige Hypothekenkredite, ,subprime mortgage' genannt. Die unzureichende Bonität der Kreditnehmer wird von den drei großen angelsächsischen Rating-Agenturen, Moody's, Fitch und Standard & Poor's, willig kaschiert. Diese versehen die Kreditbündel gegen Gebühr mit besten Bonitätsnoten und setzen damit den Schlussstein auf ein betrügerisches Kartenhaus, das um die Jahrtausendwende rasant an Fahrt aufnimmt, zunächst in den USA und dann in Europa. Wie bei nahezu jeder Krise wissen einige bereits weit vor dem Ausbruch bescheid. Krisen kündigen sich fast immer an, selbst wenn fast immer das Gegenteil behauptet wird. Bereits im September des Jahres 2004 warnt die amerikanische Bundespolizeibehörde FBI vor einer Betrugs-,Epidemie' im Markt für Hypothekenkredite.[447] Es wird sogar ausdrücklich vor einer Wiederholung der sogenannten ,Savings & Loan' - Krise gewarnt, die bis zur Mitte der neunziger Jahre rund tausend Banken in die Pleite schickt. Doch alle Warnungen sind vergeblich, der Rubel muss rollen, bis es kracht.

Großabnehmer der toxischen US-Papiere sind auch deutsche Landesbanken und die IKB, Deutsche Industriebank in Düsseldorf, in deren Aufsichtsrat Jörg Asmussen seinerzeit sitzt. Bereits im Koalitionsvertrag des Jahres 2005 drängt Asmussen auf eine weitere Deregulierung des Finanzmarkts und sitzt gleichzeitig im Verwaltungsrat der ,Bundesanstalt für Finanzdienstleistungsaufsicht' (BaFin). Das ist die Behörde, die eigentlich den deutschen Finanzmarkt überwachen soll. Die Bemühungen von Asmussen in Sachen Deregulierung werden von der Boston Consulting Group flankiert, wie in seinem Aufsatz zu lesen ist. Seine damalige Partnerin Henriette Peucker ist von 2003 bis 2007 als ,Head of European Public Affairs' Lobbyistin für die Deutsche Börse in Brüssel.[448]

Als das Betrugs-Karussell im Jahr 2008 ins Stocken gerät und die internationalen Finanzmärkte implodieren, werden von den vormaligen tapferen Verfechtern des freien Marktes staatliche Garantien und

---

[447] ,FBI warns of mortgage fraud ,epidemic', CNN, 17.09.2004
https://web.archive.org/web/20050112231533/https://edition.cnn.com/2004/LAW/09/17/mortgage.fraud/

[448] ,Henriette Peucker', LinkedIn
https://archive.ph/5E5NK

Rettungsschirme in Billionenhöhe eingefordert. Im selben Jahr streichen die cleveren Banker an der Wall Street nochmals kräftig Boni ein. Bevor sie ihre Jobs verlieren, wollen sie noch schnell aussorgen. Juristische Konsequenzen hat das gigantische Bezugssystem für die Beteiligten nur in seltensten Fällen.

Auch für den geschmeidigen Jörg Asmussen hat die Finanzkrise, an der er in Deutschland vielleicht sogar ursächlich beteiligt ist, keinerlei erkennbare negative Konsequenzen. Schnell wendet sich in jenen Monaten der Brandstifter zum Feuerwehrmann mit intimer Kenntnis der Katastrophenlage. Und wie immer sind auch im Fall Asmussen die tapferen Redakteure in den unbestechlichen Medienhäusern der Republik zur Stelle, und ein bunter Reigen wohlwollender Porträts wird für Asmussen eröffnet, bereits am 25. März 2009 wird er in den ARD-Tagesthemen präsentiert.[449] Ein Porträt über Asmussen erscheint im Jahr 2010 als die Griechenlandkrise ausbricht. Es ist mit ‚Der Brandbekämpfer' betitelt.[450] Im letzte Absatz wird immerhin noch oberflächlich, aber bemerkenswert nachsichtig, auf seine Rolle beim Thema ABS-Verbriefungen eingegangen.

Über die eilig aufgespannten Rettungsschirme werden Bankschulden in Billionenhöhe faktisch zu Staatsschulden gewandelt. Gewaltige Beträge an Volksvermögen werden damit endgültig zu Privatvermögen gemacht. Die Finanzkrise wird so in Europa in eine Staatsschuldenkrise verwandelt. Und über das Euro-System wird diese Staatsschuldenkrise zur Eurokrise. Und auch in der Eurokrise darf sich Jörg Asmussen bewähren. Merkel macht ihn 2011 zu ihrem Chef-Unterhändler bei den zahlreichen EU-Krisengipfeln im Kontext der sogenannten Griechenland-Rettung, die sich bald zu einer Euro-Rettung auswächst.[451] Damit aber nicht genug: Asmussen ist ein so unverzichtbarer *Experte*, dass er kaum

[449] ‚Porträt des Staatssekretärs hinter dem Finanzminister: Jörg Asmussen', ARD Tagesthemen, 25.03.2009 https://www.tagesschau.de/multimedia/sendung/tagesthemen/video-ts-111574.html

[450] ‚Der Brandbekämpfer', FAZ, 13.04.2010 https://web.archive.org/web/20210820104025/https://www.faz.net/aktuell/wirtschaft/konjunktur/portraet-joerg-asmussen-der-brandbekaempfer-1966178.html

[451] ‚Merkel macht Sozialdemokraten zum Sherpa', SZ, 27.02.2011 https://web.archive.org/web/20110908210201/https://www.sueddeutsche.de/wirtschaft/neuer-job-fuer-joerg-assmussen-merkel-macht-sozialdemokraten-zum-sherpa-1.1065433

ein Jahr später in das Direktorium der Europäischen Zentralbank einzieht. Zuvor ist Jürgen Stark als Chef-Volkswirt der EZB zurückgetreten und hat dabei deutlich vernehmbar die Geldpolitik kritisiert.[452] Bei der EZB sitzt Asmussen einem weiteren Merkel-Vertrauten gegenüber. Seit April 2011 ist Jens Weidmann Präsident der Bundesbank. Tapfer versucht er zu Beginn seiner Amtszeit wenigstens etwas vom Geist der alten Bundesbank zu beschwören:

„In der Geldpolitik geht es um den Ausstieg aus den krisenbedingten Sondermaßnahmen sowie um eine klare Trennung der Verantwortlichkeiten von Geld- und Fiskalpolitik.“[453]

Als er am 31. Dezember 2021 freiwillig als Bundesbankpräsident ausscheidet, ist das Euro-System mit Ankaufsprogrammen gepflastert, und die EZB-Bilanzsumme hat sich seit seinem Amtsantritt ungefähr verdreifacht. Die Target-Forderungen der Bundesbank liegen bei über einer Billion Euro. Den Mut, diesem Spiel den Rücken zu kehren hat er nie, vielleicht hatte er dazu auch nie die Absicht. Denn seine Karriere hat er Angela Merkel zu verdanken, die das alles so laufen lässt. Bald nach seinem Abgang bei der Bundesbank taucht er beim alten Merkel-Spezi Ulrich Wilhelm in der FAZIT-Stiftung auf, die angeblich für die *Unabhängigkeit* der FAZ sorgt.[454] Das Ergebnis der von Wilhelm organisierten *Unabhängigkeit* hält einem Vergleich mit der Frankfurter Allgemeinen der neunziger Jahre nicht einmal ansatzweise stand.

Früher als Weidmann verlässt der geschmeidige Jörg Asmussen die Kommandobrücke. Kaum zwei Jahre weilt er bei der EZB, wo er beim Eintritt doch nicht den vorgesehenen Posten des Chef-Volkswirts ergattern konnte. Der Belgier Peter Praet macht das Rennen. Für Asmussen geht es, angeblich aus familiären Gründen, ins Arbeitsministerium von

---

[452] ‚Brandbrief: Ex-Währungshüter Stark attackiert EZB-Kurs‘, Der SPIEGEL, 14.01.2012 https://web.archive.org/web/20151204191014/https://www.spiegel.de/wirtschaft/soziales/brandbrief-ex-waehrungshueter-stark-attackiert-ezb-kurs-a-809199.html

[453] ‚Der Mann mit Eigenschaften‘, Tagesspiegel, 02.05.2012 https://web.archive.org/web/20240110115835/https://www.tagesspiegel.de/wirtschaft/der-mann-mit-eigenschaften-6691372.html

[454] 'Neue Kuratoren bei FAZIT-Stiftung', Die Stiftung, 04.01.2023 https://web.archive.org/web/20230111130324/https://www.die-stiftung.de/personalwechsel/neue-kuratoren-bei-fazit-stiftung-97566

Frankfurt zurück nach Berlin: *„Andere Gründe als diese familiären gibt es definitiv nicht."*[455] Nachdem er sich offenbar mit Ministerin Nahles gezankt hat, ist er für einen Posten bei der KfW vorgesehen, was daran scheitert, dass er nicht vollumfänglich nach Frankfurt umziehen will. Es folgt seine Versetzung in den einstweiligen Ruhestand, bei um die hunderttausend Euro jährlichem Ruhegehalt.[456] Im Jahr 2016 trennen sich er und seine damalige Lebensgefährtin Henriette Peucker. Nach verschiedenen Stationen wird er 2020 Hauptgeschäftsführer im ‚Gesamtverband der Deutschen Versicherungswirtschaft'.

Die Rettung von Großbanken und Oligarchen

Am 23. April 2010 erklärt der griechische Premierminister George Papandreou der Öffentlichkeit, dass sein Land de facto zahlungsunfähig ist und um internationale Finanzhilfen ersucht. Er tut das bei strahlendem Sonnenschein vor der malerischen Fernsehkulisse der griechischen Insel Kastellorizo, als wolle er zu einem Bootsausflug einladen.[457] Wie sich auch immer die Finanzlage Griechenlands bis zu jenem Tag darstellt, mit dieser Verlautbarung *ist* Griechenland pleite, denn wer jetzt als Bank noch Geld gibt, handelt grob fahrlässig. Längst dürfte hinter den Kulissen ausgehandelt worden sein, wie sich die weitere ‚Griechenlandkrise' entwickeln wird. Zunächst wird man gegen Griechenland Härte andeuten, gar damit drohen, das Land aus dem Euro zu werfen. Jene Währungsunion, in die das Land nie hätte aufgenommen werden dürfen, wäre alles tatsächlich nach den viel beschworenen Kriterien von Maastricht vonstattengegangen. Kriterien, die Griechenland eine Zeit lang mit Tricksereien halbwegs erfüllt, aber zu keinem Zeitpunkt faktisch. Im Jahr 2011 wird eine Abordnung von ‚BlackRock Solutions' nach Athen entsandt, die unter dem Schutz von Leibwächtern und dem

---

[455] 'Asmussen zieht es wieder nach Frankfurt', FAZ, 17.10.2015
https://web.archive.org/web/20151018004949/https://www.faz.net/aktuell/wirtschaft/menschen-wirtschaft/joerg-asmussen-welchselt-aus-dem-bmas-zur-kfw-13861697.html

[456] ‚Wegen Wohnsitz Berlin?: Asmussen geht wohl nicht zur KfW, Tagesspiegel, 17.12.2015,
https://archive.ph/PFkFh

[457] ‚Papandreou: „Es ist eine nationale Notwendigkeit"', FAZ, 23.04.2010
https://web.archive.org/web/20120202050432/https://www.faz.net/aktuell/politik/griechenland-papandreou-es-ist-eine-nationale-notwendigkeit-1977613.html
https://www.youtube.com/watch?v=4pC_d1M82uQ

Tarnnamen ‚Solar' die Anlagen achtzehn griechischer Banken durchforstet. Auch in Irland wird ‚BlackRock Solutions' in ähnlicher Weise aktiv.[458] Die Wirtschaftsprüfungen ziehen sich über Jahre hin. Selbstverständlich tritt Blackrock in diesen Ländern auch als Investor auf und erhält durch die Analysen möglicherweise hilfreiche Ideen für kreative Investitionen.

Im Zuge der sogenannten ‚Griechenland-Rettung', die sich zu einer ‚Euro-Rettung' auswächst, werden letztendlich in großem Stil privaten Großbanken und Großanlegern ihre maroden griechischen Staatsanleihen abgekauft. Insbesondere französische, aber auch deutsche Banken hatten nach der Euro-Einführung in griechische Anleihen investiert, für die sich jetzt kein anderer Käufer mehr findet als die mit öffentlichem Geld finanzierten Rettungsprogramme.[459] Aber auch an eine ganze Reihe griechischer Oligarchen fließen die Hilfsmilliarden.[460] Eine Zwischenbilanz der ‚Griechenland-Rettung' legen die Wirtschaftswissenschaftler Jörg Rocholl und Axel Stahmer von der ‚European School of Management and Technology' im Jahr 2016 vor. Rocholl hatte zuvor mit Clemens Fuest und Jörg Asmussen publiziert, er ist damit weder Renegat noch Dilettant.[461] Die Studie kommt zum Ergebnis, dass nicht einmal fünf Prozent der Griechenland-Hilfen im griechischen Staatshaushalt ankommen.[462] [463] Das sind weniger als zehn Milliarden Euro. Weit über zweihundert Milliarden werden für Schuldenübernahme, Tilgungen und Zinszahlungen verwendet. Die Autoren stellen weiterhin fest, dass im Zuge der ‚Rettung' ursprünglich private Haftungsrisiken zu

---

[458] ‚Blackrock: The financial leviathan that bears down on Europe's decisions', Juliet Ferguson, 17.04.2019 https://web.archive.org/web/20240114140848/https://www.investigate-europe.eu/posts/blackrock-the-financial-leviathan-that-bears-down-on-europes-decisions

[459] ‚Milliardenkredite für Griechenland retteten vor allem Banken', Der SPIEGEL, 04.05.2016 https://web.archive.org/web/20160505225337/https://www.spiegel.de/wirtschaft/soziales/griechenland-hilfsmilliarden-retteten-vor-allem-banken-a-1090710.html

[460] 'Diese Griechen Bonzen retten wir mit unseren Milliarden', Focus, 04.03.2015 https://web.archive.org/web/20150630040605/https://www.focus.de/finanzen/news/staatsverschuldung/die-profiteure-der-krise-diese-griechen-bonzen-retten-wir-mit-unseren-milliarden_id_4519043.html

[461] ‚Does Common European Bank Supervision Constitute a New Bank Bail-out Instrument?', fo Schnelldienst, 2012, 65, Nr. 14, 03-25 https://web.archive.org/web/20240117081431/https://www.ifo.de/en/publications/2012/article-journal/bank-union-does-common-european-bank-supervision-constitute-new

[462] ‚Where did the Greek bailout money go?', ESMT, 2016 https://web.archive.org/web/20160508141032/http://static.esmt.org/publications/whitepapers/WP-16-02.pdf

[463] ‚Wo sind Griechenlands Rettungsmilliarden gelandet?', DW, 04.05.2016, https://www.dw.com/de/wo-sind-griechenlands-rettungsmilliarden-gelandet/video-19234326

Haftungsrisiken der Allgemeinheit werden. Das Motto lautet auch hier ‚Gewinne privatisieren, Verluste sozialisieren'. Noch verheerender fällt das Urteil des renommierten Kieler Instituts für Weltwirtschaft zur ‚Griechenland-Rettung' aus. Acht Jahre nach deren Beginn kommt man dort zur folgenden Bewertung:[464]

„Ein ‚Herauswachsen' aus den Schulden ist nicht absehbar."

„Das griechische Produktivitätsniveau sank von 71 Prozent des EU-Durchschnitts im Jahr 2008 auf 60 Prozent im Jahr 2017."

„So ist es bemerkenswert, hinter wie vielen Ländern mit problematischen staatlichen und gesellschaftlichen Strukturen Griechenland bei diesen Kriterien steht, wenn es bei der Registrierung von Eigentum nur Rang 145 und bei der Durchsetzung von Verträgen Rang 131 belegt."

„Insgesamt bietet sich damit das Bild einer weit gefächerten Reformbaustelle, die nicht kompatibel mit dem Bild einer erfolgreichen ‚Rettung' Griechenlands ist."

Am Ende bleibt Griechenland trotz jahrzehntelanger betrügerischer Verfehlungen Teil der Währungsunion, auch ohne dass sich im Land etwas grundsätzlich an Schlendrian, Korruption und niederer Produktivität ändert. Offiziell läuft die Serie der insgesamt drei Rettungsprogramme am 20. August 2018 aus. Zwei Jahre später erreicht die griechische Staatsverschuldung mit über zweihundert Prozent sogar einen neuen Höchststand. Auch in den anderen Ländern des ‚Club Med' ändert sich nicht viel. Die gigantischen Ankaufsprogramme der EZB sorgen aber bis auf Weiteres für eine relative Ruhe. Der damalige deutsche Finanzminister Olaf Scholz sieht die Lage hingegen völlig anders. Er wird wie folgt zitiert: *„Die düsteren Prophezeiungen der Untergangspropheten sind nicht eingetreten. Das ist gut."*[465]

---

[464] ‚Griechenland: Eine Rettungsbilanz', Kieler Beiträge zur Wirtschaftspolitik, No. 17, 10.2018 https://web.archive.org/web/20200711134327/https://www.econstor.eu/bitstream/10419/187443/1/1040981887.pdf

[465] ‚Scholz würdigt Erfolg der Griechenland-Rettung', Münsterische Zeitung, 19.08.2018 https://web.archive.org/web/20240118084009/https://www.muensterschezeitung.de/nachrichten/wirtschaft/scholz-wurdigt-erfolg-der-griechenland-rettung-1241292?npg=

Ganz ähnlich wie bei der Wiedervereinigung sind auch bei der Euro-Rettung Banken und darüber hinaus Finanzinvestoren die größten Profiteure der Transfermilliarden, während einfache Bürger über Steuern, Inflation und Niedrigzinsen die Zeche zahlen. Einer der griechischen Oligarchen, die mit den Rettungsmilliarden schadlos gehalten werden, ist Spiros Latsis. Latsis hat zusammen mit José Manuel Barroso in Genf studiert. Im Jahr 2004 weilt Familie Barroso gratis eine Woche auf der Luxusyacht ‚Kalinga', die Latsis gehört.[466] Kurz danach werden offenbar von der EU geplant Umweltauflagen für die Schiffsbranche entschärft, in der Unternehmen von Latsis tätig sind. Schon damals macht Latsis auch direkte Geschäfte mit der EU. Er erhält beispielsweise Kredite von der ‚Europäische Bank für Wiederaufbau und Entwicklung (EBRD)'. Ganz erheblich profitiert Latsis dann 2011 von den Euro-Rettungsmilliarden für Griechenland. Seine EFG Eurobank Ergasias erhält 4,2 Milliarden Euro. Das klappt vermutlich nur durch eine hastige Sitzverlegung seiner EFG SA - Holding aus der Schweiz nach Luxemburg.[467] [468]

---

466 ‚Luxusreise mit Nachspiel', Die WELT, 19.04.2005
https://web.archive.org/web/20190502111735/https://www.welt.de/print-welt/article666006/Luxusreise-mit-Nachspiel.html

467 ‚Question for written answer E-4761/2010 to the Commission Rule 117', Mario Borghezio (EFD), 17.6.2010
https://web.archive.org/web/20240325163615/https://www.europarl.europa.eu/doceo/document/E-7-2010-4761_EN.html

468 ‚Der reiche Grieche vom Genfersee', Tagesanzeiger, 01.06.2012
https://archive.is/apR2b#selection-2191.378-2191.391

Unmöglich, undenkbar, eindeutig untersagt

Gleich mehrfach meldet sich ein Professor für Europarecht im Frühjahr 2010 in der FAZ zu rechtlichen Aspekten der Griechenlandrettung zu Wort.[469] [470] Matthias Ruffert, so lautet sein Name, betont nachdrücklich, dass etwaige Finanzhilfen für Griechenland seitens der EU oder deren Mitgliedstaaten eindeutig rechtswidrig sind, da sie einen Bruch des Vertrags über die Arbeitsweise der Europäischen Union (AEUV) darstellten. Konkret verweist er auf den Artikel 125, der sogenannten ‚No Bail Out'-Klausel, sowie auf Artikel 123:

„Ja, solche Hilfen sind eindeutig untersagt. Weder die EZB noch die Notenbanken des Euro-Systems dürfen Kredite an die Mitgliedsländer zu Konditionen unter dem Marktniveau vergeben. Wörtlich und etwas verkürzt lautet die Vorschrift: ‚Überziehungs- oder andere Kreditfazilitäten bei der EZB oder den Zentralbanken der Mitgliedstaaten sind für Zentralregierungen ebenso verboten wie der unmittelbare Erwerb von Schuldtiteln von diesen durch die EZB oder die nationalen Zentralbanken.' So steht es in Artikel 123 des Vertrags zur Arbeitsweise der Europäischen Union (AEUV)."

Ein Jahr später beschäftigt sich Ruffert mit den bis dahin vollzogenen Rechtsbrüchen.[471] Auch wenn er *„eine politische Verschiebung in Richtung eines Systemwechsels"* erkennt, ist für ihn die Welt schon wieder in Ordnung, wenn die Rechtsbrüche durch ein paar Urteile oder Vertragsänderungen rückwirkend glattgezogen werden. Die Euro-Gruppe wird von einer vertraglich festgelegten Nicht-Haftungsgemeinschaft zu einer Haftungsgemeinschaft. Um den Skandal zu kaschieren, bemüht Ruffert am Ende seines Elaborats als Rechtfertigung und Ausflucht auch noch den *„Sonder- und Irrweg der deutschen Nation"*, den man fünfundsechzig Jahre

---

[469] ‚Europäische Verträge verbieten einen „Bail Out"', FAZ, 10.02.2010 https://web.archive.org/web/20210126145957/https://www.faz.net/aktuell/wirtschaft/konjunktur/hilfen-fuer-griechenland-europaeische-vertraege-verbieten-einen-bail-out-1936387.html

[470] ‚Professor für Europarecht : „Hilfe für Griechenland wäre Rechtsbruch"', FAZ, 23.01.2010 https://web.archive.org/web/20230129215723/https://www.faz.net/aktuell/wirtschaft/konjunktur/professor-fuer-europarecht-hilfe-fuer-griechenland-waere-rechtsbruch-1912963.html

[471] ‚Der rechtliche Rahmen für die gegenseitige Nothilfe innerhalb des Euro-Raumes', Berliner Online-Beiträge zum Europarecht, Nr. 64, S. 1-17, 07.04.2011 https://web.archive.org/web/20230803225052/https://www.jura.fu-berlin.de/forschung/europarecht/bob/berliner_online_beitraege/Paper64-Ruffert/Paper64---Der-rechtliche-Rahmen-fuer-die-gegenseitige-Nothilfe-innerhalb-des-Euro-Raumes.pdf

nach Kriegsende wohl auch mal mit einem Rechtsbruch zulasten Deutschlands kompensieren kann. Trotz erkennbarer Irritation, hat der Rechtsprofessor damit zumindest in eigener Sache die passende Sprachregelung gefunden, um auch weiterhin im gebrochenen Europarecht reüssieren zu können.

Die Tatsache, dass trotz der evidenten Vertragsbrüche und Rechtsverstöße einige Zeit später tatsächlich die Griechenland-Hilfen fließen, dass dubiose Institutionen wie der Europäische Stabilitätsmechanismus (ESM) eingerichtet werden, dass schließlich die EZB, gemäß Draghis Motto *„whatever it takes"*, ihre eigenen Statuten bricht, markiert den Wandel der EU, ihrer Mitglieder und Institutionen von der viel beschworenen *Rechtsgemeinschaft* zu einer *Unrechtsgemeinschaft*. Eine *Unrechtsgemeinschaft* zumindest in dem Sinne, dass im Zweifelsfall die Regeln dem Spiel, und nicht sinnvollerweise das Spiel den Regeln angepasst werden. Genau das bedeutet aber den Anfang vom Ende der *Rechtsgemeinschaft*. Die EU und ihre Institutionen beschreiten einen weiteren Holzweg. Der Willkür werden in Deutschland und der EU Tür und Tor geöffnet, wie sich später auch in der sogenannten Flüchtlingskrise oder bei den verfassungswidrigen Corona-Maßnahmen erweisen wird.

Schon im Jahr 2011 kommen dem renommierten Wirtschaftsjuristen Markus C. Kerber Zweifel daran, ob die Unabhängigkeit der EZB nicht so weit geht, dass sie juristisch nicht mehr angreifbar ist, und fordert eine gerichtliche Kontrollmöglichkeit.[472] Im Jahr darauf ändert EZB-Chef Draghi mit einem Satz den Modus der EZB, von ‚Bundesbank' auf ‚Federal Reserve', böse Zungen sprechen sogar von einer ‚Banca d'Italia'.[473] Währungsstabilität ist von da an auch explizit kein Primärziel der EZB mehr. Die EZB verfolgt nun eine offen politische Agenda, die mittels Niedrigzinsen und umfangreicher Anleihekäufe Pleitestaaten vor der Pleite retten soll. In der Folge kommt es innerhalb der EU zu

---

[472] ‚Institutionelle Unabhängigkeit als Freiheit vom Recht?', Wirtschaftsdienst, ISSN 1613-978X, Springer, Heidelberg, Vol. 91, Iss. 9, pp. 625-633
https://web.archive.org/web/20180719033241/https://www.econstor.eu/bitstream/10419/88824/1/730751147.pdf

[473] ‚Speech by Mario Draghi, President of the European Central Bank at the Global Investment Conference in London, 26.07.2012
https://web.archive.org/web/20120801011545/https://www.ecb.europa.eu/press/key/date/2012/html/sp120726.en.html

einer massiven Vermögensverschiebung von Sparern zu Schuldnern und von Nord- nach Südeuropa, da es auf Vermögen kaum mehr Zinsen gibt und es obendrein zur Inflation kommt. Für Schulden gilt das Umgekehrte.

Das Tauziehen um Griechenland, das ein Tauziehen um einen starken oder schwachen Euro ist, hält über ein halbes Jahrzehnt an. Zum klammen Griechenland gesellen sich bald Irland, Portugal, Italien, Spanien und Zypern hinzu. Am Ende schaffen es nur etliche Rettungsfonds und danach gigantische Anleihen-Kaufprogramme die Währungsunion zu stabilisieren, vorerst.

Es gibt das ‚Securities Markets Programme' (SMP), dann das Outright Monetary Transactions - Programme (OMT), das Corporate Sector Purchase Programme (CSPP), das Public Sector Purchase Programme (PSPP), Asset-backed Securities Purchase Programme (ABSPP) und das Third Covered Bond Purchase Programme (CBPP3). Diese Aufzählung ist längst nicht vollständig. Bereits im März 2020 kommt das ‚Pandemic Emergency Purchase Programme, (PEPP) mit einem Kaufvolumen von 750 Milliarden hinzu, das bis Jahresende 2020 auf 1850 Milliarden aufgestockt wird.[474] Darin findet sich auch einmal mehr eine *Ausnahmeregelung* für Griechenland: *„Anleihen, die vom griechischen Staat begeben wurden … hinsichtlich der Zulässigkeitskriterien"*. Im Jahr 2022 kommt noch das ‚Transmission Protection Instrument' (TPI) hinzu. Es wird ganz sicher nicht die letzte bösartige Wucherung der Fehlgeburt Euro sein. Bei der Namensgebung ist man bei der EZB zwischenzeitlich ebenso erfinderisch wie die Investmentbanker im Vorfeld der Subprimekrise, und den Überblick dürfte man in ähnlichem Ausmaß verloren haben.

Jeder erdenkliche Anlageschrott wird im Rahmen der wuchernden Programme von der EZB aufgekauft, denn die Finanzmärkte wollen mit immer mehr Geld gefüttert werden. Der Euro ist vorerst gerettet und die EZB-Bilanzsumme wird bis zum Jahr 2022 auf rund 8 Billionen

---

[474] ‚Pandemic Emergency Purchase Programme (PEPP)', Deutsche Bundesbank https://web.archive.org/web/20200513083108/https://www.bundesbank.de/de/aufgaben/geldpolitik/geldpolitische-wertpapierankaeufe/pandemic-emergency-purchase-programme-pepp--830356

Euro vervielfacht. Vor der Finanzkrise lag dieser Wert bei rund 1,5 Billionen EUR. Nahezu alle Vorkehrungen, die für eine langfristige Sicherung der Geldwertstabilität im Sinne der einst so erfolgreichen Prinzipien der Deutschen Bundesbank stehen, sind längst vergessen. Bereits seit dem Jahr 2003 existiert das ‚Agreement on Net Financial Assets' (ANFA), das den nationalen Zentralbanken Anleihekäufe nach eigenem Gutdünken erlaubt. Bis 2015 sind sowohl die Inhalte dieses Abkommens als auch das Abkommen selbst kaum bekannt. Erst die im Zusammenhang mit der Doktorarbeit des Finanzwissenschaftlers Daniel Hoffmann aufkommenden Fragen und entsprechende Presseartikel, zwingen die EZB unter Mario Draghi dazu, die ANFA-Vereinbarung am 5. Februar 2016 zu veröffentlichen.[475] [476] [477] Zu diesem Zeitpunkt sind durch das Geheimverfahren bereits Wertpapiere im Wert von hunderten Milliarden im Bestand der nationalen Zentralbanken gelandet. Schon im Jahr 2011 kommt der Wirtschaftswissenschaftler Prof. Dr. Dirk Meyer in einer Veröffentlichung zu folgendem Schluss:

„Problematisch an der Krisenpolitik der EZB ist deren Selbstentbindung von fundamentalen Rechtsgrundsätzen im Alleinentscheid ohne Mandat, deren ökonomische Konsequenzen die Fundamente einer unabhängigen Geldpolitik folgenschwer verletzen. ... Die Kriseninterventionen [der EZB] dienen einer Staatsschuldenpolitik faktisch insolventer Euro-Mitgliedsstaaten." [478]

Am Ende ihrer Regierungszeit macht Angela Merkel auch vor den Euro-Bonds nicht halt, die es ja zu ihren Lebzeiten nie geben sollte.[479] Geschickt nützt die EU-Kommission, geführt durch die Merkel-Vertraute von der Leyen die Coronalrise um Anleihen (‚Corona-Bonds') zur

---

[475] ‚Das Geheimnis der Geldmacher', Die Welt, 29.11.2015
https://web.archive.org/web/20180926160325/https://www.welt.de/print/wams/wirtschaft/article149394931/Das-Geheimnis-der-Geldmacher.html

[476] ‚ANFA: mehr Fragen als Antworten', Wirtschaftsdienst, Springer Heidelberg, Vol. 96, S. 4
https://web.archive.org/web/20180726095805/https://www.econstor.eu/bitstream/10419/141400/1/856944084.pdf

[477] ‚ECB explains the Agreement on Net Financial Assets', ECB, 05.02.2016
https://web.archive.org/web/20160206024457/https://www.ecb.europa.eu/press/pr/date/2016/html/pr160205.en.html

[478] ‚Unabhängigkeit und Legitimität der EZB im Rahmen der Staatsschuldenkrise, Kreditwesen, 3/2011, S. 17
https://web.archive.org/web/20220619061714/https://www.hsu-hh.de/ordnung/wp-content/uploads/sites/549/2017/08/EWUA_Legitimit%C3%B1t_EZB_ZgesKreditwesen_0311_Langfassung.pdf

[479] ‚Keine Eurobonds, "solange ich lebe"', Tagesspiegel,
https://web.archive.org/web/20220926121919/https://www.tagesspiegel.de/politik/merkel-keine-eurobonds-solange-ich-lebe-6686491.html

Finanzierung des ‚Wiederaufbaufonds', der ein Volumen von 750 Milliarden Euro hat, aufzulegen.[480] [481] Es mag sich dabei im Detail nicht um Euro-Bonds gemäß der bisherigen Definition des Begriffs handeln, hier werden aber gemeinschaftliche Anleihen ausgegeben, für die der deutsche Steuerzahler zumindest anteilsmäßig haftet. Im Jahr 2012 erachtet Hauptstadtjournalist Blome mit unverhohlener Zufriedenheit *„weit mehr als die Hälfte"* der Stecke zur *„Schulden-Haftungsunion"* als zurückgelegt. Ein knappes Jahrzehnt später ist das Ziel erreicht und Deutschland in eine *„Führungsrolle hineingewachsen, wie sie noch nie ein Land in der EU innehatte"*.[482] So nennt man das also, wenn ein Land mit Mann und Maus unbegrenzt für notorische Pleitestaaten haften darf, *„Führungsrolle"*. Blome beschreibt überraschend präzise den Vorgang und seine Vollstreckerin. Wir wiederholen das entscheidende Zitat noch einmal:

„Über jede einzelne kleine Etappe auf dem Weg dahin ist viel und heftig diskutiert worden. Über das große Ganze dieser in Summe epochalen Umwälzung freilich viel weniger. Das ist ganz nach Merkels Geschmack. Die Höhe des Einsatzes im Übrigen auch, der Fortbestand des Euros. Da war jemand angekommen, bei ***seinem Projekt.****"*[483]

Man lernt, dass man bei den Hauptstadtjournalisten nicht einmal den Hauch von Solidarität mit dem Land erhoffen darf, in dessen Hauptstadt sie agieren. Denn dann hätten sie vielleicht auch einmal die epochalen Folgen dieser Umwälzung für dieses Land thematisiert. Aber so etwas würde sie vielleicht in einen Gegensatz zu Angela Merkel bringen, darum lässt man es besser.

Ohne Folgen bleibt die jahrelange Politik der Euro-Rettung, der Geldschwemme durch Null- und Negativzinsen und der Wertpapierkäufe durch die EZB nicht. Am Ende der Amtszeit von Merkel nähert sich die

---

[480] ‚Investoren reißen sich um Europa-Bonds', Handelsblatt, 29.06.2021 https://web.archive.org/web/20210630083000/https://www.handelsblatt.com/finanzen/maerkte/anleihen/corona-wiederaufbaufonds-kaufauftraege-ueber-130-milliarden-euro-investoren-reissen-sich-um-europa-bonds-/27375722.html

[481] ‚Anleihen im Wert von 50 Milliarden Euro ausgegeben', EU-Kommissiom, 24.06.2022 https://web.archive.org/web/20220702095626/https://germany.representation.ec.europa.eu/news/eu-kommission-finanziert-wiederaufbaupaket-anleihen-im-wert-von-50-milliarden-euro-ausgegeben-2022-06-24_de

[482] ‚Angela Merkel – Die Zauderkünstlerin', Nikolaus Blome, 2013, S. 189

[483] ‚Angela Merkel – Die Zauderkünstlerin', Nikolaus Blome, 2013, S. 189

Inflation bereits drei Prozent. Im Jahr darauf ist die Inflation zeitweise zweistellig, das lässt sich aber dann schon wieder mit dem Ukraine-Krieg entschuldigen. Köstlicher, als es Albrecht Glaser im Bundestag bei der Absegnung der EU-Corona-Anleihen formuliert hat, kann man das Euro-Projekt und die damit verbundenen Transfer- und Schuldenunion nicht auf den Punkt bringen:

„Ökonomisch ist diese Helikoptergeldverteilung nicht nur sinnlos, sondern kontraproduktiv. – Ich komme zum Schluss, Herr Präsident. – Die hochverschuldeten Länder mit einer wohlhabenden Bevölkerung und niedrigen Steuern werden von weniger verschuldeten mit höherer Steuerlast alimentiert. Die Soliden sollen im gemeinsamen Haus den Kühlschrank füllen, damit die Unsortierten ihn leeren können. So funktioniert jedoch, meine Damen und Herren, keine Wohngemeinschaft und eine Staatengemeinschaft schon gar nicht. Ich wünsche Ihnen allen ein gutes Gewissen bei der illegalen Schulden- und Haftungsorgie, die Sie morgen feiern wollen. Herzlichen Dank." - Albrecht Glaser am 25.03.2021 im Deutschen Bundestag[484]

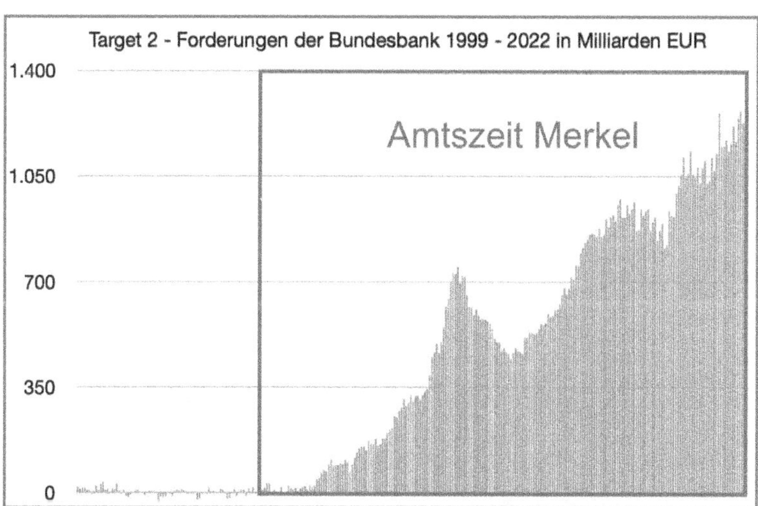

„Das Schöne am Euro ist, dass man sich im eigenen Keller Geld drucken kann, das in anderen Ländern als gesetzliches Zahlungsmittel anerkannt ist." Hans-Werner Sinn, FAZ, 08.12.2015

[484] ‚Stenografischer Bericht 218. Sitzung', Deutscher Bundestag, 05.03.2021
https://dserver.bundestag.de/btp/19/19218.pdf

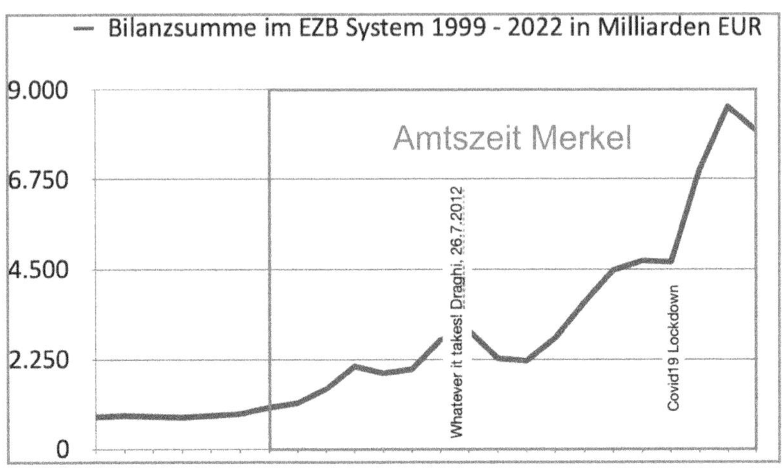

„Schmieröl des Niedergangs ist das seit der Finanzkrise und der faktischen Pleite Griechenlands in bizarren Summen gedruckte Geld im EZB System.“

Merkel und ihre Freunde

von Manfred Weih

Bereits in der Differenz zwischen dem privaten und dem öffentlichen Aufritt ihres Pastorenvaters dürfte Angela Merkel schon früh feine Abstufungen von Wahrhaftigkeit und Vertrauen registriert haben. Sie selbst beklagte sich einmal, dass ihre Eltern gegenüber ihren eigenen Kindern deutlich strengere Maßstäbe anlegten, als gegenüber anderen Leuten.

Das berufliche Umfeld an ihrem Institut in Berlin-Adlershof war mit Stasi-Agenten durchsetzt, die teils engste Freunde waren. Ähnliches erlebte sie in der Wendezeit. Von Wolfgang Schnur spricht sie als *„der größten Enttäuschung ihres Lebens“*[485] und klagt, *„Ich habe erleben müssen, dass mein Chef vom Demokratischen Aufbruch bei der Stasi war, dass der Chef von der Ost-SPD inoffizieller Mitarbeiter der Stasi war“*. Ihre Klage bricht ab, ohne IM ‚Cerni‘ alias Lothar de Maizière zu nennen, der genauso gut in die Aufzählung passt. Nach Wolfgang Schnur ist der ihr nächster Chef und war auch bei der Stasi. Seltsamerweise war er keine *„Enttäuschung ihres*

[485] ‚Die Kanzlerin : Angela Merkels Weg zur Macht‘, Evelyn Roll, 2009, S. 120

Lebens". Statt sich in ähnlicher Weise über Lothar de Maizière zu empören, wohnt sie jahrelang drei Stockwerke über dessen Kanzlei am Kupfergraben 6 in Berlin-Mitte. Ihre Empörung ist also nur gespielt und nicht mehr als eine ihrer vielen aufgesetzten Masken. Im Zweifelsfall kommt sie nämlich ganz gut mit überführten Stasi-Spitzeln aus. Ihre guten Bekannten Lothar de Maizière und Michael Schindhelm sind dafür beste Beispiele. Schindhelm sagte einmal, sie hätten beide in der DDR gelernt *„Tarnung anzulegen"* und *„Tarnung abzulegen"*.[486] Diese Fähigkeit hat sich Merkel bis heute bewahrt. Eine Fähigkeit, die vielleicht die wichtigste Grundlage ihres Erfolges ist.

„Sage mir, mit wem du umgehst, und ich will dir sagen, wer du nicht bist."

Peter Hille

---

486 ‚Michael Schindhelm', Der SPIEGEL, 27.03.2000
https://archive.is/FsFQf

Robert Havemann: Gründer der 'Europäischen Union'

Dr. Robert Havemann am 10. April 1947 als Zeuge beim Nürnberger Juristenprozess.

„Der Gedanke der vereinigten Staaten von Europa ist eine alte Hoffnung der Europäer. Er ist bisher an dem eigensüchtigen Partikularismus der plutokratischen Nationalisten gescheitert und blieb eine intellektuelle Utopie. Heute ist Europa vorbereitet und reif für diese radikale Lösung. Hitlers Umsiedlungsaktionen und die Verschleppung gewaltiger Massen ausländischer Arbeiter nach Deutschland haben den Boden für eine gesamteuropäische Lösung bereitet. Kämpft mit der mächtigen EU für ein freies sozialistisches Europa!"

Forderungen aus einem Flugblatt der „Europäischen Union", 1943

Wie so vieles im Leben von Angela Merkel ist bis heute nicht abschließend geklärt, ob sie mit Robert Havemann persönlich bekannt war.

Es gibt aber die eine Stelle in einem Interview, aus der geschlossen werden kann, dass sie nicht nur mit dessen Söhnen Frank und Ulrich Kontakt hatte sowie mit Havemanns dritter Ehefrau Annedore, sondern auch zum damals prominentesten Dissidenten der DDR selbst. Dort stellt es Gerd Langguth mit dem an Merkel gerichteten Satz fest: *„Sie hatten Kontakt zu Robert Havemann."* Merkel widerspricht dieser Feststellung ausdrücklich nicht und bringt mit einigen ausweichenden Floskeln ihre damals angeblich geringe Begeisterung für die politischen Visionen Havemanns zum Ausdruck. Sie erwähnt noch, dass ihr der Havemann-Stiefsohn Utz, ein Kollege am ZIPC, *„viele Einblicke in die Kreise um Robert Havemann gegeben habe"* und man *„immer wusste, welcher Schriftsteller welche Lesung hielt"*.[487]

In den späteren Ausgaben der Langguth-Biographie ist leider das komplette Interview ohne Angabe von Gründen verschwunden. Sowohl Wolfgang Stock als auch Evelyn Roll, zwei der wenigen von Merkel autorisierten Biographen, erwähnen immerhin Besuche bei Havemanns Witwe.[488] [489] Doch auch da werden politische Inhalte nicht weiter erörtert. Nicht einmal der Name jener Witwe, die Angela Merkel offenbar mehrmals in Grünheide besucht hat, wird in den beiden autorisierten Biographien gelüftet. Auch bei Gerd Langguth findet sich kein einziger Hinweis auf sie. Er lautet Katja Havemann. Sie war die dritte Ehefrau Havemanns und wurde 1947 als Annedore Grafe geboren. Irgendwelche Äußerungen von ihr über Merkel sind trotz ihrer frühen Bekanntschaft mit ihr nicht überliefert.

Das schwarze Loch Havemann erstaunt bei einer Person, die sich angeblich seit ihrer Jugend für Politik interessierte und Anfang der achtziger Jahre nach eigenem Bekunden sehr klare, positive Vorstellungen von Marktwirtschaft und Nachrüstung hatte. Interessant wäre immerhin gewesen, wie man im Havemann-Kreis zum NATO-Doppelbeschluss stand, den Merkel laut eigenen Worten schon damals ebenso befürwortete, wie die harte politische Linie Ronald Reagans.[490] Die nahezu völlige

---

[487] 'Angela Merkel', Gerd Langguth, 2005, Interview, S. 335

[488] ‚Das Mädchen und die Macht', Evelyn Roll, 2001, S. 95

[489] ‚Angela Merkel: Eine politische Biographie', Wolfgang Stock, S. 52

[490] 'Angela Merkel', Gerd Langguth, 2005, S. 336

Abwesenheit einer inhaltlichen Beschreibung und Bewertung der Havemann-Opposition aus ihrem eigenen Erleben heraus führt zum Eindruck, Merkel habe Havemanns Haus am Möllensee nur wegen des schönen Seeblicks oder des guten Bohnenkaffees aufgesucht. Wobei sie den Kaffee ja bekanntlich ebenso wie Kartoffelsuppe und Pflaumenkuchen selbst viel besser zubereitet. Und einen schönen See gibt es ja auch im uckermärkischen Hohenwalde, wo Merkel seit Jahrzehnten ein Ferienhaus besitzt und Ende der achtziger Jahre - man höre und staune - tatkräftig im Vorstand des Angelvereins mitwirkte.[491] Hohenwalde liegt zwanzig Kilometer von ihrem Heimatort Templin entfernt. Nur sechs Kilometer sind es bis Götschendorf. Das dortige Herrenhaus wird von der NVA, laut anderen Berichten dem MfS, als Erholungsheim genutzt. Zuvor war es ein Jagdsitz von Hermann Göring. Ab dem Jahr 2008 wird hier auf Initiative von Norbert Kuchinke, einem Journalisten und Schauspieler, und mit Fürsprache von Horst Kasner ein russisch-orthodoxes Kloster eingerichtet.[492]

Ganz gleich wie intensiv die persönliche Bekanntschaft mit dem DDR-Staatsfeind Nr. 1 der damaligen Jahre auch war, so sie denn bestand: Es finden sich im Umfeld Robert Havemanns, vom Ende der sechziger Jahre bis zu seinem Tod am Karfreitag 1982, eine bemerkenswerte Reihe von Personen, die entweder für Merkel selbst oder für die weitere politische Entwicklung insgesamt von großer Bedeutung sind. Weder Merkel noch ihre Biographen mit Ausnahme von Rohbohm, gehen in angemessener Weise auf dieses hochinteressante Umfeld ein. Einige wichtige Personen und Zusammenhänge des Havemann-Kreises werden hier vorgestellt.

Da ist der im Kriegsjahr 1941 geborene **Ulrich (Utz) von Trotha**, später **Utz Havemann**, heute **Havemann-von Trotha**, Sohn des im Januar 1945 vor Finnland mit U-745 untergegangen U-Boot-Kommandanten Wilhelm von Trotha. Seine Mutter ist Karin von Trotha, geborene von

---

[491] 'Bei den dicken Fischen', Die ZEIT, 02.05.2013
https://web.archive.org/web/20130505015319/https://www.zeit.de/2013/19/anglerverein-angela-merkel

[492] ,Der alte Mann und sein Kloster', Die WELT, 23.03.2008
https://web.archive.org/web/20151128133647/https://www.welt.de/wams_print/article1828721/Der-alte-Mann-und-sein-Kloster.html

Bamberg. Nach Antje Kind-Hasenclever (1909–1985) war sie die zweite Ehefrau Havemanns. Robert Havemann adoptierte Utz nach der Eheschließung. Das spätere SED-Mitglied Utz Havemann war ein langjähriger Freund und Kollege Merkels am Institut und Teil der dortigen FDJ-Clique, obwohl er deutlich älter ist als Merkel. Nach der Auflösung des ZIPC zum Jahresende 1991 arbeitete er später an der neu gegründeten Universität Potsdam und lebt heute mit seiner Ehefrau Jelena Jamaikina, einer im Nordkaukasus in der Nachbarschaft Georgiens geborenen Russin, in der Nähe der ehemaligen Residenzstadt vor den Toren Berlins.[493]

https://digital.zlb.de/viewer/image/15849331_1972/189/

Havemann Hedwig Bilderhandlung
Bln 55 Greifswalder Str. 208 .... 53 43 13
Havemann Karin Bln 17 Strausberger Pl. 19 . 5 81 65 30
Havemann Kurt
Bln 4 Brunnenstr. 159 .... 42 47 55 »4 22 47 55«
Havemann Liesbeth Treptow
Kiefholzstr. 405c 2 75 56 09
Havemann Reiner Köp Langerhansstr. 25 .... 6 56 23 55
Havemann Robert Prof. Dr.
Bln 2 Berolinastr. 12 .... 5 11 07 16 »2 11 07 16«
Havemann Ulrich Dipl.-Phys.
Bln 2 Wadzeckstr. 12 .... 5 11 04 42 »2 11 04 42«

Adressbucheinträge von Mutter, Vater und Sohn
Havemann in Ost-Berlin, 1972

Utz hält die zerklüftete und zeitweise zerstrittene Havemann-Familie zusammen, so gut es angesichts der zahlreichen inneren und äußeren Spannungen geht. Frank, Florian und Sibylle Havemann hatten sich zeitweise alle mehr oder weniger stark vom Vater entfremdet. Ihre Mutter Karin ließ sich 1966 von Vater Robert scheiden, nicht ohne sich vorher recht eingehend mit der Stasi über ihn auszutauschen.[494] In kritischen Situationen ist Utz zuverlässig zur Stelle. Wie aus der Biographie

[493] 'Letzte Hoffnung', Der SPIEGEL, 30.09.2005
https://archive.is/0xNLI

[494] 'Havemann', Florian Havemann, Unzensierte Ausgabe, 2007, S. 431

von Langguth hervorgeht, hütete Merkel zeitweise dessen Kinder.[495] Dazu hätte Merkel allerdings nicht zu jenem Haus am See weit außerhalb Berlins fahren müssen. In Grünheide Alt-Buchhorst logierte Robert Havemann gemeinsam mit seiner dritten Ehefrau Katja bis zu seinem Tod im Jahr 1982 und wurde dabei von der Stasi lückenlos überwacht. Familie Ulrich Havemann wohnte in Berlin-Mitte, zunächst in der Wadzeckstraße 12 und ab ungefähr 1976 am Strausberger Platz 19, der alten Familienadresse, wie aus dem Ost-Berliner Telefonbuch hervorgeht. Mutter Karin war zu dieser Zeit offenbar in die Spandauer Straße 2 gezogen, wo sie bis mindestens 1986 wohnte. Vater Robert hatte die repräsentative Wohnung im neu erbauten Gebäudekomplex am Strausberger Platz nach der Scheidung in Richtung Grünheide verlassen. Zusätzlich hatte er zeitweise auch noch eine Stadtwohnung in der Berolinastraße 12, einige hundert Meter vom Strausberger Platz entfernt. Architekt der sozialistischen Prestige-Bauten am Strausberger Platz war Robert Havemanns Schwager Hermann Henselmann, der Karins Schwester Irene von Bamberg geheiratet hatte.

https://digital.zlb.de/viewer/image/15849331_1977/201/LOG_0011/

Havemann Ulrich Dr.
1017 Strausberger Pl. 19 .... 5 81 65 30

Ungefähr ab dem Jahr 1977 wohnt Utz in der alten Wohnung der Havemann-Familie

Im Zuge der Havemann-Überwachung wurde auch Angela Merkel als Besucherin des Anwesens der Familie bei der Stasi aktenkundig. Während der Recherchen zum WDR-Dokumentarfilm ‚Im Auge der Macht - die Bilder der Stasi' tauchte 2005 ein Foto auf, vermutlich das Porträt aus ihrer Fahrerlaubnis, die am 29.08.1980 ausgestellt wurde. Merkel verweigerte damals die Freigabe des Fotos *„aus Gründen des Schutzes ihrer Privatsphäre"* und im Hinblick auf die *„Gleichbehandlung bei vergleichbaren Anfragen"*.[496] Dass sie mit den Besuchen in Grünheide ins Visier der

---

[495] 'Angela Merkel', Gerd Langguth, 2005, S. 105

[496] 'Merkel gegen Freigabe von Foto aus Stasi-Akte', Der SPIEGEL, 30.09.2005 https://web.archive.org/web/20120825005131/https://www.spiegel.de/spiegel/vorab/a-377389.html

Stasi geraten würde, war Angela Merkel wahrscheinlich klar. Dass sie dieses Risiko trotzdem einging, muss einen guten Grund gehabt haben.[497] Sie beendet beispielsweise die Korrespondenz mit ihrem früheren Studienkollegen Reinhard ‚Reini' Wulfert, der nach seiner Haftentlassung in den Westen übergesiedelt war. Das geschah vermutlich um zu vermeiden, durch den Kontakt zu dem DDR-Friedensaktivisten (‚Musikgruppe Liedlai'n', ‚Friedensgemeinschaft Jena') negativ aufzufallen. Der Grund muss jedenfalls ähnlich gut gewesen sein, wie jener für den riskanten Besuch bei einem anderen früheren Kollegen in Konstanz im Jahr 1986.[498] Es ist anzunehmen, dass auch dieser Besuch der Stasi-Auslandsaufklärung, geleitet von Markus ‚Mischa' Wolf, nicht verborgen blieb. Die Identität des Kollegen am Bodensee ist bis heute ungeklärt. Wenn sie auf ihre DDR-Vergangenheit zu sprechen kommt, vermeidet Merkel auffallend konsequent die Nennung von Namen.

Auch nach der Wende 1989 gab es zwischen Utz und Angela Kontakte, wie sich aus ihrem offenbar abgestimmten Vorgehen gegen den Ex-Kollegen, Ex-Freund und Stasi-IM Frank Schneider im Jahr 1994 schließen lässt.[499]

Da ist der älteste leibliche Sohn Havemanns, **Frank Havemann**, geboren 1949. Er war mit Merkel ebenfalls zeitweise befreundet und tauchte 1969 als Mitgründer der sogenannten Havemann-Kommune auf.[500] Diese gilt als das wenig bekannte Ost-Berliner Pendant zur berühmten West-Berliner Kommune I. Ein Ausgangspunkt der Kommunengründung war ein von der Stasi penibel protokolliertes Treffen des Kreises um Robert Havemann. Das Treffen mit den Kommune I - Gründern Rainer Langhans, Fritz Teufel, Dieter Kunzelmann und Studentenführer Rudi Dutschke fand am Sonnabend, dem 27. Januar 1968, statt. Treffpunkt war das Haus der Bildhauerin Ingeborg Hunzinger in Berlin-

---

[497] 'Angela Merkel', Gerd Langguth, 2005, S. 92

[498] ‚Angela Merkel: Eine politische Biographie', Wolfgang Stock, S. 56

[499] 'Richtigstellung-betr.: Angela Merkel / Ulrich Havemann in „Der aufrechte Gang"', taz, 26.04.1994 https://archive.ph/21ioC

[500] 'Angela Merkel', Jaqueline Boysen, 2005, S. 52

Rahnsdorf, unweit von Havemanns Wohnsitz in Grünheide.[501] Mit dabei waren auch Wolf Biermann und dessen Mutter Emma. Emma Biermann wohnte ab Februar 1968 in West-Berlin sogar neben Gretchen und Rudi Dutschke und stritt sich mit der jungen Mutter über die richtige Wickeltechnik für den am 12. Januar 1968 geborenen Dutschke-Sohn Hosea-Che.[502]

Zwei Pärchen aus dem Havemann-Kreis, Franziska und Gert Groszer sowie Erika Berthold und Frank Havemann, gründeten ein Jahr darauf im Samariterviertel jene Kommune I - Ost, in der auch Vater Havemann und Wolf Biermann ab und an Gäste waren, bis beide nach einem Generationenkonflikt rausgeworfen wurden. Auch jenseits des Eisernen Vorhangs gab es den großen Graben zwischen denen, die den Krieg erlebt hatten, und deren Nachkommen. Es folgte eine feierlich zelebrierte Bücherverbrennung von Werken der beiden Autoren im Ofen der Kommune.[503] Danach bestand ein jahrelanges Zerwürfnis zwischen Frank Havemann und seinem Vater. Auch das Kommune-Experiment selbst war nicht von langer Dauer. Kurze Zeit nach der Gründung trennte sich das Ehepaar Groszer trotz der zwei gemeinsamen Kinder. Nicht viel später löste sich die Kommune ganz auf. Ein Teil der Ost-68er im Umfeld der Kommune flüchtete später in den Westen, andere passten sich an und traten schließlich in die SED ein oder kollaborierten sogar mit der Stasi. Einer der Kollaborateure war offenbar Frank ‚Schnaffi' Schneider. Schneider wird weiter unten näher vorgestellt. Über viele Jahre war er ein Kollege von Angela Merkel am ZIPC und hat über sie angeblich auch Stasi-Berichte verfasst.[504] Nach der Wende fand Frank Havemann, der sich auf quantitative Untersuchungen wissenschaftlicher Veröffentlichungen spezialisierte, Beschäftigung als Dozent an der Humboldt-Universität.[505]

---

501 'MfS Operative-Einzelinformation Nr. 276/68', 11.3.1968 https://web.archive.org/web/20210621074242/https://www.ddr-im-blick.de/jahrgaenge/jahrgang-1968/report/operativ-einzelinformation-ueber-oppositionelle-treffen-bei-hunzinger/

502 'Wir hatten ein barbarisch schönes Leben', Gretchen Dutschke, 2006 S. 173

503 'Mehr Bier, Mann', FAZ, Karsten Krampitz, 02.10.2010 https://web.archive.org/web/20240308124623/https://www.faz.net/aktuell/politik/jugendrevolten-in-der-ddr-mehr-bier-mann-11055238.html

504 'Richtigstellung betr.: Angela Merkel / Ulrich Havemann in „Der aufrechte Gang"', taz, 26.4.1994 https://archive.ph/21ioC

505 Dr. Frank Havemann, Institut für Bibliotheks- und Informationswissenschaft https://web.archive.org/web/20220527132614/https://www.ibi.hu-berlin.de/de/institut/personen/havemann

Da ist der jüngere Sohn **Florian Havemann**, Jahrgang 1952, der, angeregt von Frank Schneider, gemeinsam mit Bruder Frank und einigen Freunden im August 1968 gegen den Einmarsch der Warschauer-Pakt-Staaten in die damalige Tschechoslowakei protestierte.[506] Schneider war es, der durch Abspielen eines Tonbands mit Meldungen über den Einmarsch der Truppen des Warschauer Pakts eine erste Protestaktion des Havemann-Sohns Florian auslöste: Am Strausberger Platz, wo die Familie Havemann in gediegener Sowjet-Architektur von Onkel Hans residierte, hängte er eine selbstgemalte tschechoslowakische Fahne weit sichtbar ins Fenster, was in jenen Augusttagen Provokation genug war. Weitere spontane Aktionen des Freundeskreises um die Havemann-Brüder folgten: Der Name Dubček wurde an Hauswände geschmiert, Flugblätter verteilt und Plakate gedruckt.

Es dauerte nicht lange und die Staatssicherheit nahm sich der jungen Aktivisten an, die mehrheitlich aus der an der damaligen Karl-Marx-Allee residierenden DDR-Elite stammten. Verhaftungen und Gefängnisstrafen folgten, die nach einigen Monaten aber ausgesetzt wurden, um den höheren Söhnen und Töchtern des ‚Roten Adels' der DDR nicht sämtliche Wege zu verbauen.

Im zarten Alter von sechzehn Jahren wurde auch Florian inhaftiert, zunächst im berüchtigtem Stasi-Knast Berlin-Hohenschönhausen und später im Jugendgefängnis Lukau. Anders als den politischen Gefangenen zu Stalins Zeiten im Jahrzehnt zuvor, blieb ihm allerdings das sowjetische Arbeitslager Workuta in der Eiswüste am Polarkreis erspart. Er flüchtete bald nach seiner Entlassung aus der Haft im November 1971 gemeinsam mit Carmen Tetzner und Christiane von Steinäcker im leeren Bitumentank eines Transitlasters nach Westdeutschland.[507] Aus dem Freundeskreis der Havemann-Söhne waren die Hunzinger-Tochter Rosita zusammen mit Hans-Jürgen Uszkoreit, der danach als Informatiker diesseits und jenseits des Atlantiks Karriere machte, bereits im

[506] 'Mein 1968: Interview mit Florian Havemann', Bundesstiftung zur Aufarbeitung der SED-Diktatur, 14.8.2018. https://youtu.be/jAZ17olugmk?t=882

[507] 'Mein 1968: Interview mit Florian Havemann', Bundesstiftung zur Aufarbeitung der SED-Diktatur, 14.8.2018 https://www.youtube.com/watch?v=jAZ17olugmk

August 1971 auf gleiche Art geflüchtet.[508] Wolf Biermann widmete dem abtrünnigen Freund Florian das spöttische Abschiedslied ‚Enfant Perdu'.[509] Fünf Jahre später verließ Biermann gezwungenermaßen selbst den Sozialismus in Richtung Westen, aber erst über ein Jahrzehnt danach verließ der Sozialismus auch ihn. Da war ihm *„Flori-Have, das uraltkluge Kind"*, doch etwas voraus. Flori-Have wird allerdings spätestens zur Jahrtausendwende rückfällig. Auf Vorschlag der PDS wird er 1999 für zehn Jahre Laien-Verfassungsrichter im Land Brandenburg. Als die - selbstverständlich völlig haltlosen - Vorwürfe gegen Gregor Gysi weiter köcheln, springt er gemeinsam mit Andrej Bahro, dem Sohn des Regimekritikers Rudolf Bahro, dem bedrängten Gysi zur Seite: *„Wir würden als Zeugen für Gysi aussagen."*[510]

Erstmals wendete sich Florian 1978 in einem SPIEGEL-Artikel publizistisch mit zornigen Zeilen gegen den eigenen Vater.[511] Der westdeutsche Denker-Provokateur Karl-Heinz Bohrer äußerte sich damals ausgesprochen hoffnungsvoll: *„In Havemanns Unternehmen steckt - wenn man will - eine noch zu schreibende blasphemische Komödie über die deutsche Intelligenz." „Wenn man will"* hat Florian diese *„blasphemische Komödie"* im Jahr 2007 mit seinem Buch ‚Havemann' vorgelegt.

Auf über tausend Seiten pinkelt er darin seinem Vater und dessen linksintellektuellen Mitstreitern, allen voran Wolf Biermann, ebenso ergiebig wie gekonnt ans Bein. Er gibt darin Einblick in die Doppel- und Dreifach-Moral der Salon- und Feuilleton-Kommunisten beiderseits der Mauer, vor und nach 1968. Bei der ideologisch gebotenen Umverteilung von Moneten und Mädchen machten viele Genossen der Intelligenzija die von Marx und Engels verheißenen, paradiesischen Segnungen des heraufziehenden kommunistischen Zeitalters äußerst konsequent dem eigenen Wohlergehen dienstbar. Manche Schweine sind nun einmal

---

508 'Havemann', Florian Havemann, Unzensierte Ausgabe, 2007, S. 844

509 'Enfant perdu', Wolf Biermann, Konzert Köln, 13.11.1976 https://www.youtube.com/watch?v=2H7PKQ51fwo

510 'Gregor Gysi trifft Söhne von Bahro und Havemann', Die WELT, 16.08.2008 https://web.archive.org/web/20081212214453/https://www.welt.de/politik/article2315269/Gregor-Gysi-trifft-Soehne-von-Bahro-und-Havemann.html

511 'Alle machen aus meinem Vater einen Fall', Der SPIEGEL, 29.10.1978 https://web.archive.org/web/20210927022516/https://www.spiegel.de/politik/alle-machen-aus-meinem-vater-einen-fall-a-95cbc338-0002-0001-0000-000040605764?context=issue

gleicher. ‚Friede den Hütten! Krieg den Palästen!', blieb das Motto, aber darin war ja von der eigengenutzten Villa, dem Landsitz in der Toskana oder dem Haus am See mit Bootssteg und Geliebten nicht die Rede. Auch konnte es mit etwas Phantasie als sozialistisch-progressiv verbucht werden, wenn die Liebe über Altersgrenzen hinweg funktionierte und der eine oder andere alternde Revolutionär selbst bei der Enkelgeneration kräftig naschte. Robert Havemann war siebenunddreißig Jahre älter als seine letzte Ehefrau. Bei Herbert Marcuse, der tapfer und spätestens ab fünf Uhr nachmittags mit Johnny Walker Black Label gestärkt, den theoretischen Marxismus an der kalifornischen Pazifikküste verteidigte, betrug der Altersunterschied zur dritten Ehefrau Erica Sherover 39 Jahre.[512] In der Westberliner Kommune 2 machte die freie Liebe erwiesenermaßen auch vor Kindern nicht halt und bildete für die, im weiteren Verlauf mit grüner Farbe übertünchten Kommunisten Westdeutschlands, eine durchaus wesentliche Traditionslinie, auf der auch Theodor-Heuss-Preisträger Daniel Cohn-Bendit lange Zeit erhobenen Hauptes schritt.[513]

Das Werk ‚Havemann' darf als eine exzentrische Langversion von Orwells ‚Animal Farm' im linksintellektuellen Clan-Milieu der Have- und Biermänner verstanden werden, samt Charakterisierung von zugehörigen Erst-, Zweit- und Drittfrauen. Selbst, dass der verstoßene und genial gescheiterte Havemann-Sohn Florian bisweilen Attacken unter der Gürtellinie reitet, stört nicht weiter. Denn hier werden wichtige Personen wichtiger Jahrzehnte deutscher Geschichte in einen durchaus intimen, aber eben nicht voyeuristischen Blick genommen. Über so manche Ungenauigkeit, Übertreibung und Weglassung des Autors sieht gerne hinweg, wer die atmosphärische Dichte und detaillierten Einblicke des Werks zu schätzen weiß. Der Abgleich mit anderen Quellen weist nach, dass ‚Havemann' mehr ist, als eine Sammlung wütender Zoten aus dem Hirnkasten eines schlecht gealterten Kindes. Gemessen an den misanthropen Gesängen vieler 68er-Literaten, man denke beispielsweise an

---

512 Erica Sherover-Marcuse, Biographie
https://web.archive.org/web/20220118185134/https://www.marcuse.org/herbert/people/ricky/index.html

513 'Die Pädophiliedebatte bei den Grünen im programmatischen und gesellschaftlichen Kontext', S. 25
https://web.archive.org/web/20140114032931/https://www.demokratie-goettingen.de/content/uploads/2013/12/Paedophiliedebatte-Gruene-Zwischenbericht.pdf

Brinkmanns Hassblicke auf Rom, fallen Florian Havemanns Bekenntnisse vergleichsweise reflektiert und milde aus.

Folgerichtig konnte dieses Werk bei den links gebürsteten Feuilletonisten nur durchfallen. Obendrein musste das Buch auf Verlangen in Teilen geschwärzt werden, was der Autor bereits erwartet hatte, indem er vorsorglich und humorvoll eine geschwärzte Seite in die Erstauflage einbaute. Zum Kreis von Personen, die am Buch Korrekturen einforderte, gehört Joachim Sauer, Angela Merkels Ehemann. Auch eine Verurteilung zur Zahlung von Schmerzensgeld blieb dem ewig pubertierendem Florian nicht erspart.[514] Schnell wurde das Buch vom Suhrkamp-Verlag zurückgezogen und durch eine elektronische Version ersetzt. Später erschien eine redigierte Fassung des Buchs. Florians Schwester Sybille distanzierte sich vom Inhalt, den Wolf Biermann mit dem ihm eigenen, fäkal gefärbten Duktus *„gequirlte Scheiße"* nannte.[515] [516]

Von alledem sollte man sich aber nicht irritieren lassen und nach der ungeschwärzten Erstausgabe in der einen oder anderen Bibliothek lohnende Ausschau halten. Dann versteht man auch das fulminante Eigentor, dass Havemann-Tochter Sybille erzielte, als sie ihrem Bruder *„Missbrauch familiärer Intimität"* vorwarf.[517]

Am Ende bleibt ‚Havemann' ein Werk, das weit mehr umfasst als den Vatermord des verstoßenen Sohnes, erweitert auf Familie und Freunde. Dieser kann sich, nebenbei bemerkt, nicht einmal seiner Abstammung so richtig sicher sein, was wiederum die von Vater Robert zelebrierte Antipathie erklären könnte. ‚Havemann' ist eine Familien-Saga, die den Leser durch Abgründe, Bruchzonen und Trümmerfelder des deutschen

---

[514] 'Havemann muss Schmerzensgeld zahlen', Thorsten Dörting, Der SPIEGEL, 26.06.2008 https://web.archive.org/web/20160408154155/https://www.spiegel.de/kultur/literatur/skandalbuch-havemann-muss-schmerzensgeld-zahlen-a-562286.html

[515] 'Eine andere Familiengeschichte', Thomas Moser, Deutschlandfunk, 14.01.2008 https://web.archive.org/web/20240308132001/https://www.deutschlandfunk.de/eine-andere-familiengeschichte-100.html

[516] 'Unterwegs mit dem abtrünnigen Sohn des bekanntesten DDR-Oppositionellen', Robert Ide, Tagesspiegel, 12.01.2022 https://web.archive.org/web/20230605122342/https://www.tagesspiegel.de/gesellschaft/unterwegs-mit-dem-abtrunnigen-sohn-des-bekanntesten-ddr-oppositionellen-5374141.html

[517] 'Buch und Boxkampf', Deutschlandfunk, 03.03.2008 https://web.archive.org/web/20211208231303/https://www.deutschlandfunk.de/buch-und-boxkampf-100.html

zwanzigsten Jahrhunderts nach 1945 führt. Einem Jahrhundert, das kaum eine Familie unbeschadet durchlebt und durchlitten hat. Der Leser kann in ‚Havemann' auch Versöhnliches finden: Es lohnt sich, jeweils zu Ende der Kapitel den eindrucksvollen Zeilen nachzuspüren, die der verlorene Sohn mit wohldosierter Melancholie zu Papier bringt. Es ist auch berührend, wie Florian in der stummen Sprache von Bildern von Familie und Freunden erzählt. Bilder, die er mit Bedacht, ja liebevoll ausgewählt und geordnet hat.

Da ist **Frank Schneider** (1940 - 2010), genannt ‚Schnaffi', der an den Protesten der Havemann Brüder Frank und Florian nach dem Einmarsch in die Tschechoslowakei im August 1968 initial beteiligt war. Im Interview des Jahres 2023 berichtet Merkel, dass Schneider im Zuge des Protests in Haft kam. Später wurde Schneider am ZIPC Arbeitskollege und Freund von Angela Merkel in der dortigen FDJ-Clique.[518] Anfang der siebziger Jahre war er FDJ-Sekretär am Institut und im September 1980 SED-Mitglied. Seine offizielle Tätigkeit für die SED wurde durch eine inoffizielle als Stasi-IM ergänzt. Merkel verstand sich auch ausgezeichnet mit dessen Ehefrau, die aus Georgien stammte, und ließ sich von ihr zu einer halblegalen Reise in deren georgische Heimat motivieren.[519] Die Freundschaft ging so weit, dass Angela und Familie Schneider im April 1982 zusammen Merkels Eltern in Templin besuchten.[520] Gemeinsam veröffentlichten Angela und Frank am 29. September 1989 eine ihrer letzten wissenschaftlichen Arbeiten.[521]

Am 18. Februar 1994 verkündete die taz, dass ‚Schnaffi' als Stasi-Spitzel tätig war und auch über Angela Merkel Berichte verfasst hatte. Ulrich Havemann identifizierte den vormaligen Freund der Familie als Spitzel, was wiederum Teile der Havemann-Familie gegen ihn aufbrachte.[522] Angela und Utz erzwangen in der taz eine Korrektur des Beitrags.

---

518 'Das erste Leben der Angela M.', Reuth, Lachmann, 2013, S. 132

519 'Das erste Leben der Angela M.', Reuth, Lachmann, 2013, S. 134

520 'Das erste Leben der Angela M.', Reuth, Lachmann, 2013, S. 133

521 'The lowest bound states of triplet (BH2)+', F. Schneider, A. Merkel, Chemical Physics Letters, Volume 161, Issue 6, 29 September 1989, Pages 527-531 https://web.archive.org/web/20240308132605/https://www.sciencedirect.com/science/article/abs/pii/0009261489870332

522 'Der aufrechte Gang', taz, Helmut Höhe, 18.2.1994 https://archive.ph/6Ig0B

Frank Schneider fand später Anstellung als Professor für Physik an der Universität Siegen und starb im Jahr 2010.[523]

Da ist jener junge Rechtsanwalt, der Havemann gegen den SED-Staat verteidigte, auf den Namen **Gregor Gysi** hört und 1948 zur Welt kam. Neben Robert Havemann verteidigt SED-Genosse Gysi auch die Regimekritiker Rainer Eppelmann, Lutz Rathenow, Jutta Braband, Thomas Klein, Bärbel Bohley, Jürgen Fuchs, Ulrike Poppe und Rudolf Bahro. Aus dem Prozess gegen Bahro 1978 sind seine bizarren Lobpreisungen auf das Rechtssystem eines Unrechtsstaates überliefert.[524] Er ist Sohn des Botschafters, Staatssekretärs, Kulturministers und Stasi-IM Klaus Gysi und rettet die SED in den Wendejahren vor dem hochverdienten Untergang - gemeinsam mit dem von 1986 bis 1990 in Moskau geschulten Dietmar Bartsch - von ihm freundschaftlich ‚Dieti' genannt. Als direkter Nachfolger von Wilhelm Pieck und Otto Grotewohl besetzte Gysi das im Dezember 1989 wiederbelebte Amt des SED-Parteivorsitzenden und sicherte mit *„krimineller Energie"*, wie Hubertus Knabe feststellt, große Teile des milliardenschweren Parteivermögens.[525] Seine Weste ist so weiß, dass er selbst nach über einem Vierteljahrhundert noch Prozesse anstrengt, um die Veröffentlichung von Aktenvermerken mit Bezug zu seiner Anwaltstätigkeit für Havemann im Jahre 1979 zu verhindern.[526] Auch wenn er unentwegt behauptet, weder Stasi-IM ‚Gregor' noch Stasi-IM ‚Notar' gewesen zu sein, wurde bis heute kein vormaliger DDR-Anwalt ausgemacht, dessen anwaltliche Tätigkeit besser zu dieser Rolle passt, als jene von Gregor Gysi.[527]

---

523 Fakultät Physikalische und Theoretische Chemie, Universität Siegen, Professorenvezeichnis https://web.archive.org/web/20130120175128/https://www.chemie-biologie.uni-siegen.de/pc/

524 Gysi - Äußerungen des DDR-Systemanwalts zu DDR und BRD im Bahro-Prozess (1978) https://www.youtube.com/watch?v=40mXw7xHRTQ

525 'Der Milliardenklau', Hubertus Knabe. 03.08.2020 https://web.archive.org/web/20200804170955/https://hubertus-knabe.de/der-milliardenklau/

526 'Gysi zieht zurück', n-tv, 20.95.2008 https://web.archive.org/web/20240308133103/https://www.n-tv.de/politik/Gysi-zieht-zurueck-article268751.html

527 'Bericht des Ausschusses für Wahlprüfung, Immunität und Geschäftsordnung (1. Ausschuß) zu dem Überprüfungsverfahren des Abgeordneten Dr. Gregor Gysi gemäß § 44 b Abs. 2 Abgeordnetengesetz (Überprüfung auf eine Tätigkeit oder eine politische Verantwortung für das Ministerium für Staatssicherheit/Amt für Nationale Sicherheit der ehemaligen Deutschen Demokratischen Republik)', Drucksache 13/10893, 09.05.1998 https://dserver.bundestag.de/btd/13/108/1310893.pdf

Ganz ähnlich entwickelte sich übrigens sein Stellvertreter im Ostberliner Anwalts-Kollegium in der Friedrichstraße 114, Lothar de Maizière. Auch dieser entschied sich im Herbst 1989 für die Kandidatur als Parteivorsitzender, allerdings bei der gleichgeschalteten Ost-CDU. Bis heute streitet auch er ab, Stasi-IM gewesen zu sein, obwohl es daran keinen ernsthaften Zweifel gibt.[528]

Im Frühjahr 2013 verteidigte Gysi dann auch den brisanten Fall Angela Merkel. Aber nicht im juristischen Sinne, sondern im politischen: Gysi, damals immerhin Fraktionsvorsitzender der oppositionellen Linken im Bundestag, war zur Stelle, als der vormaligen FDJ-Sekretärin für Agitation und Propaganda und damals amtierenden Kanzlerin kritische Fragen gestellt wurden. Die Kritik an Merkel bezeichnete er als *„Schwachsinn"* und ihre Rolle bei der FDJ als *„ohne Bedeutung"*.[529] Bereits im März 1990 hatte sich Gysi gemeinsam mit Manfred Stolpe selbstlos für de Maizière eingesetzt und es für ausgeschlossen gehalten, dass der Stasi-IM de Maizière Stasi-IM war.[530] Gleich zur Wendezeit bildete sich jenes Entschuldungs-Kartell, das für Gysi und Merkel bis heute funktioniert.

Einzig Lothar de Maizière war 1991 auf der Stecke geblieben. Doch nun meldete sich Gysis Kollege und Freund im gleichgeschalteten Anwaltskollegium mit seiner ganzen Glaubwürdigkeit. Dieser sprach von *„barem Unsinn"* von Leuten, die *„keine Ahnung von den Verhältnissen"* haben.[531] Und wer würde es schon wagen, einem intimen Kenner *„der Verhältnisse"* zu widersprechen. Immerhin gehörte Lothar schon zur zweiten Generation der Stasi-Spitzel in der ehrenwerten Familie de Maizière. Und Neffe Thomas war ja als Nachfolger des im Kampf mit der Wahrheit gefallenen

---

528 'Was Lothar de Maizière dazu trieb, IM zu werden', Die WELT, 4.10.2015 https://web.archive.org/web/20151006035046/https://www.welt.de/geschichte/article147148400/Was-Lothar-de-Maiziere-dazu-trieb-IM-zu-werden.html

529 'Gysi nennt Kritik an Kanzlerin „Schwachsinn"', Der SPIEGEL, 15.05.2013 https://web.archive.org/web/20130515200640/https://www.spiegel.de/politik/deutschland/merkels-ddr-vergangenheit-gysi-nennt-kritik-schwachsinn-a-900018.html

530 ‚Parteien und Fraktionen : Parlament nicht belasten', ND, 28.03.1990, S. 3 https://dfg-viewer.de/show/?set%5Bmets%5D=https://content.staatsbibliothek-berlin.de/zefys/SNP2532889X-19900328-0-0-0-0.xml&tx_dlf[page]=3

531 'Ex-DDR-Regierungschef de Maizière verteidigt Merkel', Rheinische Post, 15.05.2022 https://web.archive.org/web/20240308133734/https://rp-online.de/politik/ex-ddr-regierungschef-de-maiziere-verteidigt-merkel_aid-15600929

Karl-Theodor gerade der neue unbefangene Minister für Verteidigung im Kabinett der Beschuldigten.

Wo die Stasi-affinen Dynastien Gysi und de Maizière um die Ehre der Dynastie Kasner fochten, trat bald auch der wackere Pfarrer Eppelmann auf den Plan: Die Autoren Reuth und Lachmann *„könnten sich offensichtlich überhaupt nicht vorstellen, wie das Leben in der DDR gewesen sei“*. Angela Merkel habe *„versucht sich durchzuwursteln, wie das 95 Prozent aller DDR-Bürger getan hätten“*.[532] Anspruchsvoller war die Entlastung formuliert, die Michael Schindhelm seiner Bürogenossin Angela Merkel über ein Jahrzehnt zuvor gegenüber der Biographin Evelyn Roll erteilte: *„Die Erfahrung eines fundamentalen Bruchs, die Erfahrung der wirklich existenziellen, nichtaffirmativen Haltung zu einer Gesellschaft. Das hat uns darauf vorbereitet und auch legitimiert, Verantwortung zu übernehmen.“* [533]

Auffallend anders hört sich die Beurteilung von Merkels Betätigung für das Regime aus dem Mund vom ehemaligen FDJ-Vorsitzenden und Honecker-Nachfolger Egon Krenz an. Ihm wurde während eines Besuches an der Akademie der Wissenschaften in den achtziger Jahren *„mit einem gewissen Stolz“* berichtet, dass eine *„Pfarrerstochter, eine Physikerin, in der FDJ mitmacht“*.[534] Jeder möge für sich bewerten, ob das seitens Merkel nun eher ein *Durchwursteln* oder eine bewusste, karrierefördernde Entscheidung für fortgeschrittene Regimetreue war, die sie später zu kaschieren versuchte.

Da ist die oppositionelle Malerin **Bärbel Bohley** (1945 - 2010), die ebenso wie Havemann von Gregor Gysi anwaltlich vertreten wurde. Bohley und die Havemann-Witwe Katja unterzeichneten im Jahr 1982 wenige Wochen nach dem Tod Robert Havemanns die Erklärung ‚Frauen für den Frieden/Ost-Berlin‘.[535] Acht Jahre darauf, am 9. September

---

532 ‘Eppelmann: Merkel-Buchautoren haben keine Vorstellung vom Leben in der DDR’, Deutschlandfunk, 15.05.2013 https://web.archive.org/web/20220126000153/https://www.deutschlandfunk.de/eppelmann-merkel-buchautoren-haben-keine-vorstellung-vom-100.html

533 ‚Die Kanzlerin : Angela Merkels Weg zur Macht‘, Evelyn Roll, 2009, S. 261

534 ‘Egon Krenz - Zeugen des Jahrhunderts’, Interview mit Jakob Augstein, 01.05.2016 https://www.youtube.com/watch?v=DEgbZZbVSU0&t=1390s

535 ‘Wie die „Frauen für den Frieden“ gegen das Regime protestierten’, Deutschlandfunk, 07.11.2019 https://web.archive.org/web/20220527190231/https://www.deutschlandfunk.de/geschichte-der-ddr-wie-die-frauen-fuer-den-frieden-gegen-100.html

1989, wurde im berühmten Garten des Havemann-Anwesens, den auch Angela Merkel gut kennen dürfte, mit dem Aufruf ‚Die Zeit ist reif - Aufbruch 89‘ das Neue Forum gegründet. Im frühen Herbst 1989 war das die einflussreichste, landesweite Oppositionsgruppierung.[536] Trotz der Bekanntschaft mit Katja Havemann schloss sich Angela Merkel jedoch nicht dem Neuen Forum an, sondern dem Demokratischem Aufbruch, dessen erster Vorsitzender am Jahresende 1989 Stasi-IM Wolfgang Schnur war, der mit Merkels Vater, Horst Kasner, häufigen Kontakt pflegte.[537] Inhaltlich ist über die Verbindung Kasner-Schnur bis heute nahezu nichts bekannt. Diesbezügliche Recherchen könnten sich als äußerst lohnenswert erweisen.

Am 4. November 1989 gab Bohley während der großen Demonstration auf dem Alexanderplatz ein in Bild und Ton aufgezeichnetes Interview. Markus Wolf wird während seiner Rede gerade ausgepfiffen und wenige Meter entfernt sieht man das verkniffene Gesicht von Günter Schabowski. Keine Woche später sollte Schabowski verkappt die Öffnung der Mauer verkündigen, nachdem ihm ANSA-Reporter Riccardo Ehrman das vorher abgesprochene Stichwort ‚Reisefreiheit‘ in seiner Frage lieferte, die er, nur wenige Meter von Schabowski entfernt, am Sockel des Podiums hockend, ganz am Ende der Pressekonferenz stellte.[538] Einige wenige Minuten später eilten die begabteren unter den anwesenden Reportern aus dem Saal um die Nachricht vom Fall der Mauer nach Hause zu melden.

Bei Bohleys Interview auf dem Alexanderplatz stand Gregor Gysi unmittelbar hinter Bohley neben Ulrich Mühe und blinzelte abwechselnd spitzbübisch in die Kamera oder zog genussvoll an seiner Zigarette, bevor er dann zur Menge sprach.[539] Es könnte jener Tag gewesen sein, an

---

536 ‘Neues Forum’
https://web.archive.org/web/20160413005012/https://www.ddr89.de/nf/NF.html

537 ‘Merkel-Jahre (2/6) – Ein plötzlicher Aufbruch’, Stephan Detjen,Tom Schimmeck, 20.07.2021, Minute 06:30
https://www.hoerspielundfeature.de/der-unwahrscheinliche-weg-der-angela-m-merkel-jahre-2-6-ein-100.html
https://web.archive.org/web/20211205123103/https://www.hoerspielundfeature.de/der-unwahrscheinliche-weg-der-angela-m-merkel-jahre-2-6-ein-100.html

538 Schabowski's press conference, 09.11.1989
https://youtu.be/UN3pY_EJ7_8?t=3457

539 "Mir wäre lieber gewesen, Biermann hätte hier gesungen …“, Interview Bärbel Bohley durch Elf 99, 04.11.1989
https://www.mdr.de/geschichte/stoebern/damals/video135156.html
https://web.archive.org/web/20220523210823/https://www.mdr.de/geschichte/stoebern/damals/video135156.html

dem sich Gregor unsterblich in Fernsehkameras verliebt hat. Nach Sichtung ihrer Stasi-Akte, gewann Bohley einige Zeit danach den Eindruck, dass Gysi sie an die Stasi verraten hatte. Gysi verklagte Bohley Jahre später auf Unterlassung, als sie am 18. November 1993 in der Berliner Zeitung zitiert wird und ihn darin gemeinsam mit Ibrahim Böhme, Wolfgang Schnur und Lothar de Maizière als Stasi-Spitzel bezeichnete. Bei Zuwiderhandlung beantragt er die Verhängung von Ordnungsgeldern in einer Gesamthöhe von bis zu 500 000 DM oder ersatzweise einer Ordnungshaft mit einer Gesamtdauer von bis zu zwei Jahren. Der Rechtsstaat gab ihm Recht oder sollte man es nicht besser Unrecht nennen?[540]

Beim Blick in die hanebüchene Urteilsbegründung des Landgerichts Hamburg versteht man was Bohley meinte, als sie davon sprach *„Wir haben Gerechtigkeit gewollt und den Rechtsstaat bekommen."*[541]

„Die Beklagte hat nicht dargelegt und bewiesen, dass in Bezug auf den Kläger der Tatsachenkern erfüllt ist, den der Begriff des ‚Stasi-Spitzels' notwendig voraussetzt, dass nämlich der Kläger bei anderen Informationen abgeschöpft und diese anschließend zum MfS getragen hat."

Im Jahr nach dieser Urteilsverkündigung siedelte Bohley in das ehemalige Jugoslawien über und arbeitete dort viele Jahre lang in der Flüchtlingshilfe. 2008 wurde bei ihr Krebs diagnostiziert. In der Folge kehrte sie nach Berlin zurück. Bei der Verleihung des Quadriga-Preises am zwanzigsten Jahrestag der Wiedervereinigung stand Lothar de Maizière keinen Meter hinter ihr - und blinzelte in die Kamera.[542] Am 11. September 2010 starb Bohley in Gehren in Mecklenburg-Vorpommern und wurde einige Zeit später in Berlin beigesetzt.

---

[540] Landgericht Hamburg, Urteil, Im Namen des Volkes, 19.05.1995 https://web.archive.org/web/20070702000741/http://www.buskeismus.de/urteile/324O72994_gysi_bohley.htm

[541] 'Sie wollte Gerechtigkeit und bekam den Rechtsstaat', Die WELT, 11.09.2010, https://web.archive.org/web/20100913212022/https://www.welt.de/politik/deutschland/article9566915/Sie-wollte-Gerechtigkeit-und-bekam-den-Rechtsstaat.html

[542] ‚Bärbel Bohley und ein geheimes Treffen', n-tv, 09.09.2014 Foto: Bohley, de Maizière https://web.archive.org/web/20141109042856/https://www.n-tv.de/politik/Baerbel-Bohley-und-ein-geheimes-Treffen-article13537796.html

Da die FAZ damals noch konservativ war und Niveau hatte, endete der Nachruf von Regina Mönch mit folgenden Sätzen:

„Ihren Kampf gegen Gregor Gysi und die Bagatellisierung der Verstrickungen in das Machtsystem der SED und deren Erben hat sie nur scheinbar verloren, vor Gericht. Die Wahrheit lässt sich nicht mit juristischen Winkelzügen aus der Welt schaffen, so wie der Name Bärbel Bohley immer für das Beste stehen wird, das die Deutschen im 20. Jahrhundert zustande brachten."[543]

Da ist der oppositionelle Schriftsteller **Jürgen Fuchs** (1950 - 1999), der mit Wolf Biermann jahrzehntelang bis an sein Lebensende befreundet war. Nach 1968 geriet das damalige SED- und FDJ-Mitglied zusehends in eine Gegenposition zum Regime.[544] 1976 wurde er von der Stasi aus Havemanns Trabant-Kombi heraus festgenommen und 281 Tage lang inhaftiert, nachdem er und seine Frau Lilo Uschkoreit zuvor einige Zeit bei Havemanns im Gartenhäuschen von ‚Dissiland' in Grünheide Unterschlupf gefunden hatten. Anschließend wurde Fuchs in die Bundesrepublik Deutschland ausgebürgert und lebte später in West-Berlin. Auch dort hörte die Verfolgung und Überwachung durch das MfS nicht auf, sie endete formal mit dem Kollaps der DDR, in Fuchs' Kopf endete sie nie. Der Kampf des Jürgen Fuchs mit dem Unterdrückungsapparat der Stasi ging weiter und immer weiter. In seinem Leben waren wohl zu viele Rechnungen mit dem MfS offen geblieben: Seine Schwiegermutter hatte sich nach wiederholten Stasi-Verhören bereits 1982 das Leben genommen.[545] Auch der Tod von Matthias Domaschk in der Stasi-Haft beschäftigte ihn bis zum Schluss.[546] Sein letztes Lebensjahrzehnt widmete er dem Versuch der Aufklärung in eigener und fremder Sache im Ozean der Stasi-Akten, den er von seinem winzigen Büro im Gebäude der ehemaligen MfS-Zentrale an der Magdalenastraße aus durchkreuzte.

---

[543] 'Sie gab dem Widerstand in der DDR ein Gesicht', Regina Mönch, 12.09.2010 https://web.archive.org/web/20140525062444/https://www.faz.net/aktuell/politik/inland/zum-tode-baerbel-bohleys-sie-gab-dem-widerstand-in-der-ddr-ein-gesicht-1582489.html

[544] 'Jürgen Fuchs', Kurzbiographie https://web.archive.org/web/20200814045343/https://www.jugendopposition.de/lexikon/personen/148048/juergen-fuchs

[545] 'Tod eines Dissidenten', Hubertus Knabe, 09.05.2019 https://web.archive.org/web/20190512205421/https://hubertus-knabe.de/tod-eines-dissidenten/

[546] 'Matthias Domaschk - das abrupte Ende eines ungelebten Lebens', Henning Pietzsch, 12.04.2021 https://web.archive.org/web/20230613092016/https://www.bpb.de/themen/deutschlandarchiv/330728/matthias-domaschk-das-abrupte-ende-eines-ungelebten-lebens/

Ein Büro, das über die Jahre zur zweiten Zelle eines nun freiwilligen Insassen wurde: Er beschreibt seine Lage selbstreflektierend als *„gefangen im Dagegen"*.[547] Die Stasi-Unterlagenbehörde wurde in jenen Jahren vom späteren Bundespräsidenten Joachim Gauck geleitet, unterstützt von karriereorientierten West-Beamten und undurchsichtigen, vormaligen Stasi-Mitarbeitern. Einer der West-Beamten, Dr. Hansjörg Geiger, wechselte später mit fliegenden Fahnen von der Geheimdienst-Abwicklung Ost in den Geheimdienst-Aufbau West. Er wurde zunächst Chef beim Bundesverfassungsschutz, danach stand er dem Bundesnachrichtendienst vor. Auch den ehrgeizigen Hubertus Knabe beschreibt Fuchs in seinen frühen Tagen bei der Behörde, später wurde er Leiter der Gedenkstätte Hohenschönhausen. Viel später wurde er auf Betreiben des linken Kultursenators Lederer abgesetzt. Den letzten Tritt verpasste ihm u.a. ein gewisser Wolf Biermann.[548]

Fuchs sah Kontinuitäten des Unterdrückungsapparates - vor und nach 1945, aber auch vor und nach 1989 - und zitiert vielfach das prominente KZ-Opfer Primo Levi. Bei seiner Arbeit schonte er weder Freund noch Feind und am allerwenigsten sich selbst. Als 1994 die führende Rolle des prominenten Literaturkritikers Marcel Reich-Ranicki im kommunistischen Geheimdienst Polens nach 1945 ruchbar wurde, machte er mit seiner Kritik auch vor diesem nicht halt. Reich-Ranicki gab über seine Aktivitäten immer nur so viel zu, wie ihm nachgewiesen werden konnte - ein von vielen Stasi-Mitarbeitern durchaus bekanntes Muster. Jahre später erhärteten sich die Vorwürfe gegen Reich-Ranicki, doch der wiegelt weiterhin beharrlich ab.[549]

Kurz vor seinem Tod erlebt Fuchs noch die Veröffentlichung seiner als Roman deklarierten Dokumentation ‚Magdalena', die seine Kämpfe und seine Enttäuschungen während der Aufklärungsarbeit im Jahrzehnt nach 1989 zusammenfasst. Schonungslos dokumentierte er entgegen

---

547 Magdalena, Jürgen Fuchs, S. 405

548 'Wolf Biermann kritisiert Knabe-Unterstützer', FAZ, 05.12.2018 https://web.archive.org/web/20181206192853/https://www.faz.net/aktuell/politik/inland/streit-um-gedenkstaettendirektor-wolf-biermann-und-andere-kritisieren-knabe-unterstuetzer-15926062.html

549 '„Sehr arroganter Nörgler" In Polen ist die Geheimdienstakte Marcel Reich-Ranickis aufgetaucht', Tagesspiegel 13.08.2002 https://web.archive.org/web/20240308135508/https://www.tagesspiegel.de/kultur/sehr-arroganter-norgler-in-polen-ist-die-geheimdienstakte-marcel-reich-ranickis-aufgetaucht-917812.html

dem Rat vieler Mitstreiter im letzten Teil des Buchs auch die NKWD- und Stasi-Verstrickungen seines Mentors Robert Havemann, mit denen dieser bei weitem nicht so offen umgegangen ist, wie Wolf Biermann, Bärbel Bohley und Havemann-Ehefrau Katja später behaupteten.[550]

Demnach war Havemann, der damals kommissarisch von Berlin-Dahlem aus alle Kaiser-Wilhelm-Insitute in West-Berlin leitete, ab 1946 als Geheimer Informant (GI) für die Sowjets tätig. Die Tätigkeit dauerte bis 1952 und wurde fortgeführt, als Havemann bereits Direktor des physikalischen Instituts an der Humboldt-Universität war. 1956 wurde Havemann als Geheimer Informant (GI) für die Staatssicherheit tätig und wählte den Tarnnamen ‚Leitz'. Im Jahr 1957 tauchte Havemann zusätzlich als Kontaktperson der DDR-Militäraufklärung auf. Ab 1962 äußerte er sich zunehmend regimekritisch. Aus der Täterakte ‚Leitz' wurde die Opferakte ‚Leitz'. [551]

Der Verdacht, dass die Blutkrebserkrankung, an der Fuchs 1999 starb, auf eine absichtliche Verstrahlungen durch die Stasi zurückzuführen ist, lässt sich bis heute nicht erhärten. Sein Triumph bleibt, dass man selbst ein solch teuflisches Verbrechen dem MfS nach der Lektüre von ‚Magdalena' unumwunden zutraut.

Da ist der langjährige Leiter des ZIPC und damit der oberste Chef der jungen Physikerin Angela Merkel am Institut, Prof. Dr. **Wolfgang Schirmer** (1920 - 2005), dessen Anwesenheit bei dem Treffen des Havemann-Kreises Anfang 1968 im Haus von Ingeborg Hunzinger im Stasi-Bericht ‚MfS Operative-Einzelinformation Nr. 276/68' festgehalten ist. Es ist gut möglich, dass durch ihn die Beschäftigung von Utz Havemann und Frank Schneider am renommierten Institut für Physikalische Chemie in Berlin-Adlershof eingefädelt wurde, also an jenem Ort, an dem sich einst das Labor von Robert Havemann befunden hatte. Am Institut waren später neben Angela Merkel auch Joachim Sauer und

---

[550] 'Robert Havemann als IM „Leitz"', Spiegel TV Magazin, 21.05.1995
https://www.bpb.de/mediathek/video/243514/robert-havemann-als-im-leitz
https://web.archive.org/web/20230322091017/https://www.bpb.de/mediathek/video/243514/robert-havemann-als-im-leitz
[551] Magdalena, Jürgen Fuchs, S. 504

Michael Schindhelm tätig. Wolfgang Schirmer war Reisekader und prä-sentierte 1980 in Neapel wissenschaftliche Arbeiten des ZIPC, an denen Joachim Sauer beteiligt war.[552]

Da ist Pfarrer **Rainer Eppelmann**, Jahrgang 1943, der Ende der siebziger Jahre mit seinen Blues-Messen die Berliner Samariterkirche mit Jugendlichen füllte, nachdem sich die Kirchen der DDR in den Jahren zuvor geleert hatten. In dieser Zeit knüpfte er auch den Kontakt zu Robert Havemann. Die beiden veröffentlichen am 25. Januar 1982 den pazifistischen ‚Berliner Appell', der vor der Gefahr eines Atomkriegs warnte und von etwa achtzig Erstunterzeichnern unterstützt wurde, die zumeist aus dem Umfeld der DDR-Friedensbewegungen stammten.[553] Bei der Beerdigung von Havemann hielt Eppelmann ergänzend zu der Trauerrede des Grünheider Pfarrers Johannes Meinel am Grab des Atheisten eine Ansprache - sehr zum Ärger von dessen anwesendem Sohn Florian.

Eppelmann war während der achtziger Jahre der wichtigste kirchliche Oppositionelle der DDR, dessen Gemeinde auch von Angela Merkel besucht wurde. Zu einem gewissen Teil füllt er die Lücke, die durch Havemanns Tod entstanden war. Bei mehreren Besuchen des alljährlichen Kanzlerfests in Bonn knüpfte Eppelmann auch Kontakte zu westdeutschen Politikern.[554] Darüber hinaus hatte er Verbindungen zu Vertretern westlicher Botschaften in Ost-Berlin, die teilweise für Geheimdienste arbeiten.[555] Spätestens in der Wendezeit und den Jahren danach wurde er zum wichtigen Weggefährten von Angela Merkel. Es darf darüber spekuliert werden, wann genau sich Eppelmann und Merkel tatsächlich kennenlernten. Über Verbindungen zu Robert Havemann, Wolfgang Schnur oder aber Horst Kasner könnte das schon viel früher als erst im Herbst oder Winter 1989 geschehen sein. Eppelmanns

---

[552] 'Autobiography of Joachim Sauer', Joachim Sauer, 04.04.2019 https://web.archive.org/web/20190729202603/https://pubs.acs.org/doi/10.1021/acs.jpcc.9b01380

[553] 'Der Berliner Appell „Frieden schaffen ohne Waffen"', Robert Havemann, Rainer Eppelmann, 1982 https://web.archive.org/web/20200804224750/https://www.jugendopposition.de/node/150380

[554] 'Läßt grüßen', Der SPIEGEL, 18.10.1987, 43/1987 https://web.archive.org/web/20221220200605/https://www.spiegel.de/politik/laesst-gruessen-a-10d5aa99-0002-0001-0000-000013525539?context=issue

[555] Endspiel: Die Revolution von 1989 in der DDR, Ilko-Sascha Kowalczuk, 2009, S. 290

Samaritergemeinde in Friedrichshain besuchte sie jedenfalls schon vor 1989, wie sie selbst beiläufig erwähnt und dabei offen lässt, ob sie Eppelmann damals bereits persönlich kannte.[556]

Und da ist schließlich **Karl Wolf Biermann**, der 1936 geborene Sohn von Dagobert und Emma Biermann. Er war ebenso wie Margot Honecker, geborene Feist, Abkömmling verfolgter kommunistischer Akteure der dreißiger Jahre und traf Margot erstmals in bitteren Kindheitstagen während des Krieges in Hamburg, als er vom Tod seines Vaters in Auschwitz erfahren hatte. Biermann behauptet zwar, den Kontakt zu Margot nach dem Krieg verloren zu haben, spätestens Anfang der sechziger Jahre hatten sich die beiden aber wieder gefunden. Biermann war mit sechzehn Jahren in die DDR gezogen, hatte dort zunächst ein Internat besucht und später studiert. Nachdem es mit dem anfänglichen Berufswunsch Dramaturg nichts wurde, motivierte ihn Hanns Eisler, der Komponist der DDR-Hymne, zur Liedermacher-Karriere. Dessen Schwägerin, die Magazinredakteurin Hilde Eisler, setze das ‚Wölfchen',

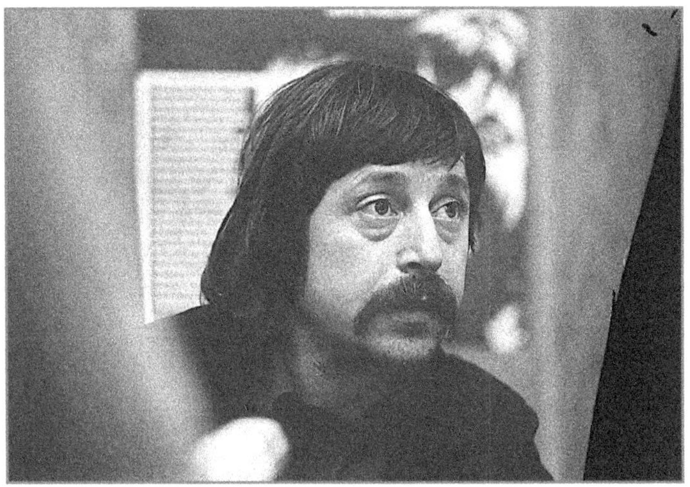

Karl Wolf Biermann 1977 in Amsterdam
(Foto: Rob Bogaerts)

[556] 'Die Schläferin', Der SPIEGEL, Alexander Osang, 08.11.2009. https://web.archive.org/web/20220913040250/https://www.spiegel.de/panorama/die-schlaeferin-a-3002b360-0002-0001-0000-000067682698

wie er im Familienkreis und manchmal auch darüber hinaus genannt wurde, auf die ersten Karrierepfade. Einige seiner Auftritte nach dem Bau der Mauer waren Programmpunkte in Rekrutierungsveranstaltungen für DDR-Grenzsoldaten, für die es in dieser Zeit der Mauern und Zäune nach dem 13. August 1961 einen großen Bedarf gab.

Statt Theater zu machen, machte Biermann sein Leben zum Theater, mit virtuoser Liedbegleitung. Die großzügige Wohnung in der Chausseestraße 131 mit Bildern von Lenin, Che Guevara und Vater Dagobert an der Wand, abwechselnd einer Rothaarigen, Robert Havemann und Margot Honecker im ledernen Ohrensessel, stilisierte er in der Zeit seines Auftrittsverbots auf Plattenhüllen notgedrungen zu einer Art Guckkasten. Selten um eine Provokation verlegen und der Fäkalsprache in Wort und Lied durchaus mächtig, begann der Sohn des in Auschwitz umgekommenen Arbeiterkommunisten Mitte der sechziger Jahre gegen die arrivierten SED-Genossen anzustänkern. Mehrfach besuchte er Margot, die frisch gekürte Ministerin für Volksbildung, in ihrem Büro in der Straße ‚Unter den Linden'. Diese Räumlichkeiten wurden übrigens, nach dessen Ausscheiden aus der aktiven Politik, von Helmut Kohl genutzt - und später von Ex-Kanzlerin Angela Merkel.[557] Dort trug er seine Liederwerke vor, um von Margot fachkundigen Rat zu erhalten - insbesondere im Hinblick auf die ideologische Verträglichkeit seiner Kunst. Margot stand auch in telefonischem Austausch mit Biermanns Mutter, die im Westen geblieben war und mindestens einmal besuchte sie Wölfchen in seiner hellen geräumigen Wohnung in der Chausseestraße, unweit der Mauer, und nahm im Ledersessel Platz. Ob die Beziehung zu Margot auch intimen Charakter hatte, wie von seinen ehemaligen Genossen Jakob Moneta und Diether Dehm, die einst Biermanns West-Konzerte organisierten, mit großer Ausdauer verbreitetet wurde, ist unklar. Auch die Behauptung, dass Biermann vorab von Margot Honecker über seine Ausbürgerung informiert wurde, gibt es aus diesem Kreis. [558]

---

[557] 'Kanzlerin Merkel will weiter für Rat bereit stehen', Tagesspiegel, 07.12.2021 https://web.archive.org/web/20230721075547/https://www.tagesspiegel.de/politik/kanzlerin-merkel-will-weiter-fur-rat-bereit-stehen--aber-nicht-offentlich-8158015.html

[558] Die Falten von Margot Honecker, Jakob Moneta, 22.11.2001 https://web.archive.org/web/20070927184046/http://vsp-vernetzt.de/soz/0124141.htm

[559] Auszuschließen ist das allerdings auch nicht, in Anbetracht der mit Unterstützung von vier Frauen gezeugten zehnköpfigen Nachkommenschaft des umtriebigen Barden. Die Beziehung zu Margot will jedenfalls nicht so sehr zur Legende vom aufrechten kommunistischen Arbeiter-Barden passen, der unbeugsam gegen SED-Bonzen aufbegehrt.

So richtig passen will auch Biermanns vehementes Eintreten für den amerikanischen Angriffskrieg im Irak 2003 nicht:[560] *„Ich bin für diesen Krieg, damit das ganz und gar klar ist!"*[561] Als er 1969 den Fontane-Preis erhielt, spendete er die zehntausend Mark Preisgeld noch dem APO-Anwalt und späteren RAF-Terroristen Horst Mahler.[562] Vor und nach 1976 pflegte Biermann beste Beziehungen zu den Achtundsechzigern West-Berlins, auch zu Rudi Dutschke. Da passte es immerhin noch. In der Zeit von Willy Brandts Warschauer Kniefall übernahm der wahrste Kommunist von westdeutschen Rechtsradikalen die Hetzparole *„Brandt an die Wand!"*.[563] Später wollte er sich daran nicht mehr erinnern. Dumm nur, dass es davon eine Tonbandaufzeichnung gab. Da passte es nicht mehr ...

Unter den Zuhörern eines illegalen Biermann-Konzerts auf dem Berliner Alexanderplatz war während der 10. Weltspiele der Jugend im August 1973 auch ein Forschungsstudent der Humboldt-Universität namens Joachim Sauer. An einem Freitagabend im Jahr 2016 hielt er zum achtzigsten Geburtstag von ‚Wölfchen' im Berliner Ensemble eine Ansprache.[564] *„Wolf Biermann ist ein großer Künstler und ein ehrlicher, anständiger Mensch, der seinen Glauben an den Kommunismus überwunden hat"*, resümierte

---

[559] Was für Leute?!, Christian Wirth
https://web.archive.org/web/20201111172225/https://www.wgsebald.de/100/365sterne/mia/mia_s.html

[560] 'Brachiale Friedensliebe', Der SPIEGEL, 23.02.2003
https://web.archive.org/web/20220212213641/https://www.spiegel.de/kultur/brachiale-friedensliebe-a-9056e9e5-0002-0001-0000-000026448585

[561] 'Ich bin für diesen Krieg', SZ, 19.05.2010
https://web.archive.org/web/20120411223910/https://www.sueddeutsche.de/kultur/desaster-im-irak-ich-bin-fuer-diesen-krieg-1.913064

[562] '"Drachentöter" von Lammerts Gnaden', SZ, 07.11.2014
https://web.archive.org/web/20141107190510/https://www.sueddeutsche.de/politik/wolf-biermann-im-bundestag-drachentoeter-von-lammerts-gnaden-1.2209506

[563] 'Havemann', Florian Havemann, Unzensierte Ausgabe, 2007, S. 358/359

[564] 'Joachim Sauer hält Laudatio auf Biermann', BILD, 18.11.2016
https://web.archive.org/web/20161118222956/https://www.bild.de/politik/inland/wolf-biermann/freundschaftsdienst-von-kanzlers-48828782.bild.html

der Gatte der Kanzlerin.[565] Danach gab Biermann seine Lieder zum Besten und zum Schluss kam es auch noch zum Duett mit Ehefrau Pamela. *„Schönste Bert-Brecht-Tradition"*, kommentiert die Süddeutsche Zeitung. Ein Mensch, so ehrlich und anständig, wie die anwesende Prominenz: Angela Merkel, Marianne Birthler, Wolfgang Schäuble mit Ehefrau, Thomas de Maizière, Ulrich Wilhelm, Mathias Döpfner, Horst Köhler und Otto Schily. Auch Lilo Fuchs und Katja Havemann, anständige Witwen von ehrlichen Dissidenten, sind zugegen, als sich die geladene Prominenz im Anschluss zu einer Feier im Geschlossenen zusammenfindet, schön separiert vom gemeinen Volk. Wer weiß, vielleicht ist auch das eine *„schönste Bert-Brecht-Tradition"*?

Noch exklusiver wurde es für Biermann am darauffolgenden Montag. Es ging zum Abendessen beim noch amtierenden Bundespräsidenten Gauck in den Schinkelsaal von Schloss Bellevue. Merkel fädelte gerade die Nachfolge von Gauck ein, verlor dabei aber letztlich den Faden. Im Gespräch waren zunächst Marianne Birthler und Winfried Kretschmann. Birthler sagte angeblich im letzten Moment ab, worauf ein gewisser Frank-Walter Steinmeier den Posten bekam.[566] Schlechter hätte allerdings auch Birthler diese Aufgabe nicht bewältigt. Eine Woche darauf ist Sauer gemeinsam mit Marianne Birthler auch bei einem Konzert des Barden in der Stadt Prenzlau zugegen.[567]

Ähnlich zahlreich war der Auflauf der Berliner Politprominenz fünf Jahre später zu Biermanns fünfundachtzigsten Geburtstag im Berliner Ensemble. Der großen deutschen Integrationsfigur, die 1976 beim Konzert in Köln gleich der gesamten Menschheit Kommunismus oder Barbarei voraussagte – *„die Erde wird rot, lebendrot oder totrot, ... soooooo soll es sein!"* – und die deutsche Einheit nicht dem *„schwarzen Pack"* überlassen wollte,

[565] 'Konzert zu Biermanns 80. Geburtstag', Süddeutsche, 20.11.2016 https://web.archive.org/web/20240308141242/https://www.sueddeutsche.de/web/20240308141242/https://www.sueddeutsche.de/kultur/musik-konzert-zu-biermanns-80-geburtstag-dpa.urn-newsml-dpa-com-20090101-161120-99-246383

[566] 'Merkel wollte Marianne Birthler als Bundespräsidentin', Süddeutsche,18.11.2016 https://web.archive.org/web/20161119152921/https://www.sueddeutsche.de/politik/bundespraesidentenwahl-merkel-wollte-marianne-birthler-als-bundespraesidentin-1.3255473

[567] 'Wolf Biermann steht für„Ermutigung"', Nordkurier, 25.11.2016 https://web.archive.org/web/20221030051115/https://www.nordkurier.de/prenzlau/wolf-biermann-steht-fuerermutigung-2526296511.html

huldigte nun auch das „schwarze Pack“.[568] Schäuble war anwesend, ebenso Thomas de Maizière und Merkel ohnehin. Sie saß neben Frank-Walter Steinmeier und Cem Özdemir. Auch der zukünftige Kanzler Scholz und der vergangene Bundespräsident Gauck waren gekommen.[569] Bei so viel trauter parteiübergreifender Einigkeit fühlt man sich schon fast an die ‚Nationale Front‘ aus DDR-Zeiten erinnert - so viel zum Wolf und seinen Freunden. Bei aller Kritik muss man Biermanns Werk der sechziger und siebziger Jahre eine erhebliche Wirkmacht zubilligen. Das Werk allein brachte das Regime zwar nicht zum Einsturz, aber viele Jugendliche wurden damit zu eigenem Denken ermutigt. Im Gegensatz zu vielen Linksintellektuellen war Biermann auch tatsächlich einmal in einer Produktionshalle tätig, sogar über mehrere Wochen oder Monate hinweg. Damit sind seine ungewaschenen Haare und sein proletarisch ungepflegtes Auftreten keine reine Camouflage, wie bei so vielen anderen linken Denkern.

Robert Havemann, Chemiker, Kommunist, NS-Widerstandskämpfer, Zeuge bei den Nürnberger Prozessen, Volkskammer-Abgeordneter, Stasi-IM und DDR-Dissident, war in den letzten Jahren seines Lebens der mit Abstand bekannteste Dissident der DDR. Denn sein zeitweise ähnlich prominenter Freund, der Barde Wolf Biermann, war bereits 1976 ausgebürgert worden. Sein verlorener Sohn Florian schrieb dem Vater wohl mit einigem Recht *„einen Plural an Identitäten“*[570] zu. Havemann starb am 9. April 1982, nachdem ihn Biermann noch drei Tage zuvor mit Gitarre und Gesang am Sterbebett unterhalten hatte. Ein Besuch, der nur durch die ausdrückliche Genehmigung von Erich Honecker möglich war. Jener Honecker, der 1976 höchst selbst die Ausbürgerung von Wolf Biermann veranlasst hatte.[571]

---

[568] ‘Wolf Biermann Concert in Cologne 1976’, 18.01.2022
https://youtu.be/sNgtuiFVwZI?t=99

[569] ‘Wolf Biermann feiert Geburtstag’, Nordkurier, 18.11.2021
https://web.archive.org/web/20211118072216/https://www.nordkurier.de/kultur-und-freizeit/wolf-biermann-feiert-geburtstag-mit-merkel-scholz-und-steinmeier-1845958711.html

[570] ‘Das uralt kluge Kind’, Die ZEIT, 12.12.2007
https://web.archive.org/web/20160730103922/http://www.zeit.de/2007/51/L-Havemann/komplettansicht

[571] ‘Wolf Biermann 1982 in der DDR - am Krankenbett Robert Havemanns’, Joachim Jauer
https://www.bpb.de/mediathek/343367/wolf-biermann-1982-in-der-ddr-am-krankenbett-robert-havemanns
https://web.archive.org/web/20220524075923/https://www.bpb.de/mediathek/video/343367/wolf-biermann-1982-in-der-ddr-am-krankenbett-robert-havemanns

Diese Genehmigung war keine Zufallsentscheidung. Pikanterweise waren ja beide Dissidenten mit dem Ehepaar an der Spitze des totalitären Regimes persönlich gut bekannt: Havemann kannte Erich Honecker bereits aus der Jahrzehnte zurückliegenden gemeinsamen Haft im Zuchthaus Brandenburg-Görden während des Kriegs. Havemann und Honecker trafen sich bei Zusammenkünften der vormals eingekerkerten Genossen, worüber Wolf Biermann später lebhaft berichtete.[572]

Bei Havemann und Biermann handelte es sich in einem gewissen Sinne um *„staatlich anerkannte Staatsfeinde"*, wie es Biermann einmal selbst formuliert hat.[573] Ihre persönlichen Verbindungen zu Erich und Margot Honecker ermöglichte es ihnen jahrelang Opposition in einem eigentlich oppositionslosen, totalen Staat zu betreiben. Eine Haft in Gefängnissen der DDR blieb beiden erspart. Das soll nicht heißen, dass sie nicht unter staatlicher Verfolgung und Bespitzelung gelitten hätten. Wie der totale Staat allerdings mit jenen umging, denen die entscheidenden Kontakte fehlten, lässt sich am Schicksal des DDR-Juristen und Veterans des Spanischen Bürgerkriegs, Götz Berger, darstellen. Er war zunächst Anwalt von Robert Havemann, bevor diese Aufgabe Gregor Gysi übernahm. Berger sympathisierte mit Havemanns Kritik an der SED-Parteilinie und war mit ihm bereits seit den sechziger Jahren freundschaftlich verbunden. Im Jahr 1968 verteidigte Berger die beiden Havemann-Söhne Florian und Frank nach deren öffentlichen Protesten gegen den Einmarsch in die Tschechoslowakei.[574] Sein Berufungsantrag im Verfahren gegen Robert Havemann im Jahr 1976 war der Anlass, um ihn gleich am nächsten Tag ins Justizministerium zu verbringen und ihm seinen Rauswurf aus dem exklusiven Berliner Anwaltskollegium zu verkünden. Jenem Kollegium, dem später Gregor Gysi und Lothar de Maizière vorstanden. Lothars Vater, Stasi-IM Clemens de Maizière, war in diesem Kollegium ebenfalls jahrzehntelang tätig. Anfangs war dort auch noch Wolfgang Vogel zu Gange, der später als Einzelanwalt für die

---

[572] 'Wolf Biermann: Honeckers Flucht aus dem Zuchthaus', zeitzeugen-portal, 13.08.2011 https://www.youtube.com/watch?v=L44eX7EinR4

[573] 'Ich bin ein staatlich anerkannter Staatsfeind', Der SPIEGEL, 28.02.1971 https://web.archive.org/web/20211029201316/https://www.spiegel.de/kultur/ich-bin-ein-staatlich-anerkannter-staatsfeind-a-77d097a5-0002-0001-0000-000043375948

[574] 'Für Zeugen gibt es keine Schweigeminute', Die WELT, 08.03.1996 https://web.archive.org/web/20190502015620/https://www.welt.de/print-welt/article646611/Fuer-Zeugen-gibt-es-keine-Schweigeminute.html

DDR den Häftlingshandel mit der Bundesregierung organisierte.[575] Mit ihm soll sich Clemens recht gut verstanden haben. Clemens de Maizière hatte auch eine Anwaltszulassung für Westdeutschland, also die BRD. In diesem Zusammenhang geht er im Auftrag der DDR juristisch gegen den 1962 zum Generalbundesanwalt ernannten Wolfgang Fränkel vor, der als Jurist während der NS-Zeit an zweifelhaften Todesurteilen beteiligt gewesen sein soll.[576] Bereits nach wenigen Monaten wurde Fränkel abberufen, das von DDR-Bürgern angestrengte Verfahren wurde eingestellt. Im Zusammenspiel mit Horst Kasner, dem Vater von Angela, war Clemens de Maizière darüber hinaus als Synodal jahrelang bei der Gleichschaltung der evangelischen Kirchen aktiv.[577]

In der Wendezeit 1989 setzte sich der verfemte Jurist Berger dann für die politische Erneuerung der DDR ein, allerdings auf einem grundsätzlich sozialistischen Pfad. Nach der Wende wurde seine Pension gekürzt, da man zu dem Schluss kam, er habe in der DDR als Richter gegen Menschlichkeit und Rechtsstaatlichkeit verstoßen. Er starb 1996 in Anwesenheit von Katja Havemann an einem Herzinfarkt während eines Juristenprozesses gegen den Richter, der einst das Verfahren gegen Robert Havemann geleitet hatte.[578]

Havemann und Biermann stehen prototypisch für Lebensläufe, die die weltanschaulichen und territorialen Gräben des vergangenen Jahrhunderts kreuzten. Nach dem Untergang des ersten totalitären Staates landeten sie statt im verheißenen realsozialistischen Paradies in der nächsten Variante des Totalitarismus. Dieses Schicksal machte zusammen mit Können, Ehrgeiz und Geltungsdrang, viele Wendungen und Kompromisse notwendig. Charakterliche Beständigkeit wäre dabei dem eigenen Fortkommen hinderlich gewesen.

---

575 Schumann2014, S. 131

576 Schumann2014, S. 196 - 203

577 'Unwiderlegbare Alternativen: Zu den Ergebnissen der Synode der E.K.B.B.', Neue Zeit, 15.05.1971, S. 5 https://dfg-viewer.de/show/?set%5Bmets%5D=https://content.staatsbibliothek-berlin.de/zefys/SNP2612273X-19710515-0-0-0-0.xml&tx_dlf[page]=5

578 'Biographische Angaben aus dem Handbuch "Wer war wer in der DDR?"', Götz Berger, Bundesstiftung zur Aufarbeitung der SED-Diktatur https://web.archive.org/web/20231007090537/https://www.bundesstiftung-aufarbeitung.de/de/recherche/kataloge-datenbanken/biographische-datenbanken/goetz-berger

Als kommunistischer Widerstandskämpfer wurde Havemann 1943 vom Volksgerichtshof zum Tode verurteilt. Anders als seine Mitverschwörer entging er aber der Hinrichtung dank seiner als kriegswichtig eingestuften Chemiewaffen-Forschungen. Ein später prominent gewordener, kommunistischer Mithäftling war, wie bereits erwähnt, Erich Honecker. Nach dem Kriegsende wurde Havemann als Wissenschaftler, Professor, Volkskammer-Abgeordneter und praktizierender Stalinist Teil der privilegierten DDR-Nomenklatur und war zunächst für den KGB, später auch als IM ‚Leitz' für das MfS tätig. Schriftliche Hilfeersuchen von Mitgliedern und Sympathisanten der christlichen Studentengemeinde, gerichtet an den späteren Bischof Forck, beweisen den Druck, den Havemann als linientreuer Professor in den fünfziger Jahren an der Humboldt-Universität auf seine Studenten ausübte.[579] Er unterschrieb in diesem Zusammenhang im Frühjahr 1953 sogar etliche Exmatrikulationen, die erst nach Verhandlungen mit der Kirche wieder aufgehoben wurden.[580]

Mitte der sechziger Jahre wandelte er sich zum Regimekritiker und erlebte danach den Ausschluss aus Partei, Staat und Wissenschaftsbetrieb. In inniger Freundschaft zu Wolf Biermann und mit viel Wein, Weib und Gesang, führte er in den rund anderthalb Jahrzehnten danach eine Art regimekritisches Aussteigerleben, streng kontrolliert und zwei Jahre unter Hausarrest am Ufer des Möllensees bei Grünheide. Das Seegrundstück mit Wohn- und Gartenhaus entwickelte sich in dieser Zeit zu einer Art exterritorialen Zone der DDR. Eine Zone des Rückzugs für Regimegegner, die scherzhaft ‚Dissiland' genannt wurde.[581]

Zwei Autos, ein Motorboot, ein Farbfernseher und die dritte Ehefrau Annedore, genannt Katja, siebenunddreißig Jahre jünger als der greise Staatsfeind, trösteten über so manches hinweg. In den letzten Lebensjahren war Havemann allerdings schwer erkrankt. Eine Tuberkulose hatte bereits während der Haftzeit seine Lunge geschwächt und nun

---

579 'Das uralt kluge Kind', 12.12.2007, Die ZEIT. https://web.archive.org/web/20160504075525/https://www.zeit.de/2007/51/L-Havemann/komplettansicht

580 'Leserbrief Günter Moosdorf, Ellefeld', Neue Zeit Nr. 100, S. 8, 07.05.1989.

581 'Wahre Geschichte des falschen Kommunisten', taz, 08.07.2003. https://web.archive.org/web/20240308142542/https://taz.de/Wahre-Geschichte-des-falschen-Kommunisten/!745630/

kam eine Aspergillose, eine Verpilzung der Lunge hinzu.[582] Der behandelnde Arzt, Dr. Herbert Landmann, berichtete darüber als IM ‚Chef' zuverlässig an das MfS.[583] Das Ministerium kommt in einer Einschätzung Havemanns vom Dezember 1976 u.a. zu folgender Bewertung: *„Havemann hatte ständig wechselnde Frauenbekanntschaften ... darunter ... weibliche Mitarbeiter an seinen ehemaligen Arbeitsstellen."*[584] Mit Wolf Biermann verband Havemann nicht nur eine innige Freundschaft, der rührige Liedermacher bescherte ihm auch zwei Enkelkinder, deren Mutter Havemanns Tochter Sibylle ist.

In den bisher vorliegenden Biographien über Angela Merkel wird, mit Ausnahme von Rohbohm, entweder gar nicht oder kaum auf die Personen und Zusammenhänge des Havemann-Kreises eingegangen. Sehr wenig erfährt man auch von diesen Personen selbst, beispielsweise von Katja Havemann, über ihre Begegnungen mit Merkel in Grünheide. Immerhin hat sich Utz Havemann zu einem Gespräch mit Biograph Gerd Landgut bereit gefunden. Die von der West-Berliner Kommune 1 inspirierten Aktivitäten der Ost-Achtundsechziger im Umfeld von Robert Havemann, waren Merkel jedenfalls seit den frühen achtziger Jahren gut bekannt. Mit Utz Havemann und Frank Schneider, die aus diesem Umfeld stammten, hatte sie jahrelang engen beruflichen und privaten Umgang. Sie erwähnt im Interview mit Giovanni di Lorenzo im Jahr 2023 die Geschichte von Frank Schneider und der Havemann-Kommune ohne einen einzigen Namen zu nennen.[585] Aber als sie im Interview von Hugo Müller-Vogg 2003 zu ihrer Sicht auf die Achtundsechziger-Bewegung befragt wird, lautet ihre Antwort lapidar:

„Hauptsächlich über die Geschehnisse beim Einmarsch der Russen in Prag. Vielleicht noch die Studentenrevolte in Paris. Und dann ist mir noch in Erinnerung,

---

[582] Sieben Brüder auf einer fliegenden Schildkröte, Peter Bohley, 2004, S. 209

[583] 'Spitzel im weißen Kittel', Der Tagesspiegel, 28.04.2008
https://web.archive.org/web/20240308142646/https://www.tagesspiegel.de/kultur/literatur/spitzel-im-weissen-kittel-1641871.html

[584] BStU, ZAIG 5526, BL 1-7
https://web.archive.org/web/20210509171926/https://www.ddr-im-blick.de/jahrgaenge/jahrgang-1976/report/charakterisierung-robert-havemanns/

[585] ‚Angela Merkel im Gespräch mit Giovanni di Lorenzo', Die ZEIT, 29.04.2023
https://youtu.be/RtgpwTZG7PQ?t=2670

was meine Hamburger Cousinen mir vermittelt haben. Das Chaos an den Schulen etwa. Oder die Slogans - Marsch durch die Institutionen und so.“ [586]

Was soll man von dieser Nicht-Antwort halten, bei jemandem, dem ein äußerst gutes Gedächtnis nachgesagt wird, und der behauptet *„nie irgendetwas verheimlicht“* zu haben? [587]

Noch weniger, nämlich gar nichts, erfährt man in den Biographien zur zentralen politischen Konzeption der Widerstandsgruppe ‚Europäische Union‘, die Havemann im Kriegsjahr 1943 gemeinsam mit Georg Groscurth, Herbert Richter und Paul Rentsch gegründet hatte. Die Verfolgung durch Gestapo und Volksgerichtshof hat Havemann als einziger überlebt. Die nur kurzzeitig aktive Gruppe strebte für Europa einen sozialistischen Zentralstaat an, der den grassierenden Nationalismus überwinden sollte. Die Vorarbeit der Nazis sollte hierzu genutzt werden: Im Zuge von Kriegsgefangenenschaft und Zwangsarbeit waren bereits Millionen Menschen quer durch Europa verbracht worden.

„Der Gedanke der vereinigten Staaten von Europa ist eine alte Hoffnung der Europäer. Er ist bisher an dem eigensüchtigen Partikularismus der plutokratischen Nationalisten gescheitert und blieb eine intellektuelle Utopie. Heute ist Europa vorbereitet und reif für diese radikale Lösung. Hitlers Umsiedlungsaktionen und die Verschleppung gewaltiger Massen ausländischer Arbeiter nach Deutschland haben den Boden für eine gesamteuropäische Lösung bereitet.“ [588]

Merkels Grenzöffnung des Jahres 2015, mit der sogenannten ‚europäischen Lösung‘, erinnert doch etwas an diese Ideen - Zufall oder eben auch nicht. Ohne Zweifel untergräbt die seit spätestens 2015 anhaltende, unkontrollierte Masseneinwanderung nach Deutschland und Westeuropa die hiesige ethnische und kulturelle Identität. Faktisch entsteht durch die überwiegend muslimische Einwanderung, häufig ohne jede

---

[586] ‚Angela Merkel: Mein Weg‘, Hugo Müller-Vogg, 2005, S. 157

[587] 'Nie irgendetwas verheimlicht', Die WELT, 13.05.2013 https://web.archive.org/web/20130617040251/https://www.welt.de/newsticker/dpa_nt/infoline_nt/brennpunkte_nt/article116116967/Nie-irgendetwas-verheimlicht.html

[588] 'Robert Havemann Bibliographie: Mit unveröffentlichten Texten aus dem Nachlass.' Robert-Havemann-Gesellschaft, Werner Theuer, Bernd Florath, 2007

Integrationsbereitschaft, eine Gegengesellschaft. Auf die erkennbaren, massiven Probleme einer solchen Einwanderung mit unzureichender Integration hat bereits 2008 der damalige CIA-Chef Michael Hayden hingewiesen.[589]

Unter humanitären und ethischen Gesichtspunkten macht diese Migration, bei der vergleichsweise wenige echte Hilfsbedürftige zu astronomischen monetären und sozialen Kosten in westlichen Ländern versorgt werden, jedenfalls ebenso wenig Sinn wie unter ökonomischen. Das hat bereits vor Jahren Wolfgang Streeck festgestellt, einer der wenigen linken Intellektuellen, die auch nach 2015 nicht in den Schlaf der Vernunft verfielen:

„Anderswo wären Umbaupläne dieser Art mindestens eine parlamentarische Fragestunde wert gewesen - in Deutschland blieb das Thema ‚der Rechten‘ überlassen beziehungsweise wurde, wer es für ein Thema hielt, derselben zugerechnet. Dasselbe gilt für Rechtsform und Rechtsgrundlage der Grenzöffnung; für die Folgen der von der Regierung betriebenen Einwanderung ‚unserer künftigen Mitbürger‘ für deren Herkunftsländer; und für das Rätsel, warum die Regierung nicht die Bedürftigsten mit Flugzeugen aus den Lagern holt, für die anderen dort Schulen und Krankenhäuser baut und diejenigen, die die deutsche Wirtschaft als Arbeitskräfte braucht - angeblich 500.000 pro Jahr für 25 Jahre (Prognose vom April 2016) - wie in Kanada nach einem Punktsystem aussucht und einfliegt.“[590]

Einer der zeitlich letzten Bögen, der sich von Angela Merkel zu Robert Havemann schlagen lässt, ist eine Gedenktafel an dessen ehemaligem Institutsgebäude in der Hessischen Straße 1-2 Berlins. Merkels Ehemann Joachim Sauer hielt als Vertreter der Humboldt-Universität bei deren Enthüllung am 11. März 2000 in Gegenwart von Florian Havemann eine Ansprache. Danach kam es zu einer Aussprache. Der Sohn belehrte den Professor über die tatsächlich wesentlich kürzere Dauer des Havemann-Hausarrests von zwei Jahren, was Sauer vermutlich

---

[589] ‘Remarks by Director of the Central Intelligence Agency’, Michael V. Hayden, CIA, 30.04.2008 https://web.archive.org/web/20190412142234/https://www.cia.gov/news-information/speeches-testimony/speeches-testimony-archive-2008/landon-lecture-series.html

[590] ‘Merkels neue Kleider’, FAZ, Wolfgang Streeck, 03.05.2016 https://web.archive.org/web/20160505145012/https://www.faz.net/aktuell/feuilleton/debatten/regierungsstil-merkels-neue-kleider-14212048.html?printPagedArticle=true#pageIndex_2

nicht so ohne weiteres einsehen wollte.[591] Sauer forderte sieben Jahre später, nach Veröffentlichung des Buches ‚Havemann', in dem der Vorfall beschrieben ist, die Richtigstellung der Behauptung *„er habe es so schön und ordentlich in der so unfreien DDR zum ordentlichen Professor geschafft"*. Tatsächlich hatte Sauer 1985 *„in der so unfreien DDR"* nur den Titel ‚Dr. sc. nat.' erhalten, was der westdeutschen Habilitation gleichkommt, ordentlicher Professor wurde er aber erst 1993 - in der so freien BRD.[592] [593]

Joachim Sauer, seit dem 30. Dezember 1998 Ehemann von Angela Merkel.

[591] Havemann, 2007, S. 132

[592] 'Autobiography of Joachim Sauer', Joachim Sauer, 04.04.2019 https://web.archive.org/web/20190729202603/https://pubs.acs.org/doi/10.1021/acs.jpcc.9b01380

[593] 'Geschwärzte Bosheiten', Focus, https://web.archive.org/web/20240320170156/https://www.focus.de/kultur/buecher/geschwaerzte-bosheiten-periskop_id_2260706.html

Volker Schlöndorff: Das Phantom der Merkel-Biographen

„... das Entscheidende ist doch: Merkel ist ein guter Mensch.“[594]

Ulrich Matthes, Schauspieler, Freund von Merkel und Schlöndorff

Wie lückenhaft und unvollständig das Gros der Merkel-Biographien ist, fällt bei der Betrachtung von Merkels jahrzehntelanger Freundschaft mit dem Regisseur Volker Schlöndorff ins Auge, die bereits 1993 begann.[595] Es dürfte keine Beziehung Merkels geben, die mehr über ihre jahrzehntelang perfekt verschleierte politische Ausrichtung verrät. Weder in den achthundert Seiten des Werks von Ralf Bollmann, noch in den rund dreihundertfünfzig Seiten von Ursula Weidenfeld findet sich auch nur der kleinste Hinweis auf Schlöndorff. Ebenso wenig in den Büchern von Gerd Langguth und Jaqueline Boysen. Evelyn Roll erwähnt in einem Nebensatz immerhin einen Besuch bei Schlöndorff, ohne inhaltlich dar-auf weiter einzugehen.[596]

Es war der Amerikaner George Packer, der in seinem ausführlichen Porträt im ‚New Yorker' vom Dezember 2014 den großen Einfluss von Schlöndorff auf Merkel öffentlich machte - weitgehend unbemerkt von den deutschen Journalisten, Merkels Biographen und damit auch von der deutschen Öffentlichkeit.[597] Sein Artikel, den er wie fast alle andere Journalisten und Autoren ohne vorhergehenden persönlichen Kontakt mit Merkel verfasste, übertrifft in Präzision und konzentrierten Details vieles, was die deutschen Biographen über Merkel oft zusammenreimen. Neben Packer ist es aber auch Volker Schlöndorff selbst, der seit Jahren auf seinen Internetseiten mit über zweitausend Worten die Entwicklung seiner Freundschaft zu Angela Merkel beschreibt. Dort

---

[594] ‘„Die Zeit“ erklärt Merkel zum guten Menschen’, Tichys Einblick, 29.08.2022 https://web.archive.org/web/20220616112256/https://www.tichyseinblick.de/kolumnen/knauss-kontert/die-zeit-erklaert-merkel-zum-guten-menschen/

[595] ‘Volker Schlöndorff wird 80’, Deutschlandfunk, 28.03.2019 https://web.archive.org/web/20220818205559/https://www.deutschlandfunk.de/besuch-beim-regisseur-volker-schloen-dorff-wird-100.html

[596] ‚Das Mädchen und die Macht’, Evelyn Roll, 1. Auflage 2001, S. 288.

[597] ‘The Quiet German’, The New Yorker, George Packer, 01.12.2014 https://web.archive.org/web/20141201042532/https://www.newyorker.com/magazine/2014/12/01/quiet-german

kann man vieles über diese Freundschaft nachlesen, so man es denn will.[598]

Erwähnt wird dort beispielsweise wie Schlöndorff bereits 1999 auf einer Party in seinem Garten einem Filmproduzenten und CDU-Mitglied zu dessen großer Verblüffung Angela Merkel als *„die erste deutsche Bundeskanzlerin“* vorstellte, wofür ihn die verschwiegene Merkel mit einem empörten Blick tadelte. Im Jahr 2010 veröffentlichte Schlöndorff im Magazin ‚Cicero‘ einen langen Brief an Angela Merkel, den er auf Anregung von Schauspielerkollege Ulrich Matthes verfasste. Ulrich Matthes ist mit Merkel ebenfalls befreundet.[599] Darin äußert er sich begeistert über Merkels Rede vor dem Kongress der Vereinigten Staaten am 3. November 2009, in der sie über Themen wie *freedom* und *democracy* sprach. Andere hörten da eher eine von Merkel bestens inszenierte Vasallenrede im Ton einer seit Jahrzehnten gepflegten deutschen Unterwürfigkeit gegenüber dem großen Bruder. Darüber hinaus führt Schlöndorff seine Gedanken zur damaligen politischen Lage aus, gibt viele Anregungen, wie es seine Freundin noch besser machen könnte - und legt ihr nahe, nach zwei Amtszeiten mit der Kanzlerschaft aufzuhören, allerdings mit dem Verweis auf die Option, vielleicht später noch eine dritte dranzuhängen.

Außer bei Packer kommt die Freundschaft zu Schlöndorff eigentlich nur in der kritischen Biographie ‚Merkels Maske‘ von Hinrich Rohbohm detaillierter zur Sprache.[600] Dieses Biographie ist erstmals 2017 erschienen und wurde später neu aufgelegt. Man ist geneigt, den anderen Biographen ein hoch konzentriertes Wegsehen zu attestieren, denn bereits bei der Bundestagswahl 2005 machte Volker Schlöndorff überraschend und öffentlichkeitswirksam seine Sympathie für Angela Merkel deutlich und trat in den Jahren danach immer wieder als ihr Unterstützer in

[598] ‚Angela Merkel‘, Volker Schlöndorff, Internetpräsenz https://web.archive.org/web/20160701054743/www.volkerschloendorff.com/personen/angela-merkel/

[599] ‘Sehr verehrte Frau Bundeskanzlerin, liebe Angela, …’, Cicero, 2010. https://web.archive.org/web/20240308143748/https://www.cicero.de/innenpolitik/sehr-verehrte-frau-bundeskanzlerin-liebe-angela/41037

[600] ‘Merkels Maske’, Hinrich Rohbohm, 2021, S.19.

Erscheinung.[601] So etwas fällt im Berliner Politbetrieb mit Sicherheit auf. Sein Auftritt am 8. März 2016, dem internationalen Tag der Frauen, war selbst für Autoren mit stark vernebelter Sicht kaum zu übersehen. Merkel war damals durch die von ihr ausgelöste, unkontrollierte Masseneinwanderung politisch angeschlagen und Schlöndorff trat, begleitet von Mitstreitern aus der Kultur- und Filmszene, mit roten Rosen in der Hand vor das Kanzleramt, um seiner Freundin öffentlich Beistand und Respekt zu zollen.[602] *„Zu Merkels ‚Wir schaffen das!' gebe es keine Alternative"*, wurde die Abordnung seinerzeit in der Berliner Zeitung zitiert. Merkels Lektion von der Alternativlosigkeit hatte die Fan-Gemeinde um Schlöndorff offenbar schon gut verinnerlicht.

Wie pikant diese Freundschaft ist, die aus den gängigen Biographien geradezu herausgestanzt ist, und wie viel sie über Merkels wahre politische Identität verrät, wird klar, wenn man weiß, um wen es sich bei dem öffentlich stets freundlich und bescheiden auftretenden Volker Schlöndorff handelt.

Schlöndorff gehört jener Generation an, die in den Zweiten Weltkrieg hineingeboren wurde, den Krieg aber im Kleinkindalter weitgehend unbewusst durchlebt hat. Er verlor in der Kriegszeit seine Mutter und war damit einer der vielen Halb- oder Vollwaisen jener Zeit. Die bewusste Erinnerung setzte meist erst in den Ruinen und Trümmerlandschaften nach der Kapitulation ein, in einer Zeit des großen Schweigens: Dem Schweigen der Waffen und dem Schweigen der Erwachsenen. Die Erwachsenen waren während des Krieges und danach vor allem mit dem eigenen Überleben und der Sorge um Essen und Obdach für sich und die Angehörigen beschäftigt. Schon alleine die Tatsache überlebt zu haben, war für sie ein sinnstiftendes Privileg, der langsam zurückkehrende Wohlstand eine äußerst willkommene Dreingabe.

---

[601] 'Früherer SPD-Anhänger Schlöndorff unterstützt Merkel', Der SPIEGEL, 03.09.2005 https://web.archive.org/web/20140715005108/https://www.spiegel.de/spiegel/vorab/a-372859.html

[602] 'Rote Rosen für Merkel: Künstler bedanken sich für „Wir schaffen das"', Berliner Zeitung, 8.3.2016 https://web.archive.org/web/20170903145520/https://www.bz-berlin.de/berlin/mitte/rote-rosen-fuer-merkel-kuenstler-bedanken-sich-fuer-wir-schaffen-das

Nicht so für die Kriegskinder, den späteren ‚Achtundsechzigern': Sie wuchsen in einem, besonders für intellektuelle Naturen, schwer erträglichen, geistigen Vakuum auf, was bei vielen von ihnen zu einer tiefen Sinn- und Identitätskrise führte. Die Identifikation mit der eigenen Nation war unter dem Eindruck unfassbarer Nazi-Verbrechen, die in Westdeutschland mittels alliierter Re-education ins kollektive Bewusstsein eingepaukt wurden, unmöglich. Diese Generation, zumindest deren intellektueller Teil, musste sich Fluchtwege aus der erdrückenden deutschen Vergangenheit suchen. Für Schlöndorff war dieser Fluchtweg die bereits als siebzehnjähriger Schüler vollzogene Emigration nach Frankreich, mit dem bald gescheiterten Versuch, seine deutsche Identität einfach gegen eine französische einzutauschen. Die Fluchtwege anderer Intellektueller bestanden aus Alkohol, Drogen, Sex, Rockmusik oder gar Suizid, aus Protest, Revolte und schließlich Terrorismus.

Bereits 1972 thematisierte der schwäbische Pfarrer Helmut Ensslin die Überforderung der Jugendlichen und ihrer Eltern in einer Art seelsorgerischem Elternbrief, der seinerzeit im SPIEGEL veröffentlicht wurde.[603] Seelsorge hätten zu dieser Zeit auch Helmut Ensslin selbst und seine Ehefrau Ilse verdient gehabt:

Anfang 1972 war seine Tochter Gudrun zusammen mit Andreas Baader endgültig in die Illegalität abgetaucht - nach der gemeinsamen Kaufhausbrandstiftung vom 2. April 1969 und einem anschließenden Gefängnisaufenthalt. Später wurde den beiden zusammen mit Ulrike Meinhof und Jan-Carl Raspe in Stuttgart-Stammheim der Prozess gemacht. Nach dem Mord an Hanns-Martin Schleyer und der Geiselbefreiung von Mogadischu nahmen sich Baader, Ensslin und Raspe am 18. Oktober 1977 in ihren Gefängniszellen das Leben. Ulrike Meinhof hatte sich schon ein Jahr zuvor erhängt. Bis heute kursiert die These, wonach die drei von den Behörden ermordet oder zumindest die Selbstmorde bewusst nicht verhindert wurden.[604]

---

603 'All jene Eltern …', Helmut Ensslin, Der Spiegel, 20.02.1972 https://web.archive.org/web/20211118225500/https://www.spiegel.de/politik/helmut-ensslin-all-jene-eltern-a-b6834125-0002-0001-0000-000042972192

604 'Interview mit Gottfried Ensslin am 18.10.2012 in Berlin' https://web.archive.org/web/20140906000841/http://www.schattenblick.de/infopool/politik/report/prin0139.html

Der drogenabhängige Vater von Helmut Ensslins Enkelkind Felix, Bernward Vesper, Sohn des Blut-und-Boden-Dichters Will Vesper, hatte sich 1968 von Gudrun Ensslin getrennt und danach Gefallen an der 14-jährigen Ensslin-Tochter Ruth gefunden. Bis an den Familien-Urlaubsort an der Adria ist er ihr gefolgt, wogegen sich Vater Ensslin vehement wehren musste. Im Mai 1971 nahm Vesper sich in der Psychiatrie der Klinik Hamburg-Eppendorf mit einer Überdosis Schlaftabletten das Leben.

Die Ehe von Helmut Ensslins Tochter Johanna mit dem zunächst linksradikalen und - vermutlich nach persönlichen Feldstudien auf Kuba - später nach rechts ausgerichteten Aktivisten, Literaten und FAZ-Redakteur Günter Maschke, aus der ein weiteres Enkelkind hervorging, wurde nach erheblichen Turbulenzen geschieden.[605]

Ensslin-Sohn Gottfried war ab Anfang der siebziger Jahre schwuler Aktivist. Ein Selbstmord im Jahre 2013 beendete auch sein Leben mit 67 Jahren.[606]

Bereits 1968 hatte sich der zweitälteste Sohn Ulrich, Jahrgang 1938, umgebracht.

Tochter Christiane wurde später Journalistin bei Alice Schwarzers feministischer Zeitschrift ‚Emma'. Über den ältesten Ensslin-Sohn Michael liegen keine Erkenntnisse vor.

Möglicherweise war Pfarrer Ensslin, ein Anhänger der Bekennenden Kirche Bonhoeffers und damit persönlich unbelastet, ein gutes Stück weit selbst an der Überforderung seiner hochintelligenten Kinder beteiligt. Im Jugendalter klärte er seinen Nachwuchs ohne Tabus auf, u.a. mit dem schockierenden Film ‚Nacht und Nebel' von Alain Resnais mit

---

605 'Ein Seitenweg', Der SPIEGEL, 11.07.1972
https://web.archive.org/web/20220417052347/https://www.spiegel.de/politik/ein-seitenweg-a-79ee5520-0002-0001-0000-000042928464

606 'In memoriam Gottfried Ensslin', Schröder & Kalender, 10.12.2013
https://web.archive.org/web/20131215110328/https://blogs.taz.de/schroederkalender/2013/12/10/in-memoriam-gottfried-ensslin/

Originalaufnahmen über die Verbrechen der Nazi-Zeit. Im Spielfilm ‚Die bleierne Zeit' von Margarethe von Trotha, damals noch Ehefrau von Schlöndorff, wird dies thematisiert. Die Idee für diesen Film kam nach der Begegnung mit Christiane Ensslin, als das Ehepaar Schlöndorff nach der Beisetzung von Gudrun Ensslin, Andreas Baader und Jan-Carl Raspe in das Elternhaus der Ensslins eingeladen wurden. Schlöndorff drehte während der Beerdigung der drei Top-Terroristen Baader, Ensslin und Raspe auf dem Stuttgarter Dornhaldenfriedhof und nahm dabei nach eigenen Angaben auch persönlichen Einblick in deren Särge. Das Filmmaterial wurde Teil des von einem Regie-Kollektiv erstellten Episodenfilms ‚Deutschland im Herbst', aus dessen Titel sich die später aufkommende Bezeichnung ‚Deutscher Herbst' für die Ereignisse des Jahres 1977 ableitet.

Gerade für die klügsten Achtundsechziger war die Vorstellung Teil einer zukünftigen Deutschen Elite oder auch nur der Deutschen Erwachsenenwelt zu werden und damit in ein Generationenkontinuum zu treten, der blanke Horror. Ein Horror, dem man sich mit allen Mitteln entzog. Die Ensslin-Kinder waren überdurchschnittlich begabt, manche bekamen teilweise Stipendien, sie lernten und studierten teilweise im Ausland.

Die unbewussten Kriegserlebnisse der Jahre 1939 bis 1945 wurden in der zweiten Hälfte der sechziger Jahre enorm bedeutsam, als die abendlichen Fernsehbilder vom Kriegsgeschehen in Vietnam diese Alterskohorte noch einmal bewusst erleben ließ, was sie ein viertel Jahrhundert zuvor als Kleinkinder während schreckenswacher Bombennächte in den Kellern deutscher Dörfer und Städte durchlitten hatten. Ende der sechziger und Anfang der siebziger Jahre kreisten die Bombergeschwader mit den gleichen Hoheitszeichen über dem Hồ-Chí-Minh-Pfad, dem Roten Fluß und dem Golf von Tonking, wie früher über den deutschen Städten an Elbe, Rhein und Donau.

Eine bittere Ironie liegt in den vielen Parallelen, die es trotz vordergründiger Gegensätze zwischen der Generation der Achtundsechziger und ihren Eltern gibt. Auch die deutschen Achtundsechziger waren überaus anfällig für Führerfiguren und totalitäre Ideen. Und wie viele ihrer Eltern waren sie oftmals unfähig ein einmal geprägtes Weltbild zu korrigieren, selbst nach dessen offensichtlichem Scheitern. Nachdem Stalins Ruf gründlich ruiniert war, bot sich auf der Weltbühne jener Zeit hierzu vor allem Mao Zedong an, der mit seiner Kulturrevolution genau das verwirklichte, was vielen damals vorschwebte: Die Entmachtung der Elterngeneration durch die eigenen Kinder, die doch glaubten alles über alles besser zu wissen. Eine Entmachtung, die am Ende einige mit der Waffe in der Hand verwirklichen wollten, als Teil einer Roten-Armee-Fraktion - abgekürzt RAF. Das beschränkte sich allerdings nicht auf Deutschland: Die erste kommunistische Terrorgruppe unter der Bezeichnung Rote-Armee-Fraktion wurde 1969 in Japan gegründet. Eine Nachfolgeorganisation, die ‚Japanische Rote Armee' (JRA) verübte im Olympiajahr 1972 in Israel einen Terroranschlag, der weit mehr Opfer forderte als jener von München und Fürstenfeldbruck.[607] In den achtziger Jahren genossen offenbar Mitglieder der JRA im gleichen Forsthaus bzw. ‚konspirativen Objekt 74' bei Frankfurt an der Oder die Gastfreundlichkeit des MfS, wie zuvor schon die RAF-Terroristen.[608]

Ähnlich wie bei Stalin begriff man erst Jahre später, dass man es auch bei Mao mit einem Massenmörder zu tun hatte, der nicht den großen Sprung nach vorn, sondern den Sprung weit nach hinten vollbracht hatte. Noch weiter nach hinten schaffte es nur Pol Pot in Kambodscha, nämlich fast bis in die Steinzeit. Ebenso wie Mao fand Pol Pot Bewunderer in den Kreisen westdeutscher Studenten. Zu nennen ist hier der Kommunistische Bund Westdeutschland (KBW) mit seinem ZK-Sekretär Joscha Schmierer, den Joschka Fischer zwei Jahrzehnte später zum Mitarbeiter im Planungsstab im Bundesaußenministerium machte und der später von Frank-Walter Steinmeier, vielleicht wegen guter Führung, übernommen wurde.[609] In den Reihen des KBW finden sich auch die politischen Wurzeln der Grünen-Politiker Bütikofer, Sager und

---

607 '1972: Japanese kill 26 at Tel Aviv airport', BBC https://web.archive.org/web/20030124141215/http://news.bbc.co.uk/onthisday/hi/dates/stories/may/29/newsid_2542000/2542263.stm

608 'Auszug aus dem Besucherbuch des konspirativen "Objektes 74"', BStU https://web.archive.org/web/20180614071635/https://www.stasi-mediathek.de/fileadmin/pdf/dok444.pdf

609 'Schmierer hofft auf ein Ende der Solisten', Tagesspiegel, 27.07.2009 https://web.archive.org/web/20240308165002/https://www.tagesspiegel.de/kultur/literatur/schmierer-hofft-auf-ein-ende-der-solisten-6805240.html

insbesondere Winfried Kretschmann, der ja 2016 angeblich jeden Tag für Angela Merkel betete.[610]

Ein Rücksprung war es also, den Mao befahl. Ein Rücksprung, den viele Chinesen nicht überlebten, weil sie ganz einfach verhungerten oder keinen Arzt fanden, da die erfahrenen Ärzte zur Landarbeit abkommandiert waren und dort vermutlich den wenigen verbliebenen Bauern im Weg standen. In solchen Katastrophen enden die zahlreichen Kopfgeburten linker Ideologie regelmäßig und doch werden sie bis heute immer wieder von neuem gestartet. Ein erster tiefer Schock für die Mao-Fans war Ende Februar 1972 das Treffen des asiatischen Heilsbringers mit dem amerikanischen Präsidenten, der das Bombardement Vietnams kurz danach zu einem letzten Höhepunkt trieb.

Deutlich besser als die Identitätsflucht gelang Schlöndorff der Einstieg in seine Regiekarriere. Anfang der sechziger Jahre, mit kaum zwanzig Jahren, wurde Schlöndorff Assistent bei angesagten Regisseuren der *Nouvelle Vague* in Frankreich. An erster Stelle ist hierbei vielleicht Louis Malle zu nennen, auch deshalb, weil unter dessen Regie unbeabsichtigt der Kultfilm der SDS-Gruppe von Rudi Dutschke entstand, in deren Umfeld bald auch die RAF-Gründer Ensslin, Baader, Meinhof und Mahler auftauchten: ‚Viva Maria'. Dieser Film mit Brigitte Bardot und Jean Moreau in den Hauptrollen, der 1966 in die Kinos kam, lieferte Dutschke und seinen Genossen die Blaupause für ihr späteres Handeln, er definierte geradezu ihre Mission. Darüber hinaus glich Rudi Dutschke einem der Hauptdarsteller enorm - und wie Dutschke erlebte diese Figur das Happy-End des Films nicht.

„Wenn auch unbeabsichtigt, so war Viva Maria tatsächlich der erste Film, der einem Teil der linken Szene eine Identifikation (in diesem Ausmaß) gab und bildlich das darstellte, was sich gesellschaftlich plötzlich ankündigte: sexuelle Befreiung, Emanzipation, Verhöhnen von Autoritäten, Handeln, Gewalt. Das alles präsentierte der Film effektvoll mit einer guten Portion Sarkasmus und einem enormen

---

[610] 'Ich bete jeden Tag für Angela Merkel', Tagesspiegel, 01.02.2016 https://web.archive.org/web/20221223212153/https://www.tagesspiegel.de/politik/ich-bete-jeden-tag-fur-angela-merkel-5206387.html

Schwung an Sexappeal und – wichtig – natürlich im Namen der Gerechtigkeit.“ [611]

Dutschke wandelte sich der Filmrolle folgend vom Muttersohn mit Schlips und Kragen zum ungewaschenen Berufsrevolutionär mit Bartstoppeln, ausgebleichter Jeans und dem immer gleichen Streifenpullover mit jenem kalt schweißigen Odeur, das dem Journalisten Stefan Aust über Jahrzehnte in der Nase haften blieb. Den wichtigsten Coup landete Dutschke aber mit der Wandlung seiner Sprache: Aus einer Stimme langweiliger, deutscher Vernunft der Brandenburger Provinz wurde ein Organ für aufpeitschende, kommunistische Agitation und Propaganda im emotionalen Stil der angehimmelten südamerikanischen Revolutionäre. Es dürfte sich dabei vermutlich um eine Feinarbeit handeln, die Dutschke zusammen mit seinen chilenischen Freund Gaston Salvatore vollbracht hatte: Die Überlagerung schwer verständlicher Theoriefragmente im aufgeladenen Duktus Fidel Castros mit der Betonung auf der vorletzten Wortsilbe und weichem ‚D‘ am Ende. Das war die Geburt des Rudi Dutschke an den man sich heute erinnert: Die Zuhörer verstanden oft keinen einzigen Satz, aber es hörte sich irgendwie anders, irgendwie wichtig und irgendwie toll an - und am Schluss klatschten und stampften alle begeistert in der freudigen Leichtigkeit, die man von ‚Viva Maria‘ her kannte und die in dem verhassten Deutschland so sehr fehlte.

Hier war einem die Erlösung von der grauenhaften Vergangenheit und dem erdrückenden Vakuum gelungen. Dass dieser Jesus und seine Jünger dabei halbwüchsigen Kindern glichen, die eine Filmkomödie nachspielten, hielt man später ebenso unter dem Mantel des Schweigens, wie die Tatsache, dass Dutschkes Weg in die Gewalt führen musste. Seine Ideen und Ziele fußten auf Marx und Lenin und wurzelten damit im totalitären Terrain kommunistischer Zwangsbeglückung. Der Schritt von der *antiautoritären* Gruppe im SDS zur mordenden RAF der siebziger Jahre war konsequent, folgerichtig und klein. Viele seiner Anhänger

[611] ‘Die lustvolle Revolution: Viva Maria – eine Revolutionskomödie und die Anfänge der deutschen 68er-Bewegung’, Paco Prückner

wollen das bis heute nicht begreifen. Man kritisierte die RAF – vielleicht – als missglückt bei der Wahl der Mittel, sie war aber bereits missglückt bei der Wahl ihrer Ziele.

Bald nach ,Viva Maria' drehte Schlöndorff auch größere eigene Filme, später auch gemeinsam mit Ehefrau Margarethe von Trotha, der Schauspielerin und Regisseurin. Filme, die häufig die pseudorevolutionär aufgeladene Gegenwart der siebziger und achtziger Jahre im Umfeld der RAF oder die deutsche Nazi-Vergangenheit thematisieren. Der Durchbruch auf nationaler Ebene gelang ihm mit der Verfilmung des Böll-Stücks ,Die verlorene Ehre der Katharina Blum'. Gleichzeitig wurde er linksextremer Aktivist und unterstützte mit seiner Arbeit beim ,Rechtshilfefonds für die Verteidigung politischer Gefangener' die inhaftierten RAF-Gründer, die in Stuttgart-Stammheim bereits die zweite RAF-Generation unter Führung von Brigitte Monhaupt organisierten.[612] Schlöndorff stand in dieser Zeit auch in engem Kontakt zu RAF-Anwalt Klaus Croissant, der später zeitweise selbst in die Illegalität ging. Anfang der achtziger Jahre diente der sich gemeinsam mit seiner Lebensgefährtin Brigitte Heinrich, die Redakteurin bei der taz und später EU-Abgeordnete der Grünen war, der Stasi an.[613]

Der Ost-Berliner Flughafen Schönefeld fertigte ab 1970 mit Kenntnis der Stasi ganze Schulklassen ab, die sich unbehelligt aus Westdeutschland in die Ausbildungslager der PLO im Libanon und im Jemen aufmachten, um danach bei der RAF oder der ,Bewegung 2. Juni' Mitglied zu werden.[614] Die Stasi war spätestens seit 1973 durch die umfassenden Aussagen von Michael ,Bommi' Baumann bis ins Detail über die RAF und der mit ihr kooperierenden ,Bewegung 2. Juni' informiert.[615]

---

[612] Stenographischer Bericht 54. Sitzung Bonn, Mittwoch, den 9. November 1977
https://web.archive.org/web/20240308173525/https://dserver.bundestag.de/btp/08/08054.pdf

[613] 'Klaus Croissant als Stasi-Mann verhaftet', taz, 16.02.1992
https://web.archive.org/web/20240308173144/https://taz.de/Klaus-Croissant-als-Stasi-Mann-verhaftet/!1652687/

[614] 'Wir wollen an die Front!', Der SPIEGEL, 30.09.2007
https://web.archive.org/web/20211231131720/https://www.spiegel.de/politik/wir-wollen-an-die-front-a-f3e6b1cb-0002-0001-0000-000053135552

[615] 'Protokoll über die Vernehmung Michael "Bommi" Baumanns nach seiner Einreise in die DDR mit falschen Papieren'
BStU, MfS, HA VI, Nr. 1432, Bl. 79-97
https://web.archive.org/web/20200925132107/https://www.stasi-mediathek.de/medien/protokoll-ueber-die-verneh-mung-michael-bommi-baumanns-nach-seiner-einreise-in-die-ddr-mit-falschen-papieren/blatt/79/

Man kann davon ausgehen, dass der MfS von Anfang an aktiv den bald international ausgerichteten deutschen Linksterrorismus unterstützte und dabei die hervorragenden Beziehungen zwischen Erich Honecker und PLO-Führer Yassir Arafat sehr nützlich waren. Später wurden auf DDR-Gebiet Terroristen der RAF nicht nur jahrelang beherbergt, was Schlöndorff in seinem Film ‚Die Stille nach dem Schuss' thematisierte, sondern auch aktiv militärisch ausgebildet und geschult. Das ist belegt für die RAF-Mitglieder Wolfgang Beer, Adelheid Schulz, Inge Viett und Christian Klar, für den sich 2007 Schlöndorff um eine Begnadigung bemühte.[616] Christian Klar nahm 2017 auch an der Beerdigung des langjährigen DDR-Verteidigungsministers Heinz Keßler teil, was man als Geste der Dankbarkeit für die Unterstützung durch die DDR werten kann. Schlöndorffs Freundschaft zu Merkel könnte eine gewichtige Rolle gespielt haben, als sich der damalige Bundespräsident Köhler mit Klar zu einem Gespräch traf, das letztendlich nicht zu einer Begnadigung führte. Im Dezember 2008 wurde Christian Klar dann auch ohne Begnadigung im Rahmen geltender Rechtsbestimmungen vorzeitig entlassen.

In scharfem Gegensatz zum schonungslosen Umgang von Schlöndorff mit der deutschen Täterschaft während der Nazi-Zeit steht der ausgesprochen nachsichtige Umgang mit Verfehlungen von Protagonisten des eigenen, linksradikalen Lagers. Der Achtundsechziger-Aktivist Daniel Cohn-Bendit klatschte beim Prozess gegen die Kaufhaus-Brandstifter Söhnlein, Proll, Baader und Ensslin 1969 ebenso mit, wie fünfzig Jahre später bei Schlöndorffs achtzigstem Geburtstag.[617] Cohn-Bendit, der seit der Frankfurter Putzgruppenzeit eng mit Joschka Fischer befreundet ist und damals gemeinsam mit ihm in einer Frankfurter WG nächtigte, bezichtigte sich 1975 in seinem Buch ‚Le Grand Bazar' selbst des Kindesmissbrauchs. Überliefert ist zudem Cohn-Bendits Auftritt bei der Odenwaldschule, als dort in den achtziger Jahren die sexuellen Übergriffe durch Lehrer ruchbar wurden und sich der ‚Rote Dany' gegen die

---

[616] ‚Anfahrtsskizze zum "konspirativen Objekt 74"', BStU, MfS, AIM, Nr. 264/91, Bl. 33 https://web.archive.org/web/20160223125924/https://www.stasi-mediathek.de/medien/anfahrtsskizze-zum-konspirativen-objekt-74/blatt/33/

[617] 'Weltstar aus Wiesbaden', FAZ, 08.04.2019 https://web.archive.org/web/20240308173726/https://www.faz.net/aktuell/rhein-main/volker-schloendorff-wird-80-jahre-alt-16128561.html?printPagedArticle=true#pageIndex_3

Einmischung in die Sexualität der Schüler aussprach, die wohl eher aus dem Missbrauch durch Lehrer bestand. Jahrzehnte später musste die Schule wegen genau diesen Umtrieben endgültig schließen. Ein Wort der Kritik hierzu ist seitens Schlöndorff nicht bekannt. Auch im Zusammenhang mit der Haftentlassung von Christian Klar sah er Reue nicht als eine notwendige Bedingung: *„Ich weiß nicht, ob jemand zu Kreuze kriechen muss, um ihn begnadigen zu können"*, wurde er im Magazin ‚Stern' zitiert.[618]

Von 1974 bis 1978 war Schlöndorff mit Unterstützung der SPD auch in der staatlichen Filmförderungsanstalt (FFA) tätig.[619] Doch selbst der zu Stalins besten Zeiten im Moskauer Hotel Lux gehärtete Alt-Kommunist und damaliger SPD Fraktionschef Herbert Wehner empfand Schlöndorffs politischen Aktionismus als so belastend, dass er Schlöndorff zum Rücktritt aus diesem Gremium aufforderte. Konkreter Anlass hierzu war eine Anti-Terror-Razzia der italienischen Polizei, bei der man im Landhaus von Schlöndorff eine Pistole fand. Angeblich war das ein Geschenk einer verflossenen Verlobten, die er in Mexiko bei den Dreharbeiten zu ‚Viva Maria' kennengelernt hatte.[620] In der Variante seiner Ex-Frau, Margarethe von Trotha, stammte die Pistole von einem Freund und diente der Verteidigung in einer unsicheren Gegend Italiens.[621] Wehners Rücktrittsaufforderung kam Schlöndorff schließlich nach.

Im toskanischen Anwesen von Schlöndorff war Anfang der siebziger Jahre auch Kommunarde, Haschrebell und Terrorist Fritz Teufel mehrfach zu Gast.[622] Gemeinsam mit Rainer Langhans und Dieter Kunzelmann suchte Teufel Ende der sechziger Jahre regelmäßig unter Beobachtung der Stasi in Berlin-Karlshorst die chinesische Botschaft auf, um

---

[618] 'Kampagne von „Meinungsblockwarten"', Stern, 02.03.2007
https://web.archive.org/web/20170518143542/https://www.stern.de/politik/deutschland/ex-raf-terrorist-klar-kampagne-von--meinungsblockwarten--3355608.html

[619] 'Selbsterlebtes erschien mir nicht immer wichtig', Thomas Hartung, 25.03.2019
https://web.archive.org/web/20240308174024/https://www.dr-thomas-hartung.de/?p=3872

[620] 'Die mörderischen Kinder', Die ZEIT, 03.10.2007, Volker Schlöndorff
https://web.archive.org/web/20130625105702/https://www.zeit.de/2007/41/Deutscher-Herbst

[621] 'Die Stimmung war aufgeheizt', arte Magazin, Juli 2019
https://web.archive.org/web/20200929114646/https://www.arte-magazin.de/die-stimmung-war-sehr-aufgeheizt/

[622] 'Ich war ein Kofferträger', Süddeutsche Zeitung, 17.05.2010
https://web.archive.org/web/20100527154822/https://www.sueddeutsche.de/kultur/interview-mit-volker-schloendorff-ich-war-ein-koffertraeger-1.630817

Mao-Bibeln und andere Devotionalien abzustauben und in West-Berlin zu verhökern. Der Weg führte sie in der Treskowallee am abgesperrten Berliner Hauptquartier der Sowjetischen Militäradministration vorbei. Gleich an der ersten Ecke nach dem S-Bahnhof steht noch heute das frühere Verwaltungsgebäude des Garnisonstheaters in dem im Februar 1959 Angela Merkels Großvater, Ludwig Kasner, vermutlich an Herzversagen starb.[623] Wie bereits erwähnt, ergaben sich aus diesen Besuchen auch Kontakte zum Kreis um Robert Havemann, zu dem ein Jahrzehnt später Angela Merkel Zugang fand.

Das filmische Werk von Schlöndorff umfasst bis heute knapp vierzig Filme. Der große internationale Durchbruch kam für Schlöndorff mit der Verfilmung des Grass-Romans ‚Die Blechtrommel', der ein störrisches Kind zur Hauptperson hat, das an seinem dritten Geburtstag beschließt, nicht mehr zu wachsen und die muffige Ordnung der nazifizierten Erwachsenen ständig und gekonnt durcheinander wirbelt. Solche Verhaltensstörungen kommen einem von den Achtundsechziger her durchaus bekannt vor. Schlöndorff bekam dafür den Oscar und die Goldene Palme.

Schlöndorff wohnt seit 2003 in einem Haus am See, das 1937 Günther Quandt für sich bauen ließ, einem der wichtigsten Industriellen der Hitlerzeit. Quandt war bis 1929 der erste Ehemann von Magda Goebbels. Der Erwerb des Anwesens durch Schlöndorff von der Stadt Potsdam geriet in die Schlagzeilen, weil es für einen anderen Bieter nicht einmal einen Besichtigungstermin gab und gleichzeitig ein Schreiben von Ministerpräsident Platzeck den Verkauf an Schlöndorff empfahl, das aber angeblich keinen Einfluss auf die Entscheidung hatte.[624]

Die Freundschaft Schlöndorff-Merkel seit Beginn der neunziger Jahre ist in etwa so seltsam wie wenn Sahra Wagenknecht zur gleichen Zeit Kontakt zu Winfried Scharnagl, dem erzkonservativen Mitstreiter von

---

[623] 'Besuch westdeutscher Bürger in der Botschaft der VR China in der DDR', Einzelinformation Nr. 820/68, 01.08.1968
https://web.archive.org/web/20210304144508/https://www.ddr-im-blick.de/jahrgaenge/jahrgang-1968/report/besuch-westdeutscher-buerger-in-der-botschaft-der-vr-china-in-der-ddr/

[624] 'Wirbel um eine Wunschvilla', Der Tagesspiegel, 17.09.2002
https://archive.ph/zfxDy

Franz-Josef Strauß, aufgenommen und über Jahrzehnte gehalten hätte. Es sei denn, Angela Merkel hätte sich bei ihrem Eintritt in die Politik 1989 nur zu einer Konservativen verpuppt, um ihre in Wahrheit ökosozialistische und linksalternative Ausrichtung zu verheimlichen, wovon aus heutiger Sicht auszugehen ist.

Seltsam ist darüber hinaus, dass die jahrelange Freundschaft zu Schlöndorff bei ihr zu keinem fundierten Verständnis der Achtundsechziger-Bewegung geführt haben soll. Am 12. Mai 2013 äußert sie sich im Filmkunst 66 Kino wie folgt:

„Ich habe lange auch gebraucht, alles, was 1968 passiert ist, zu verstehen und auch dazu ein Gefühl zu bekommen und ich teile da nicht alles. Aber es gab schon auch Gründe, dass man sich gegen etwas auflehnen konnte in der alten Bundesrepublik."

Zwei Jahre später äußert sie im Interview gegenüber Evelyn Roll folgendermaßen zu den Achtundsechzigern:

„Mir erschienen die Bundesrepublik, die D-Mark, die soziale Marktwirtschaft, die Westbindung, die sozialen Sicherungssysteme als ein gut funktionierendes, plurales Gebilde, ein demokratisches, freiheitliches Land. Man musste dieses Land und seine Systeme wirklich nicht bekämpfen, schon gar nicht mit Gewalt."[625]

Wie brachte es Ulrich Matthes so gutmenschlich auf den Punkt:

„... das Entscheidende ist doch: Merkel ist ein guter Mensch."

Und in diesem Satz vom *guten Mensch* Merkel liegt tatsächlich *das Entscheidende.* Merkel hält dem vergangenheitsüberwältigten Deutschen ein kleines Zauberspieglein hin. In dessen Spiegelbild erkennt er sich so, wie er sich sehen *will*: Ein *guter Mensch* halt, regiert von einem *guten Mensch*, obendrein noch einer Frau, *„einer sehr umgänglichen Person,*

[625] ‚Und es war Sommer', SZ Magazin, 26.02.2015 https://web.archive.org/web/20201126042727/https://sz-magazin.sueddeutsche.de/geschichte/merkel-interview-jugend-ddr-80995

sympathisch und normal", in einem bösen, schuldigen Land.[626] Viele haben sich während der Merkeljahre in dieses Spiegelbild, *ihr* Spiegelbild, verliebt.

Rainer Eppelmann: Die eine Geschichte zu viel!

„Stasi in der Kirche hat's, nach allem, was wir heute wissen, sehr viel weniger gegeben als man ursprünglich mal angenommen hatte."[627]

Rainer Eppelmann

In seiner 1993 veröffentlichten Autobiographie zitiert Rainer Eppelmann aus seiner Stasi-Akte (*„Information bezüglich Pfarrer Eppelmann, Bezirksverwaltung für Staatssicherheit Berlin, 19.10.1981"*):

„Am 14.10.81 fand in der Wohnung Eppelmanns ein Treffen zwischen ihm und dem IM Vorlauf „Cerni" statt. Während dieses Gesprächs konnte der IM-Kandidat folgende operativ-bedeutsame Information zur derzeitigen Situation um Pf. Eppelmann erarbeiten: (...) Nach Einschätzung der Quelle ist Eppelmann durch ein „kleinbürgerliches Geltungsstreben" geprägt. (...) In vertrauter Umgebung ist Eppelmann relativ redselig.

Eppelmann versteht es, Jugendliche durch ein geschicktes Vorgehen zu beeinflussen bzw. zu manipulieren. Er gibt ihnen das Gefühl, ihre Vorstellungen bzw. praktischen Vorschläge zu berücksichtigen, obwohl er letztlich seine Konzeption durchsetzt."[628]

Redselig ist Eppelmann bis heute geblieben, er ist aber auch auffallend schreibselig. In zwei Autobiographien und einer Briefsammlung dokumentiert er detailliert seinen Lebensweg durch die Untiefen des geteilten und des vereinigten Deutschlands. Sein Lebensweg führte ihn auch

[626] ‚Angela Merkel – Die Zauderkünstlerin', Nikolaus Blome, 2013, S. 26

[627] 'Rainer Eppelmann: 30 Jahre nach der friedlichen Revolution', Vortrag, Maison Heinrich Heine Paris, 06.11.2019 https://youtu.be/wF0ruodv9Mc?t=3039

[628] 'Fremd im eigenen Haus: Mein Leben im anderen Deutschland', Rainer Eppelmann, 1993, Ende Kapitel OV „Blues"

zum damaligem Staatsfeind Nr. 1, Robert Havemann, zum Konsistorialpräsidenten Manfred Stolpe, bereits Mitte der achtziger Jahre mehrmals auf das Bonner Kanzlerfest und zu Wolfgang Schnur, mit dem er 1989 gemeinsam den Demokratischen Aufbruch (DA) gründete. Dort tauchte - je nach Quelle - im Oktober (laut Stefan Dachsel), im November (laut Hans-Christian Maaß) oder im Dezember (laut Angela Merkel) auch Angela Merkel auf. Die Wahl zum Vorsitzenden der Bewegung Demokratischer Aufbruch am 29. Oktober 1989 (Eppelmann vermerkt in seinen Biographien fälschlicherweise den 1. Oktober 1989) wurde ihm allerdings von seinem guten Freund Wolfgang Schnur vermasselt, der, für viele überraschend, als einziger gegen Eppelmann kandidierte.[629] Es war für Eppelmann vielleicht auch keine Überraschung, sondern möglicherweise eine abgekartete Wahl vor der Wahl: Egal welcher von den beiden gewinnen würde, es würde der richtige sein - und demokratisch sah es obendrein auch noch aus. Es erstaunt, welche bemerkenswerte Vision Rainer Eppelmann bereits am Ende jener DA-Versammlung im Berliner Königin-Elisabeth-Krankenhaus zu verkünden wusste:

„Ich habe den Eindruck, was wir gegenwärtig tun, ja es ist ganz sicher kein Knabenstreich, das ist was ungeheuer Ernstes und ich versuche mir vorzustellen, bloß mal vorzustellen, morgen würde in diesem Land gewählt werden und der Friedrich Schorlemmer müsste Arbeitsminister werden, der Wolfgang Schnur Justizminister, er vielleicht Ministerpräsident. Die könnten doch bloß ins Wasser gehen oder sich eine Kugel in den Kopf schießen. Wir dürfen doch bitte nicht vergessen, was wir heute sind - in einem halben Jahr kann das vielleicht schon ganz anders sein.“[630]

IM ‚Cerni‘ lag mit seiner Einschätzung zu Beginn der achtziger Jahre im Hinblick auf Geltungsdrang und Mitteilungsfreudigkeit von Rainer Eppelmann offenbar richtig. Allerdings gab es für keinen, der in Eppelmanns Vision genannten Personen jemals ein Ministeramt. Allein Eppelmann selbst war kaum drei Monate später tatsächlich Minister in der neu gebildeten Übergangsregierung von Hans Modrow. Diese regierte

---

[629] ‘Aufbruch zur Macht: Der Weg einer neunen Partei im Herbst 1989‘, Filmdoku,Thomas Grimm, 2005 Minute 23:00 https://web.archive.org/web/20240308174652/https://www.defa-stiftung.de/filme/filme-suchen/aufbruch-zur-macht-der-weg-einer-neuen-partei-im-herbst-1989/

[630] ‘Aufbruch zur Macht: Der Weg einer neunen Partei im Herbst 1989‘, Filmdoku,Thomas Grimm, 2005 Minute 24:30 https://web.archive.org/web/20240308174652/https://www.defa-stiftung.de/filme/filme-suchen/aufbruch-zur-macht-der-weg-einer-neuen-partei-im-herbst-1989/

ab dem 18. November 1989 und wurde am 5. Februar 1990 um acht ‚Minister ohne Geschäftsbereich' aus den Reihen der Oppositionsparteien erweitert. Darunter war auch Pastor Eppelmann. Einer seiner Kabinettskollegen war ‚DM', wie De Maizière, Lothar de Maizière. ‚DM wurde zu diesem Zeitpunkt auch gleich stellvertretender Ministerpräsident der DDR.

Der Demokratische Aufbruch war in den ersten Wochen ökosozialistisch ausgerichtet und strebte einen demokratischen Sozialismus für die DDR an. Zwei Schlüsselsätze des Gründungsaufrufs, die SED-Mitglied Daniela Dahn auf besagter Versammlung vortrug, lauteten *„Wir alle müssen lernen, unsere Wirtschaft und unsere Bedürfnisse dem Schutz der Umwelt unterzuordnen."* und *„Wir wollen neu lernen, was Sozialismus für uns heißen kann."*[631] Die Betonung des Lernens erinnert stark an Ansagen, wie sie über Jahrzehnte hinweg aus der Familie Kasner zu hören sind. *„Lebenslanges Lernen heißt Lernen, solange man lebt"*, formuliert Mutter Herlind 2008 in einer Dankesrede.[632] Im Jahr 1974 referierte Horst Kasner auf der Synode des BEK gemeinsam mit Bischof Albrecht Schönherr über 'Kirche als Gemeinschaft von Lernenden'.[633] [634] Bereits 1974 gab es zu dieser Doktrin deutlichen Widerspruch durch den Gothaer Superintendenten Helmut Kramer, der erklärte: *„Kirche ist die Gemeinschaft der Gläubigen, die sich, ergriffen vom Gedanken der Gnade, um Wort und Sakrament sammelt; sie ist keine Lerngemeinschaft …"*.[635] Pfarrer Reinhard Steinlein schrieb Jahre später dazu folgendes: *„… nach einer Tagung der Bundessynode im Jahre 1974, ist oft die Rede davon gewesen, daß sich die Kirche einem Lernprozess unterziehen müßte. … Bei näherem Hinsehen verbarg sich hinter der Aufforderung zu einer gerechten Beurteilung der Staatsideologie nichts anderes als ein Prozess wachsender Anpassung."*[636]

---

631 'Gründungsaufruf der Bürgerbewegung Demokratischer Aufbruch' https://web.archive.org/web/20201027093612/https://www.jugendopposition.de/151137

632 ‚Was an Angela Merkels Mutter vorbildlich ist', Die WELT, 26.09.2008 https://web.archive.org/web/20090312035751/https://www.welt.de/politik/article2496274/Was-an-Angela-Merkels-Mutter-vorbildlich-ist.html

633 'Kirche als Gemeinschaft von Lernenden', Referat Horst Kasner, Oktober 1974 Landeskirchliches Archiv in Berlin (ELAB) Bestand/Signatur 55.1/337

634 'Verantwortung für das Ganze. DDR-Kirchenbundsynode zum Thema Lerngemeinschaft', Neue Zeit, 28.09.1974 https://dfg-viewer.de/show/?set%5Bmets%5D=https://content.staatsbibliothek-berlin.de/zefys/SNP2612273X-19740928-0-0-0-0.xml&tx_dlf[page]=6

635 'Angela Merkel', Gerd Langguth, 2005, S. 356

636 'Die gottlosen Jahre', Reinhard Steinlein, 1993, S. 62

Tochter Angela leitete als Kanzlerin unzählige Sätze mit den Worten *„Wir müssen lernen …“* ein:

„Wir müssen lernen, über unsere eigene Vergangenheit zu sprechen.“[637]

„Wir müssen lernen, uns in diese Globalisierung einzufügen.“[638]

„Wir müssen lernen, maritime Grenzen zu schützen.“[639]

„Wir müssen lernen, für die Jüngeren mitzudenken.“[640]

„Wir müssen lernen, auch als die, die schon Jahrhunderte in Deutschland leben, dass Offenheit, dass Neugierde auf andere Kulturen uns doch nichts wegnimmt.“[641]

Unterschwellig wird der Empfänger solcher Sätze zu einem Kind herabgestuft, das noch viel zu lernen hat, zu keinen eigenen Entscheidungen fähig ist und dem man deshalb die Entscheidungen am besten abnimmt. Aus einem eigenständigen Subjekt wird ein manipulierbares Objekt. Aus einem über Grundrechte verfügenden Bürger wird ein entrechteter Untertan. Aus deutschen Bürgern werden am Ende Menschen, die *„schon länger hier leben“*.[642]

---

637 'Angela Merkel: Die Kanzlerin und ihre Zeit', Ralph Bollmann, 2021, S. 95

638 ‚Rede von Bundeskanzlerin Dr. Angela Merkel beim Neujahrsempfang der IHK Magdeburg‘, 07.01.2016 https://web.archive.org/web/20240308175254/https://www.bundesregierung.de/breg-de/service/bulletin/rede-von-bundeskanzlerin-dr-angela-merkel-797874

639 ‚Merkel erteilt Flüchtlingskontingenten vorerst Absage‘, focus, 17.02.2016 https://web.archive.org/web/20160219032914/https://www.focus.de/politik/deutschland/regierungserklaerung-und-debatte-im-live-ticker-kurz-vor-eu-gipfel-jetzt-verteidigt-merkel-ihre-fluechtlingspolitik-im-bundestag_id_5290816.html

640 ‚Rede der Vorsitzenden der CDU Deutschlands‘, CDU, 20.02.2006 https://web.archive.org/web/20240308175459/https://archiv.cdu.de/system/tdf/media/dokumente/06_02_20_Rede_Merkel_Wertekonferenz.pdf?file=1

641 ‚Deutsche nicht so bibelfest, wie sie tun‘. PRO, 08.12.2015 https://web.archive.org/web/20220807220157/https://www.pro-medienmagazin.de/merkel-deutsche-nicht-so-bibelfest-wie-sie-tun/

642 ‚Bundeskanzlerin Dr. Angela Merkel auf der 34. Hauptversammlung des Deutschen Städtetages‘, 23.05.2007 https://web.archive.org/web/20200701065108/https://www.bundesregierung.de/breg-de/service/bulletin/rede-von-bundeskanzlerin-dr-angela-merkel-797406

Wie bei nahezu allen oppositionellen Gruppierungen der DDR und auch nahezu allen Parteien Westdeutschlands, bis auf die CDU, gab es vor dem Fall der Mauer im Herbst 1989, auch beim DA keinerlei Überlegungen zu einer Wiedervereinigung. Im Grunde strebte man eine demokratisierte DDR an, eine Art D-DDR. *„Wir wollten eine bessere DDR"*, meinte dazu Sonja Süß, geb. Schröter, die damals beim DA dabei war.[643] Man vergaß, dass das zweite D in DDR schon für *demokratisch* stand, in der Praxis aber *diktatorisch* bedeutete. Sozialismus ist eine im Kern totalitäre Weltanschauung, die man nicht demokratisieren kann. Das ist eine wiederkehrende Erfahrung, die nicht zuletzt Michail Sergeevič Gorbačëv am Ende der Sowjetunion machen musste: Fällt der Repressionsapparat, dann fällt der sozialistische Staat mit ihm.

Konzepte für eine wirtschaftliche und finanzielle Grundlage einer derart reformierten DDR gab es allerdings auch keine. Den engagierten Pfarrern, Rechtsanwälten, Schriftstellern, Künstlern und Naturwissenschaftlern fehlte für solche Überlegungen weitgehend der Horizont. Um die von der SED beherrschte Staatsspitze stand es in Sachen Wirtschaftskompetenz erwiesenermaßen nicht besser. Personen mit wirtschaftlichem Sachverstand gab es in den Betrieben durchaus, aber diese für die Organisation der notwendigen Wirtschaftsreformen zu finden, zu rekrutieren und auf Stasi-Verbindungen zu überprüfen, hätte viel zu lange gedauert.

Was mit dem Demokratischen Aufbruch in den Wochen nach der Gründung passierte, war eine programmatische Kehrtwende. Es kam zu einer Abwendung vom Sozialismus und zu einer Hinwendung zur Marktwirtschaft. Es kam darüber hinaus zu einer Ausrichtung auf Westdeutschland und die CDU. Bei weitem nicht alle wollten dieser Kehrtwende Folge leisten. Friedrich Schorlemmer, Rudi Pahnke, Daniela Dahn und der schon damals mit Familie Kasner bekannte Günter Nooke verließen im Dezember und Januar die Partei. Anders verhielt sich Dr. Angela Merkel. Bereits am 10. Februar 1990 erschien in der Berliner Zeitung ein Artikel von ihr, der sie und den DA als Anhänger der

643 'Aufbruch zur Macht: Der Weg einer neunen Partei im Herbst 1989', Filmdoku,Thomas Grimm, 2005, Minute 26:50 https://web.archive.org/web/20240308174652/https://www.defa-stiftung.de/filme/filme-suchen/aufbruch-zur-macht-der-weg-einer-neuen-partei-im-herbst-1989/

ordoliberalen Marktwirtschaft im Sinne von Ludwig Erhard ausweist. *„Natürliche Verbündete"* waren demzufolge die CDU und die FDP. [644] *„Der Sozialismus hat uns Armut und Elend gebracht"*, konnte man nun im Wahlwerbefilm des DA hören.[645] Die rasend schnelle Wendung des DA, dessen Kurs maßgeblich von Stasi-Mann Schnur und Pfarrer Rainer Eppelmann bestimmt wurde, könnte vielleicht den Umständen und dem Ehrgeiz dieser beiden führenden Köpfe geschuldet gewesen sein.

Doch hier nun erhebt Zeugin ‚Magdalena' energischen Einspruch und das auf Seite 381. Magdalena ist das Werk von Jürgen Fuchs. Er selbst kann nicht mehr sprechen, denn er ist am 9. Mai 1999 verstummt, aber Magdalena spricht an seiner statt weiter. Ein MfS Strategiepapier, vom 20. August 1987 datiert, DE/AKG/ XX/1988, hat Fuchs *„Blatt für Blatt in die Hand genommen"* und vertrauensvoll an Zeugin Magdalena übergeben.

"Eppelmann, Rainer / Hirsch, Ralph:

Forcierung der angebahnten Kontakte zu CDU-Kreisen und eventuell Ausdehnung auf noch rechter stehende politische Kräfte in der BRD mit dem Ziel einer perspektivischen Abspaltung von der "links" orientierten Mehrheit der PUT-Kräfte."

PUT steht für ‚Politische Untergrundtätigkeit', also gegen den SED-Staat gerichtete Opposition in der DDR.

Es hört sich fast so an, als hätte Eppelmann im Dezember und Januar 1989 die Vorsehung des MfS aus dem Jahre 1987 erfüllt. Aber das kann doch nicht sein! Wir vermerken einen der vielen ‚Zufälle' der friedlichen Revolution und des darauf folgenden Aufstiegs von Angela Merkel. Eppelmann schreibt, dass die Wahl seines engen Freundes Schnur zum DA-Chef *„einer der letzten Erfolge der Stasi war"* - oder war es vielleicht einer der vorletzten oder vorvorletzten Erfolge?[646] Ein Stasi-IM wurde

---

644 'CDU-West natürlicher Verbündeter beim Umbau der Gesellschaft', Angela Merkel, Berliner Zeitung, 10.03.1990.

645 'DDR Volkskammerwahl 1990 - Wahlspot des DA (Demokratischer Aufbruch)' https://www.youtube.com/watch?v=sNTwCaKqK4Q

646 'Gottes doppelte Spur', Rainer Eppelmann, Händler Verlag, 2007, S. 135

noch Monate später Ministerpräsident der DDR und Stasi-Enthüllungen gab es auch noch Jahrzehnte später: Am 5. November 2019 stimmte der Landtag des Landes Brandenburg, jenem Bundesland in dem IM ‚Sekretär' alias Manfred Stolpe einst erster Ministerpräsident war, einer erneuten Prüfung der Abgeordneten auf Stasi-Tätigkeiten zu.[647]

Vier Monate nachdem Eppelmann in der Regierung Modrow Minister geworden war, fand die letzte Volkskammerwahl statt. Die Erste, die den Eigenschaften allgemein, unmittelbar, frei, gleich und geheim, immerhin nahekam. ‚DM', wie Lothar de Maizière, wurde danach gar Ministerpräsident. Er holte mit dem Rückenwind von Helmut Kohl und ‚DM', wie D-Mark, satte 40,8 % der Stimmen. Abgeschlagen war Rainer Eppelmann und sein ‚Demokratischer Aufbruch' mit Pressesprecherin Angela Merkel aus der Wahl hervorgegangen. Kurz zuvor war Wolfgang Schnur als IM ‚Dr. Ralf Schirmer' enttarnt worden, in dessen Vorzimmer Angela Merkel zu Gange war.[648] Dem DA-Vorstand und seiner Sprecherin Angela Merkel gelang es trotz erkennbarem Bemühen nicht, den Skandal bis nach der Wahl unter der Decke zu halten.[649] Etwas mehr als hunderttausend Stimmen gab es für den DA, das entsprach gerade mal 0,92 % Stimmenanteil.

Eppelmanns Ministerlaufbahn tat die bittere Wahlniederlage vom 18. März 1990 keinerlei Abbruch: Am 12. April 1990 wurde er als Minister für Abrüstung und Verteidigung Mitglied des Kabinetts de Maizière. So weit konnte man es damals als Parteivorsitzender mit 0,92 % Stimmenanteil bringen - *es muss demokratisch aussehen*. Und auch für Angela Merkel, geborene Kasner, fand sich ein Posten in der Regierung de Maizière. Sie wurde - zufällig - stellvertretende Regierungssprecherin und da ihr Chef Matthias Gehler - zufällig - Flugangst hatte, begleitete zumeist sie

---

[647] 'Landtag Brandenburg stimmt für erneute Stasi-Überprüfung', Märkische Allgemeine, 05.11.2019 https://web.archive.org/web/20240308180321/https://www.maz-online.de/brandenburg/landtag-brandenburg-stimmt-fuer-erneute-stasi-ueberpruefung-JSGGL75F62IX3KSM2I6BHDVL34.html

[648] 'Merkel-Jahre (2/6) – Ein plötzlicher Aufbruch', Stephan Detjen,Tom Schimmeck, 20.07.2021, Minute 07:00 https://www.hoerspielundfeature.de/der-unwahrscheinliche-weg-der-angela-m-merkel-jahre-2-6-ein-100.html https://web.archive.org/web/20220626145959/https://www.hoerspielundfeature.de/der-unwahrscheinliche-weg-der-angela-m-merkel-jahre-2-6-ein-100.html

[649] 'Wolfgang Schnur - Stasi Spitzel als Hoffnungsträger?', NDR, 03,2015 https://youtu.be/HCUvlmRPJL0?t=242

den letzten Ministerpräsidenten auf dessen Auslandsreisen.[650] Gehler schaffte es in diesen Monaten allerdings doch einmal mit der DDR-Regierungsdelegation bis nach Washington. Vielleicht reiste er per Schiff an.[651]

Als Abrüstungsminister erzürnte Eppelmann schnell langjährige politische Gefährten wie Katja Havemann und Ralf Hirsch. Seine Forderungen nach einer Erweiterung der NATO um das Territorium der DDR kamen nicht gut an. Die Witwe von Robert Havemann, an dessen Grab Eppelmann einst gesprochen hatte, veröffentlichte daraufhin eine private Zeitungsanzeige mit der Überschrift: *„Rainer Eppelmann, ich schäme mich für dich.“*.[652] Ralf Hirsch hat sich später offenbar mit Eppelmann ausgesöhnt und sitzt derzeit, ebenso wie die mit Familie Kasner bekannte Maria Nooke, im Fachbeirat der Bundesstiftung zur Aufarbeitung der SED-Diktatur.[653] Zu diesem Zeitpunkt war den früheren Freunden noch gar nicht bekannt, was der Minister in seinem halben Jahr Amtszeit noch so alles trieb. Wenige Wochen vor dem letzten Atemzug des sogenannten Arbeiter- und Bauernstaats liess Eppelmann in Absprache mit Ministerpräsident de Maizière in erheblichem Umfang Akten der NVA-Militäraufklärung der DDR vernichten.[654] Akten, in denen zu lesen war, welche Bundesbürger in Westdeutschland, motiviert durch Ideologie, Geld oder beidem, für die DDR spionierten und sich damit nach bundesdeutschem Recht strafbar gemacht hatten. Einige Monate zuvor waren unkontrollierte Aktenvernichtungen noch der Anlass für die Besetzung von Stasi-Dienststellen durch erzürnte Bürger in etlichen Städten der DDR. Bürger, die sich mal anschauen wollten, wer da wen ausgehorcht oder gar denunziert hatte. Auch Jürgen Fuchs schreibt über diese Vorgänge mit merklicher Verwunderung:

---

[650] 'Flugangst und andere Zufälle', Die ZEIT, 22.08.2018
https://web.archive.org/web/20200919013039/https://www.zeit.de/2018/35/politiker-karriere-zufall-talent/komplettansicht

[651] ‚Das erste Leben der Angela M.‘, Ralf Georg Reuth, Günther Lachmann, 2013, S. 254

[652] 'Ich schäme mich', Der SPIEGEL, 10.06.1990
https://web.archive.org/web/20220616123034/https://www.spiegel.de/politik/ich-schaeme-mich-a-f989b433-0002-0001-0000-000013500016

[653] ‚Gremien‘, Bundesstiftung zur Aufarbeitung der SED-Diktatur
https://web.archive.org/web/20200128212018/https://www.bundesstiftung-aufarbeitung.de/de/stiftung/gremien

[654] 'Die Supergeheime', SWR2 Feature, Thomas Gaevert, 10.01.2018, S. 2/21
https://web.archive.org/web/20220616124708if_/https://www.swr.de/swr2/programm/download-swr-9954.pdf

„Der neue Minister, die neue Zeit … einiges mußte unbedingt noch weg … 22 von 25 Bänden … Rainer Eppelmann läßt vernichten, wahrscheinlich unwissentlich, ist das nicht witzig?“[655]

Man kann fast den Eindruck gewinnen, dass Eppelmann im Sommerhalbjahr 1990 mehrfach die Seiten gewechselt hat. Von einem frühen Förderer der NATO-Osterweiterung zum Kollaborateur der DDR-Geheimdienste. In einem späteren Schreiben an die damalige Justizministerin Leutheusser-Schnarrenberger rechtfertigte er die Aktenvernichtung am 8. September 1992 wie folgt:

„Die Akten sind auf meinen Befehl hin vernichtet worden, um einer strafrechtlichen Verfolgung der Mitarbeiter dieser Behörde entgegenzuwirken. Es erschien uns seinerzeit absurd, dass diejenigen, die in der Militärabwehr und zum Schutz der Geheimnisse einer Armee arbeiteten, wie es in jeder Armee der Welt üblich ist, der Strafverfolgung einer ehemals als feindlich eingestuften Justiz überantwortet werden könnten.“[656]

Trotz der generellen Mitteilungsfreude von Rainer Eppelmann ist von ihm weder in Wort noch in Schrift sonderlich viel über Angela Merkel zu erfahren, die sich spätestens ab Dezember 1989 in seiner Partei Demokratischer Aufbruch ebenso motiviert betätigte, wie noch wenige Jahre zuvor in der FDJ-Clique in Berlin-Adlershof. Liest man sich seine autobiographischen Werke durch, dann sind dort Begegnungen mit allerlei Prominenten penibel beschrieben. Bis eben auf die zwischenzeitlich mit Abstand Prominenteste von allen, Angela Merkel. Selbst über Merkels Vater, Horst Kasner, bei dem Eppelmann während der Ausbildung einige Wochen im Predigerseminar verbrachte, ist deutlich mehr zu erfahren als über dessen Tochter Angela, mit der er eineinhalb Jahrzehnte später monatelang intensiv zusammenarbeitete.[657] Eppelmann war Vorsitzender, Merkel Sprecherin des Demokratischen Aufbruchs. Danach saßen beide gemeinsam in der letzten DDR-Regierung und im ersten gesamtdeutschen Bundestag. Eppelmann war zusätzlich von

---

[655] Magdalena, Jürgen Fuchs, 1999, S. 103

[656] 'Die Supergeheime', SWR2 Feature, Thomas Gaevert, 10.01.2018, S. 2/21 https://web.archive.org/web/20220616124708if_/https://www.swr.de/swr2/programm/download-swr-9954.pdf

[657] 'Fremd im eigenen Haus', Autobiographie Rainer Eppelmann, 1993

1994 bis 2001 Vorsitzender der Christlich-Demokratischen Arbeitnehmerschaft (CDA) und schied erst 2005 aus dem Bundestag aus. Möglicherweise nimmt es Eppelmann mit der gebotenen Schweigsamkeit, die in Merkels Freundeskreis Bedingung ist, besonders ernst.

Mehrfach machte er jedoch eine unglückliche Ausnahme in Bezug auf eine angebliche Begebenheit des Jahres 1973. In den Wahlkampfjahren 2009 und 2013 sowie während der Migrationskrise im Jahr 2016 ging Eppelmann mit einer Geschichte an die Öffentlichkeit, mit der er Merkel offenbar zu unterstützen glaubte. Die Geschichte wurde erstmals im April 2009 in der Mainpost[658] und der Lausitzer Rundschau[659] veröffentlicht, im Juli 2009 im christlichen Magazin „Pro"[660], im Mai 2013 beim Deutschlandfunk[661] und dann nochmal im Februar 2016 in der christlichen Zeitschrift „Chrismon"[662]. Es war die eine Geschichte zu viel!

Eppelmann berichtet jeweils von einem Gespräch bei Bischof Schönherr, das angeblich 1973 stattgefunden haben soll. Dabei sei die Sprache auf eine Pfarrerstochter gekommen, die mit besten Noten das Abitur bestanden habe, aber womöglich wegen mangelnder Linientreue nicht würde studieren können. Letztendlich hätte es dank des Eingreifens des Bischofs mit dem Studium doch noch geklappt und erst Jahre später hätte Eppelmann erfahren, dass es sich dabei um Angela Merkel gehandelt habe. Er zitiert Bischof Schönherr mit folgenden Worten:

---

658 'In Gottes Namen gegen die SED', Mainpost, 27.04.2009. https://web.archive.org/web/20231225175709/https://www.mainpost.de/ueberregional/meinung/leitartikel/in-gottes-namen-gegen-die-sed-art-5091892

659 'Wie aus Blues-Messen Widerstand wurde', Lausitzer Rundschau, 18.04.2009.

660 'Keine Revolution ohne die Kirche', Pro, https://web.archive.org/web/20220816020739/https://www.pro-medienmagazin.de/keine-revolution-ohne-die-kirche/

661 'Merkel-Buchautoren haben keine Vorstellung vom Leben in der DDR', Deutschlandfunk, 15.05.2013. https://web.archive.org/web/20220126000153/https://www.deutschlandfunk.de/eppelmann-merkel-buchautoren-haben-keine-vorstellung-vom-100.html

662 'Das ist ihre Basis', Chrismon, 14.2.2016 https://web.archive.org/web/20240401000000*/https://chrismon.de/artikel/2016/32025/handelt-angela-merkel-der-fluechtlingskrise-aus-ihrem-christlichen-glauben

„Ich weiß jetzt schon, der Staatssekretär wird zu mir sagen, über das Thema können wir reden, wenn Sie mir vorher versprechen, dass der Eppelmann nicht mehr in der Westpresse in Erscheinung tritt.“ [663]

An anderer Stelle ist folgendes zu lesen:

„Wenn auch nur indirekt hatte Eppelmann zu DDR-Zeiten auch Kontakt zu der heutigen Bundeskanzlerin Angela Merkel. So erinnert er sich an ein Gespräch mit dem damaligen Berliner Bischof Schönherr nach einer Bluesmesse.“ [664]

Leider kann die Geschichte des Herrn Pfarrer so nicht stimmen. Im Jahr 1973, als das Gespräch stattgefunden haben soll, war Eppelmann noch in der Ausbildung zum Prediger am Theologischen Seminar Paulinum in Berlin, welches in einer Art zweitem Bildungsweg Pfarrer ausbildete.[665] In dieser Zeit hatte Eppelmann mit Sicherheit weder Auftritte in der Westpresse, noch organisierte er Bluesmessen und auch ein Termin beim Bischof ist höchst unwahrscheinlich. Bischof Schönherr war zu dieser Zeit Vorsitzender des Bundes der Evangelischen Kirchen in der DDR (BEK) und damit ranghöchster evangelischer Kirchenfunktionär. Die Bluesmessen begannen erst Ende der siebziger Jahre. Gespräche zwischen Bischof Schönherr gab es durchaus, aber erst viel später. Bischof Schönherr berichtet in seinen Memoiren beispielsweise von einem Gespräch im Oktober 1978.[666]

Für jemanden, der seit bald einem Vierteljahrhundert Vorsitzender des Vorstands der Bundesstiftung zur Aufarbeitung der SED-Diktatur ist, einer Einrichtung, welche die *„Förderung der politisch-historischen Aufklärung“* zum Zweck hat, mutet es äußerst verstörend an, dass er offenbar Geschichten zur Verklärung Angela Merkels erfindet.

---

[663] 'Das ist ihre Basis', Chrismon, 14.2.2016 https://web.archive.org/web/20240401000000*/https://chrismon.de/artikel/2016/32025/handelt-angela-merkel-der-fluechtlingskrise-aus-ihrem-christlichen-glauben

[664] 'Keine Revolution ohne die Kirche', PRO, 24.07.2009. https://web.archive.org/web/20220816020739/https://www.pro-medienmagazin.de/keine-revolution-ohne-die-kirche/

[665] 'Pfarrer nur von der Uni?', Der Sonntag, 30.11.2014 https://web.archive.org/web/20240308181558/https://www.sonntag-sachsen.de/2014/48/pfarrer-nur-von-der-uni

[666] 'Aber die Zeit war nicht verloren: Erinnerungen eines Altbischofs', Albrecht Schönherr, 1993, S. 346.

Es besteht kein Zweifel, dass Merkel 1973 ein sehr gutes Abitur abgelegt hat, und dass es bei der Abiturfeier auch einen vielfach wiedergegebenen Eklat gab, der sich negativ für Merkel hätte auswirken können.[667] Vermutlich Dank des Geschicks, aber vor allem der Beziehungen, die Horst Kasner zu Staatssekretär Seigewasser hatte, konnte Merkel aber ohne Verzögerung noch im Herbst des Jahres 1973 ihr Studium in Leipzig beginnen.

Neulich trafen sie sich die beiden in der Oper. Angela und Ehemann Joachim saßen in der ersten Reihe und Rainer in der zweiten. Aber Rainer durfte Angela *„streicheln, vor allen"*, denn er ist einer *„der auf den anderen zugeht und ihn gerne anfasst – auch im Gesicht."*[668]

Bereits 1992 zitierte der SPIEGEL in einem Beitrag aus dem oben erwähnten Bericht des IM ‚Cerni' über Pfarrer Rainer Eppelmann vom 19. Oktober 1981 und brachte diesen IM mit einem gewissen Lothar de Maizière, letzter Ministerpräsident der DDR, zur Deckung.[669] De Maizière streitet eine Stasi-Mitarbeit bis heute ab.

Vielleicht erinnert sich der Vorsitzende des Vorstands der ‚Bundesstiftung zur Aufarbeitung der SED-Diktatur' Rainer Eppelmann irgendwann noch daran, wer ihn da Mitte Oktober 1981 besucht hat. Dann wäre Lothar de Maizière endlich vollständig rehabilitiert und es käme heraus, wer denn dieser ‚Cerni' in Wirklichkeit ist. Womit dann auch der Eingangs zitierte Satz von Pfarrer Eppelmann etwas mehr zuträfe:

„Stasi in der Kirche hat's, nach allem, was wir heute wissen, sehr viel weniger gegeben als man ursprünglich mal angenommen hatte."

Rainer Eppelmann

---

667 'Das eiserne Mädchen - Teil 1', Alexander Osang, Der SPIEGEL, 05.07.2001 https://web.archive.org/web/20230413221247/https://www.spiegel.de/geschichte/angela-merkel-portraet-aus-dem-jahr-2000-das-eiserne-maedchen-a-1131489.html

668 'Die Angela Merkel darf ich streicheln, vor allen',Tagesspiegel, 28.11.2021 https://web.archive.org/web/20221007083803/https://www.tagesspiegel.de/politik/die-angela-merkel-darf-ich-streicheln-vor-allen-8016157.html

669 'Neues von Cerni', Der SPIEGEL, 23.02.1992 https://web.archive.org/web/20221228024846/https://www.spiegel.de/politik/neues-von-czerni-a-24aa4fd7-0002-0001-0000-000013686989

Michael Schindhelm: Der angenehme Kollege

„Komm! ins Offene, Freund!"

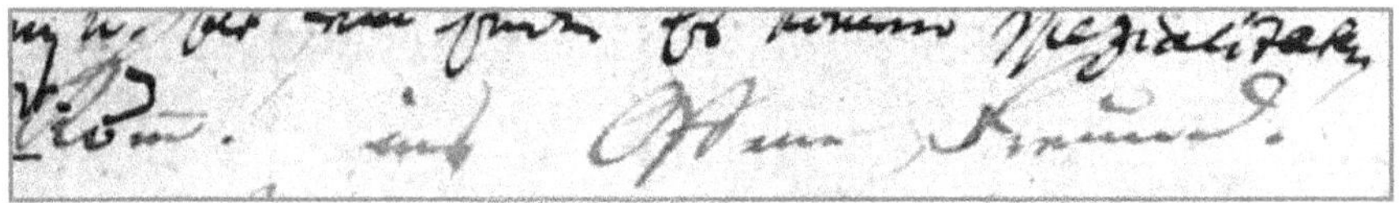

‚Der Gang aufs Land. An Landauer'

Manuskript von Friedrich Hölderlin

Am 30. Oktober 2021 strahlte der Fernsehsender arte um viertel vor zehn erstmals eine Dokumentation über die Firma BioNTech und deren Gründerehepaar Uğur Şahin und Özlem Türeci im deutschen und französischen Fernsehen aus.[670] Bereits sechs Tage zuvor kamen die Schweizer Zuschauer von SRF in diesen Genuss. In jener Zeit zeichnete sich bereits eine erhebliche Ernüchterung bezüglich der vielfach als *„sicher und hochwirksam"* gepriesenen Gentherapie auf Basis der mRNA-Technologie ab. Diese wurde bis dahin quer durch die internationalen Institutionen als *„einziger Weg aus der Pandemie"* beworben. Wie sich herausstellte, war diese umsatzsteigernde Behauptung der haupt- und nebenberuflichen Pharmalobbyisten falsch.[671] Die rasch nachlassende Wirkung des Präparats und die daraus resultierende Notwendigkeit zur Mehrfachinjektion waren schon lange zuvor bekannt.

Inzwischen wurde auch klar, dass die mRNA-Präparate weder Schutz vor Infektion, noch vor Weitergabe, noch vor schwerem Verlauf und auch nicht vor Tod durch Covid19 bieten. Entsprechende Risiken werden zwar reduziert, die Schutzwirkung lässt aber offenbar bereits nach kurzer Zeit erheblich nach. Gleichzeitig sind die durch diese Präparate hervorgerufenen Impfschäden noch nicht einmal ansatzweise zu

---

[670] 'Mit Lichtgeschwindigkeit zum Impfstoff: Das Projekt BioNTech', Michael Schindhelm (Regisseur), 20.10.2021 https://web.archive.org/web/20211019141533/https://www.arte.tv/de/videos/103509-000-A/mit-lichtgeschwindigkeit-zum-impfstoff/

[671] 'UN chief: Global vaccination plan is 'only way out' of the pandemic', UN, 30.11.2022 https://web.archive.org/web/20211202003731/https://news.un.org/en/story/2021/11/1106792

überschauen.[672] Vieles deutet jedoch darauf hin, dass das Präparat längst nicht so sicher ist, wie behauptet, und dass in der ohnehin sträflich verkürzten Testphase Manipulationen und Schlampereien passierten.[673] Spätestens im Frühjahr 2022 war klar, dass die Omikron-Variante mit den wesentlich milderen Verlaufsformen die Welt einem Ende der Pandemie sehr viel näher gebracht hat, als die millionenfachen Injektionen, für die Regierungen weltweit Milliarden ausgegeben hatten. Kein Geringerer als Impfaktivist Bill Gates gab im Februar 2022 auf der Münchner Sicherheitskonferenz sein Bedauern darüber zum Ausdruck, dass die Omikron-Infektionen schneller zur Immunisierung beitrugen als die mRNA-Injektionen.[674]

Vor diesem Hintergrund zeichnete der Film ein ausgenommen positives Bild der Firma BioNTech und deren Gründer, die mit Angela Merkel persönlich bekannt sind. Bereits 2018 stand Uğur Şahin neben Angela Merkel, Bill Gates und WHO-Chef Tedros Adhanom Ghebreyesus auf der zentralen Bühne des ‚World Health Summit 2018' im Berliner Veranstaltungszentrum Kosmos.[675] Auch Professor Christian Drosten von der Charité, Wolfgang Ischinger von der Münchner Sicherheitskonferenz und Jeremy Farrar vom britischen Wellcome Trust sind aktive Teilnehmer der Veranstaltung. Vier Monate vor dem offiziellen Ausbruch der Covid-Pandemie investiert Gates 50 Millionen Euro in BioNTech.[676] Auch der Macher des Films über BioNTech ist mit Angela Merkel persönlich bekannt, und zwar bereits seit fast vierzig Jahren. Sein Name ist Michael Schindhelm.

---

[672] 'Verbraucheranwälte klagen wegen Impfschäden', Presseportal, 05.05.2022
https://web.archive.org/web/20220505104637/https://www.presseportal.de/pm/119896/5214240

[673] 'Bericht über Unregelmäßigkeiten bei Impfstoff-Zulassungsstudie', Der SPIEGEL, 03.11.2021
https://web.archive.org/web/20211103180532/https://www.spiegel.de/wissenschaft/medizin/biontech-pfizer-britisches-fachmagazin-berichtet-ueber-schlamperei-bei-corona-impfstoff-zulassungsstudie-a-3215cb80-70c8-4a46-8b17-aba2d-b960611

[674] 'Bill Gates Says Omicron "SADLY" Better Than Vax', The Hill, 22.02.2022
https://www.youtube.com/watch?v=XNc9PqIZ31M

[675] ‚World Health Summit Movie 2018', 14.11.2018
https://www.youtube.com/watch?v=G0qgv08M9WU

[676] ‚Bill und Melinda Gates investieren in deutsche Biotechfirma Biontech', Handelsblatt, 04.09.2019
https://web.archive.org/web/20221124135316/https://amp2.handelsblatt.com/technik/medizin/hiv-und-tuberkulose-impfstoffe-bill-und-melinda-gates-investieren-in-deutsche-biotechfirma-biontech/24978960.html

Im Jahre 1983 kam ein neuer Kollege an jenes Institut, in dem Angela Merkel seit 1978 tätig war, dem Zentralinstitut für Physikalische Chemie (ZIPC). Der hatte Quantenchemie studiert. Dazu ging er 1979 für fünf Jahre ins russische Woronesch, einer ungefähr auf halbem Weg zwischen Moskau und Wolgograd, dem ehemaligen Stalingrad, gelegenen Großstadt. Nur zwei Jahre blieb er nach seiner Ankunft am Institut in Berlin-Adlershof. Im Herbst 1989, *„vielleicht auch ein wenig später"*, überreichte er Angela eine Ausgabe des Buches ‚Tote Seelen' von Nikolai Gogol mit der Widmung *"Geh ins Offene"*.[677] So erzählt es Merkel in einer Rede des Jahres 2006. In einer zweiten Variante dieser Geschichte wurde das Buch bereits 1987 bei Schindhelms Abschied vom Institut übergeben. Und in dieser Variante ist es Angela Merkel, die das Buch mit ihrer Widmung ihm schenkt.[678] So erzählt es auch Boysen.[679] Eine dritte Variante darf da natürlich nicht fehlen: Hier schreibt Angela die Widmung in das Buch, das ihm gehörte und die Übergabe fand in der Wendezeit statt.[680] Wie es sich wirklich zugetragen hat, wer weiß das schon. In Anbetracht von drei Varianten der Geschichte und einem Zeitversatz von zwei Jahren, kommt die Frage auf, ob es sich überhaupt zugetragen hat. Sicher darf man sich damit jedenfalls nicht sein, wie bei vielen Erzählungen Merkels.

In mindestens drei Reden geht Merkel auf diese Widmung ein: Im Jahr 2000 auf dem CDU-Parteitag in Essen[681], im Jahr 2006 in der Rede zum Tag der Deutschen Einheit[682] und im Jahr 2019 in Harvard.[683] Unabhängig von den tatsächlichen Geschehnissen, handelt es sich wohl um

---

677 'Rede von Bundeskanzlerin Dr. Angela Merkel', Festakt in Kiel, 03.10.2006 https://web.archive.org/web/20210509182433/https://www.bundesregierung.de/breg-de/service/bulletin/rede-von-bundeskanzlerin-dr-angela-merkel-797168

678 'Das Mädchen und die Macht', Evelyn Roll, 2001, S. 94

679 'Angela Merkel', Jaqueline Boysen, 2005, S. 76

680 Parteitagsrede Angela Merkel, CDU-Parteitag Essen, 10./11.04.2000 https://web.archive.org/web/20200317184804/https://www.kas.de/c/document_library/get_file?uuid=06d8881e-126e-6009-3062-ef79043f2a23&groupId=252038

681 'Halbschwester von Parsifal', Die WELT, 16.07.2004 https://web.archive.org/web/20190324203845/https://www.welt.de/print-welt/article327861/Halbschwester-von-Parsifal.html

682 'Rede von Bundeskanzlerin Dr. Angela Merkel beim Festakt zum Tag der Deutschen Einheit' 3.10.2006, Kiel https://web.archive.org/web/20210509182433/https://www.bundesregierung.de/breg-de/service/bulletin/rede-von-bundeskanzlerin-dr-angela-merkel-797168

683 'Rede von Bundeskanzlerin Merkel bei der 368. Graduationsfeier der Harvard University am 30.05.2019 https://web.archive.org/web/20220128223704/https://www.bundeskanzler.de/bk-de/aktuelles/rede-von-bundeskanzlerin-merkel-bei-der-368-graduationsfeier-der-harvard-university-am-30-mai-2019-in-cambridge-usa-1633384

ein starkes Bild vom *Offenen,* das Angela Merkel mit ihrem früheren Kollegen teilt und das der Elegie ‚Der Gang aufs Land. An Landauer' von Hölderlin entlehnt sein soll. Dort heißt es allerdings nicht *„Geh ins Offene"*, sondern *„Komm! ins Offene, Freund!"*. Merkels bisherigen Chronisten fiel die Verfälschung nicht weiter auf.

Mit ihren Biographien sind beide jedoch nicht offen, sondern geschlossen umgegangen. Sie tarnten und täuschten so gut und so lange es eben ging, vielleicht bis heute.

Nach der Wende stieg Michael Schindhelm ins Kulturmanagement ein, zunächst in den Thüringer Provinzstädten Nordhausen, Gera und Altenburg. Von da aus ging es erstaunlich erfolgreich in die weite Welt. Zunächst wechselte Schindhelm für zehn Jahre ins schweizerische Basel, wo er Direktor und Intendant des dortigen Theaters wurde. Nach einer kurzen Episode als Generaldirektor der Berliner Opern, die statt einer Krönung der Karriere eher ein Reinfall war, folgten Stationen in Dubai, Hongkong und Moskau. 2018 wurde Schindhelm zum Kurator der Dresdner Bewerbung zur Kulturhauptstadt 2025 gewählt, die allerdings früh scheiterte.[684]

Im Frühjahr 2000 veröffentlichte er den Schlüsselroman ‚Roberts Reise'. Das Buch schildert in einem Kapitel ironisch das reichlich trostlose Innenleben des Instituts in Berlin-Adlershof.[685] Auch eine Kollegin namens Renate, bei der es sich um Angela Merkel handeln soll, wird dort porträtiert. Die Übergabe der ‚Toten Seelen' folgt dort der zweiten Variante: Sie überreichte das Buch mit Widmung an ihn.

Ein Foto im FDJ-Partykeller aus jener Zeit zeigt Angela angeheitert, ein Glas billigen Rotwein ansetzend, zwischen zwei jungen Herren bei der Feier ihrer Promotion, vermutlich Anfang 1986. Den einen, Michael Schindhelm, hat ihre Heiterkeit zumindest ansatzweise erfasst, während der andere, Joachim Sauer, ihr späterer Ehemann, schon damals so

---

684 Bewerbung Kulturhauptstadt Dresden
https://web.archive.org/web/20200324143305/https://www.dresden2025.de/de/

685 'Roberts Reise', Michael Schindhelm, Deutsche Verlags-Anstalt, 2000

freundlich in die Welt blickt, wie man es bis heute von ihm kennt und sein Name es erwarten lässt. Nach eigenen Angaben trifft sich Schindhelm zu jener Zeit im Januar 1986 ein vorletztes Mal mit seinem Stasi-Führungsoffizier. Die Treffen fanden teilweise in seiner Wohnung in der Mandelstraße im Prenzlauer Berg statt.[686]

Merkel war am Abend des 6. März 2000 bei der Vorstellung von Schindhelms Roman ‚Roberts Reise' im Roten Salon der Berliner Volksbühne ebenso persönlich anwesend, wie Volksbühne-Intendant Frank Castorf, der Schindhelm als erfolgreichen Kollegen vorstellte. Zwei Jahre zuvor durfte Castorf bei Schindhelm in Basel einen eher mäßigen Otello inszenieren. Literaturkritikerin Sigrid Löffler führte lobend in den Roman ein und Merkel erinnerte sich mit den bei ihr üblichen schlichten Worten an *„einen angenehmen Kollegen"*.[687] [688] Beim Satz *„Scheißen lernen, in Russland ist es mir nicht gelungen"*, den ihr Freund Schindhelm im Zusammenhang mit einer in Woronesch durchlittenen Ruhrinfektion vorliest, lachte sie laut auf. In einem Spiegel-Artikel zur Neuerscheinung des Romans geht Schindhelm auch auf die vertrauensvolle Beziehung der beiden am Institut ein:

„Wir hatten beide diesen eigenartigen sozialen Mechanismus erlernt, Tarnung anzulegen, wenn das DDR-System zudringlich wurde, Tarnung abzulegen, wenn es abwesend war. Zwischen uns war es abwesend."

Im selben Jahr flog allerdings die Tarnung auf, die Schindhelm auch nach dem Ende des DDR-Systems trug. Seinem Nachfolger als Intendant des Theaters in Nordhausen, Christoph Nix, war aufgrund von Hinweisen aus dem Kreise seiner Mitarbeiter aufgefallen, dass nach der Wende die üblichen Stasi-Überprüfungen dort einfach ausgesetzt wurden. Jahre später, als in Berlin Theaterposten zu vergeben waren,

---

[686] ‚Ich bin mit mir im Reinen', Die WELT, 11.01.2001 https://web.archive.org/web/20190413150736/https://www.welt.de/print-welt/article427412/Ich-bin-mit-mir-im-Reinen.html

[687] 'Michael Schindhelm', Der SPIEGEL, 27.03.2000 https://web.archive.org/web/20221229163754/https://www.spiegel.de/kultur/literatur/literatur-michael-schindhelm-a-70495.html

[688] '"Roberts Reise" - Ein Quantensprung in die Kunst', Tagesspielgel, 6.3.2000 https://web.archive.org/web/20231203174615/https://www.tagesspiegel.de/berlin/roberts-reise-ein-quantensprung-in-die-kunst-662839.html

verdächtigte er Schindhelm der Spitzeltätigkeit. Schindhelm reagiert zunächst mit der Androhung rechtlicher Schritte.[689] In einer außerordentlich geschraubten Rechtfertigung behauptete Schindhelm dann, dass er früh entschieden hätte,

„... über mein Verhältnis zur Stasi erst zu reden, wenn ich lückenlos aufgeklärt sein würde darüber, was diese Behörde zu meiner Person an Material angelegt hat."[690] - Michael Schindhelm am 12.01.2001

Den Zeitpunkt seiner Rede sah Schindhelm dann gekommen, als ein Journalist bereits eine Anfrage bei der Stasi-Unterlagenbehörde gestellt hatte. Nix hatte den Stasi-Verdacht bereits über ein Jahr zuvor, im Juni 1999 öffentlich geäußert.[691] [692]

„Die Frage, was mein Vorgänger einst alles in der Sowjetunion gemacht hat, außer seinem Studium der Quantenchemie, wurde im Theater Nordhausen heftig diskutiert. Sie hat ihm noch niemand gestellt. Sie ist offen." - Christoph Nix am 09.06.1999

Das war ausgerechnet zu Zeiten, als das Theaterpublikum in Basel seinem Direktor ohnehin nicht sonderlich gewogen war, in Teilen sogar gegen das dortige Programm protestierte (*„Nur noch Blut, Sperma, Kotze"*).[693] Um der von Schindhelm beabsichtigten Sinnverdrehung zu entgehen, sei klargestellt, dass Schindhelm nicht etwa Stasi-Opfer war, sondern eine Verpflichtungserklärung als IM ‚Manfred Weih' unterzeichnet hatte. Er beteuert, das habe ihm eine Wunde zugefügt, ein

---

689 'Robert Ratlos: Die Schweiz reagiert harsch auf Michael Schindhelms Outing', Die WELT, 16.01.2001 https://web.archive.org/web/20190413160624/https://www.welt.de/print-welt/article428220/Robert-Ratlos-Die-Schweiz-reagiert-harsch-auf-Michael-Schindhelms-Outing.html

690 'Es gibt keine Opfer, die mich als Täter annoncieren', Die WELT, 12.01.2001 https://web.archive.org/web/20190413152640/https://www.welt.de/print-welt/article427636/Es-gibt-keine-Opfer-die-mich-als-Taeter-annoncieren.html

691 'Nein, meine Herren, wir sind nicht käuflich!', Die WELT, Christoph Nix, 06.09.1999 https://web.archive.org/web/20131227182546/https://www.welt.de/print-welt/article573298/Nein-meine-Herren-wir-sind-nicht-kaeuflich.html

692 'Der Bischoff und die Spitzel', Die WELT, Christoph Nix, 16.03.2000 https://web.archive.org/web/20190419233923/https://www.welt.de/print-welt/article507281/Der-Bischoff-und-die-Spitzel.html

693 'Robert Ratlos: Die Schweiz reagiert harsch auf Michael Schindhelms Outing', Die WELT, 16.01.2001 https://web.archive.org/web/20190413160624/https://www.welt.de/print-welt/article428220/Robert-Ratlos-Die-Schweiz-reagiert-harsch-auf-Michael-Schindhelms-Outing.html

„Trauma der Erpressung" und das *„Elend des Ausgeliefertseins"*. *„Der Tor bläst ein - der Weise spricht"*, steht schon im Faust. Von Worten des Bedauerns oder einer Entschuldigung, die man nur so im Vorbeigehen hätte fallen lassen können, war wenig bis nichts zu lesen.[694] Zum kühnen Wagnis, seine Stasi-Verpflichtung in den autobiographischen Roman einzuflechten, reichte sein dramaturgischer Mut leider auch nicht aus. Geschadet hat Schindhelm mit seiner Spitzeltätigkeit laut eigener Einschätzung niemandem. Eine Selbstabsolution, die sich nahezu jeder entlarvte Stasi-Spitzel zu eigen macht. Kommissionen zweier Länder kamen nach Sichtung der Unterlagen zum gleichen entlastenden Ergebnis, sodass seine Tätigkeit auch ihm selbst nicht geschadet hat.[695] Ungeklärt bleibt, warum der Ärmste zu Taten, die niemandem schadeten, erpresst werden musste.

Seine ehemalige Kollegin Angela Merkel stört sich an Schindhelms Verpflichtungserklärung ebenso wenig, wie an den vermutlich noch viel besseren Beziehungen, die ihr langjähriger Nachbar Lothar de Maizière zur ‚Firma' hatte. Umgekehrt ist Schindhelm immer wieder zur Stelle, wenn das Leben und die Karriere von Angela Merkel fachmännisch zu interpretieren ist. Für Schindhelm gibt es sogar ein *„Käffchen"* im Kanzleramt, serviert von der Chefin, wie damals in Adlershof.[696] Klarheit darf man sich davon allerdings keine erwarten, denn auch für ihn ist sie ja ein Rätsel oder mindestens die *„Halbschwester von Parsifal"*, die von *„Gefahr und Verführung nichts weiß"*.[697] Auch das Bild von Renate in Schindhelms Roman dürfte exakt so gezeichnet sein, wie es der Halbschwester gefiel: Harmlos, unscheinbar und naiv. Ein Wesen unschuldiger Jungfräulichkeit, wie man es typischerweise hinter einer FDJ-Sekretärin für Agitation und Propaganda vermutet. Gemeinsam waren sie sowohl von Gorbatschows Perestroika als auch von Weizsäckers Rede

---

694 'Ein Widerstandskämpfer und sein Schatten', taz, 13.01.2001
https://web.archive.org/web/20240308193901/https://taz.de/Ein-Widerstandskaempfer-und-sein-Schatten/!1192453/

695 'Stiftungsrat sagt ja zu Schindhelm', Berliner Zeitung, 23.12.2004
https://web.archive.org/web/20240308195053/https://www.bz-berlin.de/archiv-artikel/stiftungsrat-sagt-ja-zu-schindhelm

696 ‚Merkel gilt als Wendegewinnlerin', Der SPIEGEL, 03.09.2021
https://archive.is/LbPLi

697 ‚Halbschwester von Parsifal', Die WELT, 16.07.2004
https://web.archive.org/web/20190324203845/https://www.welt.de/print-welt/article327861/Halbschwester-von-Parsifal.html

zum 8. Mai 1985 erquickt. Laut Biographin Roll sprachen sie an der Akademie *„leidenschaftlich“* über das *„begehrenswerte, bunte, wohlriechende ... Wunderland hinter der Mauer“ und „die andere, bessere deutsche Republik“*.[698] Schindhelm zufolge haben sie sich gar *„nach dem Westen verzehrt“*. Schindhelm wusste damals offenbar genau, welche Blumenkohlwolken man der Biographin einer werdenden *Mutti* servieren muss, bei Wahrung hermetischer Diskretion, was das Eingemachte anbelangt. Kaum einen Satz hört man von ihm über den Institutskollegen Joachim Sauer, dem späteren Ehemann von Angela, mit dem er zusammen feuchtfröhlich Angelas Promotion feierte. Am Ende von Merkels Amtszeit beschreibt er Sauer immerhin als *„eine ziemlich charismatische Figur in einem miefigen Wissenschaftsapparat, in dem man nur etwas werden konnte, wenn man politisch mitmachte, also wenigstens in der SED war“*.[699] Sein Satz *„Ich habe kein Wort über Angela Merkel oder irgendeinen anderen Institutskollegen verraten"*, im Jahr 2001 formuliert, hat bis heute Gültigkeit.[700] Schindhelm redete viel und sagte wenig. Einigermaßen gelungen ist ihm sein Porträt zur ersten Kanzlerwahl Merkels in der taz, allerdings vor allem im Hinblick auf die scheidende Regierung Schröder.[701] Vielleicht ist Schindhelm ja der große Halbbruder von Alberich, dem Zwerg, bei dem *frau* sich die Tarnkappe leiht?

Ähnlich wie Angela ist auch Michael ein Jongleur von Halb-, Viertel- und Unwahrheiten. Ähnlich wie Angela tarnt sich auch er mit ausgeklügelter Rhetorik. Während Angela sich oftmals hinter der Rhetorik des Schweigens versteckt, in Kindersprache formuliert oder Banalitäten mit der frömmelndem Ergriffenheit einer Konfirmandin aufplustert, tarnt Schindhelm sich hinter Wolken der Beredsamkeit. Lange, verschachtelte Sätze, die bisweilen dem endlosen Redefluss eines Dutschke ähneln, halten äußerst bemüht alle Bälle in der Luft. Geschickt platzierte Trendwörter verhindern die Langeweile, die den Einsturz einer

---

[698] ‚Das Mädchen und die Macht‘, Evelyn Roll, 2001, S. 88

[699] ‚Merkel gilt als Wendegewinnlerin‘, Der SPIEGEL, 03.09.2021
https://archive.is/LbPLi

[700] ‘Spionageverdacht: „Ich habe Angela Merkel nicht verraten“’, Tagesspiegel, 11.01.2001
https://web.archive.org/web/20220928001029/https://www.tagesspiegel.de/kultur/spionageverdacht-ich-habe-angela-merkel-nicht-verraten-748237.html

[701] Eine Wonne der Gewöhnlichkeit, taz, 22. 11. 2005
https://archive.ph/g4Hxl

Fassade der Beliebigkeit auslösen könnte. Das Fallen des Groschens muss unbedingt vermieden werden, denn dann könnte etwas greifbar und damit angreifbar werden. Und genau so hat er den Ausstieg aus seinem Stasi-Sumpf geschafft. Das deutsche Feuilleton liebt die psychoanalytisch umkränzte Täter-Opfer-Umkehr. Die Entschuldigung wurde auch angenommen, ohne dass sie ausgesprochen wurde. Ehrlich gemeint war sie ohnehin nie.

Die Person Schindhelm bleibt hinter rhetorischen Abstandhaltern und einem stechendem Blick aus blaugrauen Augen in einem glatten Gesicht unbegreiflich. Die blaugrauen Augen kommen einem von jemand anderem bekannt vor - ebenso unbegreiflich. Eineinhalb Jahrzehnte nach der Wende hörte sich Schindhelms Bewertung des neuen, gesamtdeutschen Landes deutlich anders an, als wenige Jahre zuvor in der Biographie von Evelyn Roll:

„Es ist nicht mein Vaterland. Ich bin in der DDR geboren und aufgewachsen. Ich habe im tiefsten Russland studiert und bin durch den Fall der Mauer Bundesbürger geworden.“[702]

Das fällt nicht ganz auf das Niveau der gut dokumentierten Vaterlandsliebe eines Robert Habeck ab, aber liegt auch nicht sonderlich weit darüber.[703]

Nach ungefähr zwanzig Jahren hat auch seine Anspielung auf Parsifal ausgedient, nun muss Queen Victoria zur Charakterisierung von Angela herhalten.[704] Gut für Schindhelm, dass sich weder Queen Victoria noch Parsifal gegen die Kaperung wehren können.

Wie bereits erwähnt bringt die Coronakrise Merkels einstigen Mitstreiter und Freund vom Institut wieder ins hellere Licht der Öffentlichkeit:

---

[702] ‘Ich bin ein Keinheimischer’, Interview, Sonntagsblick, 12.06.2005
https://archive.ph/VRekR

[703] ‘Zu wenig Vaterlandsliebe?’, taz, 14.01.2021
https://web.archive.org/web/20210115062600/https://taz.de/Gruene-und-Patriotismus/!5739298/

[704] ‘Mich erinnert sie an Queen Victoria’, Der SPIEGEL, 2021
https://web.archive.org/web/20240308195548/https://michaelschindhelm.com/wp-content/uploads/2022/02/Spiegel-36-2021.pdf

Es gilt einen Dokumentarfilm über die Firma BioNTech und deren Gründerpaar Özlem Türeci und Uğur Şahin zu drehen, und der Macher des Films wird Michael Schindhelm. Wie erwähnt kennt Angela das Ehepaar aus mehreren Treffen persönlich. Die Forscher haben im Jahr 2001 ihr erstes Unternehmen gegründet, und bis 2020 war kein einziges sicher funktionierendes Produkt auf dem Markt. Auch 2021 hat sich daran nicht viel geändert - eine Erkenntnis zu der man alleine schon kommen kann, wenn man sich die Liste der Nebenwirkungen ihres Wirkstoffes betrachtet, die im März 2022 aufgrund eines Gerichtsbeschlusses veröffentlicht werden musste.[705] Dank der Milliarden-Überweisungen von etlichen Staaten ist bei BioNTech aber immerhin Umsatz, Börsenkurs und Gewinn explodiert.

Laut Schindhelm war Professor Hans Hengartner aus Zürich entscheidend für den Kontakt zu BioNTech. Den kannte er bereits und im entscheidenden Moment stellte der sich überraschend als Mentor des Forscherpaares heraus.[706] Was lag da näher, als Schindhelm zum Macher des Films zu küren, der uns in die heiligen Hallen der Firma BioNTech führt und uns deren Investoren als selbstlose Idealisten präsentiert. Im halbstündigen Interview bei ‚SWR1 Leute' fanden weder seine Stasi-Vergangenheit noch seine frühere Kollegenschaft zu Angela Merkel auch nur Erwähnung. Das öffentlich-rechtliche Medium hält Wort.

„Komm! Ins Geschlossene, Freund!"

[705] 'Cumulative Analysis of Post-authorization Adverse Event Reports', Pfizer, 30.04.2021 https://web.archive.org/web/20220125002422/https:/phmpt.org/wp-content/uploads/2021/11/5.3.6-postmarketing-experience.pdf

[706] 'So tickt das Biontech-Ehepaar', SWR1 Leute, 26.11.2021

Lothar de Maizière: Die Familienbande

„Die Stunde der ‚Laienschauspieler' hatte begonnen. Die Stunde währte für die meisten nur zwölf Monate, nur wenige Glückliche spielen noch heute.'[707]

DDR-Fernsehjurist Friedrich Wolff, Vorgänger und Nachfolger von Gregor Gysi als Vorstand des Berliner Anwaltskollegiums

Für den sogenannten Arbeiter- und Bauernstaat, der realiter ein Funktionärs- und Unterdrückungsstaat war, passte es hervorragend, dass ganz am Ende ein Agent der Stasi zur Stelle war, um das voll und ganz gescheiterte Experiment DDR abzuwickeln - zumindest fürs Erste.[708] [709] Nach dem formalen Sturz des sozialistischen Regimes, zuletzt geführt von Hans Modrow, der auf Erich Honecker und Egon Krenz folgte, trat ein gewisser Lothar de Maizière auf den Plan.

Am 11. November 1989 stellte sich Lothar de Maizière in einem ausführlichen Zeitungsartikel der DDR-Öffentlichkeit als neuer Vorsitzender der Ost-CDU vor.[710] Er berichtete von seinem ersten Beruf als Bratschist und dem gesundheitsbedingten Wechsel ins Anwaltsmetier im Jahr 1975, als er in das renommierte Berliner Anwaltskollegium eintrat. Dieses Kollegium darf man sich als durch und durch linientreue Institution vorstellen, in der die prominentesten Anwälte der DDR zugange waren. Friedrich Karl Kaul und Friedrich Wolff waren dort organisiert, die beide auch regelmäßig im Fernsehen auftraten. Zeitweise war auch der bekannte Anwalt Wolfgang Vogel für das Kollegium tätig, der auf Seiten der DDR jahrelang den Häftlingshandel mit der Bundesregierung betrieb. Etliche der Anwälte des Kollegiums kooperierten mit der Staatssicherheit, was innerhalb der sozialistischen Nomenklatura durchaus nichts Ehrenrühriges war, eher im Gegenteil.

---

[707] 'Verlorene Prozesse 1953-1998', Friedrich Wolff, 2009, S.213

[708] 'Als sogenannte Spitzenquelle', Der SPIEGEL, 17.03.1991 https://web.archive.org/web/20220424012924/https://www.spiegel.de/politik/als-sogenannte-spitzenquelle-a-e6a43267-0002-0001-0000-000013489015

[709] 'Neues von „Czerni"', Die ZEIT, 24.01.1992 https://web.archive.org/web/20131001195626/http://www.zeit.de/1992/05/neues-von-czerni/komplettansicht

[710] 'Erklärung des neuen Vorsitzenden der CDU', 11.11.1989 https://dfg-viewer.de/show/?set%5Bmets%5D=https://content.staatsbibliothek-berlin.de/zefys/SNP2612273X-19891111-0-0-0-0.xml&tx_dlf[page]=3

Lothar de Maizière wurde zunächst Vorsitzender der jahrzehntelang in der Nationalen Front gleichgeschalteten Ost-CDU, schon am 18. November wurde er als Minister für Kirchenfragen Stellvertreter von Hans Modrow und am 12. April 1990 erfolgte seine Wahl zum letzten Ministerpräsidenten der DDR. Laut eigener Aussage hatte er als Minister für Kirchenfragen zunächst Manfred Stolpe (IM ‚Sekretär') vorgesehen, mit dem er seit Jahren gut bekannt war.[711] So ist einem Stasi-Bericht zu entnehmen, dass es am 21. Januar 1986 im Vorfeld der BEK Synode in Berlin ein Treffen von neun Synodalen gab, an dem Lothar de Maizière und Manfred Stolpe teilnahmen. Viel spricht dafür, dass die in jenem Bericht enthaltenen Informationen der Stasi von IM ‚Cernie' alias de Maizière geliefert wurden.[712]

Bald nach dem Ende der DDR musste auch de Maizière selbst abtreten, da seine Stasi-Aktivitäten, die bereits wenige Tage nach der gewonnenen Volkskammerwahl Thema wurden, nicht mehr vom Tisch zu wischen waren.[713] Man kann darüber spekulieren, ob sein langes Zögern bei der Frage, Ministerpräsident zu werden oder nicht, mehr mit seiner IM-Tätigkeit zusammen hing oder mehr mit seinem zurückhaltenden, musischen Wesen. Trotz der Vorwürfe hielt sich de Maizière 174 Tage lang bis zum Ende der DDR als Ministerpräsident im Amt. Erst am 19. Dezember 1990 trat er als gesamtdeutscher Bundesminister für besondere Aufgaben zurück.

Es war übrigens kein Geringerer als Wolfgang Schäuble, der die Veröffentlichung des belastenden Berichts einer eigens eingesetzten Arbeitsgruppe unter Leitung von Joachim Gauck zunächst verhinderte. Das ging sogar so weit, dass im Januar 1991 die Rehabilitierung von de Maizière angekündigt wurde. Schäuble hielt am 22. Februar 1991 der Öffentlichkeit eine geschönte, fünfseitige Zusammenfassung entgegen. Behördenleiter Gauck, der spätere Bundespräsident, entließ die zwei

[711] 'Ex-DDR Ministerpräsident Lothar de Maiziere', TV.Berlin, 01.10.2020
https://youtu.be/UO25J2h5wa0?t=896

[712] 'Neues von „Czerni"', Die ZEIT, 24.01.1992
https://web.archive.org/web/20120225174706/https://www.zeit.de/1992/05/neues-von-czerni

[713] ARD Tagesschau, 22.03.1990
https://www.tagesschau.de/multimedia/video/video-ts-49640.html
https://web.archive.org/web/20231101000000*/https://www.tagesschau.de/multimedia/video/video-ts-49640.html

kompetenten Sachbearbeiter Stefan Wolle und Armin Mitter seinerzeit fristlos, offenbar wegen des unerwünscht deutlichen Urteils.[714] Am 18. Januar 1991 titelte die ‚Neue Zeit' gar *„Lothar de Maiziere kehrt in die Politik zurück"*.[715] Selbst CDU-Generalsekretär Volker Rühe, der in Sachen Zusammenarbeit mit der Ost-CDU von Anfang an skeptisch und ablehnend war, ging im Februar 1991 von einer Rehabilitierung de Maizières aus.[716]

Um dies alles zu verstehen, hilft es zu wissen, dass es innerhalb der deutschen Bundesregierung, besonders bei Wolfgang Schäuble, schon im Frühjahr und Sommer 1990 die feste Absicht einer Amnestie für ehemalige offizielle und inoffizielle Mitarbeiter des MfS gab. Diese Initiative wurde von ihm bereits im März 1990 ins Spiel gebracht und sollte am Tag der Wiedervereinigung, dem 3. Oktober 1990, per Bundesgesetz in Kraft treten.[717] Gescheitert ist der Vorstoß am Widerstand der CSU, und dort speziell an der Standhaftigkeit der bayrischen Justizministerin Mathilde Berghofer-Weichner, die offenbar alles andere als weich war.[718] [719] Über die Gründe für die damals beabsichtigte Amnestie darf spekuliert werden. Sie dürften ähnlich gelagert sein, wie die faktische Amnestie von Stasi-Oberst Alexander Schalck-Golodkowski, einem der bekanntesten Strippenzieher von Ost/West-Geschäften, und gleichzeitig einer der letzten Republikflüchtlinge der DDR.[720] Er verbrachte seinen Lebensabend trotz einiger Bewährungsstrafen recht entspannt am Tegernsee. Es liegt nahe anzunehmen, dass es belastendes Stasi-Material über bundesdeutsche Politiker gab, über das Schalck-Golodkowski verfügte.

---

[714] ‚Das erste Leben der Angela M.', Ralf Georg Reuth, Günther Lachmann, 2013, S. 181

[715] 'Lothar de Maiziere kehrt in die Politik zurück'. Neue Zeit, 18.01.1991 https://dfg-viewer.de/show/?set%5Bmets%5D=https://content.staatsbibliothek-berlin.de/zefys/SNP2612273X-19910118-0-0-0-0.xml&tx_dlf[page]=2

[716] 'Rühe erwartet demnächst Persilschein für Lothar de Maiziere', Berliner Zeitung, 18.02.1991

[717] 'Amnestie für Stasi?', taz, 28.03.1990 https://web.archive.org/web/20240308200906/https://taz.de/!1921438/

[718] 'Es wird noch lange dauern', taz, 09.10.1990 https://web.archive.org/web/20240308202759/https://taz.de/quotEs-wird-noch-lange-dauernquot/!1749160/

[719] 'Die müssen sich verhaften', Der SPIEGEL, 23.09.1990 https://web.archive.org/web/20220124135531/https://www.spiegel.de/politik/die-muessen-sich-verhaften-a-b2b1cfc2-0002-0001-0000-000013502745

[720] 'Allzeit loyal', Die ZEIT, 11.01.1991 https://web.archive.org/web/20170121224016/http://www.zeit.de/1991/03/allzeit-loyal/komplettansicht

Erst als die Stasi-Vorwürfe gegen de Maizière auch nach der auf Schäubles Manipulationen beruhenden Entlastung nicht verstummten und insbesondere Volker Rühe mit dem Zustand unzufrieden war, trat de Maizière schließlich am 11. September 1991 von allen Ämtern und Mandaten zurück.[721] Auch den Vorsitz der CDU in Brandenburg, wo Rainer Eppelmann sein Stellvertreter war, gab er ab.[722] Der Ministerpräsident von Brandenburg war zu dieser Zeit sein guter Bekannter Manfred Stolpe, der sich Anfang 1990 entlastend über ihn geäußert hatte. Der zweistufige Rückzug erfolgte nicht, ohne vor dem erzwungenen Abgang aus der Politik noch entscheidende Weichen für Angela Merkels Karriere zu stellen. Laut Vera Lengsfeld war es Lothar de Maizière, der Helmut Kohl Ende 1990 vorschlug, sie zur Ministerin zu machen.[723] Das deckt sich mit den Hinweisen, die man beim Biographen Stock findet und den eigenen Aussagen von de Maizière.[724] Nach de Maizières endgültigem Ausscheiden aus der Politik wurde Merkel im Dezember 1991 als stellvertretende Bundesvorsitzende der CDU seine unmittelbare Nachfolgerin. Nur in Brandenburg scheiterte Merkel mit ihrem Versuch, als CDU-Landesvorsitzende auch dort Nachfolgerin de Maizières zu werden. Trotz kräftiger Unterstützung von Helmut Kohl gewann Ulf Fink die Abstimmung und wurde für eine Wahlperiode Landesvorsitzender.[725] Ein Filmdokument hielt fest, wie Merkels Oberkörper bei der Bekanntgabe ihrer Niederlage kurz taumelte, bevor die Musterschülerin einen Moment später ihre Fassung wieder fand und Fink artig gratulierte.

Die Verbundenheit der Familien Kasner, Merkel und de Maizière begann allerdings nicht erst in der Wendezeit der Jahre 1989 und 1990, sondern reicht bis in die sechziger Jahre zurück, als der Staatssekretär für Kirchenfragen, Hans Seigewasser, gemeinsam mit der Stasi an der

---

721 'Salut für einen politischen Selbstmörder', Die ZEIT, 13.09.1991 https://web.archive.org/web/20170122025940/https://www.zeit.de/1991/38/salut-fuer-einen-politischen-selbstmoerder/komplettansicht

722 'De Maizière CDU-Chef in Brandenburg', taz, 19.11.1990 https://web.archive.org/web/20240308203526/https://taz.de/!1920932/

723 'Vera Lengsfeld: So tickt Angela Merkel!', Wissensmanufaktur, 15.09.2018 https://www.youtube.com/watch?v=xlrSsBRK5j0

724 ‚Angela Merkel: Eine politische Biographie', Wolfgang Stock, S. 62

725 'Fink setzte sich gegen Angela Merkel durch', taz, 25.11..1991 https://web.archive.org/web/20240308203824/https://taz.de/Fink-setzte-sich-gegen-Angela-Merkel-durch/!1692770/

Spaltung der Evangelischen Kirche in Deutschland (EKD) arbeitete. Mit der Gründung des Bundes der Evangelischen Kirchen (BEK) wurde 1969 die Gleichschaltung der Evangelischen Kirchen in der DDR etabliert. Clemens de Maizière und Horst Kasner waren dabei zusammen mit Hanfried Müller willige Helfer, wie aus Stasi-Berichten klar hervorgeht.[726] Diese Zusammenarbeit ist aber nicht nur in Geheimberichten dokumentiert. Auch in DDR-Zeitungen jener Jahre kann man dieses Zusammenspiel über die Jahre nachverfolgen. Einem Artikel der CDU-Zeitung ‚Neue Zeit' vom 15. Mai 1971 lässt sich entnehmen, dass sich Horst Kasner und de Maizière als Synodale die Bälle zuspielten, um der Gleichschaltung der Evangelischen Kirche Berlin-Brandenburg Vorschub zu leisten.[727]

An jenem, für sie bitteren Wahlabend nach der letzten Volkskammerwahl wird Angela Merkel vom Sieger Lothar de Maizière dann auch nicht vergessen. Bevor ‚DM' sich heim zur Villa Luise am vornehmen Treptower Park 31 begibt, fährt er mit Cousin Thomas noch einmal quer durch Berlin-Mitte. Etliche Kilometer geht es über das holprige Pflaster sozialistisch verwalteter Hauptstadtstraßen. Von der überbordenden CDU-Wahlparty im Großrestaurant ‚Ahornblatt' auf der Fischerinsel führt die Fahrt fast bis zum Ende des Stadtbezirks Prenzlauer Berg, wo der Demokratische Aufbruch in der Clubgaststätte ‚Zur Mühle' eigentlich feiern wollte.[728] [729]

Es erstaunt, dass der eher ungesellige ‚DM', nachdem er von seinem Generalsekretär Martin Kirchner in den Stunden zuvor durch die Menge geschoben wurde, für diesen Abstecher noch die Puste hatte. Selbst ein blutig getretenes Schienbein, über das er berichtet, hielt ihn nicht von

---

726 ‚Das erste Leben der Angela M.', Ralf Georg Reuth, Günther Lachmann, 2013, S. 61 u. 62

727 'Unwiderlegbare Alternativen: Zu den Ergebnissen der Synode der Evangelischen Kirche Berlin-Brandenburg" https://dfg-viewer.de/show/?set%5Bmets%5D=https://content.staatsbibliothek-berlin.de/zefys/SNP2612273X-19710515-0-0-0-0.xml&tx_dlf[page]=5

728 'Die HO-Clubgaststätte "Zur Mühle" im Prenzlauer Berg', Eine Notiz von Ben Kaden, 06.01.2019 https://web.archive.org/web/20190717153708/https://retraceblog.wordpress.com/2019/01/06/zur-muhle-ansichtskarte/

729 'Merkel-Jahre (2/6) – Ein plötzlicher Aufbruch', Stephan Detjen, Tom Schimmeck, 20.07.2021, Besuch am Wahlabend 11:40 Schnur Kasner 06:30, Vorzimmer 7:00
https://www.hoerspielundfeature.de/der-unwahrscheinliche-weg-der-angela-m-merkel-jahre-2-6-ein-100.html
https://web.archive.org/web/20211205123103/https://www.hoerspielundfeature.de/der-unwahrscheinliche-weg-der-angela-m-merkel-jahre-2-6-ein-100.html

dieser letzten Mission eines ereignisreichen Tages ab.[730] Jaqueline Boysen nennt diesen Besuch *„unwirklich"* und für die DA-Leute eine *„Überraschung"*.[731] Kirchner wurden übrigens bereits an diesem Abend vor laufender Kamera auf seine Stasi-Verbindungen angesprochen. ‚DM' meinte dazu abwiegelnd, dass es keinen Fall Kirchner gäbe.[732] De Maizière hält Kirchner noch bis Mitte August 1990 im Amt, dann erfolgte sein Rauswurf als Generalsekretär der Ost-CDU.

Als auch gegen sechs Minister seiner Regierung Stasi-Vorwürfe laut werden, appelliert eine junge Regierungssprecherin an die *„journalistische Sorgfaltspflicht": „Es hängen Familien dran, es hängen Personen dran, es hängen ganze Lebensschicksale daran ... und verfallen Sie nicht in eine Hysterie, wer meldet am meisten Personen in irgendwelchen Zusammenhängen"*.[733] Drei Jahrzehnte später verhängt die vormalige Regierungssprecherin als amtierende Kanzlerin Maßnahmen, die Zehntausende Existenzen vernichten.

Oberkirchenrat Martin Kirchner stand seit 1971 in den Diensten des MfS.[734] Bei Lothar de Maizière zog sich der Abtritt wegen der Vorwürfe noch quälende anderthalb Jahre hin, bei Stolpe und Gysi erfolgte er nie. Es half am Ende vielleicht, dass es ohne die beiden einfach niemanden mehr gab, der aus der DDR stammte und eine exponierte politische Führungsposition einnahm, von Angela Merkel einmal abgesehen. Bereits vor der Volkskammerwahl war die Regierung Kohl durch einen Überläufer über die Stasi-Informanten Schnur, Kirchner und de Maizière in den Reihen der Allianz für Deutschland informiert worden, ohne

---

[730] ‚Ich will, dass meine Kinder nicht mehr lügen müssen', Lothar de Maizière, 2012 S. 127

[731] 'Angela Merkel', Jaqueline Boysen, 2005, S. 112

[732] 'Wahl '90 - Wahlsendung des DFF zur DDR-Volkskammerwahl 1990'
https://youtu.be/p8QDUpaRlvg?t=8001

[733] ‚Stasi-Affären – Angela Merkel appelliert als DDR-Regierungssprecherin an die Presse', SWR, 23.9.2021
https://web.archive.org/web/20210716135325/https://www.swr.de/swr2/wissen/archivradio/stasi-affaeren-angela-merkel-appelliert-als-ddr-regierungssprecherin-an-die-presse-100.html

[734] 'Die Ost-CDU nach der Wende', Dr. Ute Schmidt, 22.03.2010
https://youtu.be/H9akPOLnjaE?t=1595

dies öffentlich zu machen.[735] [736] Kohl wusste am 1. Oktober 1990 ganz genau, dass er mit Lothar de Maizière einen Stasi-Mann zu seinem Stellvertreter als CDU-Vorsitzenden wählen ließ. Eine junge Vertraute von Oberkirchenrat Martin Kirchner kam Kohl schon beim CDU-Vereinigungsparteitag 1990 verdächtig nahe. Ein Foto zeigt, wie Christine Lieberknechts linke Hand Kohls Ellbogen zu umfassen sucht.[737] Und beim Handschlag von Kohl und Merkel auf selbigem Parteitag sitzt Lieberknecht lachend zwischen den beiden in der Mitte. Lieberknecht war in der FDJ organisiert und Mitglied der gleichgeschalteten Ost-CDU. Weit schwerer wiegt ihre Mitgliedschaft in der vom KGB unterwanderten Christlichem Friedenskonferenz (CFK), wo auch Horst Kasner aktiv war. Liebknecht spielte über drei Jahrzehnte hinweg als Ministerin und Ministerpräsidentin eine zentrale Rolle in der thüringischen Landespolitik. Seit 2009 sitzt sie im Vorstand der vom Merkel-Freund Rainer Eppelmann geleiteten Bundesstiftung zur Aufarbeitung der SED-Diktatur.

Wären sich Angela und Lothar über die Jahrzehnte alte Verbindung ihrer Väter Clemens und Horst oder die Bekanntschaft von Horst und Lothar in Kirchengremien vertraut gewesen, dann wäre Lothars abendlicher Besuch weder eine *„Überraschung"* noch *„unwirklich"* gewesen, sondern eine nachvollziehbarer Geste im familiären Freundeskreis. Aber wie wir von verschiedener Seite wissen, war ihr Zusammentreffen bei den Volkskammerwahlen und in der darauf folgenden DDR-Regierung reiner Zufall! Wer an jenem Abend noch alles in der ‚Mühle' anwesend war, ist nicht vollständig überliefert. Lothar de Maizière erwähnt in seinem Buch auch noch Rainer Eppelmann.[738] Stunden zuvor hatte Angela Merkel zusammen mit dem westdeutschen Medienunternehmer Claus Detjen den Palast der Republik aufgesucht, aus dem das Fernsehen den Wahlabend übertrug. Später ging es dann gemeinsam mit ihrem heuti-

---

[735] ‚Es muß alles raus', Der SPIEGEL, 25.03.1990
https://web.archive.org/web/20220418025326/https://www.spiegel.de/politik/es-muss-alles-raus-a-75d052af-0002-0001-0000-000013499332

[736] ‚Frühes Wissen', Der SPIEGEL, 29.09.1991
https://web.archive.org/web/20220512083116/https://www.spiegel.de/politik/fruehes-wissen-a-aa647bcc-0002-0001-0000-000013492480

[737] ‚Christine Lieberknecht', Konrad-Adenauer-Stiftung
https://web.archive.org/web/20231219082549/https://www.kas.de/de/web/geschichte-der-cdu/personen/biogramm-detail/-/content/christine-lieberknecht-v1

[738] ‚Ich will, dass meine Kinder nicht mehr lügen müssen', Lothar de Maizière, S. 148

gen Ehemann Joachim Sauer und dem Detjen-Sohn Stephan zur Wahlparty der CDU im ‚Ahornblatt'.[739] Dort fanden sie aber wegen Überfüllung keinen Einlass.[740]

Cousin Thomas de Maizière konnte sich auch drei Jahrzehnte später ausgesprochen gut an jenen Überraschungsbesuch erinnern, bei dem er Angela Merkel erstmalig getroffen haben will.[741] Nur die Bitte, die Angela Merkel gleich beim angeblich ersten Treffen an ihn richtete, ist ihm nicht mehr präsent und er stützt sich auf Berichte anderer: Man solle *„bei der kommenden Regierungsbildung ja nicht den Beitrag des DA vergessen."*[742] [743]

In der Variante, die Merkel erzählte, fand die nächtliche Bittstellung allerdings nicht in der ‚Mühle' statt, sondern im CDU-Wahllokal ‚Ahornblatt', was für die Bewertung des Verhältnisses zwischen Merkel und den de Maizières einen deutlichen Unterschied macht.[744] Erfreulicherweise verewigten sich ‚DM' als auch ‚AM' zur fortgeschrittenen Stunde im Gästebuch der ‚Mühle'. Angela Merkel ergänzte darin zwei Sätze: *„Ob's wohl die letzte Party war? Es war sehr wichtig."*[745] Sehr wichtig war ihr Eintrag im Gästebuch in der Tat, denn damit wird ihre Variante der Erzählung unglaubwürdig. ‚AM' wollte vielleicht mal wieder eine falsche Fährte legen.

Vergessen wurde niemand. Thomas de Maizière wurde unmittelbar beim Amtsantritt von Bundeskanzlerin Angela Merkel mit der bedeutenden Vertrauensposition eines Kanzleramtsministers bedacht.

Zu dieser Zeit steckte er als sächsischer Staatsminister des Inneren gerade knöcheltief in einer Affäre, die als ‚Sachsen-Sumpf' in die Landes-

---

739 ‚Das erste Leben der Angela M.', Ralf Georg Reuth, Günther Lachmann, 2013, S.233

740 'Angela Merkel', Gerd Langguth, 2005, S. 131

741 ',Angela Merkel: Eine politische Biographie', Wolfgang Stock, 2000, S. 30

742 'Merkel-Jahre (2/6) – Ein plötzlicher Aufbruch', Stephan Detjen,Tom Schimmeck, 20.07.2021, Minute 11:40 https://www.hoerspielundfeature.de/der-unwahrscheinliche-weg-der-angela-m-merkel-jahre-2-6-ein-100.html https://web.archive.org/web/20211205123103/https://www.hoerspielundfeature.de/der-unwahrscheinliche-weg-der-angela-m-merkel-jahre-2-6-ein-100.html

743 ‚Angela Merkel: Mein Weg', Hugo Müller-Vogg, 2005,, S. 81.

744 ‚Angela Merkel: Eine politische Biographie', Wolfgang Stock, S. 30

745 'Angela Merkel', Jaqueline Boysen, 2005, S. 112

geschichte einging.[746] Auch ihre Ministerkollegen aus der letzten DDR-Regierung hat Merkel nicht vergessen. Lothar de Maizière war bei weitem nicht der einzige unter ihnen, der mit der Stasi kooperiert hatte. Im Jahr 2008 wurde ein Gesetz verabschiedet, das den rund dreißig Ministern der letzten DDR-Regierung auf Antrag eine Ehrenpension in der Höhe von fünf Prozent eines Bundesministergehalts zusicherte. Für Lothar gab es sogar fünf Prozent des Kanzlergehaltes. Das sind heute immerhin Monat für Monat um die tausend Euro. Für 174 Tage Arbeit ist das kein schlechter Schnitt. Und manche Minister schieden wegen einer Kabinettsumbildung schon nach 130 Tagen aus, deren Nachfolger gar schon 44 Tagen. Auch beim Eintrittsalter zeigte sich das Kabinett Merkel großzügig. Während für das gemeine Volk das Renteneintrittsalter zu dieser Zeit auf 67 erhöht wurde, konnte die ,Ehrenpension' schon mit 55 Jahren beantragt werden.[747] [748] [749]

Vielleicht wurde auf dieses Gesetz ja im Haus am Kupfergraben 6 angestoßen. Dort wohnen Angela Merkel und Joachim Sauer seit 1997 im dritten Obergeschoss. Im Hochparterre desselben Hauses betrieb Lothar de Maizière lange Zeit seine Anwaltskanzlei. Er war mit dem Vermieter des Hauses, dem inzwischen verstorbenen Immobilienunternehmer Heinz H. Meermann jahrelang bestens befreundet.[750] Im Magnus-Haus, gleich nebenan, hatte bis 1999 Richard von Weizsäcker seine Büroräume. Gegenwärtig residiert dort der einflussreiche Verein ,Atlantikbrücke', auch dort hielt Merkel schon Reden.

Stephan Detjen, ein Begleiter am Abend der Volkskammerwahl, wurde später beim Deutschlandfunk einer der notorischen Haltungsjournalis-

---

[746] 'Maizière: Beobachtung entsprach Gerichtsvorgaben', FAZ, 23.03.2009 https://web.archive.org/web/20171007180926/https://www.faz.net/aktuell/politik/inland/sachsen-sumpf-maiziere-beobachtung-entsprach-gerichtsvorgaben-1924187.html

[747] 'Drittes Gesetz zur Änderung des Bundesministergesetzes', 23.10.2008 http://www.bgbl.de/xaver/bgbl/start.xav?startbk=Bundesanzeiger_BGBl&jumpTo=bgbl108s2018.pdf

[748] 'Bundesrat billigt Ehrenpension für DDR-Minister', Die WELT, 19.09.2008 https://web.archive.org/web/20160821212914/https://www.welt.de/politik/article2467041/Bundesrat-billigt-Ehrenpension-fuer-DDR-Minister.html

[749] 'Alte Bekannte', Der SPIEGEL, 21.01.2007 https://web.archive.org/web/20240208132727/https://www.spiegel.de/politik/alte-bekannte-a-2373ad7c-0002-0001-0000-000050263510

[750] 'Baulöwe auf Pirsch in der Friedrich-Wilhelm-Stadt', Die WELT, 12.09.2004 https://web.archive.org/web/20190401000000*/https://www.welt.de/print-wams/article115497/Bauloewe-auf-Pirsch-in-der-Friedrich-Wilhelm-Stadt.html

GERALD GÖTTING IM GESPRÄCH mit dem Staatssekretär für Kirchenfragen, Hans Seigewasser, und dem Berlin-Brandenburger Synodalen Unionsfreund Clemens de Maizière (l.) Fotos: NZ/Tietz

Fast schon in symbiotischer Verbindung stehen über zwei Generationen und ein halbes Jahrhundert hinweg die Familien Kasner und de Maizière. Links ist **Clemens de Maizière**, Stasi-IM, Vater von **Lothar de Maizière** und Onkel von **Thomas de Maizière** abgebildet.

Auch **Clemens de Maizière** verstand sich wie **Horst Kasner** offensichtlich gut mit Staatssekretär Hans Seigewasser. Beide arbeiteten in der zweiten Hälfte der sechziger Jahre an der Spaltung und Gleichschaltung der Evangelischen Kirchen in der DDR mit. 1969 wurde dann der Bund Evangelischer Kirchen (BEK) in der DDR gegründet, den **Bischof Albrecht Schönherr** führte.

ten der neuen bunten Republik Merkelscher Prägung mit Sitz im Vorstand der Bundespressekonferenz e.V. . Seltsamerweise verliert er in seiner siebenteiligen Merkel-Dokumentation mit einer Gesamtdauer von mehr als fünf Stunden über das frühe Zusammentreffen mit Merkel kein einziges Wort.[751] Dafür kolportiert er die Legenden, die Merkel über ihre Zeit als FDJ-Sekretärin für Agitation und Propaganda streut, nahezu wortgetreu. So schreibt er im Vorspann zu seiner Doku folgendes: *„Bis zum Tag des Mauerfalls 1989 beschränkt sich Angela Merkels politische Arbeit darauf, als FDJ-Sekretärin Theaterkarten für die Kolleginnen und Kollegen zu besorgen.“*[752] Näher kann ein Journalist dem O-Ton Merkels eigentlich kaum kommen. Allein das Gendern markiert eine kleine Distanz, die die geistige Nähe zum großen Vorbild aber eher noch bekräftigt.

Vergessen wurde niemand. Auch als Lothar de Maizière 2010 sein Buch ‚Ich will, dass meine Kinder nicht mehr lügen müssen‘ vorstellte, war Angela Merkel als amtierende Bundeskanzlerin mit einer Laudatio für den guten alten Freund zur Stelle.[753] Schon ein halbes Jahr zuvor hielt sie bei der Feier zu Lothars siebzigstem Geburtstag mit vierhundert Gästen eine Ansprache, die auf den Webseiten des Kanzleramts nachzulesen ist.[754] In den Hochgenuss von Merkels weisen Worten kam bei der Gelegenheit auch Hans Modrow, der einst den Bau der Berliner Mauer mitorganisierte. Bereits in den siebziger Jahren hatte Modrow aus Sicht von Honecker zu gute Drähte nach Moskau und rückte deshalb nicht ins Politbüro auf.[755] Seine Stunde schlägt erst wieder als die SED ein unverbrauchtes Gesicht benötigt und Modrow am 13. November 1989 für fünf Monate letzter Vorsitzender des Ministerrats wird. Für den Redakteur des Tagesspiegels war die Einladung an Modrow ein Ausdruck von *politischer Fairness*. Es ist eher ein Ausdruck davon, dass Lothar de Maizière Teil der DDR-Nomenklatur war. Vielleicht kein wichtiger

---

[751] 'Merkel-Jahre (1/6) – Die Perle der Uckermark', Feature-Serie von Stephan Detjen und Tom Schimmeck, 20.07.2021
https://www.hoerspielundfeature.de/der-unwahrscheinliche-weg-der-angela-m-merkel-jahre-1-6-die-100.html
https://web.archive.org/web/20240308205411/https://www.hoerspielundfeature.de/der-unwahrscheinliche-weg-der-angela-m-merkel-jahre-1-6-die-100.html

[752] 'Merkel-Jahre (2/6) – Ein plötzlicher Aufbruch', Feature-Serie von Stephan Detjen und Tom Schimmeck, 20.07.202
https://www.hoerspielundfeature.de/der-unwahrscheinliche-weg-der-angela-m-merkel-jahre-2-6-ein-100.html
https://web.archive.org/web/20211205123103/https://www.hoerspielundfeature.de/der-unwahrscheinliche-weg-der-angela-m-merkel-jahre-2-6-ein-100.html

[753] 'Lothar de Maizière stellt Buch über DDR vor', FAZ, 22.09.2010
https://web.archive.org/web/20240308205443/https://www.faz.net/aktuell/politik/berlin-lothar-de-maiziere-stellt-buch-ueber-ddr-vor-11049560.html

[754] 'Lothar de Maizière feierte seinen 70. Geburtstag', Tagesspiegel, 03.03.2010
https://web.archive.org/web/20240308205806/https://www.tagesspiegel.de/berlin/stadtleben/lothar-de-maiziere-feierte-seinen-70-geburtstag-8091928.html

[755] ‚30 Jahre nach dem Fall der Mauer – Europa damals und heute‘, Universität Zürich, 16.04.2019
https://tube.switch.ch/switchcast/uzh.ch/events/b99ae914-53f2-4dc4-b353-03101446851c

Teil, aber durchaus nicht unbedeutend und in der Wendezeit ein entscheidender Teil. Noch im November 1989 unterzeichnete er einen von den Kommunisten Christa Wolf und Stefan Heym initiierten Aufruf ‚Für unser Land‘.[756] Dieser richtete sich gegen eine Wiedervereinigung und für den Fortbestand der DDR. Gemeinsam mit Cousin Thomas und dem Umweltexperten Lutz Wicke veröffentlichte er in seinem Regierungsjahr gar ein Buch unter dem Titel ‚Öko-soziale Marktwirtschaft für Ost und West: der Weg aus Wirtschafts- und Umweltkrise‘.[757]

In Absprache mit Modrow schuf er das Ministerium für Kirchenfragen und wurde sogleich dessen erster Chef, offenbar weil Manfred Stolpe kniff. Damit wurde er indirekter Nachfolger von Hans Seigewasser, mit dem Clemens de Maizière und Horst Kasner einst verkehrten. Seigewassers unmittelbarer Nachfolger war übrigens bis 1988 Stasi-IM Klaus Gysi, der Vater von Gregor Gysi. Dieses strategisch angelegte Ministerium, das aber nur wenige Monate existierte, stärkte den Stellenwert einer weitgehend gleichgeschalteten Kirche und deren Würdenträger.

Auch ein weniger bekannter Vetter von Lothar de Maizière wurde mit einem Besuch der Kanzlerin bedacht. Beim Jubiläum der Frankfurter Wirtschaftsvereinigung ‚Hessischer Kreis‘, dem Andreas de Maizière vorsteht, hielt sie 2019 eine Ansprache.[758] Andreas de Maizière, der Bruder von Thomas, schied 2005 vermutlich auf Druck der BaFin nach Geldwäschevorwürfen im Zusammenhang mit Russland-Geschäften aus dem Vorstand der Commerzbank aus.[759] Ein Foto des Jahres 1992 zeigt Andreas de Maizière gemeinsam mit Cousin Lothar de Maizière und dessen Freund Gregor Gysi in Paris, wo er damals für die Commerzbank tätig war.

---

[756] 'Für unser Land', 25.11.1989
https://web.archive.org/web/20160406130935/https://www.ddr89.de/texte/land.html

[757] ‚Öko-soziale Marktwirtschaft für Ost und West‘, DTV, 1990
https://web.archive.org/web/20240308210017/https://katalog.slub-dresden.de/id/0-024722499

[758] 'Rede von Bundeskanzlerin Merkel bei der Festveranstaltung "60 Jahre Hessischer Kreis e. V.“', 05.06.2019
https://web.archive.org/web/20240308210050/https://www.bundesregierung.de/breg-de/suche/rede-von-bundeskanzlerin-merkel-bei-der-festveranstaltung-60-jahre-hessischer-kreis-e-v-am-5-juni-2019-in-frankfurt-1635224

[759] 'Vorstand trat wegen Geldwäschevorwurf zurück', Der SPIEGEL, 25.07.2005
https://web.archive.org/web/20151209103433/https://www.spiegel.de/wirtschaft/commerzbank-affaere-vorstand-trat-wegen-geldwaeschevorwurf-zurueck-a-366714.html

Lothar de Maizière revanchierte sich für Merkels Gefälligkeiten mit der Vernebelung von Merkels linker Ausrichtung: *„Für mich ist es erstaunlich, dass die Angela eine Konservative ist – vielleicht auch in Abgrenzung zum Vater, der eine sehr starke Persönlichkeit und immer sehr links war.“*[760]

Spätestens beim Vergleich seines Jammers über die angeblich kärgliche Existenz, die seine Familie zu DDR-Zeiten führte, und den tatsächlichen Begebenheiten, wird klar, dass der bescheiden auftretende Lothar de Maizière den eigenen moralischen Ansprüchen nicht immer ganz gerecht wird. Als Rechtsanwalt gehörte er zu den absoluten Top-Verdienern der DDR, besser bezahlt als Staatsanwälte und Richter.[761] Generalsekretär Honecker fuhr Citroën, Rechtsanwalt Vogel, zuständig für Verhandlungen über die Häftlingsfreikäufe durch die Bundesrepublik, fuhr Mercedes in der Farbe Gold.[762] Auch DA-Gründer Rechtsanwalt Schnur war im Mercedes unterwegs.[763] Die zweieinhalb Zimmer der Familie de Maizière befanden sich in der historischen Villa Luise direkt gegenüber vom Treptower Park, die heute die weißrussische Botschaft beherbergt. Gleich um die Ecke in der Herkomerstraße 12 wohnten seine Eltern. Es mag sein, dass er sich das Haus mit anderen Mietern teilte. Es mag sein, dass das Anwesen in den achtziger Jahren heruntergekommen war. Es mag auch sein, dass mit Kohlen geheizt werden musste. Aber was de Maizière dazu von sich gibt, passt absolut nicht zu dem Einruck, den man bei einem Besuch vor Ort bekommt. Und ein Ibach Flügel fand in der ach so kleinen Wohnung dann doch noch Platz!

Trotz erwiesener Stasi-Mitarbeit wird de Maizière vom politischen Berlin bis heute wie ein verdienter *Elder Statesman* hofiert. Aus Anlass des zwanzigsten Jahrestags der letzten Volkskammerwahl sprach er im

---

760 'Mit der CDU will ich nichts zu tun haben', Die ZEIT, 21.06.2015 https://web.archive.org/web/20150621211137/https://www.zeit.de/2015/25/angela-merkel-cdu-geschichte

761 ‚Zeitzeugeninterviews zum Zivilrecht in der DDR', Jürgen Krug, 1998 / Ulrike Liero, Dietmar Kurze 2004, S. 216 https://web.archive.org/web/20100827011947/https://schroeder.rewi.hu-berlin.de/downloads/Forschung/Zeitzeugeninterviews.doc

762 'Der Mann mit dem goldenen Mercedes' https://www.youtube.com/watch?v=A6rb04JWEiQ

763 'Zwischen Stolpe und Mielke', FAZ, 03.08.2015 https://web.archive.org/web/20240308210355/https://www.faz.net/aktuell/politik/politische-buecher/alexander-kobylinskis-buch-ueber-den-spitzel-wolfgang-schnur-13722385.html?printPagedArticle=true#pageIndex_2

Bundestag und verbot sich auch einen Seitenhieb auf die, zu diesem Zeitpunkt todkranke, Bärbel Bohley nicht:

„Andere erhofften sich gar himmlische Gerechtigkeit und waren enttäuscht, nur den irdischen Rechtsstaat zu erhalten. Ich als nüchterner Jurist erhoffte mir nicht mehr, aber auch nicht weniger als eben diesen Rechtsstaat."[764]

An seinem achtzigsten Geburtstag ging es zum Mittagessen ins Schloss Bellevue zu Steinmeier. Allein das Bundesverdienstkreuz durfte nicht an Lothar de Maizières Revers hängen, dafür hängt es bei Vetter Thomas. Die Familienbande halten zusammen - auch wenn der ostelbische Zweig über zwei Generationen hinweg zwei totalitäre deutsche Regime offen und verdeckt unterstützt hat.

Seit 2009 ist de Maizière Vorsitzender der ‚Deutschen Gesellschaft e.V'. in deren Kuratorium neben Prominenten aus Politik, Medien und Wirtschaft auch Manfred Stolpe, Rainer Eppelmann, Markus Meckel oder Friede Springer vertreten waren oder sind. Ein Sprecher des Kuratoriums ist Günter Nooke und auch Andreas Apelt ist dort tätig. Das ursprünglich für Oktober 2022 zur Einweihung vorgesehene ‚Freiheits- und Einheitsdenkmal' geht auf die Initiative von Florian Mausbach, Günter Nooke, Jürgen Engert und Lothar de Maizière zurück und wird von der Deutschen Gesellschaft e.V. unterstützt.[765] Mit einer Länge von fünfzig Metern und einem Gewicht von hundert Tonnen scheint hier ein weiteres gigantomanisches Denkmal zu entstehen, dass Berlin nicht braucht.

Ebenso wie Rainer Eppelmann ist übrigens auch Lothar de Maizière der Meinung, dass Horst Kasner, den er laut Interview im Jahr 2013 *„nicht gut kannte"*[766] und laut Interview im Jahr 2020 auf einmal *„ganz gut kannte"*,

---

[764] 'Rede von Lothar de Maizière am 18. März 2010 zum 20. Jahrestag der freien Volkskammerwahlen am 18.04.1990' https://web.archive.org/web/20211201004422/https://www.bundestag.de/webarchiv/textarchiv/2010/rede_demaiziere-248284

[765] 'Baustart für Freiheits- und Einheitsdenkmal', DG e.V., 20.05.2020 https://web.archive.org/web/20200521041449/https://www.deutsche-gesellschaft-ev.de/presse/mitteilungen/1223-baustart-fuer-freiheits-und-einheitsdenkmal.html

[766] 'Angela Merkel brauchte meine Förderung nicht', Nordwest-Zeitung, 15.05.2013 https://web.archive.org/web/20240308211028/https://www.nwzonline.de/interview/angela-merkel-brauchte-meine-foerderung-nicht_a_6,1,2025545625.html

der Schöpfer der Formel ‚Kirche im Sozialismus' war. Im Interview des Jahres 2020 mit Peter Brinkmann sagte der damals achtzigjährige die erweiterte Variante der Formel beinahe richtig auf:

„Wir wollen nicht sein Kirche für den Sozialismus, nicht Kirche gegen den Sozialismus, sondern Kirche im Sozialismus sein."[767]

Präzise lautete die offizielle, von Bischof Schönherr verwendete Formel, wie folgt:

„Wir wollen Kirche nicht neben, nicht gegen, sondern Kirche im Sozialismus sein."[768]

Einmal mehr wurde damit die flagrante Lüge, die Angela Merkel am Beginn ihrer politischen Laufbahn bezüglich der Haltung ihres Vaters verbreitete, offensichtlich. Wie konnte sich ihr Vater denn gegen die Formel ‚Kirche im Sozialismus' *„immer auflehnen"*, wenn er deren eigener Schöpfer war? Schon damals krähte der Hahn für Angela - und bei weitem nicht zum letzten Mal.

---

767 'Ex-DDR Ministerpräsident Lothar de Maiziere', TV.Berlin, 01.10.2020 https://www.youtube.com/watch?v=UO25J2h5wa0&t=1321s

768 'Die Rolle der Kirche im Sozialismus', Deutschlandfunk, 28.11.2009 https://web.archive.org/web/20220126203555/https://www.deutschlandfunkkultur.de/die-rolle-der-kirche-im-sozialismus-100.html

„Ich habe mir nichts vorzuwerfen, ich kann auch äußere Indizien aufzählen, die das beweisen. Aber es interessiert keinen Menschen, daß ich seit 1969 in einer Wohnung lebe, die ich mir selber ausgebaut habe. In zweieinhalb Zimmern haben meine Frau und ich drei Kinder großgezogen. Seit 1980 habe ich auf der Dringlichkeitsliste zur Versorgung gestanden, aber in der Wohnung lebe ich noch heute. Daß ich inzwischen eine Zentralheizung eingebaut habe, ist ihr einziger Luxus. Bis letztes Jahr hatte sie noch Ofenheizung. In zwanzig Jahren habe ich 150 Zentner Kohlen um das Haus herumgetragen. Das Gaskontingent wurde mir verwehrt."

Lothar de Maizière

Helmut Kohl: Das „alte Schlachtross"

Helmut Kohl und Ronald Reagan am 3. November 1984 in Washington

„Wer auch nur einmal den umflorten Blick in ihrem Gesicht beobachtet hat, wird verstehen, weshalb der Dr. Kohl ‚das Mädchen', wie er sie nannte, so rückhaltlos förderte. Von einer, die so in die Welt schaut und sich so geriert, kann auch der beste Menschenkenner kaum erwarten, dass sie immer bereit sein würde, ihrem Wohltäter das nächstbeste Küchenmesser zwischen die Rippen zu jagen."[769]

Stefan Heym, 7. Januar 2000

Über das Verhältnis von Kohl zu *„seinem Mädchen"* ist bereits viel geschrieben worden, was hier nicht wiederholt werden soll. Selbstverständlich hatte Kohl einen ganz erheblichen Einfluss auf die Entwicklung und die Karriere der Politikerin Angela Merkel. Kohl stellt sie während einer USA-Reise schon im September 1991 Ronald Reagan und George Bush, dem Älteren, vor.[770]

---

769 'Die Heilige Johanna der CDU', der Freitag, Stefan Heym, 07.01.2000 https://web.archive.org/web/20240308211316/https://www.freitag.de/autoren/stefan-heym/die-heilige-johanna-der-cdu

770 'Angela Merkel', Gerd Langguth, 2007, S. 168

Aber es bleibt dabei: Der wichtigere Ziehvater auch und gerade in Fragen von Macht, Politik und politischer Verortung war für Merkel ihr leiblicher Vater, Horst Kasner. Dieser war Kommunist, Pfarrer, Seminarleiter, Kirchenfunktionär und, als Ideologe des gleichgeschalteten Bundes der Evangelischen Kirchen (BEK) in der DDR, Schöpfer der Losung ‚Kirche im Sozialismus'.[771] Schon 1991, im Interview mit Günther Gaus, behauptete Merkel, ihr Vater hätte sich gegen diese Formel *„immer aufgelehnt"* und legte damit eine ihrer vielen falschen Fährten.

Äußerst interessante Aspekte wirft ein kurzes Interview auf, dass Kohl am 12. Mai 2000 mit dem autorisierten Merkel-Biographen, Wolfgang Stock, geführt hat.[772] Die erste Überraschung ist, dass Kohl das Interview für die erste Biographie Merkels überhaupt stattfinden ließ. Nur 143 Tage waren seit der Veröffentlichung von Merkels Philippika gegen *„das alte Schlachtross"*, welches der Partei Schaden zugefügt hat, in der FAZ vergangen. Bereits am Tag nach der Veröffentlichung titelte die taz treffend ‚Merkels Vatermord'.[773] Friedrich Merz, damals offenbar noch mit Merkel im Bunde, kommentierte deren Angriff mit den Worten: *„Ich unterschreibe jeden Satz!"*[774] Auch Eckart von Klaeden witterte die Morgenluft aus der Uckermark und nannte Merkels Angriff *„richtig und mutig"*.[775] Keine vier Wochen später trat Kohl als Ehrenvorsitzender der CDU zurück.[776] Einer vergleichbaren Schmach beugte Angela Merkel übrigens geschickt dadurch vor, dass sie drei Jahrzehnte später den CDU-Ehrenvorsitz von vornherein ausschlug.[777] Wer sich an die Vergangenheit erinnert, ist nicht dazu verdammt, sie zu wiederholen.

---

[771] 'Ex-DDR Ministerpräsident Lothar de Maiziere', TV.Berlin, 01.10.2020 https://www.youtube.com/watch?v=UO25J2h5wa0&t=1321s

[772] ‚Angela Merkel: Eine politische Biographie', Wolfgang Stock, S. 86

[773] 'Merkels Vatermord', taz, 23.12.1999. https://web.archive.org/web/20210925122850/https://taz.de/!1256141/

[774] 'Ein Jahrzehnt Merkel-Putsch', Die ZEIT, 23.12.2009 https://web.archive.org/web/20130615115929/https://www.zeit.de/politik/deutschland/2009-12/merkel-kohl-faz-artikel-1999/komplettansicht#comments

[775] 'Merkels Vatermord', taz, 23.12.1999. https://web.archive.org/web/20210925122850/https://taz.de/!1256141/

[776] 'Kohl-Erklärung im Wortlaut', Der SPIEGEL, 18.01.2000 https://web.archive.org/web/20160331132258/https://www.spiegel.de/politik/deutschland/dokumentation-kohl-erklae-rung-im-wortlaut-a-60271.html

[777] 'Angela Merkel verzichtet auf Ehrenvorsitz der CDU', FAZ, 21.01.2021 https://web.archive.org/web/20220121130436/https://www.faz.net/aktuell/politik/inland/angela-merkel-verzichtet-auf-cdu-ehrenvorsitz-17743934.html

Laut dem Bekunden von Kohl-Sohn Walter war insbesondere Hannelore Kohl, mit der Merkel im Wahlkampf 1998 engen Kontakt pflegte, von Merkels Palastrevolution zutiefst enttäuscht. Ein Jahr später war sie tot. Walter Kohl behauptete, dass das Verhalten Merkels am Tod seiner Mutter *„einen nicht unerheblichen Anteil"* gehabt habe, was Helmut Kohls eigenen Anteil durchaus nicht vergessen macht.[778] Bereits auf der USA-Reise im September 1991 sieht man Hannelore und Angela auf Fotos zusammenstehen. Helmut Kohl selbst war nicht dafür bekannt, dass er sonderlich nachsichtig mit Parteifreunden umsprang, die ihm von der Fahne gingen - und doch traf er sich in den ersten Wochen des neuen Jahres schon wieder im Geheimen mit Merkel.[779] Am 11. Februar 2000 tauschten sich König und Königsmörderin laut Stock über eine Stunde hinweg aus. Auch in jenem kurzen Interview Kohls blieben Seitenhiebe gegen Norbert Blüm, Heiner Geißler und Rita Süssmuth nicht aus. Und nun gibt er auch noch dieses Interview für die erste offizielle Biographie Merkels?

Eine noch größere Überraschung ist der Inhalt des Interviews - es sind keine fünfzehn Fragen. Kohl ergießt sich darin über Merkel in einer Lobhudelei, wie man sie sonst vielleicht noch von Alexander Osang in Bestform erwarten würde: *„Hochintelligente Frau"*, *„sehr kameradschaftlich"*, *„Unbedarft war sie nie"*, etc.

Für die Bewertung dieser Lobeshymne hilft es zu wissen, dass im Jahr darauf im Keller von Kohls Oggersheimer Haus in Zusammenarbeit mit Biograph Heribert Schwan die sogenannten Kohl-Protokolle entstanden. Im Ganzen waren das sechshundert Stunden Tonbandaufzeichnungen über Kohls Lebenserinnerungen. Und darin kam auch Angela Merkel kaum besser weg, als viele andere Weggefährten die Kohl übelst diffamierte.[780] Die Antworten zu diesem Interview kamen also von jemandem, der Angela Merkel entweder hoffnungslos verfallen oder völlig in

---

[778] 'Frau Merkel hat einen Anteil am Tod meiner Mutter', Die ZEIT, 22.02.2017 https://web.archive.org/web/20240308211430/https://www.zeit.de/politik/deutschland/2017-02/hannelore-kohl-selbstmord-walter-kohl-angela-merkel-vorwurf?wt_zmc=sm.ext.zonaudev.mail.ref.zeitde.share.link.x

[779] ‚Angela Merkel: Eine politische Biographie', Wolfgang Stock, S. 148

[780] 'In Kohls Kopf', Der SPIEGEL, Jakob Augstein, 09.10.2014 https://web.archive.org/web/20141011221642/https://www.spiegel.de/politik/deutschland/helmut-kohl-augstein-ueber-vermaechtnis-die-kohl-protokolle-a-996187.html

ihrer Hand war. Was auch immer Kohl dazu getrieben hat, dieses Interview mit diesem Inhalt zu diesem Zeitpunkt zu geben, freiwillig tat er es nicht.

Eine mögliche Erklärung sind die Frauenaffären, die Kohl während seiner Kanzlerschaft pflegte und die Angela Merkel nicht verborgen geblieben sein müssen. Merkel gehörte zu Kohls innerstem Machtzirkel und ging im Bonner Kanzlerbungalow ein und aus. Sowohl Walter als auch Peter Kohl sind überzeugt, dass Maike Kohl-Richter bereits in der zweiten Hälfte der neunziger Jahre ein Verhältnis mit ihrem Vater Helmut hatte, von dem auch Hannelore Kohl wusste.[781]

Wie hätte Kohl im Frühling des Jahres 2000 dagestanden, wenn ihm neben den Spendierhosen auch noch die Unterwäsche ausgezogen worden wäre? Das hätte ihn in Regionen der Peinlichkeit katapultiert, in denen vielleicht Bill Clinton zu finden ist, aber kein bisheriger deutscher Kanzler. Kohl wusste aus erster Hand, wie sich das anfühlt, wenn sich *„die Welt nur für diesen Schlüpfer interessiert"*, an dem man *„herumgemacht hatte"*. In den Zeiten der Lewinsky-Affäre telefonierte er regelmäßig mit Clinton und riet ihm den Skandal durchzustehen, was diesem letztendlich auch gelang.[782] Ein Jahr später, 1999, bekam Kohl die Freiheitsmedaille des Präsidenten von Bill Clinton überreicht. Die Verleihung erfolgte damals erstmalig an einen Deutschen. Beim zweiten Mal ging die Medaille 2011 an Angela Merkel, überreicht wurde sie zu dieser Zeit von Barack Obama. Nochmals treffen sich Clinton und Kohl am 16. Mai 2011 an der Amerikanischen Akademie in Berlin-Wannsee bei der Verleihung des Henry A. Kissinger - Preises an Helmut Kohl. Anwesend waren dabei neben Henry Kissinger selbst, auch Angela Merkel, Hans-Dietrich Genscher und die Geldgeber aus der globalisierten Konzernwelt, wie Hermann Scholl oder Erivan Haub.[783] Neun Jahre später erhielt auch Angela Merkel den ehrwürdigen Henry A. Kissinger Preis. Bill Clinton sprach dann auch am Sarg von Kohl im EU-Parlament von

---

[781] 'Aus dem Schatten des Vaters', WDR, 23.01.2014
https://www.youtube.com/watch?t=2077&v=rJd9XrG0ZO0&feature=youtu.be

[782] 'Die Kohl Protokolle', Heribert Schwan, Heyne Verlag, 2014, S. 232

[783] ‚Henry A. Kissinger Prize', The American Academy in Berlin, 16.05.2011
https://archive.ph/3RkNf

Straßburg, der zuvor zu den Klängen des Trauermarschs aus Händels Oratorium ‚Saul' hereingetragen worden war.

Denkbar ist auch, dass Merkel schon viel früher von Kohls schwarzen Kassen wusste, als sie beteuerte. Bei seinem endgültigen Abtritt von der politischen Bühne bekam Lothar de Maizière 1991 von Kohl gewissermaßen zwischen Tür und Angel einen Scheck über dreihunderttausend Mark für seinen damals klammen Brandenburger Landesverband zugesteckt. *„Hoffentlich können Sie das tragen"*, soll Kohl spöttisch hinterhergerufen haben.[784] Nach einer sauberen und ordentlichen Verbuchung des Geldes hört sich das erst einmal nicht an, auch wenn sich Lothar de Maizière während der Spendenaffäre 1999 so äußerte.[785] Was Lothar über Kohl wusste, wusste sehr wahrscheinlich bald auch Angela.

Darüber hinaus war das MfS in Ost-Berlin seit Ende der siebziger Jahre detailliert über die Schwarzkonten der CDU in der Schweiz informiert. Sowohl Uwe Lüthje als auch Walther Leisler Kiep und Horst Weyrauch, neben Hans Terlinden die operativen Schlüsselfiguren des Skandals, wurden jahrelang von der Stasi abgehört.[786] [787] Abgehört wurde auch die CDU-Spitze, einschließlich Helmut Kohl. Im Vorzimmer von CDU-Generalsekretär Kurt Biedenkopf war jahrelang Christel Broszey tätig, allerdings nicht nur für Biedenkopf, sondern auch für die Stasi-Auslandsabteilung unter Markus Wolf.[788] Stasiakten mit Bezug zur Bundesregierung, die zu Wendezeiten westdeutschen Behörden in die Hände fielen, wurden auf Beschluss und im Auftrag der Regierung Kohl noch

---

784 'Salut für einen politischen Selbstmörder', Nina Grunenberg, Die ZEIT, 13.09.2001 https://web.archive.org/web/20170122025940/https://www.zeit.de/1991/38/salut-fuer-einen-politischen-selbstmoerder/komplettansicht

785 'Wirbel in Brandenburger CDU um 300 000 Mark von Kohl', Tagesspiegel, 03.12.1999 https://web.archive.org/web/20240308211711/https://www.tagesspiegel.de/politik/wie-die-cdu-die-zahlungen-an-den-ex-generalsekretar-der-partei-in-mecklenburg-vorpommern-erklart-649015.html

786 'So viele leckere Sachen', Der SPIEGEL, 02.04.2000 https://web.archive.org/web/20240308212047/https://www.spiegel.de/politik/so-viele-leckere-sachen-a-4699ce76-0002-0001-0000-000016098317?context=issue

787 'Stasi belauschte wichtige CDU-Finanzexperten', Der SPIEGEL, 28.03.2000 https://web.archive.org/web/20150220104233/https://www.spiegel.de/politik/deutschland/schwarzgeld-stasi-belauschte-wichtige-cdu-finanzexperten-a-70924.html

788 ‚Spionage: Meist handelten sie aus Liebe', Der SPIEGEL, 18.03.1979 https://web.archive.org/web/20221222114232/https://www.spiegel.de/politik/spionage-meist-handelten-sie-aus-liebe-a-2e182c11-0002-0001-0000-000040350178

vor der Wiedervereinigung *„ohne Einsicht, ohne Auswertung“* vernichtet.[789] Für die Nachwelt darf festgehalten werden: Die westdeutsche politische Führung hatte zu Wendezeiten offenbar ein ähnlich ausgeprägtes Interesse an der Vernichtung belastender Akten wie die ostdeutsche.

Insbesondere Kohl setzte alles daran, Protokolle seiner Telefonate nicht ans Licht der Öffentlichkeit gelangen zu lassen. Kurz nachdem die Marianne Birthler (Die Grünen), eine Vertraute von Angela Merkel, am 29. September 2000 auch mit Stimmen der CDU/CSU-Fraktion zur Chefin der Stasi-Unterlagenbehörde gewählt wurde, begann ein jahrelanges juristisches Tauziehen um Kohls Akten. Birthler bereitete nach Anträgen von Journalisten die Veröffentlichung von mehreren tausend Aktenseiten vor, wogegen Kohl klagte. Am Ende bekam Kohl durch ein Urteil des Bundesverwaltungsgerichts Leipzig in wesentlichen Punkte recht.[790] Seine Akten wurden nur teilweise veröffentlicht, jene von Angela Merkel gar nicht. Marianne Birthler wurde nach dem Ende ihrer Amtszeit Mitglied im Kuratorium der Friede Springer Stiftung. Auch Joachim Sauer, Merkels Ehemann, und Horst Köhler wurden in das Gremium berufen.[791]

Es ist auch nicht auszuschließen, dass die Kunde von der kreativen Buchführung der CDU auf den verschlungenen Pfaden des Stasi-affinen Netzwerks ihres Vaters schon zu Wendezeiten den Weg zu ihr gefunden hat. Doch so weit in die Vergangenheit muss man vielleicht gar nicht blicken. Denn Merkels Landesverband in Mecklenburg-Vorpommern erhielt 1998 den erklecklichen Anteil von 900 000 DM aus einer riesigen illegalen Parteispende des Hamburger Unternehmerehepaars Ehlerding.[792] Eingefädelt hatte diesen Vorgang Hans Terlinden, Kohls schweigsamer Spendensammler. Merkel lernte Terlinden bereits 1990

---

[789] 'Stasi-Abhör-Protokolle 1990 vernichtet', Der SPIEGEL, 03.04.2000 https://web.archive.org/web/20150924221324/https://www.spiegel.de/politik/deutschland/innenministerium-bestaetigt-stasi-abhoer-protokolle-1990-vernichtet-a-71579.html

[790] 'Birthler-Behörde will Dokumente über Kohl herausgeben', FAZ, 03.08.2004 https://web.archive.org/web/20210821224717/https://www.faz.net/aktuell/politik/stasi-unterlagen-birthler-behoerde-will-dokumente-ueber-kohl-herausgeben-1195549.html

[791] 'Der Staat kann nicht alles', Die WELT, 23.01.2011 https://web.archive.org/web/20110127073117/https://www.welt.de/print/wams/kultur/article12304098/Der-Staat-kann-nicht-alles.html

[792] 'Jonglieren mit Quittungen', Frankfurter Rundschau, 03.09.2010 https://web.archive.org/web/20210309124950/https://www.fr.de/politik/jonglieren-quittungen-11452506.html

kennen, wie sie im Untersuchungsausschuss nach bemerkenswert langem Nachdenken einräumte.[793] Auch der Generalsekretär in Merkels Landesverband, Hubert Gehring, wurde mit Bargeld bezahlt, das von Weyrauchs Schwarzgeldkonten stammte - eine ganz spezielle und einmalige Sonderregelung für den Landesverband, den Merkel damals führte.[794] Gehring trat, als das herauskam, zurück und leitete später das Auslandsbüro der Konrad-Adenauer-Stiftung in Bogota.[795] Merkel machte sich hingegen auf, die Glaubwürdigkeit der CDU zu retten. Arg ins Stocken kam ihr Kreuzzug für Wahrhaftigkeit allerdings, als der Ex-Schatzmeister Kiep im Frühjahr 2001, rein vorsorglich, eine Million an die Partei überwies. Merkel verschwieg diese Überweisung mehrere Wochen lang.[796] Schon im Vorfeld hatte Kiep sie in einem Brief vom 21. März 2001 über seine Absicht, die Million zu überweisen, informiert. Am Ende konnte Merkel auch diese Wogen glätten, aber man begreift, warum US-Botschafter Murphy die spätere Kanzlerin ‚Teflon-Merkel' nannte.[797]

Die größte Überraschung im oben erwähnten Kohl-Interview ist aber folgende, von Wolfgang Stock an Kohl gerichtete Frage:

„Aus mancherlei Richtungen hört man, sie [Merkel] sei eine verkappte Linke?"

Wie kommt ein von Merkel autorisierter Biograph, Jahre vor Merkels Atomausstieg, Jahre vor Merkels Abschaffung der Wehrpflicht und Jahre vor Merkels Grenzöffnung, überhaupt auf so eine Frage? Eine Frage, die Kohl dann fast schon im Überschwang verneint:

---

793 'Merkel in der Zange des Spendenausschusses', FAZ, 16.03.2001 https://web.archive.org/web/20220921160128/https://www.faz.net/aktuell/politik/cdu-merkel-in-der-zange-des-spendenausschusses-116502.html

794 'Wie die CDU die Zahlungen an den Ex-Generalsekretär der Partei in M.-V. erklärt', Tagesspiegel, 13.01.2000 https://web.archive.org/web/20240308211711/https://www.tagesspiegel.de/politik/wie-die-cdu-die-zahlungen-an-den-ex-generalsekretar-der-partei-in-mecklenburg-vorpommern-erklart-649015.html

795 'Optimismus bei einer Hälfte der Bevölkerung, Skepsis bei der anderen', Hubert Gehring, KAS https://web.archive.org/web/20240208123509/https://www.kas.de/de/statische-inhalte-detail/-/content/-optimismus-bei-einer-haelfte-der-bevoelkerung-skepsis-bei-der-anderen-

796 'CDU-Spitze räumt Fehler ein', FAZ, 30.04.2001 https://web.archive.org/web/20240208123245/https://www.faz.net/aktuell/politik/kiep-million-cdu-spitze-raeumt-fehler-ein-120316.html

797 'Angela "Teflon" Merkel', Süddeutsche Zeitung, 29.11,2010 https://web.archive.org/web/20101203013446/https://www.sueddeutsche.de/politik/wikileaks-us-botschafter-ueber-deutschland-angela-teflon-merkel-1.1029555

„Ich weiß nicht, worauf man das stützen sollte. Da werden Vorurteile nach dem alten Links-Rechts-Muster gepflegt. Ich hatte nie den Eindruck, dass sie ein Problem mit den Grundwerten der CDU hatte, nie!“

Kohl kannte Merkel zum Zeitpunkt des Interviews seit über zehn Jahren. Wie er in jenem Interview selbst bekundete, hatte er sie bereits nach der Regierungsbildung von Lothar de Maizière im April 1990 *erlebt*. Sie sei ihm damals durch ihre *„Offenheit“* und *„natürliche Frische“* aufgefallen. Offiziell wurde sie ihm dann am 1. Oktober 1990 desselben Jahres am Rande des Vereinigungsparteitags der CDU vorgestellt. Im November kam es zu einem Gesprächstermin mit Kohl.[798] Acht Jahre lang saß Merkel an Kohls Kabinettstisch. Fast genauso lang war sie seine Stellvertreterin im Vorsitz der CDU, zunächst sogar seine alleinige Stellvertreterin.

Lebhaft erinnerte er sich im Interview an ihr Lavieren in Bezug auf den Paragraphen 218, wo sie schon 1992 erkennbar von der CDU-Linie abwich. Kohl entschuldigte sie flugs durch die *„ganz unterschiedlichen Erfahrungshorizonte“* in der DDR und Westdeutschland. Bis dahin konnte man bei der CDU *„ganz unterschiedlichen Erfahrungshorizonte“* noch durch eine einfache Formel auseinanderhalten: Freiheit oder Sozialismus.

Es ist anzunehmen, dass Kohl in der langen Zeit engster Zusammenarbeit mit Merkel durchaus Unterschiede zwischen den Grundwerten der CDU und Angela Merkels eigentlicher politischer Ausrichtung wahrnahm. Wahrscheinlich waren ihm auch Merkels sehr lebendige Kontakte ins linke Lager nicht gänzlich verborgen geblieben. Kohls in jeden Kreisverband hinabreichendes Frühwarnsystem ist Legende.

In einem denkwürdigen Beitrag aus dem Jahr 1992 kann man bei Merkel zwei Sätze lesen, die wenig verblümt die Umsetzung einer feministischen Agenda ankündigten:

---

[798] ‚Angela Merkel: Eine politische Biographie‘, Wolfgang Stock, S. 81

„In den wirklich entscheidenden Gremien und Positionen in der alten DDR lag die Macht - wie eben auch in der Bundesrepublik Deutschland - bei den Männern. Dies wird sich ändern.“[799]

Etwas weiter oben in jenem Text aus dem Jahr 1992 kann man lesen, dass Merkel den Rechtsanspruch auf einen Kindergartenplatz befürwortete, obwohl sie sich in der damaligen Abstimmung enthielt.

„Es wird - ab dem 1.1.1997 - ein Recht auf einen Kindergartenplatz für jedes Kind geschaffen. Allein dieser Punkt erfordert ein Investitionsvolumen von 14 Milliarden DM. Hiermit wird unterstrichen, daß für die Schaffung notwendiger Rahmenbedingungen zur Vereinbarkeit von Familie und Beruf erhebliche finanzielle Mittel umgeschichtet werden müssen.“[800]

Im Wahlkampf des Jahres 2005 stolperte Merkel beim TV-Duell über ihre eigene Tarnung: Als sie sich richtigerweise als Wegbereiterin dieses Rechtsanspruchs bezeichnete, wird sie seitens der SPD und der Grünen der Lüge bezichtigt, weil sie damals nicht zugestimmt hatte.[801]

Nach dieser Veröffentlichung 1992 vergingen fast dreißig Jahre bis Merkel sich zwei Wochen vor der Bundestagswahl, die das Ende ihrer Regierungszeit markierte, einigermaßen klar dazu bekannte eine Feministin zu sein - nach Jahrzehnten des Tarnens und Täuschens.[802]

In den Kreisen der PDS kursierte schon um die Jahrtausendwende über Merkel der Witz *„Wenigstens eine von uns hat es geschafft!“*, was Merkel nicht verborgen blieb.[803] Aber Kohl erteilte ihr im Mai 2000 auch in der Frage ihrer tatsächlichen politischen Ausrichtung uneingeschränkte

---

799 'Die Diskussion um das Abtreibungsrecht', Angela Merkel, Transit - Europäische Review, 1992, S. 148 https://web.archive.org/web/20231127005626/https://files.iwm.at/timeline/Transit_03_Merkel.pdf

800 'Die Diskussion um das Abtreibungsrecht', Angela Merkel, Transit - Europäische Review, 1992, S. 147 https://web.archive.org/web/20231127005626/https://files.iwm.at/timeline/Transit_03_Merkel.pdf

801 'TV-Duell: Merkel hat bei Kindergartenplätzen gelogen', Der Standard, 06.09.2005 https://web.archive.org/web/20240208122800/https://www.derstandard.at/consent/tcf/story/2165003/tv-duell-merkel-hat-bei-kindergartenplaetzen-gelogen

802 '„Dann bin ich Feministin“ – Merkel, persönlich wie fast nie zuvor', Die WELT, 09.09.202 https://web.archive.org/web/20210909075055/https://www.welt.de/politik/deutschland/article233684026/Angela-Merkel-persoenlich-wie-fast-nie-zuvor-Dann-bin-ich-Feministin.html

803 'Als die Mauer fiel, war ich in der Sauna', Arno Luik, Westend Verlag, 2022, S. 17.

Absolution, einen Persilschein erster Klasse. Das sieht fast nach einem gestelltem Manöver aus, um sich für die Zukunft gegen solch schwere Vorwürfe zu immunisieren - von Kohl attestiert. Wer könnte sich diese Volte ausgedacht haben? Seht her, auch der Dicke ist davon überzeugt, dass ich eine konservative Musterschülerin bin und obendrein habe ich nie etwas von schwarzen Kassen gewusst!

In der Nachbetrachtung darf man darüber spekulieren, wie viel Inszenierung es während des CDU-Spendenskandals gab und inwiefern Kohl und auch Schäuble aktive Rollen in dieser Aufführung spielten - freiwillig oder auch nicht. Geschickt wurde auf die Person Kohl und sein Verschweigen der Spendernamen unter dem Hinweis auf sein Ehrenwort zugespitzt. Dabei trat in den Hintergrund, dass sich der Skandal quer durch weite Teile der CDU, sich über Max Strauß und Ludwig-Holger Pfahls auch durch die CSU, zog und nicht etwa an Kohls Bürotür endete. Schäuble sagte 2015 in einer Filmdokumentation gar: *„Es gibt keine Spender.“*[804] Er spekulierte, dass das Schwarzgeld aus den Zeiten des Flick-Spendenskandals in den achtziger Jahren stammen könnte. Gleich darauf relativierte er diese Aussage mit den Worten: *„Vielleicht gibt's auch Spender.“* Schäuble bleibt halt Schäuble. Am schwersten betroffen war der hessische Landesverband der CDU, wo der ‚brutalstmögliche Aufklärer‘ Roland Koch um Ausreden für Schwarzgeld im zweistelligen Millionenbereich rang und das konservative Urgestein Manfred Kanther zerbröselt seinen Abschied nahm. Im Vergleich dazu waren die umstrittenen zwei Millionen von Kohl fast schon Peanuts.

Unbestreitbar war der CDU-Spendenskandal das entscheidende Sprungbrett für Merkels Kanzlerschaft. Merkel zog daraus mit einer generalstabsmäßig geplanten Show maximalen Nutzen. Merkel wusste aber auch um die Wahrheit der Redewendung *„Das Volk liebt den Königsmord, aber hasst die Königsmörder.“* - und führte nach ihrer Attacke schnell wieder den äußerlichen Schulterschluss mit Kohl herbei. Nach dem kaltblütigen Messerstoß kam es so zu einer Dramaturgie, die an das Neue Testament erinnert, zur Wiederauferstehung des Dicken und zur

---

[804] ‘Muss der Kohl-Spendenskandal neu geschrieben werden?’, Süddeutsche Zeitung, 18.08.2015 https://web.archive.org/web/20150901031900/https://www.sueddeutsche.de/politik/cdu-affaere-muss-der-kohl-spenden-skandal-neu-geschrieben-werden-1.2612201

kalt lächelnden Versöhnung - ob Kohl wollte oder nicht. Im Vordergrund wurden die populistischen Regionalkonferenzen aufgelegt und, von Schäuble sekundiert, über die Bühne gebracht. Nach Merkels Palastrevolution durften sich nun auch einfache Mitglieder Luft verschaffen und in die Segel blasen, Merkels Segel. Im Hintergrund wurde mit Focus-Redakteur Wolfgang Stock ihre erste Biographie fertiggestellt, die im Grunde wie ein überlanger Werbeprospekt für Angela Merkel daherkommt. Allein fünfzig der zweihundert Seiten schildern den Ablauf der Spendenaffäre minutiös aus der Sicht und im Sinne von Angela Merkel.

Eine solch überbordende Auskunftsfreude würde man sich bei ihr auch für ihre Zeit als Sekretärin für Agitation und Propaganda am ZIPC wünschen. Niemand sollte ihr bei der Deutung und vor allem der Vermarktung der Affäre zuvor kommen. Und niemand sollte an ihren konservativen Grundwerten zweifeln. Sie beruft sich routinemäßig auf Konrad Adenauer und Ludwig Erhard, auch auf Helmut Kohl. Und natürlich war sie schon zu DDR-Zeiten genauso für Wiedervereinigung und Kohl wie die CDU Kohls, die sie damals aus der Ferne bewunderte, während sie die blaue FDJ-Bluse trug. Und natürlich fehlt es auch am *„christlichen Menschenbild“* der CDU nicht, an dem Merkel so innig hing, dass sie es am Ende ihrer Regierungszeit nahezu vollständig eingeebnet hatte. Mit ihrer Attacke gegen ihren Mentor zwei Tage vor Heiligabend hatte sie klargemacht, dass sie das *„christlichen Menschenbild“* schnell zur Seite schiebt, wenn es um ihr eigenes Fortkommen geht. Schon im ersten Jahr der Kanzlerschaft äffte sie spätabends im Hotel vor Journalisten Papst Benedikt nach, bevor es auf ein Glas Rotwein zu Jean-Claude Juncker zu ging.[805]

Auch der Ehrentitel ‚Mutter aller Gläubigen‘, der ihr 2015 inoffiziell verliehen wurde, konnte das nicht mehr retten. Laut ARD-Weltspiegel wurde sie nach der Grenzöffnung 2015 in arabischsprachigen Beiträgen sozialer Medien so betitelt. ‚Mutter aller Gläubigen‘ ist eine, wie es Volker Schwenk, damals ARD-Korrespondent in Kairo, nannte,

---

[805] ‘Angela Merkel: Kanzlerin für alle?’, Dirk Kurbjuweit, 2009, S.

„außerordentlich hohe Ehrenbezeichnung in der islamischen Welt“.[806] Diese muslimische Ehrenbezeichnung wird für die rund zehn Ehefrauen des Propheten Mohammed verwendet, besonders für seine erste Frau Chadīdscha bint Chuwailid. Eine protestantische Pfarrerstochter aus der Uckermark wurde 2015 in deren Nachfolge gestellt - wer hätte das gedacht. Deutschland wurde 2015 zum Land der unbegrenzten Möglichkeiten.

Nach dem Interview für die Biographie im Mai traten Kohl und Merkel schon am 27. September 2000 erstmals bei einer Veranstaltung der Konrad-Adenauer-Stiftung im Bahnhof Friedrichstraße wieder gemeinsam auf. Beide hielten dabei eine Rede, saßen friedlich nebeneinander in der ersten Reihe und lächelten jeweils abwechselnd. Am Tag zuvor hatte Wolfgang Stock zusammen mit Merkel seine Merkel-Biographie vorgestellt. Bei der Gelegenheit sagte Merkel, sie habe sich *„sehr gefreut über dieses Interview“* von Kohl, das darin abgedruckt war.[807] Selten wurde zwischen CDU-Parteifreunden besser geheuchelt.

Schon am 1. Oktober 2000 kam es bei der Vereinigungsfeier der CDU zum nächsten gemeinsamen Auftritt der beiden. *„Vor, während und nach seiner Rede wurde der Exkanzler, Exparteichef und Exehrenvorsitzende mit Beifall geradezu überschüttet.“*[808] Die Berliner Zeitung bericht gar von Bravo-Rufen.[809] Auch dem Magazin Focus war die Blitzversöhnung Anfang Oktober ein wohlwollender Artikel wert:

„Der Burgfrieden mit Kohl und das Arrangement mit Schäuble machen sie in den Augen der Parteibasis zu einer starken Vorsitzenden.“[810]

---

[806] ARD-Weltspiegel, 06.09.2015, 05:50
https://www.ardmediathek.de/video/weltspiegel/die-sendung-vom-6-september-2015/das-erste/Y3JpZDovL2Rhc2Vy-c3RlL1dlbHRzcGllZ2VsLzA2MDk1NjM4NTM

[807] 'Rührung im Tränenpalast', Der SPIEGEL, 27.09.2000
https://web.archive.org/web/20240208122223/https://www.spiegel.de/politik/deutschland/kohl-und-merkel-ruehrung-im-traenenpalast-a-95529.html

[808] 'Friede, Freude, Kohl', taz, 02.10.2000
https://archive.ph/fBrN5

[809] 'Die CDU feiert die Einheit und ihren Kanzler', BZ, 02.10.2000
https://archive.ph/0xUo0

[810] 'Einigung zum Einheitstag', Focus, Wolfgang Stock, Ausgabe 41/2000

Zufälligerweise war Wolfgang Stock, der eine Woche zuvor in Anwesenheit der erlauchten neuen Parteichefin seine Merkel-Biographie vorgestellt hatte, der Autor des Artikels. Interessenskonflikte hatte er selbstverständlich keine.

Nicht zum Austernessen, sondern zur Buchvorstellung begaben sich Angela Merkel und Wolfgang Schäuble am Abend des 4. Oktober 2000 in den Schlosssaal des Hotels Kempinski am Ku'damm. Die Vorstellung von Wolfgang Schäubles Buch ‚Mitten im Leben' stand auf dem Programm. Merkel war dabei überaus bemüht die Wogen zu glätten. Sie selbst war aber so aufgewühlt, dass sie nach ihrer Ansprache laut Bericht minutenlang mit den Tränen rang. [811] Ob Schäuble damals tatsächlich mit der Politik Schluss machen wollte, darf im Hinblick auf sein späteres zähes Festklammern an Mandaten, bezweifelt werden. Auch das war vermutlich Inszenierung, um Schäuble wie einen bis zur letzten Konsequenz reumütigen Sünder aussehen zu lassen. Klar war, dass Schäuble bei einem Verbleib in der Politik, zukünftig statt Kohl Merkel dienen musste, was er dann auch zwei Jahrzehnte lang geduldig tat. Er tat es, selbst nachdem Merkel seine Ambitionen auf das Amt des Bundespräsidenten mit der Figur Horst Köhler zerschlagen hatte, vielleicht auch, weil Schäuble bei der FDP zu wenig Rückhalt fand.[812]

Köhler war in der Wendezeit Architekt zentraler Vertragswerke bei der Wiedervereinigung und später beim Vertrag von Maastricht mit großer Nähe zu Helmut Kohl. Die von Kohl, auch im Hinblick auf die Volkskammerwahlen im März, angestrebte schnelle Währungsunion mit der DDR zum 1. Juli 1990, wurde im Finanzministerium von Köhler gemeinsam mit Thilo Sarrazin konzeptionell vorbereitet.[813] [814] Der politisch festgelegte Umtauschkurs von 1:1 bzw. 2:1 bei einem realwirtschaftlichen Kursverhältnis von vielleicht 4:1 führte unweigerlich zum

---

[811] ‚Werben um die Alten', Der SPIEGEL, 08.10.2000
https://web.archive.org/web/20220523083629/https://www.spiegel.de/politik/werben-um-die-alten-a-0bde1a3f-0002-0001-0000-000017540604

[812] ‚Der Untergeher', SZ, 31.05.2010
https://web.archive.org/web/20211209041532/https://sz-magazin.sueddeutsche.de/innenpolitik/der-untergeher-77321

[813] ‚Horst Köhler: Deutsche Wirtschafts- und Währungsunion', zeitzeugen-portal
https://www.youtube.com/watch?v=KYKo1oZ7YZM

[814] ‚Das Ende der Ost-Mark', Deutschlandfunk, 01.07.2010
https://web.archive.org/web/20240208102346/https://www.deutschlandfunk.de/das-ende-der-ost-mark-100.html

Bankrott der DDR-Industrie, weil sich deren Produkte in den Hauptabsatzmärkten Osteuropas damit um den Faktor vier verteuerten. Anders als Köhler es hinterher darstellte, war das bereits Anfang Februar 1990 ein zentrales Thema. Bundesbankpräsident Karl Otto Pöhl berief am 9. Februar 1990, wenige Tage nachdem Kohl seine Absichten verkündigt hatte, in Bonn eine Pressekonferenz ein. Schon damals dachte er über einen Rücktritt nach. Ein Jahr später trat er tatsächlich zurück. Pöhl wird mit folgenden Worten zitiert:

„Das halte ich doch für sehr fantastisch, diese Ideen, und ich glaube, dass das eine Illusion ist, wenn man sich vorstellt, dass durch die Einführung der D-Mark in der DDR auch nur eines der Probleme, die die DDR hat, gelöst würde."

Just in diesen Tagen streute Kohls rechte Hand, Horst Teltschik, Gerüchte über eine bevorstehende Zahlungsunfähigkeit der DDR.[815] Offensichtlich tat er dies in der Absicht die schnelle Währungsunion zu forcieren. DDR-Strippenzieher Schalck-Golodkowski, der sich nach seiner Republikflucht im Dezember 1989 in der oberbayerischen Nachbarschaft von Horst Teltschik in Rottach-Egern dauerhaft niedergelassen hatte, pflichtete ihm bei: *„Die von Herrn Teltschik dargestellte unmittelbar bevorstehende Zahlungsunfähigkeit der DDR besteht zu Recht."*[816]

Ganz ähnliche Schlüsse wie Pöhl zog der damalige Vize-Chef der Staatsbank der DDR, Edgar Most. Er berichtete von einem Treffen mit Kohl im April 1990 auf einem Bankenkongress wie folgt:

„Aber ich habe diese vier Stunden genutzt, um mit ihm darüber zu reden. Ich habe sogar als geheime Verschlusssache die Bilanz der Staatsbank mitgehabt. Und hab gesagt: Herr Kohl, wir müssen einen anderen Umtauschkurs machen, wir müssen das noch einmal überdenken. Sie haben einen Wechsel unterschrieben, aber wissen nicht, welche Zahl da oben reingehört. Und nach vier Stunden Diskussion mit Pro und Contra und Hin und Her hat er am Ende so ungefähr gesagt: Wissen Sie, Herr Most, ich bin Politiker, treffe politische Entscheidungen und Sie sind Wirtschafter,

---

[815] Neues Deutschland, 20.02.1990, S.5

[816] ‚Der Überläufer', BPB, 21.07.2023 https://web.archive.org/web/20230921082749/https://www.bpb.de/themen/deutschlandarchiv/523101/der-ueberlaeufer

Sie werden es schon lösen. Da dachte ich, wo bist du gelandet? Das war wie in der DDR."[817]

Das zeigt, dass auch noch nach den Volkskammerwahlen die Chance für eine Korrektur des für viele Betriebe halsbrecherischen Umtauschkurses bestand und der Opfergang der DDR-Industrie vermeidbar war. Jahre später äußerte sich Pöhl nochmals rückblickend zu der Affäre:

„*Die wirtschaftlichen Folgen, vor denen nicht nur ich gewarnt hatte, sind alle so eingetroffen. Aber ich denke, diese Entscheidung hat den Weg zur Einheit unumkehrbar gemacht - und dafür einen hohen ökonomischen Preis mit sich gebracht.*"[818]

Einen *hohen ökonomischen Preis* zahlte vor allem der deutsche Steuerzahler und die vielen Arbeitslosen im bald deindustrialisierten Ostdeutschland. Dreißig Jahre danach kommt der SPIEGEL zu folgendem Schluss: „*Die Währungsunion vor 30 Jahren hat den Deutschen die Einheit beschert - und zugleich eine ökonomische Katastrophe.*"[819] Zusätzlich zum halsbrecherischen Umtauschkurs wurde aber noch ein zweites Instrument geschaffen, um die DDR-Industrie zu ruinieren. Das war der Beschluss für die Haftungsübernahme der Bundesrepublik für sogenannte DDR-Altschulden, die auch die Schulden staatseigener VEBs und Kombinate einschloss. Dadurch ergab sich für westdeutsche Banken die Gelegenheit, durch den Kauf von DDR-Banken zu Schnäppchenpreisen traumhafte Gewinnmargen zu erzielen. Die Banken konnten sich dadurch die zunächst nahezu wertlosen Forderungen in Milliardenhöhe gegen DDR-Industriebetriebe von der Bundesrepublik in harter D-Mark auszahlen lassen. Auf diese Weise spülte die Pleitewelle der DDR-Industrie Dutzende Milliarden Steuergeld in die Kassen westdeutscher Banken. Als Gläubiger hatten die Banken somit auch keine große Motivation die

---

[817] ‚Als die D-Mark in die DDR kam', Deutschlandfunk Kultur, 29.06.2015 https://web.archive.org/web/20211221003353/https://www.deutschlandfunkkultur.de/waehrungsunion-vor-25-jahren-als-die-d-mark-in-die-ddr-kam-100.html

[818] ‚Ich wurde politisch überrollt', Die WELT, 06.02.2010 https://web.archive.org/web/20240208101044/https://www.welt.de/welt_print/wirtschaft/article6275981/Ich-wurde-politisch-ueberrollt.html

[819] ‚Der Fluch der D-Mark', Der SPIEGEL, 27.06.2020 https://web.archive.org/web/20200806010635/https://www.hanswernersinn.de/de/medienecho-der-fluch-der-d-mark-spiegel-27062020

Betriebe zu sanieren, denn bei jeder Pleite bekamen sie schnell, sicher und ohne Mühen zu viel Geld. Bereits am 9. Januar 1990 wurde beim Treffen des ‚Rats für Gegenseitige Wirtschaftshilfe' (RGW) in Sofia in Anwesenheit von Hans Modrow, dem letzten Vorsitzenden des Ministerrats der DDR, das Ende des Transferrubels und der Übergang zum Handel in voll konvertiblen Währungen eingeläutet.[820] [821] [822] Auch das verschärfte die Probleme der DDR-Industrie im weiteren Verlauf erheblich. Geschlagene achtundzwanzig Jahre lang blieb der Bericht des Bundesrechnungshofs, der den staatlich geförderten Raubzug der westdeutschen Banken dokumentiert, unter Verschluss, auch wenn Auszüge bereits zuvor öffentlich wurden.[823]

Exemplarisch kann man im SPIEGEL nachlesen, wie das bei der Berliner Stadtbank ablief.[824] Diese wurde 1990 für 49 Millionen DM von der Berliner Bank gekauft. Schon allein Eigenkapital und Rücklagen der Bank beliefen sich nach der Währungsunion vom 1. Juli 1990 auf das zehnfache des Kaufpreises, also rund eine halbe Milliarde D-Mark. Damit aber nicht genug, denn zusätzlich hatte die Berliner Bank Forderungen in der Höhe von 11,6 Milliarden erworben, für die später der deutsche Staat haftete. Die Zinsen für diese Forderungen bekamen die Banken zeitweise sogar doppelt ausgezahlt. Oft wurden die Zinsen für Kredite zu Lasten von Betrieben und Privatkunden deutlich angehoben.

Der bereits erwähnte Edgar Most, SED-Mitglied und Stasi-IM, stellte sich in diesem Bereich als ein ganz außergewöhnliches ostdeutsches Talent heraus. Bereits im Arbeiter- und Bauernstaat hatte er eine

---

820 ‚Band 25: Reformversuche – Beitrittsvorbereitungen (2011)', FU Berlin, Eun-Jeung Lee, Werner Pfennig https://web.archive.org/web/20240103092027/https://www.geschkult.fu-berlin.de/e/tongilbu/publikationen/2011/band25/index.html

821 ‚Rede 45. Ratstagung des RGW', Carlos Rafael Rodriguez, kubanischer Vizepräsident des Staatsrates, Sofia, 09.01.1990 https://web.archive.org/web/20240103100155/https://www.fgbrdkuba.de/cl/cltxt/cl1990108-carlos-rodriguez-rgw-ratstagung.php

822 ‚30 Jahre nach dem Fall der Mauer – Europa damals und heute', Hans Modrow, Uni Zürich, 16.04. 2019 https://tube.switch.ch/switchcast/uzh.ch/events/b99ae914-53f2-4dc4-b353-03101446851c

823 ‚Die West-Bank gewinnt immer', fragdenstaat.de, 03.10.2023 https://web.archive.org/web/20231003220501/https://fragdenstaat.de/blog/2023/10/03/geheimbericht-bundesrechnungshof-banken-wiedervereinigung

824 ‚Besonders elegant', Der SPIEGEL', 05.01.1992 https://web.archive.org/web/20221225191117/https://www.spiegel.de/wirtschaft/besonders-elegant-a-a0da74fb-0002-0001-0000-000013679257

Blitzkarriere im Bankwesen hingelegt und wurde 1990 Vizepräsident der ,Staatsbank der DDR'. Schon am 11. Februar 1990 war Most mit Hilmar Kopper von der Deutschen Bank in Kontakt getreten und hatte mit dessen Unterstützung kaum sechs Wochen später eine ganz besondere Bank gegründet. Nur ein äußerst privilegierter Informationsstand kann es dem Stasi-IM Most erlaubt haben, so früh so zielsichere Entscheidungen zu treffen. Der findige Most spaltete in Windeseile das Firmen- und Privatkundengeschäft von der Staatsbank ab und gründete in Absprache mit Hilmar Kopper, dem Chef der Deutschen Bank, die ,Deutsche Kreditbank' (DKB).

Bereits im April 1990 nahm die DKB ihren Geschäftsbetrieb auf und schon drei Wochen später wurden die Kooperation mit der Deutsche Bank und zusätzlich die Verhandlungen mit der Dresdner Bank bekannt.[825] [826] Mit einer Bilanzsumme von über zweihundert Milliarden Ost-Mark und 9000 Mitarbeitern in 150 Filialen, entstand eine riesige Privatbank, noch dazu die erste der DDR. Bald darauf wurden die Filialen der DKB an die neu gegründete ,Deutsche Bank-Kreditbank' sowie die ,Dresdner Bank-Kreditbank' transferiert. Auch die Dresdner Bank bekam also einen Teil der Beute. Als wesentlicher Teil der Beute erwiesen sich die Altschulden, die von der DDR-Staatsbank kamen und für die später die Bundesrepublik Deutschland uneingeschränkt haftete. Die ,Deutsche Bank-Kreditbank' erhielt davon 89 Milliarden Mark, die ,Dresdner Bank-Kreditbank' 36 Milliarden Mark. Darüber hinaus gingen Filialen, weitere Immobilien und Grundstücke zu Schnäppchenpreisen an die beiden West-Banken aus Frankfurt. Ähnliches wiederholte sich bei etlichen weiteren Ost-West-Bankenübernahmen.

Vermutlich hat Edgar Most mit seinen Verbindungen zur letzten DDR-Regierung unter Lothar de Maizière auch den Grundstein der Staats-

825 ,Deutsche Kreditbank AG nimmt Tätigkeit auf', BZ, 01.04.1990 https://dfg-viewer.de/show/?set%5Bmets%5D=https://content.staatsbibliothek-berlin.de/zefys/SNP26120215-19900403-0-0-0-0.xml&tx_dlf[page]=11

826 ,Kreditbank und Deutsche Bank gehen zusammen', Neue Zeit, 24.04.1990 https://dfg-viewer.de/show/?set%5Bmets%5D=https://content.staatsbibliothek-berlin.de/zefys/SNP2612273X-19900424-0-0-0-0.xml&tx_dlf[page]=5

haftung für die Altschulden gelegt.[827] *„Debt can be an asset,"*, hört man im Spielfilm ‚Barbarians at the Gate' Henry Kravis, von der legendären Wall Street - Firma KKR sagen.[828] Das könnte auch das Motto von Edgar Most und Hilmar Kopper gewesen sein - *„Schulden können ein Vermögen sein"*.

Im Bericht des Jahres 1995 dokumentierte der Bundesrechnungshof diese beispiellose Plünderung, die unter den Augen der von Birgit Breuel geleiteten Treuhand und des von Theo Waigel geführten Bundesfinanzministeriums ablief. Thilo Sarrazin kam 1990 vom Finanzministerium zur Treuhand und war dort bis 1991 tätig. Es ist schwer vorstellbar, dass der promovierte Volkswirt Sarrazin nicht durchschaute, was für verheerende Folgen die Währungsunion und die Regelung zur Schuldenübernahme hatten. Immerhin hatte er gemeinsam mit Horst Köhler, den politischen Vorgaben der Regierung Kohl folgend, die Währungsunion konzipiert sowie die Rechts- und Fachaufsicht des Finanzministeriums über die Treuhand ausgestaltet.[829]

Zwanzig Jahre später erteilte sich der findige Edgar Most, der später in der Geschäftsleitung der Deutschen Bank in Berlin tätig war, in einem Beitrag für die WELT Selbstabsolution und schreibt *„Ohne die Einsatzbereitschaft der Banken und ihrer Mitarbeiter wäre vieles bei der Gestaltung der deutschen Einheit schief gelaufen"*.[830]

Sowohl für Köhler als auch für Sarrazin folgten auf die turbulenten Jahre vor und nach der Wende mit Abordnung nach Washington oder Konferenz auf Key West, auffallend zweitklassige Tätigkeiten beim Sparkassen- und Giroverband und in der Mainzer Landesregierung. Horst Teltschik verabschiedete sich am Ende des Wendejahres 1990 aus der

---

[827] ‚Vorreiterrolle', Die WELT, 25.09.2010
https://archive.is/iZAb1

[828] ‚Barbarians at the Gate', English subtitles, 27.02.2013
https://web.archive.org/web/20240225222521/https://amara.org/videos/8dpcy5KD6pcK/en/87193/

[829] ‚Staatssekretär aus Rheinland-Pfalz wird neuer TLG-Chef', BZ, 05.02.1997
https://web.archive.org/web/20231224065711/https://www.berliner-zeitung.de/archiv/staatssekretaer-aus-rheinland-pfalz-wird-neuer-tlg-chef-li.1350369

[830] ‚Vorreiterrolle', Die WELT, 25.09.2010
https://archive.is/iZAb1

Bundespolitik und wurde Geschäftsführer der Bertelsmann-Stiftung, angeblich, weil es nach der Wahl im Dezember 1990 keinen passenden Posten mehr für ihn gab,. Er wusste, was er unter Kohl und Waigel, gemeinsam mit Köhler und Sarrazin mit der DDR-Industrie angestellt hatte. Im Juni 1991 betrieb er in einem Artikel in der ZEIT Absolution in eigener Sache. Mit Pathos und Plattitüden tröstete er darin über die wirtschaftliche Misere hinweg und beschwor Freiheit, Demokratie, Rechtsstaatlichkeit, Menschenrechte und 100 Milliarden Mark, die in den Osten gepumpt wurden. Sein Pamphlet bediente mit einem Verweis auf den als ,Tränenpalast' bekannten Bahnhof Friedrichstraße auch noch die Tränendrüse, dem Leser blieb nichts erspart.[831] Teltschik verschwieg, dass etliche dieser Milliarden durch die staatliche Übernahme der Altschulden gleich wieder im Westen landeten und so die Deindustrialisierung des Ostens nicht verhindern konnten, wohl auch nicht sollten. Für ihn selbst ging es bald weiter in den Vorstand der BMW AG und zusätzlich wurde er Vorstandsvorsitzender der BMW Stiftung Herbert Quandt. Fast ein Jahrzehnt leitete er danach die Münchner Sicherheitskonferenz. Gleichzeitig war er in den Jahren 2003 bis 2006 in führender Position bei Boeing tätig. Seine Rolle könnte man folglich als ‚Marktleiter‘ und ‚Marktbeschicker‘ in einem beschreiben.

Nach sechs Jahren als Staatssekretär in Rheinland-Pfalz war Thilo Sarrazin ab 1997 drei Jahre lang Vorsitzender der Treuhand-Liegenschaftsgesellschaft, einem Überbleibsel der Treuhand. Er war kurzzeitig bei der Deutschen Bahn im Vorstand und wechselte dann als Senator für Finanzen in den Berliner Senat. Für kurze Zeit war er im Vorstand der Deutschen Bundesbank, bevor er wegen seines Buchs ‚Deutschland schafft sich ab‘ zum Rücktritt gedrängt wurde.

Horst Köhler tauchte Ende der neunziger Jahre bei der Europäischen Investitionsbank wieder auf und wurde danach Chef des Internationalen Währungsfonds. Angela Merkel kürte ihn 2004 zum Bundespräsidenten.

---

[831] 'Die Chance der Einheit', Die ZEIT, 26.07.1991
https://web.archive.org/web/20171230202404/https://www.zeit.de/1991/31/die-chance-der-einheit

Treuhand-Chefin Breuel wohnte übrigens als unmittelbare Nachbarin von Angela Merkel in einer Maisonettewohnung direkt hinter dem Hotel Adlon.

Im Frühjahr 1992 macht Köhler wohl im Auftrag von oben öffentlich, in was für eine finanzielle Schieflage die Republik durch die Wiedervereinigung geraten war: *„Die Finanzverpflichtungen der Treuhandanstalt drohen ein Faß ohne Boden zu werden.“*[832] Dabei war dem Fass, wie schon dargelegt, mindestens teilweise von der eigenen Regierung der Boden ausgeschlagen worden. Ein Foto zeigt Finanzstaatssekretär Horst Köhler im Juli 1993 mit Kohl und Boris Jelzin am Baikalsee. Kurze Zeit später verließ Köhler die Bundesregierung und wurde Präsident des Deutschen Sparkassen- und Giroverbands. Ein Schritt, der nicht so richtig zum ehrgeizigen Macher passen will, der er in diesen Jahren unbestritten war. Später wurde Köhler einer der ersten Deutschen an der Spitze einer internationalen Organisation, dem Internationalen Währungsfonds (IWF) in Washington. Merkel kannte ihn bestimmt schon aus den Zeiten der Wiedervereinigung und dem damaligen Umfeld von Kohl. Im Jahr 2006 spekuliert Jan Heidtmann in der SZ über das seltsame Verhältnis der beiden.[833]

In den Tagen vor Schäubles Buchvorstellung im Hotel Kempinski durfte man in Merkels erster offiziellen Biographie schon lesen, dass *„sich die Partei nie für den ewigen Kronprinzen Wolfgang Schäuble erwärmen“* konnte und er nur *„ein Vorsitzender des Übergangs“* war. *„Er ist immer ein intellektueller Überflieger in der Fraktion und in der Regierung gewesen - keiner, der sich über Parteiämter über alle Ämter hochgedient und mit der Parteibasis denken gelernt hat“*, steht da in sattsam vergifteten Worten.[834]

Diese Formulierungen passen so auffallend besser zu Merkel als zu Schäuble, dass man dahinter mit Recht Häme vermuten darf. Schäuble

---

[832] ‚So kann es nicht weitergehen‘, Der SPIEGEL, 08.03.1992 https://web.archive.org/web/20221129143333/https://www.spiegel.de/politik/so-kann-es-nicht-weitergehen-a-af76f5de-0002-0001-0000-000013681627

[833] ‚Der Untergeher‘, SZ, 02.2006 (ursprünglich) https://web.archive.org/web/20211209041532/https://sz-magazin.sueddeutsche.de/innenpolitik/der-untergeher-77321

[834] ‚Angela Merkel: Eine politische Biographie‘, Wolfgang Stock, S. 180

diente Merkel tatsächlich wie ein Sisyphos, einer Figur mit der sie ihn schon an jenem Abend im Oktober 2000 vor Publikum verglich. Bei jedem neuen Rollen von Merkels Stein gab er die Grundwerte der CDU ein Stück mehr auf. Nachdem Merkel ihm den Parteivorsitz und die Kanzleraspiration weggeschnappt hatte, brachte sie 2004 ihren Intimus Horst Köhler in Stellung, was ihm auch noch die Hoffnung auf den Posten des Bundespräsidenten zunichtemachte.

Wolfgang Schäuble und Angela Merkel am 11. November 2010 in Süd-Korea. *„Klar war, dass Schäuble bei einem Verbleib in der Politik, zukünftig statt Kohl Merkel dienen musste, was er dann auch zwei Jahrzehnte lang geduldig tat. Er tat es selbst nachdem Merkel seine Ambitionen auf das Amt des Bundespräsidenten mit der Figur Horst Köhler durchkreuzte. "*

Foto: Pete Souza

Als Trostpreis gab es von Merkel immerhin noch die Rolle des Bundestagspräsidenten. Knapp zwanzig Jahre zuvor wurde auf ähnliche Weise Rita Süssmuth von Helmut Kohl auf dieses Amt weggelobt. *„Ich weiß nicht, woran's liegt, sie kriegt mich immer wieder rum"*, sagte Schäuble damals im Hotel Kempinski. Vielleicht weiß er ja im Gegenteil ganz genau, womit ihn Merkel all die Jahre in der Hand hat. Merkel hat auch mit Brigitte Baumeister telefoniert, vielleicht nicht nur einmal. Schäuble stand damit vier Jahre lang jenem Parlament vor, dass er auf dem

Höhepunkt der Spendenaffäre am 2. Dezember 1999 ebenso dreist wie hinterhältig belogen hatte - was Merkel übrigens schon zum Zeitpunkt seiner Rede wusste.[835] Eine Tatsache, die über den erbärmlichen Zustand der Institution Bundestag am Ende der Ära Merkel erschöpfend Auskunft gibt. Aber warum sollte es in dieser Hinsicht dem Bundestag besser gehen, als dem Bundesverfassungsgericht, den Bundesbehörden, der deutschen Justiz insgesamt oder dem öffentlich-rechtlichen Rundfunk? Namen wie Voßkuhle beim Bundesverfassungsgericht, Haldenwang beim Bundesamt für Verfassungsschutz oder Schlesinger und danach Demmer beim Rundfunk Berlin-Brandenburg stehen exemplarisch für den Niedergang der Institutionen in einer Republik von Merkels Gnaden.

Die letzten größeren gemeinsam erlebten Feierlichkeiten von Kohl und Merkel fanden im Jahr 2010 statt. Im April wurde Kohls achtzigster Geburtstag in großem Rahmen gefeiert. Und am 1. Oktober 2010 traf man sich zum zwanzigsten Jubiläum der Fusion der CDU mit ihrer ostdeutschen Blockflötenvariante. Kohl, der bereits im Rollstuhl saß, küsste Merkel dabei gar die Hand. Ein halbes Jahr später kritisierte Kohl den von Merkel beschlossenen Ausstieg aus der Kernkraft, ohne sie beim Namen zu nennen - wie recht er damit damals doch hatte!

„Der von mancher Seite jetzt propagierte überhastete Ausstieg aus der Kernenergie ohne Alternative wäre dabei das Gegenteil von vorbildlich und eine gefährliche Sackgasse. Ein überhasteter Ausstieg würde zum Guten nichts bewirken."[836]

Am 1. Juli 2017 wurde der Sarg des pfälzer Pharaos rheinaufwärts von Ludwigshafen nach Speyer gebracht. Seine Sphinx aus der Uckermark regierte oder, besser gesagt, ruinierte noch weitere vier Jahre. Danach war die gesamte CDU zur Blockflötenvariante degeneriert. Die Grundwerte der CDU gab es nicht mehr und wie die CDU war das ganze Land, ja der ganze Kontinent dank Merkel aus der Balance gebracht.

---

[835] 'CDU-Spendenskandal : Wolfgang Schäuble'
https://www.youtube.com/watch?v=QYwcME7THPk

[836] 'Warum wir die Kern-Energie (noch) brauchen', BILD, 25.03.2011
https://web.archive.org/web/20110725181930/https://www.bild.de/politik/2011/helmut-kohl/schreibt-ueber-die-atom-krise-17072266.bild.html

Schon im Jahr vor Kohls Tod hatten die Briten für den Austritt aus der EU gestimmt. Ein Ergebnis, das viele Beobachter auf Merkels Alleingang bei der Grenzöffnung 2015 zurückführen.[837] [838]

Schon 2013 machte der Historiker und Publizist Michael Stürmer die düsteren Vorboten dieser Entwicklung aus:

„Das Wertegefüge, das selbst noch den Krisen und Katastrophen des 20. Jahrhunderts trotzte, geht in den Schlussverkauf. Dass alles nur Taktik ist, möchte man nicht annehmen; dass es Vision sei, kann man nicht glauben. Der Horizont der Normalität ist ins Wanken und Schwanken geraten, und es wird schwer sein, ob Mitte rechts oder Mitte links, wieder Gleichgewicht zu finden."[839]

---

[837] ‚Die Briten haben auch Merkels Alleingänge abgewählt', Die WELT, 25.06.2016 https://web.archive.org/web/20160626112207/https://www.welt.de/debatte/kommentare/article156541722/Die-Briten-haben-auch-Merkels-Alleingaenge-abgewaehlt.html

[838] ‚Palmer wirft Merkel Fehler vor', FAZ, 02.07.2016 https://web.archive.org/web/20170902102216/https://www.faz.net/aktuell/brexit/brexit-votum-palmer-wirft-merkel-fehler-vor-14320595.html

[839] 'Die andere Republik der Angela Merkel', Die WELT, 01.03.2013 https://web.archive.org/web/20130303002118/https://www.welt.de/debatte/article114047714/Die-andere-Republik-der-Angela-Merkel.html

„Ich hatte nie den Eindruck, dass sie ein Problem mit den Grundwerten der CDU hatte, nie!"

Helmut Kohl über Angela Merkel im Frühjahr 2000

„Ach, wie die meisten Wessis wusste der Dr. Kohl nicht, dass schon bei den Jungpionieren - und erst recht dann bei der FDJ, der Freien Deutschen Jugend, - diese Tarnmaske und das zugehörige unterwürfige Gehabe eifrig kultiviert wurden, und wer am besten liebedienerte, kam am raschesten nach oben."

Stefan Heym am 7. Januar 2000

Hans-Jörg Osten: Spion im Kalten Krieg

In den achtziger Jahren verband Angela Merkel auch eine Freundschaft mit dem Institutskollegen Hans-Jörg Osten (*11.03.1953), der in Polen Physik studiert hatte.[840] Dieser war in jener Zeit nebenberuflich FDJ-Leiter am ZIPC und damit eine zentrale Figur der FDJ-Clique, die Merkel bei Umzug und Wohnungsrenovierung nach der Trennung von ihrem Ehemann Ulrich half. Als sie Knall auf Fall bei Ulrich auszog, soll ihr Osten für einige Tage Unterschlupf gewährt haben. Danach wohnte sie einige Zeit bei einer Freundin, vermutlich einer Kollegin von der Akademie.[841] Gemeinsam mit Osten betreute sie im Rahmen der FDJ-Aktivitäten an der AdW ein Jugendlager in der Winterzeit an der Ostsee, vermutlich in Juliusruh/Drewoldke ganz im Norden der Insel Rügen.[842] Dort unterhielt die Akademie der Wissenschaften ein eigenes Ferienlager für den Nachwuchs ihrer Mitarbeiter. In der Nachbarschaft gab es ein weiteres Ferienlager der Filmfabrik Wolfen (ORWO).

Ihre Fachkenntnisse als umsichtige Betreuerin im Ferienlager, waren offenbar hilfreich, als sie in den Apriltagen des Jahres 2010 den Tross der Hauptstadtjournalisten über die Alpen lotste. Berlin konnte wegen isländischer Vulkanasche nicht mehr angeflogen werden. Man landete deswegen zunächst in Lissabon, wo Finanzstaatssekretär Asmussen aus Madrid kommend hinzustieß, und von da ging es weiter nach Rom. Es wurde dann beschlossen, per Bus nach Deutschland zu fahren. Bei Montepulciano in der Toskana platzte ein Reifen des Journalistenbusses, doch Merkel machte sich nicht etwa mit der Dienstlimousine aus dem Staub, sondern harrte treu an der Seite ihrer Journalisten aus und führte die Herde, einem Hannibal gleich, geschlossen über die Alpen.[843] Hauptstadtjournalist Blome erinnert sich dankbar daran, wie Merkel in die Rolle der fürsorglichen Klassenlehrerin im Journalistenlager

---

840 'Die Schläferin', Der SPIEGEL, 08.11.2009 https://web.archive.org/web/20220913040250/https://www.spiegel.de/panorama/die-schlaeferin-a-3002b360-0002-0001-0000-000067682698

841 ‚Angela Merkel', Jaqueline Boysen, 2001, S. 54

842 ‚Angela Merkel', Jaqueline Boysen, 2001, S. 58

843 ‚Roadtrip mit Hindernissen', SZ, 18.04.2010 https://web.archive.org/web/20130508152117/https://www.sueddeutsche.de/politik/merkel-auf-dem-weg-nach-bozen-roadtrip-mit-hindernissen-1.18727

schlüpfte.[844] Arg viel Kritisches weiß er in seinen Jahren als Teil der Merkel-Entourage über seine ‚Klassenlehrerin' nicht zu berichten. Die Anwesenheit von Jörg Asmussen und Jens Weidmann hätte im toskanischen Frühling ja genutzt werden können, um sich über den Stand der damals auf Hochtouren laufenden Griechenland-Rettung und dem damit verbundenen Bruch der No-Bailout-Klausel zu erkundigen.[845] Eine journalistische Chance wurde vertan. Drei Jahre später spekulierte Blome in seinem Merkel-Portrait darüber, dass Deutschland vielleicht bald *„für alle Staatsschulden der Euro-Zone haftet"* und *„der [deutsche] Steuerzahler in nicht allzu weiter Zukunft massiv Geld verlieren wird"*.[846]

Die wichtigste Auszeichnung der Chemischen Gesellschaft der DDR, den Friedrich-Wöhler-Preis, erhielt Osten im Jahr 1987. Merkels späterer Ehemann Joachim Sauer hatte diesen Preis bereits im Jahr 1982 erhalten und dessen älterer Kollege und Mentor Reiner Radeglia schon im Jahr 1974. Sowohl Hans-Jörg Osten als auch Joachim Sauer veröffentlichen gemeinsam mit Reiner Radeglia wissenschaftliche Beiträge.[847] [848] Gegenüber Jacqueline Boysen erzählte Osten von seiner Enttäuschung, als ihm von immerhin zehntausend Dollar, die ihm während eines Forschungsaufenthalts an der University of Illinois in Chicago gezahlt wurden, nur bescheidene zweitausend Ostmark durch die DDR-Behörden ausgezahlt bekam.[849] Gemeinsam mit der US-Forscherin Cynthia J. Jameson veröffentlichte er während und nach der Zeit in den USA mehrere wissenschaftliche Artikel.[850] Ähnlich wie Michael Schindhelm erfährt man auch von Osten fast nichts über seinen engen Kollegen Joachim Sauer. Dieser wird Jahrzehnte später von Journalisten wegen

[844] ‚Angela Merkel – Die Zauderkünstlerin', Nikolaus Blome, 2013, S. 25

[845] ‚Unternehmen Fähnlein Fieselschweif', Stern, 07.04.2010 https://web.archive.org/web/20210228231250/https://www.stern.de/politik/deutschland/angela-merkel-vor-der-asche-wolke-unternehmen-faehnlein-fieselschweif-3566112.html

[846] ‚Angela Merkel – Die Zauderkünstlerin', Nikolaus Blome, 2013, S. 150/151

[847] '13C-NMR-Untersuchung der interannularen Konjugation in substituierten Pyrazolen', Mögel, Schulz, Radeglia, Osten, 1984 https://web.archive.org/web/20240312094847/https://onlinelibrary.wiley.com/doi/10.1002/prac.19843260109

[848] 'Theoretical interpretation of 29Si NMR chemical shifts of aluminosilicates', R. Wolff, R. Radeglia, C. Vogel, J. Sauer https://web.archive.org/web/20240312094421/https://www.sciencedirect.com/science/article/abs/pii/016612808980004I?via%3Dihub

[849] ‚Angela Merkel', Jaqueline Boysen, 2001, S. 41

[850] 'The mean bond displacements in O=CF2 and their effect on 19F nuclear magnetic shielding', Cynthia J. Jameson and Hans-Jörg Osten https://web.archive.org/web/20240308202212/https://pubs.aip.org/aip/jcp/article-abstract/81/11/4915/87266/The-mean-bond-displacements-in-O-CF2-and-their?redirectedFrom=fulltext

seines eisernen Schweigens und seiner Liebe zu Wagner-Opern als ‚Phantom der Oper' tituliert. Das ‚Phantom des Instituts' war er offenbar auch. Das Schweigen um seine Person macht den Eindruck als sei es streng verordnet.

Wie sich erst im Jahr 2013 herausstellt, reiste Osten 1984 mit doppeltem Auftrag in die USA. Später gab es wohl auch noch eine Reise nach Cambridge in Großbritannien. Als IM ‚Einstein' war er neben seiner Forschungstätigkeit als Agent der Auslandsaufklärung, gemeinhin ‚Kundschafter des Friedens' genannt, im Ministerium für Staatssicherheit unter Markus Wolf tätig. Nach Frank Schneider und Michael Schindhelm war Osten der dritte enge Freund von Merkel am Institut, dessen Agententätigkeit aufflog. Die Enthüllung kam unmittelbar nach dem Erscheinen des Buchs ‚Das erste Leben der Angela M.'. Dort hatte Osten nochmals klargestellt, dass Angela Merkel tatsächlich FDJ-Sekretärin für Agitation und Propaganda war. Seiner akademischen Laufbahn als Professor an der Universität in Hannover tat die Enthüllung dieser Tätigkeit allerdings keinen Abbruch. Auch nach seiner Emeritierung publiziert er immer noch auffallend fleißig. Allerdings verringerte sich die Glaubwürdigkeit seiner Aussagen betreffend Angela Merkel nach dieser Enttarnung. Es könnte sich auch um inszenierte Gegnerschaft handeln, wenn er öffentlich über Merkel herzieht. Immerhin ist er gegenüber ihren Biographen sehr auskunftsfreudig. Auch sein pointierter Leserbrief, in dem er 1994 an eine *„rührige FDJ-Leitung mit einer Sekretärin für Agitation und Propaganda, jener heutigen Frau Ministerin"* erinnert, hilft Merkel mehr, als er ihr schadet.[851] Im Jahr 2005 konnte sich Osten gegenüber Langguth nicht mehr an die genaue Funktion von Angela Merkel innerhalb der FDJ erinnern, fast ein Jahrzehnt später ist er sich jedoch gegenüber Reuth und Lachmann sicher, dass sie für Agitation und Propaganda zuständig war.[852]

Nach seiner Zeit am ZIPC arbeitete Osten ab 1987 in der anwendungsorientierten Halbleiterforschung in Frankfurt an der Oder. Nach der Wende ist er als Abteilungsleiter am Institut für Innovative Mikro-

[851] Leserbrief Hans-Jörg Osten, "Neues Deutschland", 22.09.1994
[852] 'Angela Merkel', Gerd Langguth, 2005, S. 106

elektronik (IHP) im krachend gescheiterten Projekt ‚Chipfabrik Frankfurt (Oder)' involviert.[853] Später erhält er eine Professur an der Universität Hannover. Die vormalige Landtagsabgeordnete der LINKEN und amtierende Direktorin am Brandenburger Landesrechnungshof, Kerstin Osten, ist vermutlich seine Ehefrau. Wahrscheinlich waren beide früher Mitglieder der SED.

Marianne Birthler: Der 2. Juni 1967

Eine von Merkels Verbindungen ins vorgeblich feindliche Lager ist Marianne Birthler. Es ist nicht bekannt, seit wann genau Merkel Marianne Birthler kennt. Spätestens in der Wendezeit, als beide im Umfeld der Pankower Gethsemanekirche politisch aktiv werden, dürfte es zu ersten Begegnungen gekommen sein. Der Kontakt könnte aber auch über Günter Nooke entstanden sein, der mit Merkels Bruder Marcus schon weit vor der Wende eng befreundet war. Nooke und der spätere SPD-Vorsitzende Matthias Platzek traten gemeinsam mit Birthler im Bündnis '90 im Oktober 1990 zur Landtagswahl in Brandenburg an. Eine schöne Aufnahme zeigt die drei zu Wahlkampfzeiten. Anders als Merkel war Birthler von Anfang an offen auf einem linksalternativen Pfad unterwegs. Sie war Volkskammerabgeordnete für das Bündnis 90 und danach, bis zur Bundestagswahl 1990, kurze Zeit Bundestagsabgeordnete. Dann ging es als Ministerin für Bildung, Jugend und Sport der Regierung Stolpe in die Landespolitik Brandenburgs.

Im Jahr 2000 wird sie als Nachfolgerin von Joachim Gauck Leiterin der Stasi-Unterlagen-Behörde in Berlin-Lichtenberg. Auch noch zu diesen Zeiten bergen die Aktenstapel so manches brisante Geheimnis. Zunächst macht sie dort hoch motiviert Front gegen den eigentlich schon von Merkel zur Strecke gebrachten Helmut Kohl. Am Ende wehrt der

---

[853] 'Nie im Leben ein Geschäft geführt', Neues Deutschland, 06.07.2004
https://web.archive.org/web/20240208095443/https://www.nd-aktuell.de/artikel/55873.nie-im-leben-ein-geschaeft-gefuehrt.html

sich aber mit juristischen Mitteln erfolgreich gegen Birthlers Absicht zur Veröffentlichung von Akten, die die Stasi über ihn angelegt hat.[854]

Birthler handelte als Behördenleiterin mehrfach ohne großes Geschick. Im Jahr 2007 versuchte sie sich mit einem angeblichen Sensationsfund im Zusammenhang mit dem Schießbefehl zu profilieren. Allerdings waren solche Aktenfunde bereits ein Jahrzehnt zuvor veröffentlicht worden.[855]

Zwei Jahre später kommt es durch Mitarbeiter der Behörde zu einer tatsächlich sensationellen Entdeckung.[856] Der faktische Mord an Benno Ohnesorg wurde von einem Agenten des MfS verübt, der als Zivilpolizist bei der West-Berliner Polizei platziert und obendrein noch SED-Mitglied war. Eine Tat, die durch ihre Kaltblütigkeit und den skandalösen Freispruch des Täters Karlheinz Kurras große Empörung unter Studenten und in der breiten Öffentlichkeit hervorrief. Das Gerichtsverfahren war durch Falschaussagen erheblich manipuliert, der Freispruch ein Justizirrtum. Eine Tat, die der Studentenrevolte im Jahr 1967 den entscheidenden Schub verlieh und den Weg in die Radikalisierung und schließlich die rücksichtslose Gewalt der RAF und deren verbündeter Terrorgruppen ebnete. Durch die neue Aktenlage stellt sich der Einfluss des MfS auf die westdeutsche Gesellschaft als weitaus stärker dar, als bisher bekannt. Die kommunistische Unterwanderungsarbeit, die in den fünfziger Jahren beispielsweise mit der Finanzierung der Zeitschrift ‚konkret' begann, hat bis heute Nachwirkungen.

Die Enttarnung von Kurras im Jahr 2009 führte erstaunlicherweise nicht zu einer breiten Diskussion über den Einfluss der DDR auf die westdeutsche 68er-Bewegung und der aus ihr hervorgegangenen grünen Partei. Auch wenn Kurras auf eigene Faust gehandelt haben sollte,

---

854 ‚Teilerfolg gegen Birthler-Behörde', JUVE, 22.07.2004 https://web.archive.org/web/20240208095310/https://www.juve.de/verfahren/teilerfolg-gegen-birthler-behoerde/

855 ‚Birthler-Behörde verwirrt sich und die Öffentlichkeit', Der SPIEGEL; 15.08.2007 https://web.archive.org/web/20160809061900/https://www.spiegel.de/politik/deutschland/neuer-stasi-schiessbefehl-birthler-behoerde-verwirrt-sich-und-die-oeffentlichkeit-a-500123.html

856 ‚Verrat vor dem Schuss', Der SPIEGEL, 24.05.2009 https://web.archive.org/web/20220715201639/https://www.spiegel.de/politik/verrat-vor-dem-schuss-a-edbabce4-0002-0001-0000-000065489959

bleibt die Tatsache, dass ein gedungener Agent der DDR den Mord verübte. Ohne Skrupel organisierte der SED-Staat den Trauer-Konvoi für Ohnesorg, der von Berlin über DDR-Gebiet nach Hannover führte und nutzte Ohnesorgs Tod für die eigene Propaganda. *„Je 1000 FDJ'ler in Blauhemden, mit Fahnen, Losungen und Bildern des ermordeten Benno Ohnesorg Ehrenspalier bilden. Beim Vorbeifahren des Trauerkonvois werden sie stumm die Fahnen senken."* So zitiert der Historiker Jochen Staadt aus den Akten.[857] Die Karriere von Werner Eiserbeck, dem Stasi-Führungsoffizier von Karl-Heinz Kurras, verlief nach dem 2. Juni 1967 ohne irgendeinen Bruch weiter. Am 29. Dezember 1989 fand das Entlassungsgespräch statt.

„Er erhielt 3750 Mark 'Übergangsgebührnisse' und 1600 Mark für das 36. Dienstjahr sowie das Reservistenabzeichen der NVA in Gold und die Urkunde für ehrenvolle Pflichterfüllung im MfS."

Nachdem die Mitarbeiter der Stasi-Unterlagenbehörde genau das getan hatten, was man von ihnen erwartet, nämlich durch Veröffentlichung von Fakten den öffentlichen Diskurs zu ermöglichen, reagierte Birthler in geradezu absurder Weise. Sie ging arbeitsrechtlich gegen die Mitarbeiter vor, verschickte an Helmut Müller-Enbergs und Cornelia Jabs Abmahnungen. Am Ende scheiterte sie damit aber vor Gericht.[858] Offenbar hätte sie den Fall Kurras lieber als gut gesichertes Herrschaftswissen in den Schubladen der Magdalenastraße verstauben lassen wollen, weil er nicht in die politische Agenda von ihr passte. Oder aber sie wollte selbst vom Ruhm der Sensation zehren. Ihr Abtritt als Behördenleiterin im März 2011 wurde von dieser Affäre deutlich überschattet.

Im selben Jahr zog sie aber zum Trost gemeinsam mit Merkels Ehemann Joachim Sauer ins Kuratorium der Friede-Springer-Stiftung ein. Dass es zu Sauer und Merkel eine innige Beziehung gibt, beweisen eine

---

[857] ‚Die Scheinheiligen: Die Vorbereitung des Trauerkondukts für Benno Ohnesorg durch das MfS', Zeitschrift des Forschungsverbund SED-Staat, Nr. 32/2012, Jochen Staadt
https://web.archive.org/web/20240301161323/https://zeitschrift-fsed.fu-berlin.de/index.php/zfsed/article/view/404

[858] ‚Birthler-Behörde blamiert sich vor Arbeitsgericht', Berliner Morgenpost, 04.11.2010
https://web.archive.org/web/20200918113112/https://www.morgenpost.de/berlin/article104808683/Birthler-Behoerde-blamiert-sich-vor-Arbeitsgericht.html

Reihe gemeinsamer öffentlicher Auftritte. Im Jahr 2016 wollte Merkel sie gar zu Bundespräsidentin machen, doch Birthler zog wohl im letzten Augenblick zurück.[859] [860]

Annette Schavan: „Person und Gewissen"

Angela Merkel und ihre intimste Parteigenossin Annette Schavan zusammen mit Premierminister Manmohan Singh am 30. Oktober 2017 in Indien

Foto: Prime Minister's Office (GODL-India)

Ellen Johnson Searleaf, Christine Lagarde, Donald Tusk, Emmanuel Macron, Ursula von der Leyen, Andrea Riccardi, Winfried Kretschmann, Thomas de Maizière, Henriette Reker, Sigmar Gabriel, Theo Waigel,

---

859 ‚Merkel wollte Marianne Birthler als Bundespräsidentin', SZ, 18.11.2016 https://web.archive.org/web/20161119152921/https://www.sueddeutsche.de/politik/bundespraesidentenwahl-merkel-wollte-marianne-birthler-als-bundespraesidentin-1.3255473

860 ‚Merkel wollte Marianne Birthler als Bundespräsidentin', FAZ, 18.11.2016 https://web.archive.org/web/20161118232303/https://www.faz.net/aktuell/politik/inland/cdu-vorschlag-merkel-wollte-marianne-birthler-als-bundespraesidentin-14533446.html

Volker Kauder, Annalena Baerbock, Charlotte Knobloch, Martin Brudermüller, Ottmar Edenhofer, Jörg Hacker, Marianne Birthler, Stephan Harbarth, Christoph Markschies, Philipp Lahm, Freya Klier, Ulrich Matthes, Nico Hofmann, Daniel Barenboim, Horst Bredekamp und Papst Franziskus.

Das ist die lange Liste der Autoren, die Beiträge zu einem Sammelband verfasst haben, welcher am Ende der Ära Merkel im Jahr 2021 auf Initiative von Annette Schavan erschienen ist. Es ist wenig überraschend, dass die Beiträge der ehemaligen Kanzlerin gewogen sind. Gewogenheit ist aber im Umfeld politischer Macht, nicht mit Freundschaft gleichzusetzen. Selbst Freundschaft hat in diesem Umfeld eine andere Bedeutung. Das kommt in der Überspitzung zum Ausdruck, die im Parteifreund die Steigerung des Todfeinds erkennt.

Nur wenige der Autoren sind also im engeren Sinne Freunde oder gar Vertraute von Angela Merkel, die große Mehrheit ist eher Beifang im Sog politischer Macht. Nur für eine einzige Autorin treffen beide Kategorien, Freundin und Vertraute, bedenkenlos zu: Annette Schavan, die Herausgeberin jenes Sammelbands mit dem Titel ‚Die hohe Kunst der Politik'. Schavan war nach Wolfgang Schäuble eine der ersten Gratulanten bei Merkels erster Wahl zur CDU-Parteivorsitzenden im Frühjahr 2000.

Daher dürfte auch der Rücktritt der Ministerin für Bildung Anfang Februar 2013 die für Merkel schmerzhafteste berufliche Trennung gewesen sein, die sie als Chefin des Bundeskabinetts erlebt hat. Röttgen, Guttenberg, etliche Abteilungsleiter und am Ende auch Thomas de Maizière sind vermutlich allesamt schnell vergessen, aber Schavan bleibt teil ihres Lebens. Gut abgefedert wird Schavans Demission mit dem hoch dotierten Botschafterposten beim Heiligen Stuhl. Dort gibt es in der Besoldungsstufe B 9 rund 12 000 Euro monatlichen Botschaftersold und zusätzlich über 4000 Euro Auslandszuschlag. In diese Gehaltsklasse wird später auch Steffen Seibert als Botschafter in Israel aufrücken.[861] Allein mit dem Vorsitz bei der Konrad-Adenauer-Stiftung klappt es für Schavan nach den vier Jahren in Rom nicht. Norbert Lammert, ein anderer Merkel-Intimus, macht schließlich das Rennen.

Schavan war für Merkel eine eminent wichtige Akteurin bei der Bändigung der Rheinisch-Katholisch geprägten CDU. In der zumindest hintergründig preußisch-protestantisch geprägten DDR spottete man über die Bundesrepublik wie folgt: *„In Rom gezeugt und in den Vereinigten Staaten geboren."* Damit waren wichtige Frontlinien klar benannt.

Trotz der unmittelbaren beruflichen Trennung blieb die private Verbundenheit erhalten. Bis heute fahren die Schavan und Merkel gemeinsam in den Urlaub. Anfang April 2022 wurden sie beispielsweise zusammen mit einem Professor Bredekamp in Florenz gesichtet. Über ihn erfahren wir bald mehr.

---

[861] ‚Steffen Seibert soll Botschafter werden', Stern, 31.03.2022 https://web.archive.org/web/20220331160940/https://www.stern.de/politik/deutschland/steffen-seibert--so-viel-geld-verdient-er-als-botschafter-31746898.html

Horst Bredekamp: Sonne, Mond und Merkel

Eine Person, die in dem Huldigungs-Band von Frau ~~Dr.~~ Schavan das letzte geschriebene Wort hat, soll auch hier den Reigen der ausgewählten Freunde Angela Merkels schließen.[862] Als Individuum ist Herr Prof. Dr. Bredekamp eigentlich langweilig, trotz seines sechsundzwanzig Seiten umfassenden Lebenslaufs, der an akademischen Würden, Weihen und Ehren wenig vermissen lässt, was sich ein Gelehrter im reifen Alter wünschen mag.[863] Interessant wird er nur als Typus, als Typus B - B wie Bildungsbürger. Als Typus B des gebildeten Akademikers, bei dem das turmhoch gestapelte Wissen, gepaart mit einem schwer zu übersehenden Dünkel, den Zugang zu lebenspraktischen Perspektiven bisweilen verstellt. So vollständig verstellt, dass lausige Banalitäten die Triumphbögen des eigenen Intellekts jäh zum Einsturz bringen können. Vom Typus B ist hier die Rede, der überaus häufig in den Geisteswissenschaften zu finden und an den Stätten wahrer Bildung, im Hörsaal, im Theater, in Rom oder Florenz anzutreffen ist. Er wirkt in Gelehrten-

---

[862] 'Die hohe Kunst der Politik', Annette Schavan (Herausgeberin), 2021, S. 280.

[863] CV Horst Bredekamp auf den Webseiten der Humboldt-Universität https://web.archive.org/web/20201020170507/http://www.kunstgeschichte.hu-berlin.de/wp-content/uploads/2010/06/Horst-Bredekamp-CV-2012.pdf

schulen, die sich weder der Stringenz exakter Wissenschaft unterwerfen müssen noch in nennenswertem Umfang prosaischen Wirklichkeiten ausgesetzt sind. Die Regenbogenfahne ersetzt dort regelmäßig verpöntes Schwarz, Rot, Gold. Der Schritt von der Bildung zur Einbildung, von der gewagten Interpretation hin zur Fabel und schließlich von der Brillanz zur Lächerlichkeit, ist dort, wie wir sehen werden, ein erschreckend kurzer.

2007 veröffentlichte Typus B einen Band über ‚Galileo Galilei als Künstler: Der Mond. Die Sonne. Die Hand' im Umfang von gut fünfhundert Seiten.[864] Unterstützt wurden seine Studien von so vielen Personen und Institutionen, *„daß jede Aufzählung nur ein Torso sein kann"*.[865] Krönung dieses Werks war nun die Entdeckung, Sichtung und Interpretation einer vermeintlich einzigartigen Ausgabe von Galileis Buch ‚Sidereus Nuncius', zu Deutsch ‚Sternenbote', das 2005 bei einem renommierten New Yorker Antiquariat aufgetaucht war. Das besondere dieser Ausgabe waren mutmaßlich von Galilei höchstpersönlich angefertigte Zeichnungen, die sich nur in dieser einen Ausgabe fanden. Hierbei ging der begeisterte Typus B gar so weit *„in jene Sphäre der zeichnenden Verdichtung"* hinab zu folgen *„in der jede Zeichenbewegung über den Charakter ganzer Kosmologien entscheidet"*.[866] Die Theorie von der *„denkenden Hand"* war geboren, und die Brücke zwischen Kunst und Wissenschaft, auf den Schultern des Doppel-Genies Galilei ruhend, war entdeckt!

Selbstverständlich hat nach der Veröffentlichung niemand an solch brillanten Schlüssen des Typus B gezweifelt. Experten und Rezensenten zeigten sich allesamt erfreut, gar begeistert. Bis auf einen einzigen Querulanten, den in Großbritannien geborenen und in den USA lehrenden Historiker Nick Wilding. Dieser wollte eigentlich nur eine weitere, möglicherweise ebenso begeisterte Rezension über das Werk schreiben, bis ihm Zweifel im Hinblick auf die Echtheit des genannten Exemplars des ‚Sidereus Nuncius' kamen. Nachdem er eine ganze Reihe von Indizien für eine Fälschung gefunden hatte, nahm er in kollegialem Ton

---

[864] 'Galileo Galilei als Künstler. Der Mond, die Sonne, die Hand.' Horst Bredekamp, 2007

[865] 'Galileo Galilei als Künstler. Der Mond, die Sonne, die Hand.' Horst Bredekamp, 2007, S. 11

[866] 'Galileo Galilei als Künstler. Der Mond, die Sonne, die Hand.' Horst Bredekamp, 2007, S. 6

Kontakt zu Typus B auf. Typus B zeigte sich allerdings uneinsichtig und beharrte sogar dann noch auf der Echtheit des Buches, als selbst sein Mitautor in Princeton, Paul Needham, längst den Irrtum einsah.[867] Die Schablone für den gefälschten Galileo-Mond war ein Rotweinglas mit zufällig exakt passendem Durchmesser. Die Zeichenbewegungen, die *„über den Charakter ganzer Kosmologien"* entscheiden, stammten von der *„denkenden Hand"* des talentierten Fälschers und Kunsthehlers Marino Massimo de Carlo. Dieser meisterhafte Fälscher hatte sich ohne höheren Bildungsabschluss zum Direktor der Giromlamini-Bibliothek in Neapel hinauf geschwindelt und aus deren Bestand hunderte Bücher entwendet und verkauft. Nennen wir ihn Typus F - F wie Fälscher. Typus B nahm nun mit dem Typus F Kontakt auf. Von dem hörte nun Typus B eine erlösende Botschaft: *„Es muss Ihnen vorgekommen sein, als sie die Zeichnungen des gefälschten ‚Sidereus Nuncius' vor Augen hatten, als seien Sie mit den Ergebnissen Ihrer eigenen Arbeit konfrontiert worden."* Typus B kommt daraufhin zu einer für ihn versöhnlichen Erkenntnis: *„Das erklärt, warum ich die nicht als Fälschung erkennen konnte oder wollte."*[868]

In seinem Schlussbeitrag zum Sammelband ‚Die hohe Kunst der Politik' läuft Bredekamp abermalig zu höchster Sprachkunst auf. Er beschreibt den Abend des 30. September 2020, den er zusammen mit Angela und Annette in einem der besseren Restaurants der Hauptstadt verbringt. Auf dem Tablet-Computer von Frau Schavan wurde gemeinsam Merkels berühmtes Interview mit Günther Gaus vom Oktober des Jahres 1991 verfolgt. Im Spiel zwischen der wiedergegebenen 37-jährigen und der anwesenden 66-jährigen Angela fühlt er sich an nichts weniger erinnert als *„Michelangelos Fresken in der Sixtina"* - wennschon, dennschon! Über Leonardo da Vinci geht es danach weiter zu Leibniz, dem Bredekamp zwar keine *„denkende Hand"*, doch immerhin einen „sehenden Finger" zuschreibt.[869] *Coup d'oeil* ist bei Leibniz das Motto des Augenblicks, das uns dann über den französischen Mathematiker Lambert bis zu Husserls Phänomenologie trägt. Wir lesen weiter, dass sich *„in diesem Motiv*

---

867 'Der gefälschte Mond', Die ZEIT, 27.12.2013 https://web.archive.org/web/20180613201433/https://www.zeit.de/2014/01/faelschung-zeichnungen-galileo-galilei-horst-bredekamp/seite-2

868 'Technik und Innovation: Der gefälschte Mond von Galileo Galilei', RBB/arte Doku, 2020 https://youtu.be/0ixc4cJYdcE?t=2612

869 'Leibniz' sehende Finger', Hort Bredekamp, in 'Bild, Blick, Berührung', 2019

das Charakteristikum Angela Merkel verdichtet". Bredekamp gönnt uns nach dem *coup d'oeil* jedoch keinerlei intellektuelle Verschnaufpause. Es geht hinfort zum Begriff des *subito* mit dem uns der Gelehrte die Plötzlichkeit der Fukushima-Kehrtwende der Bewunderten messerscharf erklärt. Man dachte ja immer, es wäre dabei um die anstehende Wahl im Ländle gegangen und um das Anschmiegen an die Grünen, doch weit gefehlt! Ein kunsthistorisches *subito* aus Leonardos Maltraktat, herbeizitiert von Bredekamp, gibt uns hier nun endgültige Einsicht in diese Entscheidung, die dafür sorgt, dass eineinhalb Jahre nach jenem fröhlichen Plausch beim Abendmahl die deutsche Energieversorgung vollends ins Taumeln kommt und damit die Deindustrialisierung des Landes einleitet.

Damit ist indes noch lange nicht das Ende der Fahnenstange Bredekampscher Deutungsakrobatik erreicht: Aus Merkels profanem *„Wir schaffen das!"* von 2015 extrahiert Bredekamp einem mittelalterlichen Alchemisten gleich, ein *„Zeichen von voraussetzungslosem Mut und geradezu unpolitischer Weitsicht"*, sofern aus dem *„historischem Abstand"* betrachtet und bestaunt. Die Frauen von der Kölner Domplatte werden in Hinblick auf derlei geschliffene Ausführungen und mit einer Armlänge *„historischem Abstand"* sicher einsehen, wozu ihre Pein gut war. Die Toten vom Breitscheidplatz haben dazu in dieser Welt leider keine Gelegenheit mehr.

An jenem Abend jedenfalls saßen eine Pensionärin, die es - dass es so etwas noch gibt! - allein mit Abitur sowohl zur Bildungsministerin als auch zur Botschafterin am Heiligen Stuhl gebracht hat, eine bald pensionierte Bundeskanzlerin, alias Typus F, und der bereits charakterisierte Typus B an einem gepflegten Tisch in einem gepflegten Berliner Restaurant und amüsierten sich. Sie amüsierten sich über das legendäre Interview aus dem Jahre 1991, in dem ein Typus F im Gespräch mit Günter Gaus log, dass sich die Balken bogen. Ihr Vater, Horst Kasner, habe sich immer gegen die Formel ‚Kirche im Sozialismus' aufgelehnt. Einer Formel, deren eigener Schöpfer er erwiesenermaßen war.[870]

---

870 'Ex-DDR Ministerpräsident Lothar de Maiziere', TV.Berlin, 01.10.2020 https://www.youtube.com/watch?v=UO25J2h5wa0&t=1321s

Und, wer weiß, vielleicht denkt sich Typus F lächelnd dem Typus B gegenübersitzend: *„Es muss Ihnen vorkommen, als seien Sie mit den Ergebnissen Ihrer eigenen Arbeit konfrontiert."* Und man erinnert sich daran, wie sich Bredekamp im Hinblick auf die Galileo-Fälschung entschuldigte: *„Das erklärt, warum ich die nicht als Fälschung erkennen konnte oder wollte."*

Sollte Typus B seinen Untersuchungen über Galileo Galilei und Gottfried Wilhelm Leibniz eine weitere hinzufügen wollen, so bleibt im Sinne einer Steigerung des untersuchten Genies eigentlich nur noch Angela Dorothea Merkel als Objekt der Untersuchung übrig. Nach der ‚Denkenden Hand' und dem ‚Sehenden Finger', könnte der ‚Regierende Mittelfinger' ein passender Titel sein.

Merkel und ihre Sandmännchen

von Sean le Carnet

Der Titelheld der längsten Fernsehserie der Welt.

„Ist das noch Auftragsjournalismus oder schon Hagiographie?“

SZ-Leser Matthias Schnitzler aus Köln über den Artikel ´Frau Alpha-Eins` von Evelyn Roll

„Wenn keine Kamera dabei ist und kein Mikrophon an ist, ist die witziger, frecher. Sie macht Leute nach, sie kann praktisch all diese Staatsmänner, mit denen sie zu tun hat, vor allem zu tun hatte, solche interessanten Figuren wie Sarkozy, kann sie wunderbar nachmachen.“ - Evelyn Roll[871]

---

[871] ‚Der Weg zur Macht', SZ, 23.06.2015 https://web.archive.org/web/20150614074743/https://www.sueddeutsche.de/politik/evelyn-roll-ueber-angela-merkel-der-weg-zur-macht-1.2519300

Gehen da Mikrophone an und ist die Kamera am Laufen, dann wird aus der quirligen Hinterzimmer-Merkel die behäbige Pressekonferenz-Merkel. Dann wird das ,Alles-in-Ordnung' - Gesicht aufgesetzt, wie es Dirk Kurbjuweit nennt, und die bewährten, in Satzform gepressten Beruhigungspillen werden ausgeworfen. Die Chloroformierung der Öffentlichkeit kann beginnen und die *Hauptstadtjournalisten* streuen Merkels Sand übers Volk.[872] Merkel sei als *„Kind der Diktatur ganz gut gerüstet für die Mediendemokratie"*, schreibt Kurbjuweit. Alle machen mit bei der *„totalen Inszenierung"* der *„Königin von Deutschland"*[873], denn sie ist alternativlos und wer aus der Reihe tanzt, fliegt. Merkels Schatten, Büroleiterin Beate Baumann, sorgt dann für die vorläufige oder endgültige Verbannung aus Telefonleitung und Hinterzimmer der Macht. Auch die begehrten Einladungen zum gepflegten Mittagessen im Kanzleramt bleiben dann aus. Statt Regierungsjet fliegt der aufrechte Journalist dann Touristenklasse - wenn überhaupt. Statt Tagliatelle in Safransauce, zubereitet von Chefkoch Ulrich Kerz und serviert vom Kanzleramts-Diener im Livree, reicht es für den aufrechten Selbstzahler dann noch für ein Wiener Schnitzel mit Pommes. Statt der Einladung zum Staatsempfang gibt es dann vielleicht noch ein Gratislos bei der Tombola des Angelvereins in Kleinmachnow.

Will der aufrechte Journalist einen solchen Tausch? Will er sich *ehrlich machen,* wie es ein Bundespräsident so oft, sich selbst verratend, formuliert, vielleicht sogar *ehrlich sein*? Will er die Wahrheit, wenigstens die halbe Wahrheit oder immerhin ab und an die Wahrheit berichten? - Er will es nicht! Also bückt sich der aufrechte Journalist und vergewissert sich durch ein ritualisiertes Murmeln über seine *Unabhängigkeit,* seines *„Distanz halten von den Politikern"* und dem *„Auftrag seiner Leser"*, dass er eigentlich auch gebückt ein aufrechter Journalist sein kann. Der Selbstbetrug eilt dem Betrug voraus. Und wenn der Selbstzweifel mal ganz schonungslos an ihm nagt, ist die moralinsaure Empörung in fremder Sache ein bewährtes Mittel der Selbstaufrichtung in der eigenen.

[872] ‚Die Kanzlerin chloroformiert das Land', Tagesspiegel, 07.02.2018
https://web.archive.org/web/20221003152012/https://www.tagesspiegel.de/politik/die-kanzlerin-chloroformiert-das-land-5897062.html

[873] ‚Die Königin von Deutschland – wie Angela Merkel die mächtigste Frau der Welt wurde', NZZ, 10.09.2017
https://web.archive.org/web/20170910110843/https://www.nzz.ch/international/koenigin-von-deutschland-wie-angela-merkel-die-maechtigste-frau-der-welt-wurde-ld.1315208

„... solche interessanten Figuren wie Sarkozy, kann sie wunderbar nachmachen."- Evelyn Roll

Merkel mit Barack Obama und David Cameron am 25. Mai 2011 in Deauville.

Foto: Pete Souza

Trittbretter aus Moralin, auf die man gratis aufspringen kann, gibt es im besten Deutschland, das wir je hatten, genug:

Er gibt zu viele Bürger, die sich erdreisten, ihr Demonstrationsrecht wahrzunehmen und es obendrein noch gegen die Regierungspolitik auszuüben. Oder es gibt den viel zu hohen Fleischkonsum der verwöhnten Landsleute. Oder es gibt Minderheiten, die von der Mehrheit übel unterdrückt werden, wie die Muslime der Schweiz durch ein Minarettverbot. Den richtigen Umgang mit den Minaretten erlebt man in Köln-Ehrenfeld, wo am Ende die vorgeblich unterdrückte Minderheit grinsend über die Mehrheit triumphiert.

Mit Mehrheiten kann sich ein Hauptstadtjournalist nicht richtig anfreunden und lehnt deshalb Volksabstimmungen ab. Wie sein geistiges

Oberhaupt ist er ein strammer Anhänger einer als *Repräsentativen Demokratie* maskierten Elitenherrschaft, die Merkel in Vollendung etabliert. Eine Elitenherrschaft, die er mit großem Eifer medial protegiert. Dirk Kurbjuweit hat im Zusammenhang mit einem Essay über den Widerstand gegen das Bahnprojekt Stuttgart 21 den Begriff des *Wutbürgers* geprägt, ein Begriff, der gleich Wort des Jahres wurde. *„Der Wutbürger buht, schreit, hasst. … Er zeigt sich bei Veranstaltungen mit Thilo Sarrazin und bei Demonstrationen gegen das Bahnhofsprojekt Stuttgart 21.“*[874], lässt uns Kurbjuweit in all seiner Differenziertheit wissen.

Obwohl Kurbjuweit für seine Recherchen in Stuttgart vor Ort war, hat er bis heute nicht begriffen, wogegen dort jahrelang friedlich und mit den besseren Argumenten demonstriert wird. Heute ist durch den Präsidenten des Bundesrechnungshofes, Kay Scheller, amtlich festgestellt, dass Stuttgart 21 eine gigantische Fehlinvestition ist, ein Jahrhundertdebakel.[875] Neben Buhen, Schreien und Hassen kann der Wutbürger erstaunlicherweise auch sinnvoll bewerten und rechnen. Unter den Stuttgarter Wutbürgern sind offenbar auch kompetente Leute wie der vormalige Bahnhofschef. Und rechnen können sie offenbar besser als viele Experten, Politiker - und *Hauptstadtjournalisten*. Man darf zu dem Schluss kommen, dass die Wutbürger sehr viel weniger Wutbürger sind als die Sandmännchen. Nur nichts infrage stellen, möglichst viel Sand streuen und die aufmüpfigen Bürger mit Kampfbegriffen diffamieren. *„Wir gehen in der Gesellschaft ein bisschen sparsam mit Schweigen um. Die Gesellschaft ist ja sehr laut geworden“*, formuliert es die Große Vorsitzende einmal bei Anne Will.[876] In diesen Zeiten schafft Merkel die repressive Atmosphäre, in denen ihr übergriffiges Neues Deutschland gedeiht. Jener Gesinnungsstaat, der, begleitet von gleichgeschalteten Medien, weder vor Grundgesetz noch vor Grundrechten Halt macht, wenn die Willkür der Regierenden und ihrer Einflüsterer danach verlangt.

---

[874] ‚Der Wutbürger‘, Der SPIEGEL, 11.10.2010
https://web.archive.org/web/20121216000112/https://www.spiegel.de/spiegel/a-724587.html

[875] ‚Stuttgart 21: 10 Jahre Schlichtung‘, SWR Eisenbahn-Romantik, 27.11.2020
https://www.swrfernsehen.de/eisenbahn-romantik/folgen/folge-1003-schlichtung-artikel-100.html
https://web.archive.org/web/20201113195020/https://www.swrfernsehen.de/eisenbahn-romantik/folgen/folge-1003-schlichtung-artikel-100.html

[876] ‚Angela Merkel: Die Kanzlerin und ihre Welt‘, Stefan Kornelius, 2013, S. 68

Gewiss gab es auch in den schönen Tagen von Bonn, die längst nun zu Ende sind, einen ausgeprägten politisch-medialen Klüngel. Doch dieser Klüngel kannte auch Grenzen. Ein Franz-Josef Strauß musste am Ende gehen. Ein Eugen Gerstenmaier musste am Ende gehen. Ein Willy Brandt musste am Ende gehen. Ein Rainer Barzel musste am Ende gehen. Ein mancher hat freilich auch unverdient politisch überlebt. Die Kontrolle war nicht perfekt, aber sie war da.

In Berlin hingegen gibt es dank Merkel statt des Klüngels die supergroße Koalition. Es ist fast schon eine Partei, eine Überpartei, eine Einheitspartei schließlich, die das Land in Beschlag genommen hat. Und die amtierende große Vorsitzende der Einheitspartei - vor, nach und während ihrer Kanzlerschaft - hört auf den Namen Merkel. Und die nie eingetretenen Mitglieder der Partei sind die Parteigänger Merkels. Allen voran sind das die medialen Sandmännchen aus Merkels Hinterzimmern. Beinahe alle Parteien des Bundestags koalieren mit der Einheitspartei, sogar die CDU! Es gibt auch institutionelle Mitglieder der Partei: Die öffentlich-rechtlichen ohnehin, die SPD-eigenen Medien sowieso, Bertelsmann und Springer schon aus freundschaftlicher Verbundenheit der *Golden Girls* zur großen Vorsitzenden, und die restlichen Hamburger Blätter sind ebenso ein *Spiegel* der *Zeit*. Auch zur Chefetage der milliardenschweren Bauer Media Group, die dutzende inländische und ausländische Publikumszeitschriften herausgibt, soll Merkel beste Beziehungen unterhalten. Wie bei Springer und bei Bertelsmann hält auch im Meßberghof von Hamburg ein Matriarchat die ererbten Zügel fest in der Hand. Die vier Töchter von Mutter Gudrun sind alle im Unternehmen tätig. Merkel übergibt 2003 den Medienpreis ‚Goldene Feder' der Bauer Media Group an Journalisten-Legende Stefan Aust, danach nimmt sie am Tisch ihrer Freundin Friede Springer Platz.[877] Einige Jahre später hält die Merkel-Vertraute Ursula von der Leyen die Laudatio bei der Bauer-Preisverleihung. Beim Empfang der Funke-Mediengruppe im Jahr 2019 gesellt sich Merkel lächelnd an die Seite von Konzernerbin Julia Becker und deren Mutter Petra Grotkamp, wie die Funke

---

[877] ‚Die Feder zum Erfolg', Hamburger Abendblatt, 10.05.2003
https://web.archive.org/save/https://www.abendblatt.de/hamburg/article106680561/Die-Feder-zum-Erfolg.html

Hauspostille ‚Berliner Morgenpost' vermeldet.[878] Auch bei Funke, laut Wikipedia nach Bertelsmann und Springer der drittgrößte Medienkonzern Deutschlands, herrscht ein Matriarchat, das Merkel offensichtlich sehr gewogen ist.

Wer nie in die Einheitspartei eingetreten ist, kann um so schneller rausgeworfen werden. Wer widerspricht - oder viel schlimmer - wer ausspricht, was Merkel schweigend gesagt hat, muss gehen, und zwar nicht erst am Ende. Die Kontrolle ist perfekt und sie ist da. Und sie funktioniert perfekt: Genau andersherum als in Bonn, aber dafür viel besser. Denn in Berlin werden die Kontrolleure kontrolliert - und sonst niemand und schon gar niemand aus der Einheitspartei. Die Einheitspartei kontrolliert den Bundestag, sie kontrolliert die Justiz und sie kontrolliert die Medien. Und ihre Parteizentrale nennt sich Kanzleramt. Mit der im Jahr 2014 erschienenen, entschärften Version seines irritierend ehrlichen Portraits von Merkel aus dem Jahr 2009, signalisiert Kurbjuweit die existenzsichernde Einsicht in diesen Umstand und den festen Willen, aus tiefer Überzeugung Mitglied der Einheitspartei zu bleiben.

Wer sich nach Merkels offiziellem Ausstieg aus der deutschen Politik auch nur die leiseste Hoffnung auf ein wenig Katharsis im deutschen Medien- und Politikbetrieb verspricht, wird von Kurbjuweit schnell und umfassend eines Besseren belehrt. Es genügt, sich einen seiner Artikel über die grüne Kanzlerkandidatin des Jahres 2021 durchzulesen. Bei Annalena Baerbock handelt es sich um eine notorische Hochstaplerin und überführte Plagiatorin. Immerhin hat sie in ihren vier Hamburger Studienjahren das Vordiplom geschafft und das, was man gemeinhin Studienabbruch nennt, übergangsweise als ‚Bachelorabschluss' deklariert. Darüber hinaus hat Annalena im Rahmen eines immerhin einjährigen Studiums einen dubiosen Master of Law einer Londoner Hochschule für höhere Töchter und Söhne, wie jenem von Muammar Gaddafi, erworben. Zwischen 2009 und 2013 arbeitet sie zudem auf der Basis eines Stipendiums der Heinrich-Böll-Stiftung an einer Doktorarbeit, die nie abgeschlossen wird. Aber wen juckt so etwas schon? Kurbjuweit

---

[878] Medien-Q bei Funke: Ein gelassener Abend in bewegten Zeiten, Berliner Morgenpost, 22.10.2019 https://web.archive.org/web/20191023182919/https://www.morgenpost.de/politik/article227430649/Angela-Merkel-beim-Medien-Q-in-Berlin-Abend-in-aufgeregten-Zeiten.html

jedenfalls nicht, denn er hat noch jede Menge Sand im Säckchen. Ein besserer Beweis dafür als den folgenden Satz wird sich kaum finden lassen:

„Wer stille Seriosität bevorzugt, dem machen die Grünen ein passendes Angebot."

Doch, es lässt sich ein besserer Beweis finden, im gleichen Artikel lesen wir etwas weiter unten:

„Wenn sie [Baerbock] und ihre Mitstreiter auf kluge Antworten kommen, können die nunmehr hochdisziplinierten Grünen der nächste Stabilitätsanker der Bundesrepublik werden."[879]

Es kann kein Zweifel daran bestehen, dass Kurbjuweit weiß, wie gehaltvoll das ist, was er da schreibt. Und das macht es noch schlimmer. Und noch schlimmer ist, dass er es mit solchen Zeilen, statt entlassen zu werden, im weiteren Verlauf zum Chefredakteur des SPIEGEL bringt.

Neben Kurbjuweit vom SPIEGEL, lohnt es sich auch noch **Bernd Ulrich** von der ZEIT zu erwähnen. Ulrich war auch schon mal für die Grüne Fraktion im Bundestag als Büroleiter tätig, aber das ist lange her. Danach arbeitete er für verschiedene Zeitungen, vornehmlich nach links ausgerichtete, was man vor einigen Jahren noch erwähnen musste, als es auch noch eine größere, nach rechts ausgerichtete Zeitung gab.

Mittlerweile hat sich Bernd Ulrich bei der ZEIT zum stellvertretender Chefredakteur hochgearbeitet. Er hat, wie er selbst bekennt, seine Volvo-Phase längst durchfahren und lebt seit Juli 2017 vegan. Als strammer Anhänger des Veganismus, äußert er sich auch durchaus missionierend zu dieser Lebensform, die ohne Nahrungsergänzungsmittel eine Mangelernährung manifestiert. In einem ausführlichen Artikel beschreibt er seine neue Lebensform als ganzheitliches Erweckungs-

---

[879] ‚Der nächste große Schritt', Der SPIEGEL, 19.04.2021
https://archive.is/uVlyj

erlebnis.[880] Darin wirft er den Fleischessern, so wörtlich, *„Selbstmissionierung"* vor und berichtet von den Albträumen eines Metzgers, den er einmal volltrunken im Wirtshaus antraf, während er im Rest des Artikels reichlich moralinsauer die vielen Vorteile des Veganismus preist. Der Metzgermeister aus meinem Heimatdorf war ein überaus beliebter und ausgeglichener Mensch ohne Gewichtsprobleme und ist mit 89 Jahren gestorben. Und dies trotz seiner *„existenziellen Anmaßung"*, Tiere zu schlachten. Eine *„existenziellen Anmaßung"*, die im übrigen so alt sein dürfte, wie die Menschheit selbst. Für viele Völker ist Fleisch- und Fischverzehr seit Jahrtausenden eine existenzielle Notwendigkeit. Allein mit Gemüseanbau kommt man in Grönland oder Spitzbergen halt nicht durch den Winter. Aber warum sollte sich eine Zeitgeist-Ideologie für tausende Jahre altbackener Menschheitsgeschichte interessieren? Ulrich schwadroniert lieber von den *„Suiziden der Schlachter"*, und deklariert Menschen, die sich auch ohne importierten Tofu und Kokosmilch ausgewogen ernähren, pauschal zu *Leugnern* und *Verdrängern*. Veganismus setzt Ulrich gar mit Weltrettung gleich, wenn er schreibt *„leichter und billiger lässt sich der Planet kaum retten"*. Wenn Ulrich schließlich seine Tischnachbarn vor dem Essen zu einem kurzen Innehalten zum *„Gedenken an die Tiere"* auffordert, fragt man sich, ob Veganismus nicht doch eine ernährungsbasierte Parareligion ist, ein Tierkult.

Gegenüber Luisa Neubauer, der Mitautorin eines gemeinsamen Buchs, formuliert Ulrich so pointierte Sätze wie *„Wir sind ja Boomer, wir sind Scheiße, aber wir sind viele, wir haben die Umwelt vergiftet."* - wohlgemerkt im Plural. Man bekommt ein Gefühl dafür, was diesen alten weißen Mann plagt. Könnte er Anhänger einer von Sündenstolz und Kompensationswahn geprägten Ideologie sein, deren bestes Feindbild er selbst ist? Die kurzfristige Konsequenz dieser Ideologie ist der Selbsthass, die mittelfristige Selbsterniedrigung und die langfristige Selbstzerstörung.

Ganz ähnliche Tendenzen glaubt man bei der Familie Reemtsma zu erkennen, deren Spross Lisa Neubauer ist. Der grausame Tod von Katrin Reemtsma, der Nichte von Jan Philipp Reemtsma, zeigt, zu welchen

---

[880] ‚Vegan leben: Verschärfte Wahrnehmung', ZEITmagazin, 02.08.2018 https://web.archive.org/web/20240208092240/https://www.pro-iure-animalis.de/files/pia/bilder/Bernd%20Ulrich-komprimiert.pdf

Katastrophen das führen muß. Der Schriftsteller Richard Wagner zeichnet das Schicksal Katrin Reemtsmas in einem großartigen Roman tiefenscharf nach.[881] Und, mehr als wahrscheinlich, zeichnet dieser, von den üblichen Verdächtigen angestrengt ignorierte, großartige Roman das Schicksal des Landes tiefenscharf vor, gleichsam messertiefenscharf.

Jan Philipp Reemtsma übt sich seit Jahrzehnten in wahnhaften Kompensationsprojekten für die lukrativen Nazi-Geschäfte seiner Vorfahren. Statt sich in einfacher und echter Konsequenz vom verhassten und geliebten Millionenerbe zu trennen, missioniert er gestützt auf sein Vermögen lieber die deutsche Öffentlichkeit. Der erste Anlauf seiner, gemeinsam mit dem früheren SDS-Funktionär Hannes Heer konzipierten Wehrmachtsausstellung, deren wesentlicher Bestandteil grauenhafte Schockfotos von Kriegsgreuel waren, endet nach vier Jahren in einem grandiosen Debakel. *„Alles, alles, alles überprüfen"*, wird Reemtsma im SPIEGEL zitiert.[882] [883] Insbesondere Historiker aus Osteuropa machen auf zahlreiche Mängel, eklatante Fehler und manipulative Gruppierung von Fotos aus unterschiedlichen Kontexten im Rahmen der Ausstellung aufmerksam. Viele der Schockbilder, deren Hauptzweck die pauschale Kriminalisierung aller Wehrmachtssoldaten ist, sind irreführend oder zeigen gar keine Wehrmachtssoldaten. Selbst Fotos von Aktionen des sowjetischen NKWD wurden - der gute Zweck heiligt ja bekanntlich die Mittel - dem Publikum untergejubelt. Ausstellungsmacher Heer befindet die eklatanten Fehler zunächst sogar für gut, denn damit hatte seine Ausstellung *„die Ermordung politischer Häftlinge durch den NKWD in Tarnopol und Zloczow genauso dokumentiert wie der nachfolgende Massenmord an der jüdischen Bevölkerung durch deutsche Besatzungsformationen und ihre einheimischen Helfer."*[884] Allerdings hätte der Ausstellungstitel, dann doch besser ‚Vernichtungskrieg: Verbrechen von NKWD und Wehrmacht' lauten müssen, aber das wäre wohl zu sehr der guten Absicht zuwidergelaufen.

---

[881] ‚Das reiche Mädchen', Richard Wagner, 2007.

[882] Biographie Hannes Heer
https://web.archive.org/web/20130327061616/http://www.hannesheer.de/biografie

[883] ‚Alles, alles, alles überprüfen', Der SPIEGEL, 07.11.1999
https://web.archive.org/web/20220128081253/https://www.spiegel.de/politik/alles-alles-alles-ueberpruefen-a-8c555a01-0002-0001-0000-000015045605

[884] ‚Bilderstreit um Wehrmachtsausstellung', Jungle World, 27.10.1999
https://web.archive.org/web/20240208091846/https://jungle.world/artikel/1999/43/bilderstreit-um-wehrmachtsausstellung

Heer und Reemtsma trennen sich bald darauf. Die Ausstellung wird vor der geplanten Tour durch die USA abgebrochen und entschärft neu aufgelegt.[885] [886] Gegen die Kritiker seiner kläglich gescheiterten ersten Ausstellung strengt Jan-Philipp Reemtsma insgesamt zwölf Gerichtsprozesse an.[887] Sündenstolz kennt weder Erbarmen noch Demut.

Einer der Prozesse war gegen den polnischen Historiker Bogdan Musiał gerichtet. Dass Reemtsma Jahrzehnte später dessen Forschungen über Josef Mengele mitfinanziert und sich für seine juristischen Angriffe schriftlich entschuldigt, könnte man als die Krönung eines kompensatorischen Lebenswerkes bezeichnen.[888] Das zugrunde liegende binäre Weltbild kennt nur Gut und Böse, Beschuldigung oder Entschuldigung, Himmel und Hölle, und darum weder Balance noch Stabilität. Es strebt nach Perfektion, nach Reinheit und letztlich nach Erlösung im durchaus religiösen Sinn. Es kippt darum leicht und wird im Nu totalitär. Es ist kein Zufall, dass Ulrichs Gesprächspartnerin Luisa Neubauer ebenso wie ihre Cousine Carla mit ihren unbeugsamen Ambitionen zur Weltrettung aus eben dieser Familie stammen.

Nun könnte Ulrich ja gerne für sich allein oder im Kreise von Seelenverwandten dem Lupinen-Joghurt frönen, Leinöl schlürfen oder am Hummus-Brot nagen. Er könnte für sich allein in seinem Selbsthass darben. Das Problem beginnt dann, wenn er meint mit diesen Zwangsvorstellungen andere oder gleich eine ganze Gesellschaft beglücken zu müssen. Und leider ist er als ZEIT-Journalist auch noch in der privilegierten Lage dazu.

---

[885] ‚Kritiker fordern endgültige Schließung', Der SPIEGEL, 06.11.1999 https://web.archive.org/web/20150815052223/https://www.spiegel.de/kultur/gesellschaft/wehrmachtsausstellung-kritiker-fordern-endgueltige-schliessung-a-51278.html

[886] Pressemitteilungen des Hamburger Instituts fuer Sozialforschung, 20.10.1999 - 20.12.2000 https://web.archive.org/web/20160207222551/http://www.his-online.de/fileadmin/user_upload/pdf/veranstaltungen/Ausstellungen/PMVernichtungskrieg.pdf

[887] ‚Ich beschönige an diesen Fehlern nichts', Die WELT, 06.11.1999 https://web.archive.org/web/20190429020858/https://www.welt.de/print-welt/article589498/Ich-beschoenige-an-diesen-Fehlern-nichts.html

[888] ‚Die Sensation, die eine Fälschung war', SZ, 19.01.2020 https://web.archive.org/web/20201127150119/https://www.sueddeutsche.de/politik/kz-arzt-josef-mengele-die-sensation-die-eine-faelschung-war-1.4683779

Jahrzehntelang hat er Angela Merkel begleitet und ist mit ihr höchstwahrscheinlich ebenso Business-Jet geflogen, öfters auch gemeinsam mit Dirk Kurbjuweit, der später Chefredakteur beim SPIEGEL wird. Hierbei dürfte er ebenso reichlich CO_2 produziert haben wie seine Buchpartnerin Luisa bei ihren notorischen Langstreckenflügen.

Ein bemerkenswertes Interview, das später unter der Überschrift *„Die Methode Merkel"* erscheint, führt er mit Merkel am Besprechungstisch des Kanzlerbüros im Jahr 2010. Damals ist die Welt auch in Deutschland noch einigermaßen heil und Merkel noch einigermaßen auf CDU-Linie.[889] Im Grunde besteht das Interview aus einigen wenigen Textbausteinen Merkels, die Ulrich mit den eigenen vermengt. Er ergänzt Merkel in dem Beitrag so gekonnt und so prophetisch, dass man nicht mehr so recht weiß, ob Ulrich das politische Programm von Merkel nicht doch besser kennt, als Merkel selbst.

Ulrich schreibt in jenem Interview davon, dass man die CDU je nach Wahlausgang und Koalitionspartner *„rot, grün oder gelb"* anstreichen könne. Eine neue Farbe habe Merkel noch auf der Palette: „grün". Wie gesagt, wir schreiben das Jahr 2010 im April. *„Mal bin ich liberal, mal bin ich konservativ, mal bin ich christlich-sozial. Und das macht die CDU aus"*, sagt Merkel am folgenden Monat bei Anne Will.[890] Sieben Jahre später beginnen die Koalitionsverhandlungen mit den Grünen und der FDP, die letztlich scheitern. Das ist aber nicht gar so schlimm, denn die de facto erste grüne Kanzlerin regiert da bereits zwölf Jahre lang.

Ulrich schreibt davon, dass *„Europa sein Demografieproblem schon längst mit Einwanderung löse". „Die Franzosen mit ihren Algeriern und Tunesiern, England mit den Pakistanern, wir mit den Türken."* Am Ende werden es ab 2015 zumeist Syrer, Afghanen und Iraker sein, zum Glück für Ulrich sind es aber trotzdem vorwiegend Muslime. Ob sich diese besser integrieren als Türken, die laut einer Studie des Berlin-Instituts aus dem Jahr 2009,

---

[889] ‚Die Methode Merkel', Die ZEIT, 08.04.2010
https://web.archive.org/web/20160703221529/http://www.zeit.de/2010/15/Methode-Merkel/komplettansicht

[890] ‚Dinge tun, die aus dem Rahmen fallen', Süddeutsche Zeitung, 17.05.2010
https://web.archive.org/web/20100924171459/https://www.sueddeutsche.de/politik/merkel-bei-anne-will-dinge-tun-die-aus-dem-rahmen-fallen-1.403011

weit schlechter integriert sind, als alle anderen wichtigen Zuwanderergruppen, darf bezweifelt werden.[891] Im April es Jahres 2021 sieht es nicht danach aus: Gerade einmal 27,4 % der seit 2015 eingewanderten Syrer waren sozialversicherungspflichtig beschäftigt.[892] Wenn so die *Lösung* daherkommt, worin besteht dann das *Demografieproblem*, welches man damit beheben will? Man möchte annehmen, damit sind viele Rentner gemeint, die durch junge Zuwanderer finanziert werden können. Im Ergebnis kommen zu den vielen Rentnern nun etliche eingewanderte, faktische Frührentner hinzu. Die Lösung wird zum Problem, zum großen Problem. Ulrich erwähnt schon zuvor, dass es *„die historische und zugleich sehr alltägliche Aufgabe Europas ist, den Frieden mit den islamischen Ländern und mit den Muslimen herzustellen"*. Das Interview findet im Jahr 2010 statt. Die verheerenden Terroranschläge von Madrid und London der Jahre 2004 und 2005 liegen noch nicht lange zurück, jene von Brüssel, Nizza, Berlin, Manchester und Barcelona der Jahre 2015 bis 2017 stehen noch bevor. Neben den großen Terrorereignissen sind es obendrein tausende, ja zehntausende Gewaltverbrechen, die im Zuge der ungesteuerten Migration in Westeuropa zu etwas Alltäglichem werden. So werden hier mittlerweile aus offensichtlich islamistischen Motiven Lehrer, Polizisten oder zufällig anwesende Passanten ermordet. Mit dieser Entwicklung will aus gutem Grund nicht jeder den Frieden herstellen, den sich Bernd Ulrich vorstellt.

Über ein Jahrtausend hinweg ist Europa gar nicht so schlecht damit gefahren, die Besiedlung durch Muslime in größerem Umfang zu vermeiden. Dutzende historische Schlachten, von Tours und Poitiers bis hin zum Kahlenberg vor Wien, dienten der Abwehr muslimischer Feldzüge. Wenn es nun offenbar die *„historische Aufgabe"* ist, gegenteilig vorzugehen, dann muss es erlaubt sein danach zu fragen, wer denn derlei *„historische Aufgaben"* Europa zuweist und zu welchem Zweck. Ab dem Jahr 2001 war die *„historische Aufgabe"* der sogenannte ‚Krieg gegen den

---

[891] ‚Ungenutzte Potenziale: Zur Lage der Integration in Deutschland, Berlin-Institut für Bevölkerung und Entwicklung, Januar 2009
https://web.archive.org/web/20090205222024/https://www.berlin-institut.org/fileadmin/user_upload/Zuwanderung/Integration_RZ_online.pdf

[892] ‚Mehrheit der Syrer bekommt Hartz IV', FAZ, 14.07.2021
https://web.archive.org/web/20210714071858/https://www.faz.net/aktuell/wirtschaft/arbeitsmarkt-fuer-fluechtlinge-mehrheit-der-syrer-bekommt-hartz-iv-17436764.html

Terror'. Damit sind vor allem die von den USA angeführten Angriffskriege in den islamischen Ländern Afghanistan und Irak gemeint. Neben mancher Verfehlung, die sich Gerhard Schröder geleistet hat, ist es sein historischer Verdienst, Deutschland wenigstens aus dem US-Debakel im Irak herausgehalten zu haben. Merkel hingegen belässt die deutschen Truppen über die 16 Jahre ihrer Amtszeit hinweg in Afghanistan. Wenige Monate vor dem Ende dieser Amtszeit kommt es im Rahmen eines chaotischen Abzugs zum schmählichen Ende des Einsatzes. In Afghanistan werden sinnloser Weise mindestens siebzehn Milliarden Euro Steuergeld verbrannt, andere Schätzungen gehen von weit höheren Kosten aus.[893] Neunundfünfzig Bundeswehrsoldaten verlieren dort ihr Leben, viele weitere ihre Gesundheit.

Im Rahmen der planlosen Evakuierung aus Kabul fliegt die Bundeswehr auch dutzende, vorher mit Millionenaufwand abgeschobene Schwerverbrecher wieder nach Deutschland ein, darunter Kinderschänder und Vergewaltiger.[894] In der letzten Phase des Einsatzes sind rund 1000 Soldaten der Bundeswehr in Afghanistan stationiert. Merkel geht jedoch davon aus, dass bis zu vierzigtausend afghanische Ortskräfte in Deutschland aufzunehmen sind.[895] Man kann sich ungefähr ausrechnen, wie viele lokale Helfer sich da um einen Bundeswehrsoldaten kümmern müssen, um auf eine solche Phantasiezahl zu kommen. Der Friede mit den Muslimen soll offenbar vor allem auf deutschem Territorium geschlossen werden, vollfinanziert vom deutschen Steuerzahler, der sich bald fremd im eigenen Haus fühlen wird.

Ulrichs eigene Idee war das mit der muslimischen Zuwanderung wohl eher nicht. *„... fast glaubt man, eine Souffleur-Stimme zu hören. Das spüren auch jene, die von der Atlantik-Brücke gar nichts wissen, und das macht sie misstrauisch"*, schreibt Ulrich erstaunlich passend und verblüffend offen

---

[893] ‚Afghanistan-Einsatz kostete mehr als 17,3 Milliarden Euro', Deutsche Welle, 05.10.2021 https://web.archive.org/web/20211005095310/https://www.dw.com/de/afghanistan-einsatz-kostete-mehr-als-173-milliarden-euro/a-59407489

[894] ‚Innenministerium liegen „polizeiliche Erkenntnisse" zu einigen Ausgeflogenen vor', WELT, 23.08.2021 https://web.archive.org/web/20210823145301/https://www.welt.de/politik/deutschland/article233314541/Afghanistan-Innenministerium-hat-polizeiliche-Erkenntnisse-zu-Ausgeflogenen.html

[895] ‚Merkel: Bis zu 40.000 Ortskräfte noch in Afghanistan' N-TV, 31.08.201 https://web.archive.org/web/20210831142545/https://www.n-tv.de/politik/Merkel-Bis-zu-40-000-Ortskraefte-noch-in-Afghanistan-article22775817.html

dazu in seinem Buch *‚Sagt uns die Wahrheit! : Was die Politiker verschweigen und warum'.*[896] Ulrich ist bei weitem nicht der einzige Journalist, bei dem man eine Souffleur-Stimme zu hören glaubt. Fast immer, wenn es gegen die Interessen des eigenen Landes geht, sind die Hauptstadtjournalisten prompt und zuverlässig an der Seite der Kanzlerin.

Es drängt sich hier die Frage auf, ob Bernd Urich gelegentlich liest, was er schreibt, ob er dann auch fallweise versteht, was er liest, und wie er im Anschluss mit dem zurechtkommt, was er versteht. Vielleicht kompensiert er so etwas mit einem vollwertigen veganen Menü oder er setzt eine Sturmhaube auf, fährt nächtens doch mal zu McDonald's und bezahlt dort bar.

Immerhin: Der Satz von der *„historischen Aufgabe"*, den Ulrich im Interview nachspricht und zugleich vorspricht, könnte so auch von Angela Merkel nachgesprochen und zugleich vorgesprochen werden. Etwas verziert und entschärft spricht sie ihn fünf Jahre später auf dem CDU-Parteitag 2015 in Karlsruhe tatsächlich nach und zugleich vor:

„Der Krieg in Syrien, die Fassbomben von Assad, die Ausbreitung des IS in Syrien und im Irak, die Tatsache, dass Libyen keine funktionierende Regierung hat, die Situation in Afghanistan – all das ist nicht mehr weit weg, sondern all das kommt zu uns, und das ist eine historische Bewährungsprobe für Europa, und ich möchte – ich sage: wir möchten –, dass Europa diese Bewährungsprobe besteht."[897]

Am Beginn des Jahres 2023 fällt Bernd Ulrich doch tatsächlich auf, dass einige Ergebnisse von Merkels Regierungszeit *„dramatisch schlecht"* sind, aber Merkel trotzdem *„eine herausragend gute Politikerin"* ist.[898] Da könnte sich eine Gemeinsamkeit mit den Ergebnissen von Ulrichs journalistischem Werk abzeichnen und ein Unterschied: Wer dramatisch schlechten

---

[896] ‚Sagt uns die Wahrheit! : Was die Politiker verschweigen und warum', Bernd Ulrich, 2015, S. 48

[897] ‚Protokoll 28. Parteitag der CDU Deutschlands', Karlsruhe, 14. - 15.12.2015 https://web.archive.org/web/20200810113951/https://www.kas.de/c/document_library/get_file?uuid=51820aaa-2f21-e948-9544-ffbf29dc9499&groupId=252038

[898] ‚Anekdoten gegen Abgründe', Die ZEIT, 05.02.2023 https://web.archive.org/web/20230207051151/https://www.zeit.de/2023/06/angela-merkel-russland-ukraine-nord-stream-2/komplettansicht

Journalismus abliefert, ist eben kein herausragend guter Journalist, sondern ein dramatisch schlechter.

Ein ähnliches Muster des prophetischen Journalismus erleben wir bei Ulrike Demmer. Sie erlaubt sich im Jahr 2009 zusammen mit Markus Feldenkirchen und Alexander Szandar tatsächlich in einem SPIEGEL-Beitrag heftige Kritik an Merkel.[899] Überschrieben war dieser Artikel angriffslustig mit *„Merkels Märchen"* und man machte sich dort die Abschaffung der Wehrpflicht zur journalistischen Mission. Ergänzt um ein Interview mit Guido Westerwelle in gleichem Tenor, wird darin die Wehrpflicht zerpflückt. Kräftige Seitenhiebe gibt es dort für Merkel. Erstaunlicherweise ist es dann Merkel selbst, die ihren Verteidigungsminister von und zu Guttenberg wenig später jene Wehrpflicht beerdigen lässt, die sie vorher erkennbar doppelzüngig als Erfolgsmodell lobt. Den Beschluss bereitet ein SPIEGEL-Interview mit Karl-Theodor zu Guttenberg vor, das im Juni 2010 von Demmer gemeinsam mit Konstantin von Hammerstein und Dirk Kurbjuweit lanciert wird.[900] Merkel und ihr Adlatus Kauder sprechen sich in jenen Tagen überdeutlich, überrascht und verärgert gegen Guttenbergs Ansinnen aus.[901] Es handelt sich dabei um Pirouetten, die von Politikern gemeinsam mit willfährigen Journalisten gedreht werden und deren alleiniger Zweck ist die Täuschung der Öffentlichkeit. Es geht um die mediale Organisation von Verantwortungslosigkeit. Merkel agiert einmal mehr im Hintergrund und bleibt zunächst nur wenigen als Totengräber einer einsatzfähigen Bundeswehr in Erinnerung. Der Karl-Theodor war's!

Wer sich aber so aufrecht um seine regierungsamtlichen Gönner bemüht, dem ist der verdiente Dank des Muttilandes sicher. Ein paar Jahre später wird Demmer doch tatsächlich stellvertretende Regierungs-

---

[899] ‚Merkels Märchen', Der SPIEGEL, 06.07.2009 https://web.archive.org/web/20240325170235/https://www.spiegel.de/politik/merkels-maerchen-a-c49c0663-0002-0001-0000-000066208529

[900] ‚Geist des Kalten Krieges', Der SPIEGEL, 13.06.2010 https://web.archive.org/web/20240325170324/https://www.spiegel.de/politik/geist-des-kalten-krieges-a-c6262d15-0002-0001-0000-000070940362

[901] ‚Merkel gegen Aussetzen der Wehrpflicht', Die ZEIT, 03.06.2010 https://web.archive.org/web/20100608133304/https://www.zeit.de/politik/deutschland/2010-06/sparen-merkel-wehrpflicht-bundeswehr

sprecherin.[902] In diesem Amt darf sie in Zeiten von Corona noch viele, viele Pirouetten drehen. Aber für Demmer kommt es noch besser: Nach dem unrühmlichen Abgang von Patricia Schlesinger als Intendantin des Rundfunks Berlin-Brandenburg (RBB) wegen zu großer Verdienste, wurde Demmer im Juni 2023 im sage und schreibe vierten Wahlgang zur regulären Nachfolgerin gewählt.[903]

Ohne die Erwähnung von **Alexander Osang** wäre diese Auswahl grob unvollständig. Auch Osang begleitet Merkel journalistisch über Jahrzehnte hinweg für das vormalige Nachrichtenmagazin SPIEGEL. Er versucht sich an Interviews mit ihr, versucht sich an Interviews mit ihrem Vater und versucht sich an Berichten über sie. Und er ist mit diesen Aufgaben immer heillos überfordert. Sein jüngstes Desaster mit Merkel findet im Juni des Jahres 2022 in der Berliner Volksbühne statt. Wer wissen will, wie tief Journalismus sinken kann, muss hinhören, wenn Osang auf offener Bühne bei Merkels Erscheinen *„Meine Kanzlerin wird sie sowieso immer bleiben"* stammelt.[904] Einige Monate später zeigt Giovanni di Lorenzo, dass man auch als Journalist mit Sympathie für Merkel ein anständiges Interview führen kann. Geschickt nutzt di Lorenzo dabei übrigens die Möglichkeit, die Lüge zu verbreiten, wonach fünfundfünfzig Prozent der 2015 angekommen Migranten nicht mehr auf staatliche Unterstützung angewiesen seien.[905] Tatsächlich gibt es dazu gar keine offiziellen Zahlen, weil diese Zahlen die Einwanderung in die Sozialsysteme eindrücklich belegen würden und die Regierung damit nicht konfrontiert werden will. Stattdessen bedient man sich der Summe aller aus einem jeweiligen Land eingewanderten Menschen. Also auch jener Migranten, die vor 2015 eingewandert sind, was die Bilanz deutlich besser aussehen lässt. Weil es vor 2015 keine nennenswerte syrische Population in Deutschland gab, klappt dieser Trick bei dieser

---

[902] ‚Journalistin Ulrike Demmer wird Vize-Regierungssprecherin', Der SPIEGEL, 24.05.2016
https://web.archive.org/web/20160524154557/https://www.spiegel.de/politik/deutschland/journalistin-ulrike-demmer-wird-vize-regierungssprecherin-a-1093876.html

[903] ‚Ulrike Demmer wird neue rbb-Intendantin', RBB, 16.06.2023
https://web.archive.org/web/20230616165844/https://www.tagesschau.de/inland/regional/brandenburg/rbb-rundfunkrat-waehlt-ulrike-demmer-zur-neuen-rbb-intendantin-100.html

[904] ‚Was also ist mein Land?', Phönix, 07.06.2022
https://youtu.be/hiwnD00kV0w?t=651

[905] ‚Angela Merkel im Gespräch mit Giovanni di Lorenzo', ZEIT ONLINE, 29.04.2023
https://www.youtube.com/watch?v=RtgpwTZG7PQ&t=4841s

Gruppe nicht und Herr di Lorenzo kann in seiner eigenen Zeitung nachlesen, dass 2021 fünfundsechzig Prozent der Syrer ganz oder teilweise auf Sozialhilfe angewiesen sind.[906]

Und selbst diese fatale Zahl beschönigt die Situation noch, denn das ist der Anteil unter den erwerbsfähigen Asylbewerbern. Rechnet man Kinder und Alte hinzu, ist die Hartz-IV-Quote noch höher, sie ist verheerend hoch. Es bedarf keiner seherischen Fähigkeiten, sondern nur der Beherrschung des Dreisatzes, um auf Basis dieser Zahlen den Kollaps des deutschen Sozialsystems vorherzusagen. Das ist die logische Folge von Merkels bizarrem Projekt, das aus Deutschland eine Sozialstation für den Rest der Welt macht und zu diesem Zweck eine Art Grundrecht auf Wohlstand etabliert, das offenbar weltweit gilt, aber nur in Deutschland umgesetzt wird. Und zwar für jeden, der es, egal wie und warum, über die Grenze schafft und das Wort ‚Asyl' aussprechen kann. Niemand, der auch nur auf Grundschulniveau rechnen kann und will, wird an einen guten Ausgang dieses Experiments glauben. Di Lorenzo ist bei weitem nicht der einzige Journalist, der in der Frage der Erwerbsquote von Flüchtlingen flunkert. Das geschieht großflächig. Der Hochschullehrer Peter J. Brenner schildert ausführlich und eindrücklich, dass er wegen redaktioneller Manipulationen in dieser Frage im August 2020 sein Abonnement bei der Frankfurter Allgemeinen kündigt.[907]

Drei Jahrzehnte vor dem Interview mit Merkel lässt sich Osang mit Pudelfrisur, einem aufgesetzten Schwiegersohn-Blick und einem Schild ablichten, auf dem die folgenden zwei dümmlichen Sätze stehen, die zu den Edelfedern der Hauptstadt ausgezeichnet passen:

„Ich mag keine Sätze, in denen das Wort Deutschland vorkommt. Sie klingen nicht gut."[908]

---

[906] ‚Erwerbstätigenquote unter Zuwanderern aus Syrien steigt', Die ZEIT, https://web.archive.org/web/20220628230542/https://www.zeit.de/gesellschaft/zeitgeschehen/2021-07/syrien-zuwanderer-flucht-arbeit-arbeitsmarkt-hartz-iv-quote

[907] ‚Warum ich mein FAZ-Abonnement gekündigt habe', Tumult, 2020 https://web.archive.org/web/20210621224823/https://www.tumult-magazine.net/post/peter-j-brenner-k%C3%BCndigung-der-faz

[908] ‚30 Jahre später, und ich erzähle immer noch dieselbe Geschichte', Der SPIEGEL, 24.09.2019 https://archive.ph/nlgEb

Ihre Denkhaltung ist immer diffus gegen das eigene, und immer bestimmt für das Fremde. Sie zählen sich stolz zum Volk der Europäer, einer Ethnie, die es leider nie über deutsche Phantasmen hinaus schaffen wird. Und sie wünschen sich das Aufgehen des eigenen Landes in einem europäischen Staatsgebilde, dessen Vorläufer EU sich fast täglich als unfähig, übergriffig, sündhaft teuer und bis ins Mark korrupt erweist. Dass ihr Wohnland in einen *„von Merkel mehr oder weniger gut moderierten Kollaps"* geführt wird, nehmen sie mit Gleichmut, gar Genugtuung hin. Gerade dafür mögen sie Merkel und ihr *„distanziert nüchternes, vielfach ernüchtertes Bild von den Deutschen"*. Laut Hauptstadtjournalist Blome hält Merkel die große Mehrheit der Deutschen für *„politisch desinteressiert; wenn nicht ahnungslos; für reformfeige, undankbar und unterschwellig immer noch verführbar."*[909]

Eine hochselektive Erinnerungsarbeit begegnet einem immer und immer wieder bei den geneigten Chronisten Angela Merkels. Herlinde Koelbl, Evelyn Roll, Wolfgang Stock, Alexander Osang, Bernd Ulrich, Robin Alexander, Ursula Weidenfeld, Dirk Kurbjuweit, Günther Bannas, Ralph Bollmann oder Gerd Langguth etc., etc.. Deren Arbeit ist nicht gänzlich schlecht, aber vieles, was Wesen und Politik Angela Merkels freilegen könnte, und das sind auch ihre flagranten Lügen, ihre unzähligen Widersprüche und ihre epochalen Fehlentscheidungen, wird kleingeredet, verklärt oder einfach weggelassen und vergessen. Kurzum: Am Denkmal Angela Merkel wird nicht gekratzt.

Bei **Günter Bannas** kann man nicht nur nachlesen, dass es im Bundestag eigentlich keinen *Fraktionszwang* gibt, sondern nur eine *Fraktionsdisziplin* gibt. Man kann bei ihm auch nachlesen, dass Merkel bei der Wahlparty 2013 Hermann Gröhe das Deutschland-Fähnchen entriss, weil er es *„dermaßen unkontrolliert schwenkte, dass es ihm Merkel wegschnappte"*.[910] In der Aufzeichnung ist klar erkennbar, dass Gröhe gar nicht zum Schwenken des geschätzt dreißig Zentimeter hohen Fähnchens kam. Merkel hat offenbar nicht nur mit der deutschen Nationalhymne größte Probleme, sondern auch mit der deutschen Nationalflagge, so klein die

909 ‚Angela Merkel – Die Zauderkünstlerin', Nikolaus Blome, 2013, S. 28

910 ‚Machtverschiebung', Günter Bannas, 2019

Ausführung auch sein möge. Aber das darf das gemeine Volk nicht mitbekommen. Und dafür sorgen die Schönschreiber, Maskenbildner und Kulissenschieber in den Hauptstadtredaktionen der Berliner Republik. Und dafür wird man dann auch ordentlich belohnt: Bei seiner Berliner Abschiedsparty sitzt Herr Bannas als Hahn im Korb zwischen den beiden Grazien Nahles und Merkel. Man prostet sich beschwingt von edlem Weißwein zu und weiß, was man aneinander hat. Kurz darauf erfolgt der jähe Absturz der Andrea Nahles. Er endete nach einem kurzen Intermezzo als Chefin der Bundesnetzagentur mit dem Spitzenposten bei der Bundesagentur für Arbeit, mit einem Jahresgehalt von um die 270 000 Euro. So tief fallen in Deutschland unfähige Politiker. Der Titel des FAZ-Artikels über die Abschiedsparty von Günter Bannas lautet übrigens *„Ein Vorbild für die ganze Branche"*.[911]

Jeder dieser vorzüglichen Journalisten, Biographen und Chronisten möge am Ende selbst entscheiden, ob er eher Gläubiger oder Schuldner des Trugbildes Angela Merkel ist.

Noch bizarrer als in Deutschland ist allerdings die Verklärung von Angela Merkel im Ausland. Dort werden sie und ihre Familie der Öffentlichkeit als Bedrängte des DDR-Regimes präsentiert.[912] Eine Erfindung, der sowohl Vater als auch Tochter Kasner Vorschub leisten. Kasner beschreibt sich selbst einmal als Pfarrer, der *„gegen die atheistische und gottlose Propaganda des SED-Staates"* ankämpft.[913] In einem Interview vom 6. September 2005 spricht Horst Kasner gegenüber Judy Dempsey gar davon, *„in einer Art Ghetto gelebt zu haben"*.[914] Es dürfte klar sein, welche Bilder der Begriff *Ghetto* in den USA erzeugt. Darüber hinaus habe man ihn, weil er im Seminar über Sacharow diskutierte, an die Stasi

---

911 ‚Ein Vorbild für die ganze Branche', FAZ, 21.03.2018
https://archive.ph/NmwgS

912 ‚The pastor's daughter: How a striking family history shaped Germany's powerful chancellor', Washington Post, 11.ß0.2017
https://web.archive.org/web/20170911112941/https://www.washingtonpost.com/world/europe/the-pastors-daughter-how-a-striking-family-history-shaped-germanys-powerful-chancellor/2017/09/08/66b81140-88e1-11e7-96a7-d178c-f3524eb_story.html

913 ‚B.Z.-Besuch bei dem Pfarrer aus Templin', BZ., 02.06.2005
https://archive.ph/ISGRX#selection-697.319-697.393

914 ‚The young Merkel: Idealist's daughter', NYT/International Herald Tribune, Judy Dempsey, 06.09.2005
https://web.archive.org/web/20050906053233/http://www.iht.com/articles/2005/09/05/news/germany.php

verraten. In der Folge musste er angeblich einen Anwerbungsversuch abwehren. Bei Licht betrachtet war beispielsweise der Weißenseer Arbeitskreis, dem Kasner zeitweise sogar vorstand, ein Werkzeug zur Spaltung und anschließender Gleichschaltung der Evangelischen Kirche im Sinne der SED. In der Gruppe fanden sich Stasi-Spitzel wie Gerhard Bassarak (IM ‚Bus') und Hanfried Müller (IM ‚Hans Meier'), beides gute Bekannte von Kasner. Auch Pfarrer Rolf-Dieter Günther (IM ‚Wilhelm') taucht oft im Zusammenspiel mit Kasner auf. Möglicherweise wurde Familie Kasner tatsächlich in der einen oder anderen Weise überwacht, daraus resultierende Nachteile sind allerdings bis heute kaum erkennbar. Der von Vater und Tochter geschickt und wiederholt angedeutete Opferstatus lässt sich damit ausschließen.

Eine besondere Variante des merkeltreuen Öffentlichkeitsarbeiters begegnet uns in der Person eines zweiten Ulrichs, in der Person von **Ulrich Wilhelm**. Merkels erster Pressesprecher im Kanzleramt war zuvor viele Jahre für die Öffentlichkeitsarbeit von Edmund Stoiber zuständig. Mit Stoiber selbst pflegt Merkel nicht erst seit dem legendären Frühstück in Wolfratshausen, bei dem Merkel Stoiber den Vortritt als Kanzlerkandidat des Jahres 2002 lässt, ein recht auskömmliches Verhältnis. Beide stehen in einem gewissen Sinne der CDU nahe, betrachten die Partei aber als ein Mittel zum Zweck und verbinden mit ihr keinerlei Herzblut. Pressesprecher Ulrich Wilhelm ist das Gegenpart zu Journalist Bernd Ulrich, so zumindest in der Theorie. Der eine Ulrich sollte hinterfragen, was der andere Ulrich verlauten lässt, so zumindest in der Theorie. Doch Ulrich einigt sich mit Ulrich lieber darauf, was man gemeinsam verlauten lässt, so zumindest kommt einem die Praxis vor.

Wesentlich interessanter als seine Karriere unter Merkel ist aber Wilhelms Karriere *durch Merkel*. Pünktlich nach seiner fünfjährigen Tätigkeit unter Merkel wird Wilhelm im Februar 2011 Intendant des Bayerischen Rundfunks. Wer aus der großen Berliner Einheitspartei hätte dagegen auch Einspruch einlegen können, geschweige denn wollen?

Mit dem Intendantenposten und der damaligen Gehaltsverdopplung auf 310 000 Euro im Jahr ist Wilhelms Karriere allerdings noch lange nicht am oberen Ende angelangt - sein Gehalt übrigens auch nicht. In den Jahren 2018 und 2019 wird er turnusgemäß für zwei Jahre Vorsitzender der ARD, gewissermaßen ehrenamtlich, weil es dafür bisher noch keine Zusatzprämie gibt. Ulrich geht im Jahr 2021 bei einem Gehalt von über 400 000 Euro in Pension.[915] [916] Wer sich fragt, warum ein BR-Intendant

„Mit Stoiber selbst pflegt Merkel nicht erst seit dem legendären Frühstück in Wolfratshausen, bei dem Merkel Stoiber den Vortritt als Kanzlerkandidat des Jahres 2002 lässt, ein recht auskömmliches Verhältnis." Foto: EPP, 23. März 2006 in Meise

mit Verantwortung für rund 5000 Mitarbeiter ungefähr das Gleiche bekommt wie ein Bundeskanzler mit Verantwortung für über 80 Millionen *„Menschen, die in diesem Land leben"*, dem kann geholfen werden: Die Intendanten der zehn in der ARD zusammengefassten Sender stehen an der Spitze des politisch-medialen Komplexes. Unter Merkel wird dieser politisch-mediale Komplex noch mehr auf Gleichtakt gebürstet, als es ohnehin schon der Fall war. Merkels innige Freundschaften zu den

---

915 ‚Teure Berater', SZ, 23.09.2022
https://web.archive.org/web/20220923152114/https://www.sueddeutsche.de/medien/bayerischer-rundfunk-oberster-rechnungshof-beratervertraege-4-1.5662664

916 ‚Der Kaiser vom BR', SZ, 20.08.2010
https://web.archive.org/web/20100823063322/https://www.sueddeutsche.de/medien/intendantengehaelter-der-kaiser-vom-br-1.990793

Konzernchefinnen Friede Springer und Liz Mohn helfen dabei enorm.[917] Damit sind dann nämlich auch die privaten Medienanbieter zu guten Teilen unter einheitlicher Kontrolle. Das gelingt auch deshalb so gut, weil Zeitungen und Zeitschriften wegen der Konkurrenz des Internets seit der Jahrtausendwende einen dramatischen Niedergang erleben. Von den einst über zweihundert Seiten einer Ausgabe des SPIEGELS, die Hälfte davon mit teuren Anzeigen bedruckt, sind danach noch ungefähr hundert übrig und noch dramatischer sind die Anzeigeneinnahmen gesunken.[918] Die privaten Konzernmedien verstehen sich unter Merkel zusehends nicht mehr als Kontrollinstanz der Regierung, sondern als deren Partner, auch weil sie es sich sonst kaum mehr leisten können. Das Internet hat deren traditionelles Geschäftsmodell ruiniert. Im Gegenzug finanziert die Regierung mehr und mehr die Medien und beauftragt auch einzelne Journalisten für ihre Zwecke. Die üblichen verdächtigen Stiftungen tun ein übriges. Man kann bei der Bill & Melinda Gates Stiftung nachlesen, dass der SPIEGEL von dort Millionen erhält, und zwar für einen konkreten redaktionellen Auftrag.[919]

Bei genauer Betrachtung sind es neben den öffentlich-rechtlichen Medien nur eine Handvoll Medienunternehmer und Verlegerfamilien, die die Branche nahezu vollständig beherrschen. Und das oft schon seit den Zeiten der Besatzung, als die Alliierten gefügigen Zeitungsmachern lukrative Zeitungslizenzen übertrugen. Es waren nicht nur Lizenzen zum Druck von Zeitungen, sondern auch zum Druck von Geld. Die Grundlast an Nachrichten und Agenturmeldungen für hunderte Regionalzeitungen und den wenigen überregionalen Zeitungen kommt von der Deutschen Presseagentur GmbH. Der Aufsichtsrat der Deutschen Presseagentur bildet den Proporz der deutschen Medienlandschaft ab: Er wird von ARD, ZDF, Springer und Bertelsmann dominiert. Wir haben es mit einem faktischen Kartell zu tun, dass beinahe auf Knopfdruck

---

[917] ‚Basel Express', 10.2016
https://web.archive.org/web/20161013021626/https://www.basel-express.ch/redaktion/medienkritik/216-ach-wie-gut-dass-niemand-weiss-dass-meine-freundin-springer-heisst

[918] ‚Die Montagsmakler', SZ, 17.05.2010
https://web.archive.org/web/20101024083103/https://www.sueddeutsche.de/kultur/der-spiegel-in-der-werbekrise-die-montagsmakler-1.128627

[919] ‚Spiegel Online', 10.2021
https://web.archive.org/web/20211109163353/https://www.gatesfoundation.org/about/committed-grants/2021/10/inv032089

mit Monopolmeinungen die Öffentlichkeit beeinflussen und in Krisen- oder Entspannungsmodi versetzen kann. Der Krisenmodus wird dabei eindeutig bevorzugt. Gemäß dem Motto ‚Not kennt kein Gebot' kann dann rigoros durchregiert, durchgeimpft oder anderweitig durchgegriffen werden.

Das einfachste Werkzeug der Meinungsmanipulation ist das simple Weglassen von unerwünschten Meldungen aus dem täglichen Aufkommen tausender Nachrichten. Diese Manipulation braucht nicht sonderlich konsequent sein. Auch unerwünschte Meldungen haben ab und zu Freigang, aber halt nicht immer und nicht so oft wie die erwünschten Meldungen. Lassen sich unerwünschte Meldungen nicht unterdrücken, werden zügig kontrastierende Meldungen beigestellt. Auf eine Vergewaltigung durch einen illegal eingewanderten Migranten folgt dann eine zusammengeschusterte Statistik über ‚rechte Gewalt'. Das Kriterium der Filterung ist die übergeordnete Agenda, die es weder in Schriftform noch in einer mündlichen Überlieferung zu geben braucht. Sie ergibt sich aus den mittel- und langfristig gemünzten Äußerungen der Hauptfiguren in Regierungen und Institutionen, die sich wiederum aus den einschlägigen Treffen gegenseitig gut kennen. Genau dies ist eindrücklich während der sogenannten Flüchtlingskrise, der sogenannten Coronakrise und des Ukraine-Kriegs zu beobachten.

Dank Figuren wie Wilhelm schreitet die Gleichschaltung der veröffentlichten Meinung voran. Seitens des Bayerischen Rundfunks sind jedenfalls keine größeren kritischen Beiträge zu Angela Merkel aus den Jahren nach Wilhelms Machtübernahme bekannt. Aber es gibt im August 2015 eine ausführliche Reportage über die illegale Reise eines jungen Syrers aus der sicheren Türkei, wo er mit seiner Familie lebt, nach Deutschland.[920] Parallel dazu werden im Film sehr wohlwollend die Bestrebungen der grünen EU-Abgeordneten Franziska Keller um einen verbindlichen Migranten-Verteilungsschlüssel innerhalb der EU-Länder geschildert. Merkel wirbt nach ihrem Alleingang bei der Öffnung der deutschen Grenze jahrelang selbst für diese grüne Forderung, die

---

[920] ‚An der Grenze: Europa und die Flüchtlinge - Doku aus 2015', BR, 03.08.2015 https://www.youtube.com/watch?v=TBNvv1Yn9AY

sogenannte ‚europäische Lösung'.[921] Sie scheitert damit kläglich, weil sich außer Deutschland kaum ein Land darauf einlassen will, unbegrenzte illegale Einwanderung zu dulden. Auch nach Merkels Pensionierung bleibt die Zwangsverteilung von Migranten innerhalb der EU ein Thema. Polen und Ungarn verhindern im Sommer 2023 erneut, dass es dazu kommt.[922]

Ulrich Wilhelm sorgt auch nach seiner Pensionierung beim Bayerischen Rundfunk für eine gute Stromlinie in der deutschen Medienlandschaft. Ab August 2022 ist er Vorsitzender des Kuratoriums der FAZIT-Stiftung, die die Frankfurter Allgemeine Zeitung kontrolliert, und hält fünfundzwanzig Prozent des Grundkapitals der gemeinnützigen GmbH. Auftrag der Stiftung ist unter anderem *„die Wahrung der Unabhängigkeit der Frankfurter Allgemeine Zeitung"*.[923] Diese Unabhängigkeit wird bei der FAZ sicher niemand besser wahren, als der vormalige Regierungssprecher von Angela Merkel und langjährige Intendant des BR. Und zur Verstärkung gesellt sich Anfang 2023 auch noch der Merkel-Vertraute und vormalige Bundesbankpräsident Jens Weidmann an Wilhelms grüne Seite. Er wird Kurator bei der FAZIT-Stiftung.[924] ‚Feigheit beginnt im Kopf' könnte zum neuen Motto der FAZ werden.

Einziger relevanter Störfaktor im faktisch staatsmonopolistischen Medienbetrieb sind die über das Internet in den sozialen Medien am politisch-medialen Komplex vorbei verbreiteten Nachrichten und Meinungen in Wort, Schrift und Bild. Es überrascht wenig, dass sich Ulrich Wilhelm an den ungefiltert im Internet verbreiteten Informationen stört, die das Meinungsmonopol seiner Einheitspartei unterlaufen.

---

921 ‚Merkel beharrt in Asylpolitik auf europäischer Lösung', Die WELT, 16.06.2018
https://web.archive.org/web/20180617043332/https://www.welt.de/politik/deutschland/article177665832/Angela-Merkel-beharrt-in-Asylpolitik-auf-europaeischer-Loesung.html

922 ‚Polen und Ungarn blockieren EU-Verhandlungen zu Migration', FAZ, 30.06.2023
https://web.archive.org/web/20230705014902/https://www.faz.net/aktuell/politik/ausland/polen-und-ungarn-blockieren-eu-verhandlungen-zu-migration-19000421.html

923 Historie der FAZIT-Stiftung
https://web.archive.org/web/20111101093400/https://www.fazit-stiftung.de/historie.html

924 ‚Neue Kuratoren für die FAZIT-Stiftung', FAZ, 29.12.2022
https://web.archive.org/web/20231107144731/https://www.faz.net/aktuell/wirtschaft/unternehmen/neue-kuratoren-fuer-die-fazit-stiftung-18566636.html

Ulrich Wilhelm (l.), bis 2010 Pressesprecher, dann BR-Intendant und danach geschäftsführender Gesellschafter der Fazit-Stiftung, die die FAZ kontrolliert. Hier mit Angela Merkel auf einem Treffen der EVP am 24. März 2007.
Foto: EPP

Er sieht in ihnen ein Mittel zu Verbreitung von Verleumdungen, Fälschungen, Hass, Propaganda und Desinformation, einen *„Störfaktor ersten Ranges für unser politisches Modell“*.[925] Er meint damit das politische Modell von Angela Merkel, ihrer Einheitspartei und dem weltweiten Netzwerk aus Politik, Globalwirtschaft und Medien. Das Modell der Fassadendemokratie, das die Bürger Jahr für Jahr stärker desinformiert und mehr zensiert, bis mit der sogenannten Coronakrise der vorläufige Höhepunkt an konzertierter Meinungsmanipulation, Zensur und Unterdrückung erreicht wird. Selbst anerkannte Spitzen-Wissenschaftler werden in dieser Zeit bei abweichender Meinung als Extremisten gebrandmarkt, ausgegrenzt oder gar kriminalisiert. Sie verlieren Professuren, Forschungsaufträge und jene Freunde, die dem globalen Manipulationszirkus eher Glauben schenken, als dem seit Jahren vertrauten Mitmenschen.

[925] ‚Soziale Medien sind „Störfaktor für unser politisches Modell“‘, Christlichen Medienmagazins PRO, 05.05.2021 https://web.archive.org/web/20210618050610/https://www.pro-medienmagazin.de/ex-ard-chef-soziale-medien-sind-stoerfaktor-ersten-ranges-fuer-unser-politisches-modell

Bereits 2013 formuliert der Medienwissenschaftler Uwe Krüger in seiner Doktorarbeit den Satz, dem man angesichts des Wirkens von Merkels Sandmännchen nur zustimmen kann:

„Die vorliegende Arbeit wird dagegen von der Annahme geleitet, dass eine konsensuell geeinte Elite in wichtigen Fragen (Krieg und Frieden, makroökonomische Ordnung) ***gegen die Interessen eines Großteils der Bevölkerung*** *regieren kann und dass journalistische Eliten zu stark in das Elitenmilieu eingebunden sein könnten, um noch als Anwälte des öffentlichen Interesses kritisch-kontrollierend zu wirken.“*[926]

Merkels ‚totale Inszenierung' funktioniert nur durch die totale Unterstützung von Journalisten und Medien. Früh bindet sie zwei der mächtigsten Frauen der europäischen Medienlandschaft an sich, um jedes politische Wagnis durch eine breite mediale Unterstützung abzusichern. Eine Woche vor der Grenzöffnung werden von der BILD-Zeitung tausende Ansteck-Buttons mit dem Antifa-Slogan ‚Refugees-Welcome' verteilt. Auch Vizekanzler Sigmar Gabriel trägt einen am Revers, selbst im Bundestag. Bei der taz *„reibt man sich die Augen“*:

„Konsequent zogen die Blattmacher alle Register des Kampagnenjournalismus, den sie nun einmal konsequent beherrschen, nur diesmal, um für Mitgefühl mit dem Schicksal der Flüchtlinge zu werben.“[927]

Man wusste offenbar im Hause Springer schon früh, dass die Grenzöffnung folgen würde und mit Bildern von Kleinkindern hinter Stacheldraht auf der Titelseite sorgte man für passende Emotionen. Das ist der mediale Enkeltrick. Die als Überraschung inszenierte Masseneinwanderung war bestens geplant, denn Merkel ist ein notorischer Kontrollfreak. Sie überlässt nichts dem Zufall und ihr einflussreicher Freundeskreis in den Eigentümeretagen der Medienkonzerne tut das auch nicht.

---

[926] Uwe Krüger: Meinungsmacht, 2013, S. 28

[927] ‚Der kurze Sommer der Flüchtlingsliebe', taz, 15.09.2015 https://web.archive.org/web/20160414101647/https://taz.de/!5229403/

Im Hinblick auf das ergebene Wirken der medialen Sandmännchen und Sandfrauchen in der Causa Merkel, nagt an der Behauptung, dass die Prostitution das älteste Gewerbe der Welt sei, doch ein arger Zweifel.

Das Kanzleramt in Gütersloh

von Sean le Carnet

„Es ist uns egal, wer regiert."

Gunter Thielen, Vorstand Bertelsmann, FAZ, 28.04.2008

Konzernzentrale der Bertelsmann AG in Gütersloh. Foto: Bertelsmann Media Relations

„Wer ihr gegenübersteht, erkennt: Da sind keine kalten Augen. Im Gegenteil: Da ist viel Wärme."

Liz Mohn über Angela Merkel

Natürlich ist das alles Zufall. Nahezu zeitgleich entstehen Mitte der siebziger Jahre in Bonn und Gütersloh zwei große moderne Verwaltungsgebäude mit jeweils rund dreißigtausend Quadratmetern Nutzfläche. Zwei nüchterne Zweckbauten sind es, beide mit Flachdach und beide nur bescheidene drei Stockwerke hoch. An eine *„etwas zu groß geratene Sparkassenfiliale"* fühlt sich der Hausherr in Bonn erinnert. Der heißt Helmut Schmidt und ist Bundeskanzler. Der Hausherr in Gütersloh heißt Reinhard Mohn, der Chef des Bertelsmann Verlags und der angegliederten Bertelsmann Stiftung. Es ist müßig, den Einfluss von Bertelsmann auf die deutsche Politik quantifizieren zu wollen. Aber weder die Hartz-IV-Reformen noch die Masseneinwanderung ab dem Jahr 2015, wären ohne Konzeption und Kommunikation aus Gütersloh so reibungslos in Gang gekommen, wie wir es erlebt haben.[928] Gleiches lässt sich für das Projekt Euro sagen. Ein Teil des deutschen Kanzleramts steht de facto in Gütersloh.

Die 17-jährige Angestellte Elisabeth Beckmann arbeitet erst wenige Wochen bei Bertelsmann, als es bei einer feuchtfröhlichen Betriebsfeier 1958 zu einem bedeutsamen Zusammentreffen mit dem Firmenchef kommt. Sie wird in den Jahrzehnten danach von Patriarch Reinhard Mohn in einer Scheinehe mit Scheinehemann Joachim Scholz geparkt, der als Lektor und Herausgeber für den Verlag arbeitet.[929] Drei Kinder kommen in dieser Zeit zur Welt, deren Vater nicht Scholz, sondern Mohn ist. Das erfahren die Kinder erst Jahre später. Sie werden schließlich von Reinhard Mohn adoptiert. Es dauert geschlagene vierundzwanzig Jahre, bis Elisabeth Scholz, geborene Beckmann, 1982 endlich zur offiziellen Frau von Reinhard Mohn aufsteigt und sich in Liz Mohn verwandelt. Der Eheschließung geht die Scheidung Mohns von seiner ersten Frau, Magdalene Raßfeld, voraus und dieser Scheidung geht 1978 der Tod von Mohns Mutter Agnes voraus. Zwei der drei Kinder von Liz sind in Konzern und Stiftung in Vorstandspositionen tätig.

Wenn es so etwas wie eine verbale Masturbation vor Publikum gibt, dann wird diese am 10. Oktober 2003 von Liz Mohn im Rahmen einer Laudatio auf Angela Merkel nach Meinung einiger Beobachter vollzogen. Mohn überhäuft darin Merkel so mit beinahe intimen Komplimenten und Schmeicheleien, dass Journalistenlegende Manfred Bissinger es unverblümt *„eine Liebeserklärung"* nennt und die Frage stellt, *„Was ist nur*

---

928 ‚Wer steckt hinter Hartz IV ? - Die Ghostwriter der Hartz Kommission', Helga Spindler https://web.archive.org/web/20131204002819/https://www.uni-due.de/edit/spindler/ghostwriter_spindler_2012.pdf

929 ‚Die komplizierte Romanze der Liz Mohn', Tagesspiegel, 08.12.2003 https://web.archive.org/web/20221220215721/https://www.tagesspiegel.de/wirtschaft/die-komplizierte-romanze-der-liz-mohn-1070521.html

bei Bertelsmann los?“[930] Die Autoren Böckelmann und Fischler sehen darin *„die letzte öffentliche Schamgrenze, die der Lobbyismus auf Gegenseitigkeit in der Bundesrepublik bisher noch hatte“* überschritten.[931] Eine verbale Selbstbefriedigung deutet auch die Berlinert Zeitung an: *„Im Grunde schreibt Liz Mohn über Liz Mohn. Angela Merkel kam da gerade recht.“*[932]

Horst Teltschik, Kohl-Vertrauter, Bertelsmann-Geschäftsführer, und Manager der Automobil- und Waffenindustrie, zusammen mit Merkel auf der Münchner Sicherheitskonferenz am 10. Februar 2007. Foto: Antje Wildgrube

---

930 ‚Medien: „Mut zur Andersartigkeit“‘, Tagesspiegel, 27.04.2004 https://web.archive.org/web/20230709133700/https://www.tagesspiegel.de/gesellschaft/medien/mut-zur-andersartigkeit-1114498.html

931 ‚Bertelsmann: Hinter der Fassade des Medienimperiums‘, Frank Böckelmann, Hersch Fischler, Eichborn Verlag 2004, S. 176 https://web.archive.org/web/20190717132051/http://irwish.de/PDF/_GesKrit/_Sonstige/Boeckelmann_Frank-Bertelsmann-Hinter_der_Fassade_des_Medienimperiums.pdf

932 ‚Liz Mohn mischt sich in die Politik ein‘, Berliner Zeitung, 28.04.2004 https://web.archive.org/web/20230128132116/https://www.berliner-zeitung.de/liz-mohn-mischt-sich-in-die-politik-ein-in-einem-beitrag-empfiehlt-sie-angela-merkel-als-kanzlerin-viel-waerme-li.71197

Ungerührt blieb Merkel von den Avancen allerdings nicht. Es gibt offenbar eine jahrelange innige Freundschaft, die vermutlich schon in den neunziger Jahren beginnt. Bereits am 12. Februar 2003 stellt Merkel ein Buch des Patriarchen Mohn in Gütersloh vor. Im Jahr 2007 hält sie am gleichen Ort die Laudatio bei der Verleihung des Carl Bertelsmann-Preises an eine britische Stiftung. Inhaltlich ist ihre Rede auf dem Niveau einer Kinderstunde angesiedelt, doch niemand erlaubt sich einzuschlafen.[933] Die zwischenzeitlich in ‚Reinhard Mohn Preis' unbenannte Auszeichnung erhält im Jahr 2016 Merkels guter alter Bekannter Klaus Schwab vom WEF. Als Mohn 2009 stirbt, reist Merkel persönlich zum seelsorgerischen Gespräch mit der Witwe an.[934] Vielleicht gibt es das erfundene Milliardärs-Ehepaar *Rand* und den erfundenen *Chauncey Gardener* aus dem Film ‚Being There' auch im echten Leben?

Durch die Bertelsmann-Stiftung üben das Ehepaar Mohn und seine Nachkommen seit Jahrzehnten einen enormen Einfluss auf die nationale und internationale Politik aus. Politisches Personal, von Roman Herzog bis Joachim Gauck, von Henry Kissinger bis Helmut Schmidt, gibt sich in Gütersloh die Klinke in die Hand. Internationale Spitzenpolitiker veröffentlichen in den angeschlossenen Verlagen ihre Bücher oder werden zu Preisverleihungen eingeflogen. Auch ein Nachwuchspolitiker namens Robert Habeck darf 2010 seine wirren Gedanken unter dem Buchtitel ‚Patriotismus: Ein linkes Plädoyer' im Gütersloher Verlag veröffentlichen. *„Patriotismus, Vaterlandsliebe also, fand ich stets zum Kotzen. Ich wusste mit Deutschland nichts anzufangen und weiß es bis heute nicht"*, ist ein weithin bekanntes Zitat aus diesem *Werk*.[935]

Seine gelungene kritische Analyse der Bertelsmann-Stiftung überschreibt der Journalist und Autor Thomas Schuler nicht ohne Grund mit ‚Bertelsmannrepublik Deutschland'.[936] Über Kontaktleute wie

---

[933] ‚Laudatio von Bundeskanzlerin Angela Merkel', Bertelsmann Stiftung, 19.10.2007 https://web.archive.org/web/20211229020137/https://www.bertelsmann-stiftung.de/de/mediathek/medien/mid/carl-bertelsmann-preis-2007-festakt-laudatio-von-bundeskanzlerin-angela-merkel

[934] ‚Bundeskanzlerin Merkel spricht persönlich mit Liz Mohn ', Neue Westfälische, 05.10.2009 https://web.archive.org/web/20230709135815/https://www.nw.de/nachrichten/thema/3173440_Bundeskanzlerin-Merkel-spricht-persoenlich-mit-Liz-Mohn.html

[935] ‚Patriotismus: ein linkes Plädoyer', Robert Habeck, Gütersloher Verlagshaus, 2010

[936] ‚Bertelsmannrepublik Deutschland', Thomas Schuler, 2010

Horst Teltschik und Werner Weidenfeld ist zusätzlich ein massiver Einfluss der amerikanischen Regierung gegeben. Bei Teltschik ist Ende der achtziger Jahre jedenfalls nicht für jeden immer klar ersichtlich, ob er mehr auf Helmut Kohl oder mehr auf George Bush senior hört.[937] Nach zwei Jahren als Geschäftsführer bei Bertelsmann wird Teltschik 1993 Vorstand bei BMW sowie der BMW-nahen Herbert-Quandt-Stiftung. Ab 1999 leitet er für fast ein Jahrzehnt die Münchner Sicherheitskonferenz, dem jährlichen Treffpunkt von Waffenindustrie und Politik vornehmlich transatlantischer Provenienz. Auch Angela ist dort regelmäßig zu Besuch und sitzt mitunter neben Teltschik auf dem Podium. Seit Mitte der siebziger Jahren ist Teltschik mutmaßlich intimer Kenner der Spendentricks der CDU. Er war damals leitender Ministerialrat in Kohls Mainzer Staatskanzlei. Sehr bezeichnend ist sein Gebaren im Zusammenhang mit seiner Anhörung zum CDU-Spendenskandal. Als *„Entschädigung für entgangene Arbeitszeit am 16.11.2000"* reicht er damals eine Rechnung über schlappe 5250 DM ein, die zurecht im Papierkorb landet.[938]

Neben Teltschik ist Werner Weidenfeld ein weiterer Kontaktmann, der mit Bertelsmann über Jahrzehnte hinweg eng verbunden ist. Auf den Webseiten der Ludwig-Maximilians-Universität München findet sich noch heute eine herausragende wissenschaftliche Arbeit über Angela Merkel vom Leiter des ‚Centrums für Angewandte Politikforschung', Prof. Dr. Werner Weidenfeld aus dem Jahr 2007.[939] Allein die Fachzeitschrift ist in den Kreisen der Politikforschung noch nicht abschließend etabliert. Es handelt sich um das Boulevardblatt ‚Bunte' aus dem Offenburger Burda-Verlag.

Deswegen beginnt Prof. Dr. Weidenfelds Ausarbeitung auch erst auf der dritten Seite des Beitrags, da die beiden ersten Seiten für teils retuschierte Hochglanzfotos Merkels reserviert sind. Die Lobhudelei, die

---

937 'MEMORANDUM OF TELEPHONE CONVERSATION, The White House, 23.10.1989 https://web.archive.org/web/20141213142247/https://bush41library.tamu.edu/files/select-documents/telcon10-23-89.pdf

938 ‚Horst Teltschik', Der SPIEGEL, 03.12.2000 https://web.archive.org/web/20230308004935/https://www.spiegel.de/politik/horst-teltschik-a-97bd4204-0002-0001-0000-000017977020

939 ‚Warum die Kanzlerin so mächtig ist', Bunte, 3/2007 https://web.archive.org/web/20240326070529/http://www.cap.lmu.de/download/2007/2007_Bunte.pdf

dann folgt, erinnert stark an die Merkel-Biographie von Wolfgang Stock. Immerhin werden einige ihrer Eigenschaften treffend wiedergegeben, beispielsweise die ausgezeichneten Sprachkenntnisse in Englisch und Russisch sowie ihre passiven Französischkenntnisse. Auch die Durchkreuzung von Schäubles Präsidentenambitionen findet Erwähnung. Der Ausschluss jeglicher *„feministischen Färbung"* bei Merkel wird Beate Baumann in der Ausarbeitung Weidenfelds gerne gelesen haben. Ansonsten gibt es viel Lächeln, auf bunten Bildern mit Blair, Erdogan, Putin, Chirac und sogar mit Ehemann Joachim in der Home-Story außer Haus. Wie bei Stock findet sich auch hier eine kleine Perle, die Merkels überwältigende Beliebtheit im Ausland so ein klein wenig zu erklären vermag: *„Zur Not hilft sie mit eine paar Milliarden aus deutschen Kassen nach ..."*

Über den ‚Impact Factor' der Ausarbeitung von Professor Weidenfeld in der Fachwelt ist nichts bekannt, aber beim vorwiegend weiblichen Fachpublikum der ‚Bunten' hat der Artikel seine Wirkung sicher nicht verfehlt. Und ob das Ganze eher mit Auftrag aus Gütersloh als mit wissenschaftlichem Anspruch verfasst ist, wen kümmert das schon.

Der Arm von Bertelsmann reicht auch nach Brüssel. Am 17. Juni 1980 rückt ein junger Mann im Alter von vierunddreißig Jahren für die CDU ins Europa-Parlament nach. Er übernimmt das Mandat von dem am 10. Juni 1980 überraschend verstorbenen Albert Pürsten. Außer einem Jahr Studium in Europarecht, das er erfolglos in Edinburgh betrieben hat, verfügt er über keinerlei formale berufliche Qualifikationen. Zwischendurch arbeitet er als Rundfunk- und Zeitungsjournalist.[940] Seit 1973 ist er allerdings als stellvertretender Bundesvorsitzender der Jungen Union CDU-Parteifunktionär. Rund ein Jahrzehnt nach seinem Antritt in Brüssel lockt Brok eine neue Aufgabe. Bei Bertelsmann sucht man einen ‚Europa-Beauftragten des Vorstands' für Brüssel und entscheidet sich für den tüchtigen Abgeordneten mit Lokalbezug nach Gütersloh. Zur Ehrenrettung Elmars muss erwähnt werden, dass er damals offenbar beabsichtigt, sein Abgeordnetenmandat mit Beginn seiner Bertelsmann-Beauftragung aufzugeben.

---

940 ‚Droste trifft Brok – die Aussprache nach 38 Jahren Funkstille', Neue Westfälische, 03.04.2017 https://web.archive.org/web/20230815170215/https://www.nw.de/nachrichten/zwischen_weser_und_rhein/21738377_Droste-trifft-Brok-die-Aussprache-nach-38-Jahren-Funkstille-ET.html

Elmar Brok (l.) und Angela Merkel am 24. März 2011 beim EVP-Treffen in Meise. Foto: EPP

„Das Schöne an Elmar Brok ist, daß man sich seinen Lebenslauf so leicht merken kann: geboren, verheiratet, Europäisches Parlament." - Helmut Kohl

Kein Geringerer als Helmut Kohl soll ihn damals davon abgebracht haben.[941] Kohl ist Brok in dieser Zeit bemerkenswert dankbar für seine Loyalität beim Putschversuch von Geißler und Späth im September 1989. So kam es, dass Brok über ein Jahrzehnt hinweg als völlig unabhängiger Lobbyist im EU-Parlament sitzt. Kritik in Rundfunk oder Zeitung ahndet Brok regelmäßig mit bösen und drohenden Anrufen in der Chefetage des jeweiligen Medienhauses.[942]

Zusätzlich zum Abgeordnetenverdienst gibt es also bis zu seinem Renteneintritt im Jahr 2011 ein Zweitgehalt. Als ‚Senior Vice President Media Development' bei Bertelsmann streicht er monatlich mindestens fünftausend Euro Nebenverdienst ein.[943]

---

941 ‚Messerscharf getrennt', Der SPIEGEL, 21.09.1997 https://web.archive.org/web/20220214022543/https://www.spiegel.de/politik/messerscharf-getrennt-a-a9c22e0f-0002-0001-0000-000008781299

942 ‚Elmar Brok' https://web.archive.org/web/20141128050529/https://lobbypedia.de/wiki/Elmar_Brok

943 ‚60.000 Euro von Bertelsmann und andere Beispiele', abgeordnetenwatch.de, 10.05.2012 https://web.archive.org/web/20220321180814/https://www.abgeordnetenwatch.de/recherchen/nebentaetigkeiten/60000-euro-von-bertelsmann-und-andere-beispiele-das-verdienen-europaabgeordnete-nebenher

Der ehemalige Botschafter der USA in Deutschland, Philip Murphy (l.) und Prof. Werner Weidenfeld (r.), Koordinator der Bundesregierung für die deutsch-amerikanische Zusammenarbeit (1987 - 1999) und ab 1992 im Vorstand der Bertelsmann Stiftung. Von Philip Murphy stammt die Bezeichnung ‚Teflon-Merkel'.

„Zur Not hilft sie mit eine paar Milliarden aus deutschen Kassen nach …", schreibt Professor Weidenfeld in einer Abhandlung über Merkel, die 2007 in der `Bunten´ erscheint.

Hinzu kommen noch Einnahmen für Vorträge und ähnliche Veranstaltungen. Von der Hypo-Vereinsbank gibt es für einen Vortrag am 28. Oktober 2005 die Kleinigkeit von fünftausend Euro, die Brok obendrein noch zu versteuern vergisst. Das ist aber kein Problem, denn seine netten Kollegen im EU-Parlament verhindern die Aufhebung seiner parlamentarischen Immunität.[944] Der ermittelnde Staatsanwalt schließt übrigens nicht aus, dass Brok bei weiteren Veranstaltungen ebenfalls Honorare eingestrichen hat, die nicht versteuert wurden. Das Verfahren wird eingestellt.

---

[944] ‚Bericht über den Antrag auf Aufhebung der Immunität von Elmar Brok', Europäisches Parlament, 03.03.2011 https://web.archive.org/web/20240325172024/https://www.europarl.europa.eu/doceo/document/A-7-2011-0047_-DE.html?redirect

Nach seiner Verrentung bei Bertelsmann brechen für Elmar Brok derart karge Zeiten an, dass er sich schließlich dazu genötigt sieht, von Parlamentstouristen aus Deutschland jeweils hundertfünfzig Euro Zusatzgebühren einzutreiben.[945] [946] Äußerst aktiv wird Elmar Brok noch einmal im Zusammenhang mit den Avancen der EU in Richtung der Ukraine während des sogenannten Euromaidans. Er schlägt Anfang Februar 2014 Vitali Klitschko als zukünftigen Präsidenten und Arseniy Yatsenyuk als Ministerpräsident vor, noch während der legitime Präsident Viktor Yanukovych im Amt weilt.[947] Drei Wochen später ist immerhin Yatsenyuk Ministerpräsident, während Klitschko am 25. Mai 2014 nur zum Bürgermeister von Kiew gewählt wird. Die gute Kooperation Broks mit Helmut Kohl wird, sofern man den Bildern trauen darf, auch mit Angela Merkel fortgesetzt.

Überaus geschickt und unauffällig bearbeiten die Bertelsmann Stiftung und ihre Abgesandten das politische Vorfeld mit Schwerpunkten bei gesellschaftlichen Themen wie Kindererziehung, Schule und Hochschule, Zuwanderung, öffentliche Verwaltung oder Gesundheit. Themen, die auch vom Bertelsmann-Konzern bearbeitet und monetarisiert werden, denn gemeinnützig muss ja nur die Stiftung sein. Im Konzern dürfen die Kassen eigennützig klingeln. *„Es ist uns egal, wer regiert"*, lässt sich der frühere Stiftungs-Chef Gunter Thielen 2008 zitieren.[948] Das klingt fast wie ‚Es ist uns egal, wer *unter uns* regiert' und das hat seinen Grund: So wäre es beispielsweise ohne die Zuarbeit der Bertelsmann-Stiftung nicht zu den Hartz-Reformen unter der Regierung Schröder gekommen, wie Autor Thomas Schuler gleich mit einem ganzen Kapitel seines Buches nachweist.[949] Im Hinblick auf die Bertelsmann-Stiftung ist man fast gezwungen von einer Schattenregierung zu sprechen:

---

[945] ‚Abgang mit bitterem Beigeschmack', taz, 26.01.2019
https://web.archive.org/web/20190126221259/https://taz.de/Affaeren-in-der-EU/!5565054/

[946] ‚Verdiente EU-Abgeordneter Brok an Besuchern des Parlaments?', Die WELT, 22.01.2019
https://web.archive.org/web/20210724025942/https://www.welt.de/politik/ausland/article187494858/Verlangte-Elmar-Brok-Geld-von-Besuchern-des-EU-Parlaments.html

[947] ‚Sie sollen wissen: Wir sehen alles', Wiener Zeitung, 07.02.2014
https://web.archive.org/web/20140223112246/http://www.wienerzeitung.at/nachrichten/top_news/606608_Sie-sollen-wissen-Wir-sehen-alles.html

[948] ‚Wir hätten gern ein bisschen Konkurrenz', FAZ, 28.04.2008
https://web.archive.org/web/20230813191726/https://www.faz.net/aktuell/wirtschaft/unternehmen/bertelsmann-stiftung-wir-haetten-gern-ein-bisschen-konkurrenz-1548160.html?printPagedArticle=true

[949] ‚Bertelsmannrepublik Deutschland', Thomas Schuler, 2010, S. 101

Dem Kanzleramt in Gütersloh. Und vielleicht auch ein wenig vom *State Department* in Gütersloh. Wer weiß das schon? Und vor allem: Wer will das schon so genau wissen?

Ein Land in der Jogginghose

von Sean le Carnet

„Wer eine Jogginghose trägt, hat die Kontrolle über sein Leben verloren.“

Karl Lagerfeld (zugeschrieben)

„Der Schlaf der Vernunft
gebiert Monster.“

Was geschieht mit Deutschland in der Ära Merkel? Der obige Satz, der Karl Lagerfeld zugeschrieben wird, versinnbildlicht die Entwicklung. Das Land schlüpft in die Jogginghose. Aber nicht nur in Fußgängerzonen und Supermärkten bei importierten aber auch heimischen Ethnien kommt das kontrollfreie Kleidungsstück zum Masseneinsatz, sondern auch der Geisteszustand des Landes bewegt sich im Fahrwasser der Jogginghose - *anything goes!*

In der Jogginghose ist es zunächst einmal bequem und nichts drückt. Man merkt nicht so schnell, dass man zunimmt, dass man die Kontrolle verliert. Der Übergang zwischen Körper und Umgebung ist fließend, die Identität verliert sich. Alles ist dehnbar, formbar und flexibel. Man kann sich gehen lassen, in Schlaf versinken, in einen großen Schlaf. Ohne dass wir es bemerken, wiegt Merkel das Land in den großen Schlaf der Vernunft. Sie entfremdet uns von *unserem Land,* dass sie im Schicksalsjahr 2015 anmaßend *ihr Land* nennt.

Als im Jahr 2000 durch eine internationale Vergleichsstudie unter der Überschrift ‚PISA' klar wird, dass die deutschen Schulleistungen teilweise nicht mehr in der Spitzengruppe zu finden sind, hat das noch eine Schockwirkung. Landauf und landab wird dieses Thema diskutiert, näher untersucht und um Abhilfe gerungen. Danach stellt sich auch über den gewohnten Aktionismus hinaus Besserung ein, zumindest teilweise.

Nach der faktischen Grenzöffnung von 2015, und erneut nach Beginn des Ukrainekriegs, werden viele Schüler mit schlechten oder fehlenden Deutschkenntnissen ins Schulsystem aufgenommen. Vorsichtig geschätzt sind zehn Prozent der illegalen Migranten Analphabeten. Es leuchtet ein, dass deren Kinder schulisch oft stark hinterherhinken. Als sich in der Folge die Schulleistungen verschlechterten, führt das seitens der Politik zu nicht viel mehr als einem Achselzucken. Es kommt aber noch schlimmer: Um die Misere zu kaschieren werden unter der Hand und später auch offiziell peu á peu die Leistungsanforderungen gesenkt.[950] Unter grüner Führung stürzt zum Beispiel das Bildungsniveau in Baden-Württemberg dramatisch ab und irgendwann kommt selbst der grüne Landesvater mit kommunistischem Vorleben nicht umhin, einen Zusammenhang zwischen Zuwanderung und diesem Absturz einzuräumen.[951] Zu einem weiterem, gewaltigen Schritt abwärts führen die unnötigen Schulschließungen in der sogenannten Coronakrise.

---

[950] ‚Philologenverband warnt vor Senkung der Leistungsanforderungen', PHVN, 24.01.2014 https://web.archive.org/web/20230924211639/https://www.phvn.de/kultusministerium-legt-erstellung-der-schulstatistik-ohne-begruendung-auf-eis-2

[951] ‚Kretschmann wegen BW-Ergebnis in Bildungsstudie "tief beunruhigt"', SWR, 18.10.2022 https://web.archive.org/web/20221018130330/https://www.swr.de/swraktuell/baden-wuerttemberg/kretschmann-iqb-studie-schlechte-grundschueler-100.html

Parallel zu den sinkenden Leistungen erfolgt eine zunehmende Ideologisierung von Universitäten, Schulen, ja sogar von Kindergärten und Kitas. Wer nicht auf der Linie von Multi-Kulti, Diversität, Gendergaga und Klimawahn ist, hält besser den Mund. Wie früher die DDR, leidet nun das wiedervereinigte Deutschland unter jener fatalen Lähmung, die eintritt, wenn Gesinnung und Quoten dem Leistungsprinzip vorgezogen werden. Chancengleichheit wird durch Quotengleichheit ersetzt, Leistung durch Proporz und Ideen durch Ideologien.

Die *repressive Toleranz*, die aufgepfropfte *Vielfalt* und die *richtige Haltung* kippen schnell von *laissez-faire* nach *totalitär*, weil sie ohne Alternative und ohne Balance sind und im Zweifel die Reinheit der Gesinnung über Vernunft und Ausgewogenheit siegt. Sekundiert werden solche Umstürze von willfährigen Pseudogelehrten, häufig Soziologen mit linkstotalitärer Sozialisierung, denen von den bewährten Konzernmedien aus Hamburg, Berlin oder Gütersloh der rote Teppich ausgerollt wird. Ein Klima von Angst, Repression und Denunziation legt sich über das Land. Wunderbar anschaulich ist dies während der Ausgangssperren in der Coronakrise zu beobachten. Verwaltungen und Behörden machen in beängstigender Weise gegen die eigenen Bürger mobil, kriminalisieren friedlichen Protest und scheren sich nicht weiter um verbürgte Grundrechte. Mit neu beschlossenen Gummiparagraphen und willkürlichen Verordnungen werden die Grundrechte ausgehöhlt, wird Recht systematisch zu Unrecht gemacht und umgekehrt.

Beim sogenannten ‚Sturm auf den Reichstag' schützen kurzfristig nur drei von dreitausend verfügbaren Polizeikräften den Reichstag, bis innerhalb weniger Augenblicke die restliche Verstärkung eintrifft. Warum die Reichstagswiese massiv mit Polizei besetzt ist, die Polizisten vor dem Reichstag aber abgezogen werden, kann man sich denken. Einer der drei dahergelaufenen Polizisten, Zugführer Karsten Bonack, absolviert bereits 2017 einen ersten Fernsehauftritt.[952] Zweimal darf er dabei vor laufender Kamera Ganoven dingfest machen. Erstmals wird über ihn 1997 in einem Artikel der taz geschrieben, die Berliner Zeitung

[952] ‚Berlin Kottbusser Tor: Gewalt, Drogen und Kriminalität - die ganze Reportage | stern TV, 31.05.2017 https://www.youtube.com/watch?v=QhJeUKGrgO4

berichtet im April 2017 ausführlich über ‚Bonacks Truppe'.[953] [954] Während also der Reichstag nahezu unbewacht ist, hüten rund zwanzig Polizisten in Vollmontur die Reichstagswiese und hunderte Polizisten langweilen sich in Bereitschaft um die Ecke. Innerhalb von wenigen Minuten nach dem ‚Sturm' wird die Reichstagstreppe von bereitstehenden Polizisten gestürmt. Die Falle schnappt zu, die erwünschten Bilder finden weltweite Verbreitung. Die völlig friedliche Querdenken-Demonstration von Berlin, die zweieinhalb Kilometer entfernt an der Siegessäule stattfindet und mit der Veranstaltung vor dem Reichstag nur den Zeitpunkt teilt, ist diskreditiert. Verblüffend ähnliche Bilder entstehen wenige Monate später beim sogenannten ‚Sturm auf das Capitol', bei dem es allerdings tatsächlich zu Gewalttaten und sogar Toten kommt.

Nach dieser Köpenickiade gibt es im besten Deutschland, das wir je hatten, für Karsten Bonack, den ‚Helden vom Reichstag', und seine zwei Kollegen von Bundespräsident Frank-Walter Steinmeier einen persönlichen Empfang und stehenden Applaus im Bundestag.[955] [956] *„Deutschland hätte sich davon nicht mehr erholt"*, resümiert Bonack drei Jahre später, als er sich im Interview mit der ZEIT einen erfolgreichen ‚Sturm' ausmalt. Der von der ZEIT bemühte Historiker Thomas Mergel sieht in dem Vorfall gar einen *„Traditionsbruch: ein Angriff auf die Volksvertretung in einer gefestigten Demokratie."*. Nun ja, der aufgewühlte Professor übersieht in seinen prallen Archiven offenbar die Besetzung der Reichstagstreppen im Rahmen einer Anti-Atomkraft-Demo im Jahr 2010. Das kann ihm wohl nur passieren, weil der ‚Sturm' am 18. September 2010 vom Politisch-Medialen-Komplex nicht annähend so skandalisiert wird, wie der

---

[953] ‚Pferdewetten, Lotto oder Banküberfall', taz, 22.03.1997 https://web.archive.org/web/20240325172435/https://taz.de/Pferdewetten-Lotto-oder-Bankueberfall/!1408407

[954] ‚Auf Nacht-Streife mit der neuen Einsatztruppe „Kotti"', Berliner Zeitung, 03.04.2017 https://web.archive.org/web/20221014181225/https://www.bz-berlin.de/archiv-artikel/brennpunkt-kottbusser-tor-mit-der-polizei-durch-eine-nacht-am-kotti

[955] ‚Der Held vom Reichstag', FAZ, 31.08.2020 https://web.archive.org/web/20200901161821/https://www.faz.net/aktuell/politik/inland/steinmeier-wuerdigt-karsten-bonack-held-vom-reichstag-16931097.html

[956] ‚Irre Verschwörungserzählung: Reichstagspolizist soll Schauspieler gewesen sein', RND, 10.09.2020 https://web.archive.org/web/20200910175845/https://www.rnd.de/politik/irre-verschworungserzahlung-reichstags-polizist-soll-schauspieler-gewesen-sein-BGPLYRPGNVAUPALTOUQXOFEVA4.html

‚Sturm' vom 29. August 2020.[957] Wenn zwei das Gleiche tun, ist es halt noch lange nicht dasselbe.

Vom Start weg hat sich Merkel in der politischen Landschaft überparteilich organisiert, um nach einiger Zeit die politische Landschaft selbst organisieren zu können, also Metapolitik zu betreiben. Das war langfristig äußerst klug, weil sie damit nicht nur Macht in der CDU hatte, sondern auch Macht über die CDU und über die CDU hinaus. Schon im Bundestagswahlkampf 2009 breitet sich eine seltsame überparteiliche Einigkeit mit ausgeprägtem Linksdrall aus. Der Redaktion des SPIEGEL fällt dieser Drall im politischen Spektrum damals immerhin noch auf: *„Einen Konsens gibt es, den roten Großkonsens"* und *„Merkel selbst ist geradezu das Symbol des allgemeinen Linksrucks"*, kann man dort im Wahlseptember des Jahres 2009 lesen.[958] Formulierungen, die man wenige Jahre später in derselben Redaktion mit denselben Redakteuren als sichere Anzeichen für eine verschwörungstheoretische, rechte Gesinnung werten wird. Als man selbst in Hamburg den drehenden Wind spürt, hebt Dirk Kurbjuweit in der SPIEGEL-Redaktion den Kampfbegriff *Wutbürger* aus der Taufe. Eine Wortschöpfung, die dazu dient, in den kommenden Jahren regelmäßig jene Bürger medial zu diffamieren, die sich völlig friedlich gegen die Projekte des *roten Großkonsenses* und des *Linksrucks* stellen: Massenmigration, Drangsalierungen von Landwirten, dem Mittelstand, am Ende von Schulkindern und schließlich Deindustrialisierung unter dem Codenamen ‚Klimaschutz'. SPIEGEL-Redakteur Kurbjuweit legt 2014 folgerichtig sein Merkel-Porträt neu auf. Es wird ein Buch, in dem er Merkel deutlich vorteilhafter darstellt als noch 2009.

Spätestens im Jahr 2010 markiert die ‚Berliner Erklärung' des CDU-Bundesvorstands die Aufgabe der traditionellen Werte der CDU. Dort tauchen bereits jene Schlagwörter auf, die für Merkels *Neues Deutschland* stehen: Vielfalt, Solidarität, Klimaschutz und Zuwanderung. Merkel formt unter diesen Schlagworten eine Allparteienkoalition, eine Einheitspartei, die ihr auch außerhalb der CDU jene Macht garantiert,

---

[957] ‚Demo auf der Reichstags-Wiese', BZ, 16.09.2010
https://archive.ph/nPaUP

[958] ‚Im Zweifel links', Der SPIEGEL, 06.09.2009
https://archive.li/JvvYF

durch die Merkel *alternativlos* wird. Eine Einheitspartei, die fatal an die Nationale Front erinnert. Die Nationale Front war das zentrale, parteiübergreifende Instrument der gesellschaftlichen Gleichschaltung in der DDR. Merkel gelingt es mit der entkernten CDU die Mitte zu erobern, nachdem Schröders Agenda 2010 die SPD beschädigt hat. Sie erobert die Mitte aber nur für sich selbst und nicht etwa für die CDU. Und sie tut das in ganz gleicher Weise wie ihr WEF-Mitschüler Tony Blair ein Jahrzehnt zuvor unter dem Schlagwort *New Labour* die Mitte Großbritanniens erobert hat. *„Es hat mich immer gereizt, wie man eine Gesellschaft in eine bestimmte Richtung drängen kann"*, sagt Merkel Anfang 1994.[959]

Die Einheitspartei nimmt dem Land etwas Entscheidendes, nämlich die Balance. Und wir sprechen hier von einer dynamischen Balance, einem Wechselspiel. Das Wechselspiel zwischen der SPD und der CDU der Nachkriegszeit war ein gesundes Wechselspiel zwischen Erneuern und Bewahren. Die SPD brachte sozialen und gesellschaftlichen Fortschritt, die CDU sorgte für gute Bildung, wirtschaftlichen Sachverstand und solide Finanzen. Die stabilen Grundlagen legte die CDU und die gelungenen, aber häufig auch gescheiterten Experimente, kamen von der SPD oder später von den Grünen.

Adenauer verankert die Westbindung, Brandt gestaltet eine neue Ostpolitik. Brandt und Schmidt blähen den Sozialstaat auf, Kohl sorgt für eine gewisse Konsolidierung, die freilich bald durch die Wiedervereinigung zunichtegemacht wird. Die SPD hat den Glauben an und den Willen zur deutschen Einheit längst aufgegeben, die CDU mit Kohl an der Spitze schafft diese Einheit. Es herrscht ein politischer Wettstreit, dessen Sieger alle vier Jahre vom Wähler neu bestimmt wird. Das verschafft dem Wähler echte Macht.

Diese Macht entwendet Merkel mit ihrer Einheitspartei dem Wähler. Die Einheitspartei bestimmt die Themensetzung und die Themenentilgung nicht nur im politischen Betrieb, sondern auch im veröffentlichten

---

[959] ‚Ich muß härter werden', Der SPIEGEL, 02.01.1994
https://web.archive.org/web/20211128155216/https://www.spiegel.de/politik/ich-muss-haerter-werden-a-c9481e19-0002-0001-0000-000009274342

Diskurs. Sie steuert über gleichgeschaltete Medien die Aufmerksamkeit des Volks, das man neuerdings Bevölkerung nennen muss, will man sich nicht verdächtig machen. Sie legt fest was bemerkt wird und was unbemerkt bleibt, was ausgesprochen und was verschwiegen wird, was eingeblendet und ausgeblendet wird. Über dutzende *NGOs* und *Think-Tanks*, im Hintergrund von Stiftungen gemästet oder gar von der Regierung selbst, wird diese Meta-Manipulation flankiert. Diese mit reichlich Moralin durchtränkten Organisationen sind äußerst attraktive Arbeitgeber für ein Heer von eigentlich brotlosen Geisteswissenschaftlern, überwiegend weiblicher Provenienz. Feministische Gouvernanten und kinderlose Kopfgebärende erklären dem tumben Volk fortlaufend, was für böse Menschen sie doch sind und welche Chancen der Bereicherung in einer unkontrollierten Massenmigration mit erheblicher Beimischung von Analphabeten schlummern. Auf diese Weise übt die Einheitspartei die mächtigste Form von Macht aus. Eine Über-Macht, die sich der öffentlichen Wahrnehmung und der demokratischen Kontrolle weitestgehend entzieht, und sich *alternativlos* macht. In den Merkel-Jahren wird eine Art zweiter Öffentlicher Dienst etabliert, eine Art Public-Private-Relationship, dessen einziger Zweck die Beeinflussung der öffentlichen Meinung im Sinne der Regierung und den üblichen verdächtigen Konzernstiftungen ist.

Der Merkelschen Einheitspartei fehlt das Wechselspiel, ihr fehlt die Opposition. Sie kennt nur noch Experimente, die immer bizarrer werden und damit immer sicherer scheitern. Dazu gehören auch etliche Experimente, die bereits in der Vergangenheit gescheitert sind und nun neu aufgelegt werden. Grenzenlose Migration und unbedingte Inklusion sind Beispiele hypermoralischer Hirngespinste. Mit Rechtsansprüchen auf Aufenthalt, auf Kita-Betreuung, Kindergartenplatz oder Teilzeit wird eine Utopie ausgekleidet, die mit der realen Welt und deren begrenzten Mitteln nicht in Einklang zu bringen ist. Abgesehen von der Tatsache, dass es an der Machbarkeit fehlt, muss die Frage erlaubt sein, ob man diese Dinge überhaupt will und für wen das gut ist oder wenigstens gut sein soll. Das Experiment des Etatismus, des Dirigismus und der Planwirtschaft, des Staats, der für alle und alles sorgt, ist dutzendfach gescheitert. Ein Blick in die Geschichte der Sowjetunion, Osteuropas und der DDR sollten genügen, um mit diesem Experiment nicht noch einmal zu scheitern. Aber die Einheitspartei kümmert sich nicht weiter um Erfahrungstatsachen. Mit Projekten wie der Banken-Rettung, der Euro-Rettung, der Griechenland-Rettung, der Flüchtlings-Rettung und der Klima-Rettung wird genau dieser Weg beschritten, zulasten jener Bürger und Unternehmer, die all diese zweifelhaften *Rettungen* am Ende mit Steuern und Abgaben bezahlen müssen.

Die Einheitspartei kennt keine soliden Grundlagen mehr und keine Grenzen. Ihre Finanzpolitik führt in die Pleite, ihre Bildungspolitik führt in die Verblödung, ihre Energiepolitik führt in die Deindustrialisierung und ihre Zuwanderungspolitik führt in die Überfremdung, zu Gewalt und Chaos. Den Wählern ist die Macht genommen dies zu ändern, weil die Einheitspartei den Politikbetrieb monopolisiert hat. *„Das Ende der Politik"*, nennt Kurbjuweit es bereits 2014 zutreffend, aber ohne erkennbare Beunruhigung. Er lebt zufrieden in der Konsensglocke der Einheitspartei mit der großen Vorsitzenden. Merkel *„chloroformiert das Land"* und die Journalisten gleich mit.[960]

Der Politikwissenschaftler Elmer Eric Schattschneider charakterisiert diesen Zustand bereits vor Jahrzehnten wie folgt:

„The people are powerless if the political enterprise is not competitive."[961]

Da die Medien und andere entscheidende Institutionen Teil der Einheitspartei sind, wird zunehmend jeder, der an Maß und Ziel, Verstand und Vernunft, und schließlich an Algebra und Logik erinnert, übertönt, ausgegrenzt, entlassen oder gar eingesperrt. Bei abweichender Meinung droht die Beschädigung oder gar die Vernichtung der bürgerlichen Existenz.

Der verordnete Schlaf der Vernunft gebiert seine Monster. Im Zustand der Umnachtung entfalten sich gespenstische Projekte der eigenen

---

[960] ‚Roger Willemsen - Die Kanzlerin chloroformiert das Land', Deutschlandradio, 15.03.2014 https://youtu.be/20J0QxFHxvk?t=740

[961] ‚Schattschneider: The semisovereign people', https://web.archive.org/web/20191231203514/https://adambrown.info/p/notes/schattschneider_the_semisovereign_people

Zerstörung. Angeführt von Merkel wird dabei nicht nur die Vernunft weitgehend aufgegeben, auch auf die bare Logik wird im Neuen Deutschland verzichtet, wenn es den Absichten der Einheitspartei dient. Ein Feminismus, der den Seitenblick eines bösen alten weißen Mannes mehr zu fürchten scheint, als die Ausbreitung einer durch und durch patriarchalen, frauenverachtenden und ausgrenzenden Religion. Ein Heer von ‚Gleichstellungsbeauftragten', die zu rund hundert Prozent weiblichen Geschlechts sind. Ein Philosemitismus, der massenweise Antisemiten willkommen heißt. Regierungsamtliche Klimaschützer, die in einer Energiekrise CO_2-arme Kernkraftwerke abschalten und CO_2-reiche Kohlekraftwerke hochfahren. Wehrdienstverweigerer, die früher Kasernen blockierten, und nun das Land *kriegstüchtig* machen wollen. Eine erwünschte Deindustrialisierung, eine legalisierte illegale Masseneinwanderung und eine allerorten sinkende Leistungsbereitschaft schaffen eine Gesamtsituation, die längst nicht mehr friedlich zu lösen ist, weil vorhersehbar das Geld, die Nerven und damit die Friedfertigkeit ausgehen. Auch die Legalisierung von Cannabis, ein für die Regierung Scholz bezeichnendes Projekt, das dem Land gerade noch fehlt, kann da nicht mehr helfen. Auf den Rausch folgt bald ein böses Erwachen. Die Situation ist nicht nur für Deutschland, sondern auch für den ganzen europäischen Kontinent bedrohlich. Das haben nicht wir, das haben Merkel, ihre Einheitspartei und ihr Helfernetzwerk geschafft! Das Land braucht dringend ein Reformprogramm, wie es Merkel vor zwei Jahrzehnten zu viel, viel besserer Zeit fordert, aber nie umsetzt.

„Das ist auch heute nicht anders als zum Zeitpunkt der Gründung der CDU, und deshalb sage ich es mit dem letzten Satz des Gründungsaufrufs der CDU: ‚voll Gottvertrauen unseren Kindern und Enkeln eine glückliche Zukunft erschließen.' Das ist das einigende Band: dass wir uns bemühen, in Verantwortung vor den Gründern unserer Partei und in Verantwortung vor den Kindern und Enkeln von heute sagen zu können: Wir haben das Richtige angepackt, wir haben das Richtige getan, wir waren mutig, wir haben uns der Verantwortung gestellt, und wir

können der Geschichte ins Auge sehen.“ Angela Merkel, Leipziger Parteitag, 2003 [962]

[962] ‚Protokoll 17. Parteitag der CDU Deutschlands 1.–2. Dezember 2003, Leipzig‘ https://web.archive.org/web/20230522121140/https://www.kas.de/documents/252038/253252/2003-12-01+02_Protokoll_17.Parteitag_Leipzig.pdf/27a0f352-6bd6-4095-9c70-dd684970121a

Zeittafel Angela Merkel

Datum	Beschreibung
17.07.1954	Angela Dorothea Kasner wird im Elim-Krankenhaus des Hamburger Stadtteils Elmsbüttel geboren.
09.1954	Umzug der Familie nach Quitzow bei Perleberg in der DDR.
07.07.1957	Merkels Bruder Marcus Kasner wird in Perleberg geboren.
07/08.1957	Mehrwöchiger Aufenthalt von Angela bei Tante Gunhild und Großmutter Gertrud in Hamburg.
10.1957	Umzug der Familie Kasner nach Templin.
03.02.1959	Merkels Großvater Ludwig Kasner stirbt mit 63 im SMAD-Hauptquartier in Berlin-Karlshorst.
07./08.1961	Urlaub in Bayern mit Großmutter Gertrud aus Hamburg.
19.08.1964	Irene Kasner wird in Templin geboren.
19.04.1969	Jugendweihe ihres Jahrgangs in Templin, an der Angela nicht teilnimmt.
1970	Moskaureise mit dem ‚Zug der Freundschaft' nach dem Gewinn der DDR Russisch-Olympiade.
03.05.1970	Konfirmation in der St. Maria-Magdalena Kirche in Templin. 1. Korinther 13: „Nun aber bleiben Glaube, Hoffnung, Liebe, diese drei; aber die Liebe ist die größte unter ihnen."
1971	Jugendweihe von Marcus Kasner
1973	Abitur mit Note 1,0 an der EOS Goetheschule (später EOS Hermann Matern) in Templin.
10.1973	Beginn des Physikstudiums an der Karl-Marx-Universität in Leipzig.
03.09.1977	Hochzeit mit Ulrich Merkel in der St. Georgen Kapelle von Templin.
1978	Umzug von Leipzig nach Berlin-Mitte, Marienstraße 27.
1981	Trennung von Ulrich Merkel und Umzug in die Templiner Straße, später in die Schönhauser Allee.
08.1981	Private Polenreise mit Gunter Walter nach Danzig und Marienburg. Zuvor bereits zwei FDJ-organisierte Polenreisen im gleichen Jahr.
1. QT 1982	Forschungsaufenthalt in Prag am Heyrovsky Institut bei Rudolf Zahradník und Zdeněk Havlas. Merkel und Joachim Sauer weilen mehrfach in Prag.
1982	Formale Scheidung von Ulrich Merkel.
1984	Dreimonatiger Forschungsaufenthalt in Prag.
1984	Dreiwöchige Reise nach Georgien mit zwei Freundinnen.
1985	Erstmals beim Sommercamp der Universität Thorn in Bachotek; mochmals 1987 und im Juni 1989.
01.1986	Promotionsfeier von Angela Merkel im FDJ-Keller des ZIPC Berlin-Adlershof mit Joachim Sauer und Michael Schindhelm.
1986	Erste bekannte Westreise von Merkel nach dem Mauerbau: Hamburg, Karlsruhe, Konstanz.
09.11.1986	Merkels Großmutter Margarete Kasner stirbt mit 81 Jahren im Altersheim in Berlin-Pankow.
80er Jahre	Erwerb des Ferienhauses in Hohenwalde, Mitglied im Vorstand des dortigen Angelvereins.

23.09.1989	Intellektuellenrunde in Templin 23. - 25.09.. Merkel erinnert sich nicht an ihre belegte Teilnahme.
11.1989	Reise zum 85. Geburtstag von Großtante Emmy am 04.11.1989, kurz vor dem Mauerfall.
09.11.1989	Saunabesuch, Besuch ‚Zur alten Gaslaterne', danach abendlicher Besuch in West-Berlin.
13.11.1989	Vortrag in Thorn/Polen; Zwei- oder sechstägiger Aufenthalt bei Jacek Karwowski.
14.11.1989	Angebliches Treffen mit Hans-Christian Maaß beim Demokratischen Aufbruch.
23.01.1990	Wahl zur ersten Sprecherin des DA Landesverbands Berlin.
06.02.1990	Unterzeichnung der ‚Berliner Erklärung' für den DA mit West-CDU, Ost-CDU und DSU.
18.03.1990	Volkskammerwahl DA-Wahlparty ‚Zur Mühle'; Später Besuch von Lothar & Thomas de Maizière
03/04.1990	Essen mit Lothar de Maizière und Hans-Christian Maaß im Restaurant Newa
09.04.1990	Zusage für den Posten als stellvertretende Regierungssprecherin an Matthias Gehler gesandt.
12.04.1990	Regierungsantritt von Ministerpräsident Lothar de Maizière.
04.1990	Angeblicher Aufenthalt auf Sardinien über Ostern mit Joachim Sauer bei einer Fachtagung.
04.08.1990	Der Demokratische Aufbruch wird Teil der Ost-CDU.
01.10.1990	Vereinigungsparteitag der Ost- und West-CDU; Erstes persönliches Treffen mit Helmut Kohl.
03.10.1990	Wiedervereinigung Deutschlands.
16.10.1990	Letzte Pressekonferenz DDR-Regierung: Angela Merkel, Matthias Gehler mit Gitarre.
ca. 11.1990	Bezug einer Wohnung in Bonn-Muffendorf, Elfstraße.
02.12.1990	Bundestagswahl: Merkel wird mit 48,5 % der Erststimmen im Wahlkreis in den Bundestag gewählt.
18.01.1991	Vereidigung als Bundesministerin für Frauen und Jugend
23.11.1991	Merkel verliert gegen Ulf Fink die Wahl zur CDU Landesvorsitzenden in Brandenburg.
16.12.1991	Wahl zur einzigen Stellvertreterin von Helmut Kohl als Vorsitzendem der CDU.
01/02.1992	Beate Baumann wird Merkels Büroleiterin und bleibt dies über Jahrzehnte hinweg.
1992-1993	Vorsitzende des Evangelischen Arbeitskreises (EAK) der CDU/CSU.
1993	Teilnahme am WEF Programm ‚Global Leaders of Tomorrow'.
06.1993	Merkel gewinnt die Wahl zur CDU Landesvorsitzenden in Mecklenburg-Vorpommern.
1993	Private USA-Reise mit Joachim Sauer im Sommer.
17.11.1994	Vereidigung als Bundesministerin für Umwelt, Naturschutz und Reaktorsicherheit.
03.-04.1995	Leitung der Klimakonferenz der Vereinten Nationen in Berlin.
08.1995	Hundebissverletzung beim Fahrradfahren in der Uckermark.

1997	Bezug der Wohnung im Haus am Kupfergraben 6 in Berlin-Mitte; Nachbar ist Lothar de Maizière.
07.11.1998	Wahl zur Generalsekretärin der CDU.
22.12.1999	Artikel in der FAZ, der die CDU zum Bruch mit Kohl auffordert.
30.12.1998	Standesamtliche Heirat mit Joachim Sauer ohne Ankündigung im engsten Kreis.
22.12.1999	Merkel wagt mit einem Artikel in der FAZ den Aufstand gegen Helmut Kohl.
18.01.2000	Rücktritt Helmut Kohls als Ehrenvorsitzender der CDU.
11.02.2000	Merkel und Kohl treffen sich heimlich.
10.04.2000	Wahl zur Vorsitzenden der CDU auf dem Essener Parteitag.
24.09.2002	Wahl zur Fraktionsvorsitzenden der CDU/CSU Fraktion im Bundestag.
20.02.2003	Veröffentlichung eines Artikels in der Washington Post, der Kanzler Schröder im Hinblick auf seine Ablehnung des Irak-Kriegs kritisiert.
12.2003	Leipziger Parteitag, auf dem sich Merkel als Reformerin profiliert.
23.05.2004	Wahl von Horst Köhler, dem von Merkel gekürten Kandidaten, zum Bundespräsidenten.
05.2005	Teilnahme von Angela Merkel und Gerhard Schröder am Bilderberg-Treffen in Rottach-Egern.
18.09.2005	Die CDU/CSU wird knapp vor der SPD mit 35,2 % zur stärksten Partei im Bundestag gewählt.
22.11.2005	Wahl von Angela Merkel zum 8. Bundeskanzler. Motto: „Mehr Freiheit wagen!"
31.08.2006	Das Magazin Forbes kürt Merkel zur mächtigsten Frau der Welt.
06.2007	G-8-Gipfel in Heiligendamm.
22.09.2007	Privates Treffen mit dem Dalai Lama in Berlin, was China verärgert.
18.03.2008	Rede von Merkel in der Knesset.
01.05.2008	Verleihung Karlspreis der Stadt Aachen an Angela Merkel.
05.02.2009	Merkel kritisiert im Zusammenhang mit den Pius-Brüdern auffallend scharf Papst Benedikt XVI..
27.09.2009	Bundestagswahl mit 33,8 % der Stimmen für die CDU.
28.10.2009	2. Wahl von Angela Merkel zur Bundeskanzlerin.
23.04.2010	George Papandreou erklärt auf der Insel Kastellorizo die faktische Pleite Griechenlands.
13.01.2011	Verleihung des ‚European Prize' der Coudenhove-Kalergi Stiftung an Angela Merkel.
14.03.2011	Verkündung des Ausstiegs aus der Atomkraft drei Tage nach dem Tsunami in Japan.
17.03.2011	Stimmenthaltung Deutschlands bei der UN-Abstimmung zur Flugverbotszone in Libyen.
26.07.2012	Mario Draghi verspricht die unbedingte Euro-Rettung: „Within our mandate, the ECB is ready to do whatever it takes to preserve the euro. And believe me, it will be enough."
27.09.2012	Der Europäische Stabilitätsmechanismus (ESM) wird in Deutschland ratifiziert.
22.09.2013	Bei der Bundestagswahl erzielt die CDU/CSU 41,5 % der Stimmen.

17.12.2013	3. Wahl von Angela Merkel zur Bundeskanzlerin.
27.03.2014	Rede vor Ober- und Unterhaus des Britischen Parlaments.
12.02.2015	Unterzeichnung des Minsker Abkommens zwischen Russland, Frankreich, Deutschland und der Ukraine, das Merkel 2022 als Mittel um Zeit für die Ukraine zu gewinnen einstuft.
31.08.2015	Sommerpressekonferenz in der Merkel die spätere Grenzöffnung einleitet.
05.09.2015	Grenzöffnung durch die deutsche und die österreichische Regierung.
10.09.2015	Die berühmten Fotos mit Migranten entstehen in voller Absicht.
18.03.2016	Das vom Migrations-Lobbyisten Gerald Knaus beeinflußte EU-Türkei Flüchtlingsabkommen wird geschlossen. Pro zurückgenommenem illegalen Migranten erhält die Türkei dabei im Ergebnis 3 Mio. Euro.
19.12.2016	Anschlag auf den Weihnachtsmarkt am Berliner Breitscheidplatz mit zwölf Toten.
30.06.2017	Abstimmung zur Homo-Ehe: Merkel hebt den Fraktionszwang auf, stimmt selbst aber dagegen.
24.09.2017	Bei der Bundestagswahl erzielt die CDU/CSU 33 %, das seit 1949 schlechteste Ergebnis.
14.03.2018	4. Wahl von Angela Merkel zur Bundeskanzlerin.
10.12.2018	Angela Merkel stimmt in Marrakesch für Deutschland dem UN-Migrationspakt zu.
06.02.2020	Merkel fordert in Südafrika die Annullierung der Ministerpräsidentenwahl in Thüringen.
08.02.2020	Thomas Kemmerich tritt als Ministerpräsident von Thüringen zurück.
15.08.2021	Mit dem Fall von Kabul endet das Engagement Deutschlands in Afghanistan in einem Desaster.
26.09.2021	Bei der Bundestagswahl erzielt die CDU/CSU 24,1 %, das schlechteste Ergebnis ihrer Geschichte.
08.12.2021	Mit einem Großen Zapfenstreich endet die Kanzlerschaft von Angela Merkel.
17.04.2022	Nach Kohl und Adenauer erhält auch Angela Merkel das ‚Großkreuz in besonderer Ausführung'.

Aussagen und Ankündigungen von Angela Merkel

Aussage	Datum	Wahrheit oder Folgen
[Ulrich Wickert ist] „absolut nicht mehr tragbar als Nachrichtenmoderator im öffentlich-rechtlichen Fernsehen"	04.10.2001	Wickert verliest in den Tagesthemen eine Erklärung und zieht den Vergleich von George W. Bush und Osama bin Laden zurück.
„Die Bedrohung durch Saddam Hussein und seine Massenvernichtungswaffen ist real."	08.02.2003	Im Irak wurden keine der angeblich vorhandenen Massenvernichtungswaffen gefunden, die als Rechtfertigung für den Angriffskrieg gennant werden.
„Dieser Ansatz [‚Jetzt machen wir hier mal Multi-Kulti'] ist gescheitert, absolut gescheitert!"	16.10.2010	Merkel öffnet 2015 die Grenze für eine nahezu bedingungslose Masseneinwanderung.
„Keine Eurobonds solange ich lebe."	27.06.2012	Im Rahmen des Wiederaufbaufonds werden von der EU-Kommission Gemeinschaftsschulden aufgenommen. Bereits mit Target 2, EFSF und ESM wird der Weg in die Transfer- und Schuldenunion konkret beschritten.
„Sie können die Grenzen nicht schließen."	07.10.2015	2020 wurden Deutschlands Grenzen teilweise geschlossen.
„Dabei haben wir niemandem hierzulande etwas weggenommen."	03.09.2016	Die Kosten für die Versorgung der illegalen Migranten belaufen sich seit 2015 auf mehrere hundert Milliarden Euro.
„Ich unterstütze nie einen Krieg. Ich habe auch den Irak-Krieg nicht unterstützt."	28.07.2016	Merkel hat 2002/2003 mit Nachdruck den Irak-Krieg unterstützt.
„Das Jahr 2015 darf sich nicht wiederholen."	19.09.2016	Die Grenzen bleiben auch nach 2015 offen. In den Jahren 2022 und 2023 kommt es erneut zu einer unkontrollierten Masseneinwanderung.
„Nationale Kraftanstrengung" bei Abschiebungen.	09.01.2017	Die Abschiebungszahlen gingen 2017 zurück.
„Wir haben Videoaufnahmen darüber, dass es Hetzjagden gab, dass es Zusammenrottungen gab, dass es Hass auf der Straße gab, und das hat mit unserem Rechtsstaat nichts zu tun."	28.08.2018	Bis heute liegen keine Erkenntnisse vor, dass es die von Merkel behaupteten Hetzjagden in Chemnitz gegeben hat. Es gibt diesbezüglich keine Berichte von Opfern oder Tätern. Insbesondere gibt es keine Videoaufnahmen, die so etwas nachweisen könnten. Hans-Georg Maaßen wurde wegen Benennung dieser Tatsache entlassen.

Nachbemerkungen

Der Vielschichtigkeit von Angela Merkel und ihrem Handeln haben wir am Beginn dieses Werks mit fünf Prologen Rechnung getragen. Zum Ende dieses Werks stehen drei Epiloge, die das Handeln und darüber hinaus das Wirken von Angela Merkel in einen geistesgeschichtlichen Zusammenhang stellen.

Angela Merkel und Pedro Sánchez, Ministerpräsident von Spanien, am 11. August 2018 in Sanlúcar de Barrameda

Foto: Ministry of the Presidency. Government of Spain

Epilog Nr.1: ‚Stern der Ungeborenen', 1945

Der erste Teil des Reiseromans wurde geschrieben im Frühling 1943, der zweite Teil im Herbst 1944, der dritte Teil im Frühling 1945.

Im Frühjahr 1943 nimmt Franz Werfel die Arbeit an seinem letzten Roman auf und schließt das Werk zwei Tage vor seinem Tod, am 26. August 1945, ab. Es handelt sich um den Zukunftsroman ‚Stern der Ungeborenen' in dem der Erzähler ‚F. W.' alias Franz Werfel eine Zeitreise in eine hunderttausend Jahre entfernte menschliche Zivilisation unternimmt und dabei von seinem Jugendfreund ‚B. H.' alias Willy Haas begleitet wird.[963]

Werfel entwirft vor dem Hintergrund der eigenen Todesahnung und den Erfahrungen des Ersten und des Zweiten Weltkriegs die Utopie einer zukünftigen Weltgesellschaft, die bereits den dritten Weltkrieg hinter sich hat. Die ‚astromentale Gesellschaft' ist eine sterile Massengesellschaft, die auf den ersten Blick alle Unzulänglichkeiten früherer Generationen erkannt und durch geeignete Maßnahmen überwunden hat. Mit viel subtiler Ironie zeigt Werfel aber, dass auch in der vermeintlich idealen Gesellschaft die Schwächen der Menschen Bestand haben. Den Keim der Zerstörung trägt auch die ‚astromentale Gesellschaft' in sich. Und so gibt es trotz aller Vorkehrungen zur Bewahrung des Friedens und zur Kompensation geschichtlicher Fehlleistungen auch in ‚astromentale Gesellschaft' einen kriegerischen Umsturz, durch den die Herrscherklasse die Macht an ein rückständiges Normalvolk verliert.

963 ‚Stern der Ungeborenen', Franz Werfel, 1946
https://portal.dnb.de/bookviewer/view/1032547359#page/n3/mode/2up

In seiner futuristischen Beschreibung reflektiert ‚F. W.' im fortwährenden Dialog mit ‚B. H.' über sein eigenes Leben, über Politik und die Menschheit. Besondere Würdigung erfährt dabei die erste Hälfte des zwanzigsten Jahrhunderts.

Geradezu prophetisch sind die Beschreibungen, die Werfel für die *Deutschen „Zwischen Weltkrieg Zwei und Drei"* bereithält:

„Zwischen Weltkrieg Zwei und Drei drängten sich die Deutschen an die Spitze der Humanität und Allgüte. Der Gebrauch des Wortes ‚Humanitätsduselei' kostete achtundvierzig Stunden Arrest oder eine entsprechend hohe Geldsumme. Die meisten der Deutschen nahmen auch, was sie unter Humanität und Güte verstanden, äußerst ernst. Sie hatten doch seit Jahrhunderten danach gelechzt, beliebt zu sein. Humanität und Güte erschien ihnen jetzt der beste Weg zu diesem Ziel. Sie fanden ihn sogar weit bequemer als Heroismus und Rassenlehre. […] Sie waren die Erfinder der undankbaren Ethik der ‚selbstlosen Zudringlichkeit'. Zur Erholung hielten die Gebildeten unter den Heinzelmännchen philosophische Vorträge an Volkshochschulen, in protestantischen Kirchen und sogar in Reformsynagogen, wobei ihr eintöniges Thema stets der brüderlichen Pflicht des Menschen gewidmet war. Ohne Pflicht ging's nicht, wie ja die deutsche Grundauffassung vom Leben in der ‚Anbetung des Unangenehmen' bestand. Sie waren, mit einem Wort, echte Schafe im Schafspelz. Da sie aber selbst dies krampfhaft waren, glaubte es ihnen niemand, und man hielt sie für Wölfe."

Werfel sagt präzise jenen kompensatorischen Wahn voraus, in den die westdeutsche Gesellschaft im Zuge der sogenannten *Vergangenheitsbewältigung* verfällt. Genau dieser Wahn der *„deutschlandhassenden Deutschen"* wird von Merkel und ihren Helfern raffiniert bewirtschaftet und bricht sich ab 2015 seine selbstzerstörerischen Bahn. Der von Merkel eingeleitete *deutsche Sonderweg* der offenen Grenzen wird auch nach dem Regierungswechsel des Jahres 2021 unbeirrt fortgesetzt. Ein sicheres Ergebnis dieses Sonderwegs wird das Ende des Sozialstaats sein, dessen Zerrüttung bereits beim Abtritt von Merkel erkennbar ist.

Werfel prophezeit schließlich die Auflösung der europäischen Völker und deren Verschmelzen zu einer *Kontinentalnation*. ‚Deutschland schafft sich ab' diagnostiziert Thilo Sarrazin in seinem Buch 65 Jahre nach Vollendung von Werfels Werk. Als Überbringer der schlechten Nachricht wird er rasch verfemt. Aber vergessen sollten wir weder Sarrazin noch Werfel und auch nicht ihre Botschaften.

Epilog Nr.2: ‚Moral und Hypermoral', 1967

In ihrer gefeierten Rede vor den Absolventen der Harvard University geht Angela Merkel an deren Höhepunkt auch auf die Frage von Wahrheit und Lüge ein.[964] In verkappter Anspielung auf Donald Trump fordert sie dazu auf *„Lügen nicht Wahrheiten nennen und Wahrheiten nicht Lügen"*.[965] Wie wir zeigen können, ist Merkel seit den Anfängen ihrer politischen Karriere nie um eine Lüge verlegen. Das beginnt mit der evidenten Falschdarstellung der politischen Entwicklung ihres leiblichen Vaters in ihrem Gespräch mit Günter Gaus vom Oktober 1991 und erneut im Gespräch mit Stefan Aust und Frank Schirrmacher im Mai 2005. Es endet noch lange nicht mit ihrer Verklärung ihrer regelmäßigen,

[964] ‚German Chancellor Angela Merkel's address', Harvard University, 30.05.2019 https://youtu.be/9ofED6BInFs?t=1437

[965] ‚Rede von Bundeskanzlerin Merkel bei der 368. Graduationsfeier der Harvard University am 30.05.2019 in Cambridge/USA' https://web.archive.org/web/20220128223704/https://www.bundeskanzler.de/bk-de/aktuelles/rede-von-bundeskanzlerin-merkel-bei-der-368-graduationsfeier-der-harvard-university-am-30-mai-2019-in-cambridge-usa-1633384

hymnisch begleiteten Zitteranfälle als Folge des Todes ihrer Mutter. Im August 2018 inszenieren Merkel und ihre willigen medialen Helfer eine fulminante Lüge im Zusammenhang mit dem tödlichen Messerangriff durch sogenannte Schutzsuchende am Rande des Stadtfestes von Chemnitz und den darauf folgenden Demonstrationen.

Für den 35-jährigen Familienvater Daniel Hillig, Sohn einer Deutschen und eines Kubaners, endet der Angriff tödlich, seine zwei Begleiter werden verletzt. Der mutmaßliche Haupttäter, der abgelehnte Asylbewerber Farhad Ramazan Ahmad, setzt sich nach der Tat wahrscheinlich in die Türkei ab und ist bis heute nicht gefasst. Während seine zweieinhalbjährigen Aufenthalts in Deutschland ist er bereits im Zusammenhang mit *„Körperverletzung, Drogenhandel, Diebstahl, Hausfriedensbruch, Sachbeschädigung, Beleidigung, Bedrohung, Widerstand gegen Vollstreckungsbeamte"* und einem mutmaßlichen weiteren Messerangriff in Erscheinung getreten.[966] Ein zweiter Täter, der vermutlich aus Syrien stammende Friseur Alaa S., wird im Jahr 2019 wegen Totschlag und schwerer Körperverletzung zu einer mehrjährigen Freiheitsstrafe verurteilt.[967]

Im Hinblick auf die anschließenden Demonstrationen in Chemnitz spricht Merkel im Jargon des DDR-Strafrechts von *„Zusammenrottungen"* und im Besonderen von *„Hetzjagden"*:

„Wir haben Videoaufnahmen darüber, dass es Hetzjagden gab, dass es Zusammenrottungen gab, dass es Hass auf der Straße gab, und das hat mit unserem Rechtsstaat nichts zu tun."

Einziger Beleg dieser regierungsamtlichen Darstellung ist eine neunzehn Sekunden lange Videosequenz, welche sich die Bundesregierung offenbar ungeprüft direkt aus Quellen der Antifa besorgt hat. Es handelt sich um das sogenannte ‚Hase, Du bleibst hier'-Video, auf dem

---

[966] ‚Geheim-Akte "Chemnitz": Die kriminelle Karriere des flüchtigen Irakers ist unfassbar', focus, 02.04.2019 https://web.archive.org/web/20191026182920/https://www.focus.de/politik/gerichte-in-deutschland/exklusiv-report-ueber-messerangriff-von-chemnitz-geheim-akte-chemnitz-die-kriminelle-karriere-des-fluechtigen-irakers-farhad-a-ist-unfassbar_id_10530056.html

[967] ‚Im Namen des zornigen Volkes', Der SPIEGEL, 22.08.2019 https://web.archive.org/web/20190823035444/https://www.spiegel.de/panorama/justiz/chemnitz-im-namen-des-zornigen-volkes-kommentar-zum-urteil-a-1283266.html

zwei Migranten schätzungsweise zehn Meter weit verfolgt und beschimpft werden.[968] Taugliche Nachweise von *Hetzjagden*, wie verletzte Migranten, Anzeigen, Polizeiberichte oder Zeugenaussagen gibt es nicht. Für die regionale Zeitung ‚Freie Presse' stellt ihr Chefredakteur fest:

„Eine ‚Hetzjagd', in dem Sinne, dass Menschen andere Menschen über längere Zeit und Distanz vor sich hertreiben, haben wir aber nicht beobachtet. Wir kennen auch kein Video, das solch eine Szene dokumentiert.“[969]

In seiner Regierungserklärung kommt selbst der CDU-Ministerpräsident von Sachsen, Michael Kretschmer, zur gleichen Bewertung: *„Es gab keinen Mob, es gab keine Hetzjagden, es gab keine Pogrome in Chemnitz.“*[970] Als der damalige Chef des Bundesamts für Verfassungsschutz, Hans-Georg Maaßen, es wagt Merkels Darstellung anzuzweifeln, wird er entlassen. Die Funke-Mediengruppe präsentiert zwei vermeintliche Opfer der ‚Hetzjagden'. Einer der beiden, Abdirahman Jibril A., wird im Jahr 2021 in Würzburg drei Frauen erstechen und fünf weiter Menschen verletzten.

Merkel gelingt es gemeinsam mit dem politisch-medialen Komplex über die Jahre in der Republik ein *Reich der Lüge* zu errichten, wie es Arnold Gehlen im Finale seines letzten Werks ‚Moral und Hypermoral' mit drastischen Worten ausmalt:

„Und zuletzt: teuflisch ist, wer das Reich der Lüge aufrichtet und andere Menschen zwingt, in ihm zu leben. Das geht über die Demütigung der geistigen Abtrennung noch hinaus, dann wird das Reich der verkehrten Welt aufgerichtet, und der Antichrist trägt die Maske des Erlösers, wie auf Signorellis Fresco in Orvieto. Der Teufel ist nicht der Töter, er ist Diabolos, der Verleumder, ist der Gott, in dem die Lüge

---

[968] ‚Hase, Du bleibst hier'
https://www.youtube.com/watch?v=brvFPlIerx8

[969] ‚Chemnitz: Darum sprechen wir nicht von Hetzjagd', Freie Presse, 30.08.2018
https://web.archive.org/web/20180831111146/https://www.freiepresse.de/chemnitz/chemnitz-darum-sprechen-wir-nicht-von-hetzjagd-artikel10299149

[970] ‚Beweise deuten auf geplante "Hetzjagden" hin', Der Tagesspiegel, 27.08.201
https://web.archive.org/web/20231019030043/https://www.tagesspiegel.de/politik/beweise-deuten-auf-geplante-hetz-jagden-hin-4543507.html

nicht Feigheit ist, wie im Menschen, sondern Herrschaft. Er verschüttet den letzten Ausweg der Verzweiflung, die Erkenntnis, er stiftet das Reich der Verrücktheit, denn es ist Wahnsinn, sich in der Lüge einzurichten."[971]

Ein *„Reich der Lüge"* entsteht, wenn moralische Ansprüche in einer Gesellschaft dermaßen überdreht werden, dass sie mit der irdischen Lebenswelt, jener *zweitbesten Welt* der Verfehlungen und Schwächen, nicht mehr in Einklang zu bringen sind. Dann erteilen die Hypermoralisten sich im Namen des Guten Absolution von der Wahrheit. Dann verkündigt Merkel *„Ich bin mit mir im Reinen"*. Die Absolution von der Wahrheit ist der entscheidende Schritt hin zu einer Gesellschaft, in der am Ende *alles* möglich ist. Besonders anfällig ist dabei die digitalisierte, fragmentierte, gottlose Gesellschaft mit ihren aufkommenden Pseudoreligionen. ‚Geschlechtervielfalt', ‚Veganismus', ‚Humanitarismus', ‚Feminismus' oder ‚Klimaschutz' wandeln sich auf der Basis von teils sinnvollen Grundüberlegungen und guten Absichten durch Übersteigerungen und Überdrehungen schnell zu pseudoreligiösen Erlösungsphantasmen, denen sowohl Vernunft als auch banale Logik abhandenkommen. Dann propagieren Feministinnen das Kopftuch in Amtsstuben und Klassenzimmern. Dann fordern Veganer am Mittagstisch eine Gedenkminute für geschlachtete Tiere. Dann erlaubt der Staat dem Bürger einen jährlichen Geschlechtswechsel, den er aber im Verteidigungsfall, wenn *echte* Männer gefragt sind, für ungültig erklärt.

Der herkömmliche Gott erlaubte den Menschen auch *nicht* an ihn zu glauben. Das hat zwar jenseitige Konsequenzen, aber immerhin besteht die diesseitige Möglichkeit des Unglaubens. Die hypermoralische Pseudoreligion, womöglich noch um pseudowissenschaftliche *Beweise* ergänzt, bringt hingegen das Gute *an sich* hervor. Das bekannteste Beispiel einer so gearteten Pseudoreligion mit vorgeblicher wissenschaftlicher Beweiskraft war und ist der Kommunismus gemeinsam mit seiner Vorstufe Sozialismus. Eine Kopfgeburt, die nie und nirgendwo ohne Unterdrückung auskommt. Mit dem Zusammenbruch der Sowjetunion geht

---

[971] ‚Moral und Hypermoral', Arnold Gehlen, S. 188 https://web.archive.org/web/20220206133418id_/https://www.nomos-elibrary.de/10.5771/9783465142805.pdf

auch der ideologische Kern des Kommunismus, der historische Materialismus, die *„Produktions- und Austauschweise“*[972] als alleiniger Schlüssel für eine bessere Welt, verloren. Dem Kommunismus ist damit dauerhaft seine Grundidee abhandengekommen, über materielle Umverteilung *Gerechtigkeit* zu schaffen, auch wenn heute wieder der Planwirtschaft das Wort geredet wird. Ihr Heil suchen die verkappten Kommunisten unserer Zeit nicht mehr auf dem Feld der Wirtschaft, das überlassen sie gerne der Globalwirtschaft. Bestellt werden nun die Felder der Ökologie und der allgemeinen Weltrettung. Zusätzlich ist man auf der ständigen Suche nach unterdrückten Randgruppen. Falls man davon nicht genug hat, importiert man illegale Migranten und nennt sie ‚Schutzsuchende‘. Diesen Bereich überlässt ihnen die Globalwirtschaft gerne, denn da sind sie im Kampf gegen nationalstaatliche Demokratien äußerst nützlich. Diese unheilige Allianz hat gemeinsam mit dem medialen Mainstream ein *‚Reich der Lüge‘* errichtet: global, unerbittlich und totalitär. Spätestens seit der sogenannten Corona-Pandemie und der begleitenden Angst- und Impfpropaganda ist der repressive Charakter dieser unheiligen Allianz deutlich erkennbar.

Ohne einer überzogenen Dämonisierung von Angela Merkel das Wort zu reden, lässt sich in ihrem listigen Umgang mit *Lügen* und *Wahrheiten,* in ihren raffinierten Verdrehungen und Mehrdeutigkeiten, und ihren, teils mit Bibelsprüchen sakralisierten Manipulationen, ihr abgründigster Wesenszug ausmachen. Mitunter verblüfft es, wie offen sie solche Verdrehungen ausspricht. Ihre Aufforderung *„aus Illegalität Legalität machen“*, also Unrecht zu Recht zu erklären, eine ihrer bekanntesten Verdrehungen, geht am 13. November 2015 zur Hauptsendezeit durch den Äther.[973] Kein gediegener Diktator würde es wagen, so etwas öffentlich auszusprechen.

---

[972] ‚Die Entwicklung des Sozialismus von der Utopie zur Wissenschaft‘, Friedrich Engels https://web.archive.org/web/20230328011455/http://www.mlwerke.de/me/me19/me19_210.htm

[973] ‚Flüchtlingskrise - Was nun, Frau Merkel‘, ZDF ,13.11.2015 https://youtu.be/25RiywQZ3xw?t=1790

Epilog Nr.3: ‚Die Macht der Machtlosen', 1978

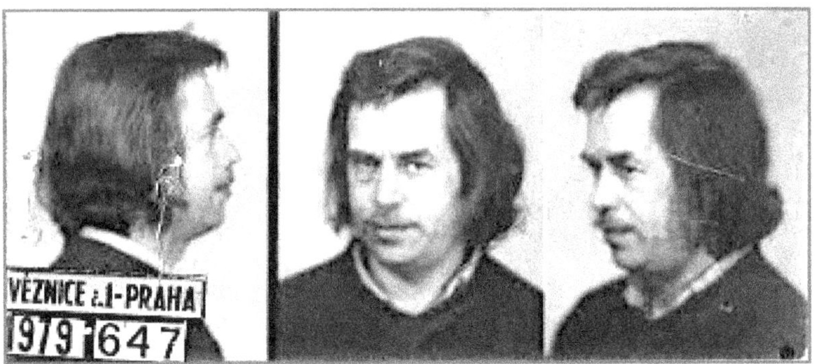

Wenn wir dem Kommunismus heute in seiner neuen, globalen grünen Verkleidung begegnen, so hat das auch einen großen Vorteil. Wir können uns der bewährten Werkzeuge jener Dissidenten bedienen, die bereits den traditionellen Kommunismus erfolgreich bekämpfen. Ein Schlüsselwerk des Widerstands publiziert Václav Havel 1978 mit seinem Essay ‚Die Macht der Machtlosen'.[974] Es ist die Zeit, in der sich Angela Merkel beruflich und privat zu etablieren versucht. Privat endet das wenige Jahre später in der Scheidung von ihrem ersten Ehemann Ulrich Merkel. Beruflich endet das über vierzig Jahre später mit dem Zapfenstreich vom Dezember 2021, der das Ende ihrer Kanzlerschaft markiert. Ihr Vater, Horst Kasner, treibt in den siebziger Jahren unbeeindruckt von der Unterdrückung des Prager Frühlings gemeinsam mit anderen *progressiven* Kirchenfunktionären, wie Albrecht Schönherr, Manfred Stolpe oder Clemens de Maizière, die Gleichschaltung der Evangelischen Kirchen in der DDR voran.

Havel charakterisiert in seinem Essay den real-existierenden Kommunismus der siebziger Jahre nicht als einfache Diktatur, sondern als *„posttotalitäres System"*. Ein totalitäres politisches System, dessen Machtentfaltung weit über die einer konventionellen Diktatur hinausreicht. Ein System, das es ermöglicht, *„die eigene Vernunft, das eigene Gewissen und die*

---

[974] ‚The Power of the Powerless', Václav Havel, 10.1978 https://web.archive.org/web/20190509214727/https://www.nonviolent-conflict.org/wp-content/uploads/1979/01/the-power-of-the-powerless.pdf

eigene Verantwortung aufzugeben und an eine höhere Macht zu übertragen. Das System folgt dabei dem Prinzip, dass das Zentrum der Macht auch identisch mit dem Zentrum der Wahrheit ist".[975] Havel zieht dabei auch eine Verbindung zwischen dem *„posttotalitären System"* und der Konsumgesellschaft westlicher Prägung, die er in Ansätzen auch in der Tschechoslowakei verwirklicht sieht. Im Westen wird der Kommunismus mit dem Konsumismus im Zaum gehalten: ‚Wohlstand für alle!' ist das Motto der bundesdeutschen Ausprägung der Konsumismus. Das *„posttotalitäre System"* entzieht seinem Gegner materielle Grundlagen, es zwingt sie zum Verzicht. Und nur wenige sind bereit, sich einem solchen Verzicht auszusetzen, um ihre Würde und Integrität zu wahren.

Havel erläutert das *„posttotalitäre System"* anhand des Beispiels eines Obst- und Gemüsehändlers, der ein Schild mit dem Motto ‚Arbeiter aller Länder vereinigt Euch!' in sein Schaufenster stellt. Havel hinterfragt dessen Motivation und kommt zum Schluss, dass dem Händler das Motto wahrscheinlich gar nichts bedeutet. Der Händler stellt das Schild für das Regime auf. Er signalisiert dem Regime, dass er im Sinne des Regimes funktioniert, dass er sich dem Regime unterwirft, dass er also loyal zum Regime ist. Und er hofft darauf, dass er im Gegenzug für die zur Schau gestellte Unterwerfung vom Regime in Ruhe gelassen wird.

Regimegegner ist, wer aufhört sich zu unterwerfen. Als der Händler das Schild aus dem Schaufenster nimmt, wird der einfache Obst- und Gemüsehändler zum Regimegegner. Denn er zeigt, dass die Unterwerfung nicht alternativlos ist. Er zeigt, dass die gepredigte Alternativlosigkeit des Systems eine Fälschung ist. Er wird sicher bald die Konsequenzen zu spüren bekommen, aber zunächst ist die Macht *gebrochen*. Auf diesem Bruch ruht die Macht des Machtlosen, gegenüber einem scheinbar allmächtigen System. Die permanente Schwäche des allmächtigen Systems sind seine permanenten Lügen, die durch die Wahrheit in jeder Form sofort und unmittelbar zum Bruch gebracht werden können.

---

[975] ‚The Power of the Powerless', Václav Havel, 10.1978, S. 4 https://web.archive.org/web/20190509214727/https://www.nonviolent-conflict.org/wp-content/uploads/1979/01/the-power-of-the-powerless.pdf

„Weil das Regime sich in den eigenen Lügen verfängt, muss es alles fälschen. Es fälscht die Geschichte. Es fälscht die Gegenwart und es fälscht die Zukunft. Es fälscht die Statistiken. Es tut so, als gäbe es keinen allmächtigen und willkürlichen Polizeiapparat. Es tut so, als würde es die Menschenrechte respektieren. Es tut so, als würde es niemanden verfolgen. Es tut so, als würde es sich vor nichts fürchten. Es macht sich vor, dass es sich nichts vormacht."

Und weil das Regime auf Lügen basiert, ist sein schärfster Gegner weder eine feindliche Macht, noch das Volk, nicht einmal der oppositionelle Teil des Volks. Der schärfste Gegner des Regimes ist die *Wahrheit*.

„Alle diese Untersuchungen, die gründliche Erforschung der Stasi-Strukturen, der Methoden, mit denen sie gearbeitet haben und immer noch arbeiten, all das wird in die falschen Hände geraten. Man wird diese Strukturen genauestens untersuchen – um sie dann zu übernehmen.

Man wird sie ein wenig adaptieren, damit sie zu einer freien westlichen Gesellschaft passen. Man wird die Störer auch nicht unbedingt verhaften. Es gibt feinere Möglichkeiten, jemanden unschädlich zu machen.

Aber die geheimen Verbote, das Beobachten, der Argwohn, die Angst, das Isolieren und Ausgrenzen, das Brandmarken und Mundtotmachen derer, die sich nicht anpassen – das wird wiederkommen, glaubt mir.

Man wird Einrichtungen schaffen, die viel effektiver arbeiten, viel feiner als die Stasi. Auch das ständige Lügen wird wiederkommen, die Desinformation, der Nebel, in dem alles seine Kontur verliert."

Bärbel Bohley, (24..05.1945 - 11.09.2010), im Frühjahr 1991

„Ich wurde im Kalten Krieg Fachmann darin, einen faschistischen Überwachungsstaat abzuhören.

Die Stasi war die Geheimpolizei. Sie wurde ungeheuer effizient darin, alles über die Bürger zu erfahren, was es zu erfahren gab. Weil jeder Bürger als Gefahr betrachtet wurde, vertrauten sie niemandem. Jegliches Verhalten war verdächtig, selbst unverdächtiges Verhalten war verdächtig. Und sie wurden ungeheuer effizient in der Organisation von Berichten und Akten.
Ihr Motto war, ***alles zu wissen****.*

*Ich kann mir nur allzu gut vorstellen, wie jemand, der Teil dieses Staates war und heute noch lebt, sich ausmalt, was er mit heutiger Technologie in einer Überwachungsbehörde ausrichten könnte. Ich kann mir es nur allzu gut vorstellen … **alles zu wissen**.“*[976]

Thomas Andrews Drake, ehemaliger NSA-Mitarbeiter, 15.03.2013

Die Autoren widmen dieses Buch Thomas Andrews Drake.

---

[976] ‚NSA Whistleblower Thomas Drake speaks at National Press Club - March 15, 2013‘ https://www.youtube.com/watch?v=3Wp2BGLMqDM&t=2194s

Allee auf dem Waldhof in Templin (Historische Aufnahme)

Personenregister

Ebenfalls im Anderwelt Verlag erschienen:

Londoner Außenpolitik & Adolf Hitler
Autor: Reinhard Leube

England war mit dem Aufstieg kontinentaleuropäischer Länder zu Wirtschaftsmächten und Konkurrenten am Ende des 19. Jahrhunderts nicht untergegangen. Dabei standen die Sterne für das Empire nicht günstig. Der Anteil der Insel am Welthandel war über Jahrzehnte immer weiter gesunken, sie verfügte perspektivisch nicht selbst über genug Rohstoffe für ihre eigene Wirtschaft, auch nicht über hinreichend viele Einwohner, um den ökonomischen Aufstieg anderer Länder mit Hilfe von Feldzügen zu beenden.
Wie lässt es sich erklären, dass binnen 50 Jahren die erfolgreiche Entwicklung großer Reiche in Kriegen und Diktaturen versandete und England auch ohne materielle Grundlage noch der Global Player ist wie vor hundert Jahren?

ISBN 978-3-940321-19-0 **€25,00 (D)**

Atemberaubend
Autor: Reinhard Leube

Was haben die Menschen in Deutschland wohl gefühlt und erlebt in den Jahren 1933 bis 1937? Waren alle glühende Nationalsozialisten oder begann mit den Nazis eine Diktatur? Hätte es tatsächlich eine braune Mehrheit gegeben, dann wäre das eine Demokratie gewesen und man hätte die Gestapo und Ähnliches nicht gebraucht. Wie hat aber das Ausland auf den neuen Kanzler Adolf Hitler reagiert? Wieso war die Chefetage in London von ihm eigentlich so begeistert?

Das vorliegende chronologisch aufgebaute Werk vermittelt dem Publikum einen Eindruck von dieser Zeit, der eine Gänsehaut erzeugt. Ganz anders als die unzähligen Dokus, die nur blitzlichtartig Ausschnitte zeigen, fühlt man sich plötzlich in die Hitlerzeit in allen Zusammenhängen versetzt und erhält einen ganz neuen Eindruck. Wer wirklich nachempfinden will, mit welchem atemberaubendem Tempo die Entwicklungen damals vorangeschritten sind, welche unterschiedlichen Reaktionen sie hervorgerufen haben und welche giftigen Witze die Runde machten, der kommt an diesem Werk nicht vorbei.

ISBN 978-3-940321-20-6 **€25,00 (D)**

Septemberrevolution
Autor: Reinhard Leube

Kann sein, dass die Berufshistoriker ihr Wissen bloß in verschämten Nebensätzen und in ihren Fußnoten unterbringen. In der Geschichte dritter Teil Septemberrevolution kommt alles auf den Tisch, was inzwischen über das Jahr 1938 bekannt geworden ist, zeitlich geordnet und packend erzählt.

Nach weniger als sechs Jahren konnte der kleine Hitler, der mit dem Geld aus England und Amerika in Berlin an die Macht kam, von der Bühne wieder verschwunden sein und sein Drittes Reich nicht mehr als eine üble Panne in der Geschichte Deutschlands. Monate vor den Pogromen gegen die Juden vom November 1938 und ein Jahr, bevor ein zweiter Weltkrieg begann, konnte Hitler durch einen Aufstand in seinem Dritten Reich weggeputscht sein. In diesem Buch erleben Sie noch einmal live mit, wie genau das verhindert wurde.

ISBN 978-3-940321-23-7 **€25,00 (D)**

God Save the Fuehrer
Autor: Reinhard Leube

England war mit dem Aufstieg kontinentaleuropäischer Länder zu Wirtschaftsmächten und Konkurrenten am Ende des 19. Jahrhunderts nicht untergegangen. Dabei standen die Sterne für das Empire nicht günstig. Der Anteil der Insel am Welthandel war über Jahrzehnte immer weiter gesunken, sie verfügte perspektivisch nicht selbst über genug Rohstoffe für ihre eigene Wirtschaft, auch nicht über hinreichend viele Einwohner, um den ökonomischen Aufstieg anderer Länder mit Hilfe von Feldzügen zu beenden.
Wie lässt es sich erklären, dass binnen 50 Jahren die erfolgreiche Entwicklung großer Reiche in Kriegen und Diktaturen versandete und England auch ohne materielle Grundlage noch der Global Player ist wie vor hundert Jahren?

ISBN: 978-3-940321-25-1 **€25,00 (D)**

Katz-und-Maus-Spiele
Autor: Reinhard Leube

Im Prinzip kennen Sie die Geschichte. Irgendwann gab es einen ersten Weltkrieg und später einen zweiten. Warum ein neues Buch darüber? Und weshalb ist es denn letzten Endes gleich eine Serie geworden?
Es gibt sie, die vielen Wahrheiten, die vielen Quellen, die vielen Details. Gewöhnlich entscheiden sich Historiker dafür, die Fragmente zu liefern, die ihre These „belegen". Doch wo bleibt der Rest? Andere Wahrheiten landen in anderen Büchern und dort war auf einmal alles ganz anders.
Das Appeasement war kein Fehler. Es war die Pflege und Wartung des Selbstzerstörungsmechanismus im Inneren Deutschlands, der den Namen Adolf Hitler trug und glaubte, er verdanke die Erfolge, die er wundersam erzielen durfte, im vollen Ernst der Vorsehung.

ISBN: 978-3-940321-26-8 **€25,00 (D)**

Nicht noch einen Friedensvertrag
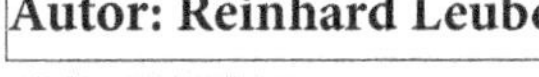
Autor: Reinhard Leube

Wer im Jahr 2021 lebt, vermisst vielleicht seinen Friedensvertrag.
Dieses Buch bringt Sie in die hoffnungslose Wirklichkeit der Jahre des Zweiten Weltkrieges, etwa zwei Jahrzehnte nach den Verträgen von Saint-Germain, Trianon, Sèvres und Versailles, die dem Ersten Weltkrieg folgten.
Wer heute lebt, weiß nichts mehr von der britischen Hungerblockade, vom millionenfachen Sterben nach dem Ersten Weltkrieg und von der Inflation in den 1920er Jahren. Kommen Sie einfach mit in die Welt der Jahre 1942 und 1943. Sie werden nie wieder schwarzsehen. Der Autor liefert hier die Atmosphäre, in der unter vielen anderen Deutschen auch jene Politiker, Diplomaten, Militärs und nicht zuletzt auch Journalisten und Publizisten lebten, bei denen Reinhard Leube davon ausgeht, dass sie Deutschland nach dem Zweiten Weltkrieg in seine Einzelteile zerlegt haben.
Der Indizienbeweis folgt im Buch über 1989/1990 Entzaubert. Kohl und Genscher, diese beiden.

ISBN: 978-3-940321-28-2 **€23,50 (D)**

Entzaubert – Kohl und Genscher, diese beiden.
Autor: Reinhard Leube

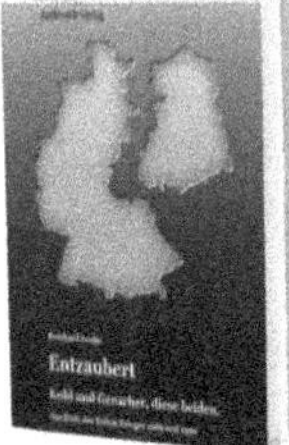

War Deutschland nicht das erste Opfer des Kalten Krieges geworden? Wurde es nicht im Jahr 1945 von den vier Alliierten besetzt und geteilt? Hatte ein Deutscher nach dem Kriege in der Welt überhaupt noch etwas zu melden?
Sahen Hitler-Gegner die Lösung aller Probleme in der Aufteilung Deutschlands? Ist die Idee aus den 1930er Jahren der Ursprung des postnationalen Denkens? Fangen wir vorn an. Wie kam es denn zum Kalten Krieg? Die einen sagen, Churchill hätte den Ärger in die Welt gebracht. Aber diese Briten wollten die Operation Unthinkable: Nachdem Deutschland eingeäschert war, sollten britische gemeinsam mit den überlebenden deutschen Soldaten gleich noch einmal nach Osten marschieren und die Sowjetunion, oder besser gesagt Russland für das Empire erobern. Eine Teilung Europas war die zweitbeste Wahl, allein schon aus dem Grund, weil bei einer Fortsetzung dieser Entwicklung der freie Markt in Osteuropa wegfiel. Die anderen sagen, Stalin hätte den ganzen Ärger in die Welt gesetzt. Aber Stalin hat unendlich viele Revolutionäre aus dem Weg räumen lassen, die durchaus in ihren Ländern für die Weltrevolution kämpfen wollten...

ISBN: 978-3-940321-31-2 **€26,00 (D)**

Ende und Anfang
Autor: Reinhard Leube

Der neue Band dieser Serie steigt mit seinem Publikum in das zehnte Jahr ein und verfolgt die wichtigen Ereignisse nach der Niederlage von Stalingrad sowie Stimmungen

in der Bevölkerung Monat für Monat weiter. Auf diesem Wege begegnen Sie unter anderem weiteren Versuchen, Hitlers Herrschaft mit der Kombination aus Attentat und Staatsstreich zu verkürzen. Es bleibt spannend: Sie kennen nur den Ausgang der Geschichte, aber hier erfahren Sie viel Wissenswertes über den Weg dorthin. Wussten Sie beispielsweise, dass die Hälfte der britischen Bomben im Krieg nicht auf Hitler-Deutschland niedergingen? In welchen Ländern haben sie Städte in Schutt und Asche verwandelt? Wie haben Generäle der Wehrmacht die Invasion auf dem Kontinent begünstigt, um Deutschland oder die übriggebliebenen Reste vor der endgültigen Zerstörung zu bewahren?
Noch überraschender ist der Ursprung des Kalten Kriegs nach dem Zweiten Weltkrieg, der sich noch vor dem ruhmlosen Abgang Adolf Hitlers von der großen Bühne abzeichnete und in erster Linie von deutschen Akteuren ausging...

ISBN: 978-3-940321-03-9 **€24,90 (D)**

Kontinentaldrift
Autor: Reinhard Leube

Was im Jahr 1945 einsetzt, ist eine Kontinentaldrift. Im Harz tut sich unsere Erde auf und reißt ein uraltes Gebirge in zwei Teile. An den westlichen Hängen entsteht eine schöne neue Welt und an den östlichen Hängen auch – aber ein Teil gehört fortan zu Europa und der andere zu Asien, wenn es nach Dr. Konrad Adenauer geht.

Ist es vorstellbar, dass die Teilung Deutschlands über viereinhalb Jahrzehnte und mit langen Schatten bis heute von Deutschen eingefädelt wurde? War der Kalte Krieg eine Medienshow?

ISBN: 978-3-940321-35-0 **€ 26.00 (D)**

England, die Deutschen, die Juden und das 20. Jahrhundert
Autor: Peter Haisenko

Kriege werden aus zwei Gründen begonnen: Wirtschaft und Religion. In der Neuzeit ist es oftmals nicht zu übersehen, dass der Kampf ums Öl der wahre Grund für Kriege ist. Die Betrachtungen von Peter Haisenko zeigen, dass es bereits vor mehr als 100 Jahren nicht anders war. Die unerträglichen Zustände in Palästina und im Irak haben ihren Ursprung in der skrupellosen Durchsetzung wirtschaftlicher Interessen zu Beginn und im Verlauf des 20. Jahrhunderts.

Politisch orchestrierte Lügen und Intrigen sind keine Erfindung der Neuzeit. Mit diesem Buch gehen Sie auf eine Reise durch das 20. Jahrhundert und die Analyse wirtschaftlich-politischer Verknüpfungen lässt manche „geschichtliche Wahrheit" zweifelhaft erscheinen.

ISBN: 978-3-940321-03-9 **€24,90 (D)**